学习的快乐 — 走向对话

XUEXI DE KUAILE
—ZOUXIANG DUIHUA

世界课程与教学新理论文库

[日] 佐藤 学 著 钟启泉 译

文库主编 钟启泉 张 华

学习的快乐 —— 走向对话

PLEASURE OF LEARNING:
TOWARD DIALOGIC PRACTICE

教育科学出版社

·北京·

"十五"国家重点图书出版规划项目

　　国家教育部普通高等学校人文社会科学重点研究基地华东师范大学课程与教学研究所研究项目

佐藤学

作者简介

　　佐藤学（Manabu Sato），1951 年生，教育学博士（东京大学）。历任三重大学教育学部副教授、东京大学教育学部副教授、东京大学大学院教育学研究科教授，现任东京大学大学院教育学研究科科长、学部长。同时，他也是美国教育科学院外国院士、日本学术会议会员、日本教育学会会长、日本教育哲学学会常务理事、日本教育方法学会常务理事、日本课程学会常务理事、日本教师教育学会常务理事、日本教育史学会理事、文部科学省学术审议会专业委员、东京大学出版会理事。

佐藤学教授著述丰硕。主要著作有：《美国课程改造史研究——单元学习的创造》（1990）、《学习，其死亡与再生》（1995）、《教育方法学》（1996）、《课程论评——走向公共性的重建》（1996）、《教师这一难题——走向反思性实践》（1997）、《学习的快乐——走向对话》（1999）、《教育方法》（1999）、《教育时评（1997—1999）》（1999）、《教育改革设计》（1999）、《改变教学，学校改变》（2000）、《"学习"再考》（2001）等。其中《课程论评——走向公共性的重建》和《教师这一难题——走向反思性实践》的主要内容已结集成中译本《课程与教师》（钟启泉译，教育科学出版社，2003）出版，《改变教学，学校改变》的中译本《静悄悄的革命》（李季湄译，长春出版社，2003）也已出版。

世界课程与教学新理论文库

编　委　会

在东西方对话中寻求教育意义

——"世界课程与教学新理论文库"主编寄语

20世纪70年代以来，西方教育科学领域发生了重要的"范式转换"：开始由探究普适性的教育规律转向寻求情境化的教育意义。这种"范式转换"在课程与教学研究领域有突出表现。课程研究领域开始超越以"泰勒原理"为代表的具有理性主义性格的"课程开发范式"，走向"课程理解范式"——把课程作为一种多元"文本"来理解的研究范式。教学研究领域则走出仅作为教育心理学之应用学科的狭隘视域，开始运用多学科的话语来解读教学的无尽意义。于是，课程与教学研究领域"返魅"了：五彩缤纷的话语体系竞相追逐、璀璨夺目、魅力四射！

"返魅"后的西方课程与教学理论有一个饶有趣味的特点，那就是自觉地在东方文化中寻找课程与教学智慧，试图在课程与教学研究领域实现东西方文化的会通与整合。现象学的、存在主义的、解释学的、后现代的、全球化的课程与教学理论皆有这种特点。在这种背景下，我们不禁要问：中国课程与教学理论应怎样确立自己的生长点？答案是确定无疑的：立足中国课程与教学研究领域的现实问题，既扬弃中国古代课程与教学话语，又与世界其他文化体系中的课程与教学话语展开真正意义上的对话，在这种"扬弃"与"对话"中建构具有民族文化风格的课程与教学理论。

　　基于此种认识，我们选取 20 世纪 70 年代以来特别是 90 年代以后世界课程与教学理论名著加以迻译，以为东西方课程与教学理论的对话提供一个"平台"。我们期盼着 21 世纪中国和世界课程与教学理论不断走向繁荣与辉煌！

钟启泉　张　华
1999 年 12 月 22 日

目　　录

第三编　教育话语的解构

第四编　构筑学习的共同体

中译本序

学习，可以比喻为从已知世界到未知世界之旅。在这个旅途中，我们同新的世界相遇，同新的他人相遇，同新的自身相遇；在这个旅途中，我们同新的世界对话，同新的他人对话，同新的自身对话。因此，学习的实践是对话的实践。学习，不仅引导我们从独白的世界走向对话的世界，而且通过这种对话性实践，为我们开辟了构筑起"学习共同体"——使我们恢复同事物与他人的关联、多样的人们基于差异的交响——的可能性。

本书是立足于如下两种挑战展开叙述的。第一种挑战，把学习界定为对话性实践。在本书中，我是把学习的实践作为三种对话实践之综合——同客观世界的对话（建构世界，即文化性实践）；同他人对话（结交朋友，即社会性实践）；同自己对话（形成自我，即伦理性实践）——来加以定义的。这种学习的概念比之通常的学校中所实施的学习更为深邃，更为丰富。我在本书中通过学习实践的再定义，对课程、教学和学校组织的根本性改革发起了挑战。

本书的第二种挑战是，把学习的实践从个人主义的束缚中解放出来，重新界定为借助同他人的团结与协作所实现的"合作性实践"（collaborative practice），从而提出了"学习共同体"这一学校的构想。作为"学习共同体"的学校，不仅是儿童们合作的相互学习的学校，也是教师们作为教育专家合作的相互学习的学校，还是家长和市民参与学校教育的、合作的相互学习的学校。作为这种"学习共同体"的学校的构想，是展望21世纪学校未来的产物。我们确信，基于这种构想的学校改革作为一种"静悄悄的革命"，将会形成本世纪教育改革的一大潮流。

这两种挑战，对于包括中华人民共和国和日本国在内的东亚各国尤为重要。日本等东亚各国从某种意义上说，是以可以谓之"压缩式现代化"的形态实现了高速的产业与教育的现代化的。可以说，这种"压缩式现代化"，在日本实现了超越欧美各国的经济发展与标准化教育的普及。不过，"压缩式现代化"即便是工业主义社会有效的模式，在后工业主义社会里绝不是有效的。这一点，从以往20年间日本教育的迷惘看来，是一清二楚的。借助"效率"与"竞争"促进的教育，需要求得根本的转型。其典型的现象就是"逃避学习"。近年来一连串的调查结果表明的一个现实就是，日本学生的校外学习时间已经沦为世界上最低的水平。在国际比较教育调查中，关于学科的好恶、学科与生活的联系等方面，日本的学生显示了最低的水平。要克服"逃避学习"，就得使学校的学习摆脱"效率"与"竞争"的束缚，以新的方式加以重建。这个课题，也是正在追求经济与教育发展的中华人民共和国所面临的课题。

另外，我想为中华人民共和国读者诸君就本书的由来作一点补充说明。本书出于我自身研究领域的性质，主要引用了欧美各国的教育学和哲学的文献，不过，我自身在哲学的研究和理论的建树上是以西方思想与东方思想的对话为基础的。我的祖父母的教养主要源于汉文典籍，这种影响通过我的父母延续到我这一代。我相信，倘若本书能够唤起中华人民共和国读者诸君的共鸣，那是由于在根底里横亘着从远古至今仍然持续的日中两国学术交流的漫长历史。

无论中华人民共和国的教育还是日本国的教育都处于历史的转折点。倘若在这本《学习的快乐——走向对话》的书中所揭示的新的学习概念及其哲学，能够成为今后两国的教育交流和学术交流的一种情结，那真是喜出望外了。无论从印刻着悠久岁月的日中两国交往的历史，还是从两国在当代国际格局中的地位来看，我们都处于"共同相互学习"的关系。

在这篇序言中，我要衷心感谢为本书的翻译付出了辛劳的华东师范大学课程与教学研究所所长钟启泉先生。钟启泉先生不仅是中华人民共和国从事日本教育研究首屈一指的人物，也是学校改革与课程研究的著名学者。这在日本也是为众多学者所熟知的。承蒙钟启泉先生的努力，2003 年拙著《课程与教师》得以在中国翻译出版，这是我研究人生中的最大喜悦。接着前一译本，这次《学习的快乐——走向对话》又蒙钟启泉先生潜心迻译，对于本人来说是无上的光荣。

同钟启泉先生最初的会面，是当时 30 岁而立的我，邀请旅居大阪的钟启泉先生为我的学生作演讲的时节。自那时以来 20 多年过去了，钟启泉先生作为我的相知相识者之一，一如既往地从异国他乡持续地激励着我的研究。在日本教育学会主办的学术研讨会上，我们还曾经就"东亚型教育"的功罪一道展开议论。我感谢这份长年的友情。同时，我要对策划出版"世界课程与教学新理论文库"的教育科学出版社谨表谢意！

祝愿提示学习实践方式与学校改革构想的本书，能够超越国界，促进日中两国学习的哲学与思想的交流，引导学习实践与学校改革迈向成功。

著 者
2004 年 8 月

第一编

学习理论的探究

绪论：追寻学习的快乐

> 我们借助学习行为，学会领悟自身的自然本性，学会发现自我。这是在外部世界里不能探求的。正因为此，人生最高的慰藉就是智慧之研究。发现智慧者是幸运的，而拥有智慧者则是福星。

> ——休（Hugh，1096? —1141）（巴黎圣·维克多修道院）：《学习论》
>
> （Didascalicon，1123–1124）

一、引　言

21 世纪是学习的世纪。可以说，"学习即生存即斗争"的时代已经到来。不过，所谓"学习"是怎样一种活动呢？所谓"人"为什么需要学习呢？通过学习，我们要获得怎样的生活方式，要实现何等的社会呢？

这个问题之所以具有迫切的意义乃在于，学习的时代已经到来，不能不推进学校的改革，不能不谋划终身学习的扩充。另一方面，在整个社会里，教养正在分崩离析，学习的活动成为庞大市场中的消费对象。对于学习的犬儒主义和虚无主义支配着人们的感情，许多儿童拒绝学习、逃离学习的状况愈演愈烈。

　　学习，是人生旅程中最为根源性的营生。通过学习，我们构筑同世界的关系；塑造在这个世界里实现某种抱负的能力；形成同多样的人们共同生存的社会；每一个人作为不可替代的存在，确证其生存的价值。认识语言的意义并善用这种语言，探究事物并科学地思考事物的来龙去脉，结构化地认识并逻辑地思考复杂的现象，认识社会的由来并同各色人等共同生存，创造性地、富于想像地表现世界并确证自己的存在。——通过这些学习，我们赋予自己的人生以确凿的轮廓，充实自己的人生，使每一个人无愧于这个社会。

　　不过，学习还有种种负面现象。在创造的背后是破坏，在获得的背后是损失。学习使得拥有知识者与远离知识者之间产生支配与被支配的权力关系，产生了阶级与阶层，产生了围绕知识与权力的竞争和战争，引发了由于追逐这种竞争和战争而造成的人格崩溃，产生了异化和排挤，产生了剥削与豪夺，破坏了地球和环境。

　　现今，学习正在面临虚无主义的巨大危机。学习什么都无济于事的情绪，任何学习都改变不了现状的绝望，不明白为什么必须学习的怀疑，学习的意义究竟何在的困惑，做一天和尚撞一天钟的情结，在人们中间蔓延。现代人对事对人漠不关心的深刻的虚无主义在肆虐横行。只要浸透了"事不关己，高高挂起"这种对事对人的冷漠无情，学习就不可能形成，学习的意义就会化为乌有。同这种虚无主义作针锋相对的斗争，需要立足于怎样的教育思想才有可能呢？

　　本章的课题旨在依据两个传统，提示学习的意义。其一是"修炼学习"的传统，其二是"对话学习"的传统。通过探讨这两个传统，我们或许可以重新发现使学习得以恢复"快乐"（pleasure）的方略。一切的快乐都伴随着主体的苦痛，免除苦痛的地方不可能带来快乐。被动催生能动；磨砺衍生快乐。"快乐的学习"浮现出这样的主体轨迹：在磨砺之中走向解放。

二、学习的传统（之一）："修炼"的传统

在追寻学习的思想渊源方面，首先应当传承的传统就是"修炼"的传统。这是基于文化与修养来恢复自己的整体性，更好地实现自我的学习传统。西方社会里的"陶冶"（德语中的 bildung，英语中的 discipline）的传统、东方社会里的"修行"的传统，表达了这种"修炼"的观念。

现代社会里的学习是以"进步"的观念为基础形成的，而现代以前的社会里的学习是以"感悟"与"救赎"为主题成立的。"修炼的学习"就是立足于这种以"感悟"与"救赎"的观念为基础的学习传统。这种学习，是有某种重大缺陷的存在——人，通过修行接近更完美的存在的一种营生。现代以前社会里的学习，是借助"修行"达到"感悟"与"救赎"境界的实践；在行将崩溃的社会里，则是实现"感悟"与"救赎"之历史的实践。

最为出色地体现了学习的"修炼"传统的文献，是 12 世纪的法国圣·维克多修道院休（Hugh，1096？—1141）的《学习论》（原著，1123—1124，日译本，1996）。我们就来探讨一下这部文献。该书是世界上第一本系统的学习论与读书论，在 12 世纪至 17 世纪成为教会和大学脍炙人口的教育理论的经典名著。

关于圣·维克多修道院休的《学习论》，伊凡·伊利奇（I. Illich）的《隐性工作》（*Shadow Work*，原著，1981，日译本，1982）和《在教科书的葡萄园里》（*In the Vineyard of the Text*，原著，1993，日译本，1995）作出了高度的评价。他认为，《学习论》把学术知识视为跟民众生活脱节并制度化之前的"民众的探究行为"，该书是跟生态学相通的"机械性科学"的"学习论"的经典，而且揭示了"默读"行为对于主体形成的意义。在这里，我们不妨领会伊利奇的评论，从接近"修炼学习"传统的视点，考察一下该书的意义。

关于休的出生地不详，他于 1115 年前后入圣·维克多修道院，尔后作为奥古斯丁修道参事会员，研究"七自由科"和神学，成为教师和大修道院附属学校的校长。他作为圣·维克多学派的核心人物，对于后世的研究与教育产生了巨大的影响。《学习论》是他在论述"学知"（scientia）及其学习方法方面，内容精彩的代表作。

《学习论》（Didascalicon）这个书名是源于希腊语的拉丁语，有"教学"的涵义。正如英语的"Learning"从 12 世纪至 17 世纪含有"教"与"学"双重意义，也含有"学问、知识"的意义一样。随便提一下，德语中的"教"（lehren）是从"Learning"（教即学）中的"教"加以动词化派生出来的词汇。

Learning 在中世纪含有"教"与"学"双重意义，也含有"学问、知识"的事实，表明 Learning 是以修炼的思想为基础成立的。亦即，它体现了这样一种思想：一个人通过学习学术和艺术，能够从不完善的存在逼近完善的存在。现代以后的学习受"进步"观念的支配，而现代以前的学习占主导地位的支配思想是"救赎"的观念，这是一种引导人们从内心世界走向完美修养的传统。学术和学校之所以在宗教机构的寺院、教堂、修道院得到发展，就是由于形成了这样的学习传统所使然：借助修炼实现救赎的观念。

休所活跃的中世纪的修道院，正是习得并实践基于修炼的救赎方法的场所。修道院的生活是每天七次的礼拜和以务农为中心的劳动。但一切的生活都渗透了读书（学习或修养）。礼拜是诵读《圣经》的祈祷语言的一种读书行为，即便在修道士们的劳动生活中也不断地夹杂《圣经》的祈祷语言的朗诵。像唱诗班圣歌那样的祈祷之声在修道士的整个生活中犹如伴奏低音在回响。修道院（学校）是以读书行为为基础，交响着祈祷之声的"嘟嘟囔囔的共同体"（伊利奇）。

休的《学习论》的划时代的意义就在于，它把这个修道院的生活中读书与祈祷的行为作为学习论加以体系化，寻求充实了古希腊以来的七自由科的学艺的体系化。不仅作为修道士的教养，而且作为普通人的修身养性、赎罪拯救的学习论加以扩充和概括。

休论述的所谓"学习"，是指体悟和认识自然本性与自然秩序，认识自身的本性。通过这种学习活动，认识自己是不完善的存在，从而治愈自己的欠缺所在，成为更完善的存在。就是说，不是借助知识去控制和支配外界与他人，而在于治愈并丰富自己的内部世界所欠缺的部分。可以说，是一种"修行"的学习、"矫治"的学习。在这里，可以发现"作为修炼的学习"传统的精髓。

我们说，学习是"智慧之研究"，是哲学。这种"哲学"的概念，顾名思义，其涵义就是"爱知"。这种"知"带有相当于今日"科学"的囊括性的涵义。休把"哲学"大体划分为"思辨学"、"实践学"、"人造学"、"逻辑学"，各自分别配置大量的学科。"思辨学"可以分为"神学"、"自然学"、"数学"（"算术"、"代数"、"音乐"、"几何学"、"天文学"）。"实践学"可以分为"个人实践学"（伦理学）、"家庭实践学"（家政经济学）、"公共实践学"（政治学）。"人造学"（熟练知识）可以分为"机械学"、"兵器学"、"商学"、"农学"、"狩猎学"、"医学"、"戏剧学"。"逻辑学"可以分为"文法学"、"论证理论"（证明论证、盖然论证、诡辩论证，见休的《辩证法与修辞学》）。这是古希腊阿加德米学园七自由科传统的复兴与巩固终于开始的 12 世纪的事件，也是一个尚难参照亚里士多德的时代。休的"学艺"的范围与分类，无论从其囊括性或是体系性看，都是划时代的、革命性的。

以"矫治"与"救赎"为目的的学习，充满修身养性的真知灼见。休列举了实现学习的方法，包括"虚怀若谷"、"探究渴望"、"宁静生活"、"格物致知"、"安贫乐道"、"远游他乡"。

他反复强调的是"虚怀若谷"。休在《学习论》的"序言"中把人分为谦虚的人和傲慢的人。谦虚的人"孜孜以求，锲而不舍，潜心耕耘，心境高尚"；而傲慢的人则"高不成，低不就，眼高手低，无所事事"。所谓"调教"（discipline）始于"谦虚"，他提出了学习三原则："不可轻视任何知识和任何书籍"，"不耻下问"，"即便学有所成，亦不可轻蔑他人"。谦恭谨慎，正是一切学习的出发点和归宿。

在调教的方法中同谦虚并重的是他用"远游他乡"来表达的作为异邦人的学习之旅。休说：学习者是"离乡背井者"，必须作为一个"流浪者"持续地进行他的"孤独之旅"。他不是恋恋不舍地栖息于熟悉的故乡共同体，而是远游他乡，作为一个异邦人，持续地进行孤独之旅。这就是休所主张的学习的方法。作为异邦人的"孤独之旅"，具体说来，意味着基于默读的读书，基于"苦思冥想"自我的内心世界之旅。所谓"学习"就是自我的内心世界之"旅"，是自身智慧的"上下求索"，是同自身内心世界的对话。

作为"孤独之旅"的学习概念得以成立的基础，就是拥有一个完整人格的"个人"（person）。事实上，"个人"与"自我"这类词汇是在12世纪形成的。正如阿部谨也所指出的，教堂里"忏悔"仪式的普及是在12世纪。通过普及以牧师为中介把自己内心世界隐秘的罪恶向上帝"忏悔"的仪式，"个人"的意识得以形成。围绕上帝存在的本体论证明——圣父、圣子与圣灵（三个位格）三位一体及其多样性——所展开的基督教中围绕"上帝的存在样式"（persona）的论题，是休的后辈阿卡尔多尔斯探究的主题之一。基督教中围绕"上帝的存在样式"的长年议论，主张逻辑地确认上帝的本源性，同时也是探索人类自己的本体得以形成的关系性与共同性的议论。

"上帝的存在样式"正如已经指出的，意味着"面具"。从语源上说，"with sound"，亦即"拥有音声的存在"。幼儿（infant）即"no sound"，意味着"无音声的存在"；而作为成人的"人"（persona），亦即意味着"带音声的存在"。休把"默读"与"冥想"界定为学习的两种方式。"默读"与"冥想"正是借助内化他人的声音而生成的活动。通过"默读"与"冥想"，他人的声音得以内化，"自我"得以形成。"self"的语源"se, sue"都是意味着"第三人称＝他人"的词汇。伊利奇之所以从普及"默读"的境脉上赋予休的《学习论》以意义，就是由于"人"与"自我"是基于"默读"的读书行为而形成的。关于

"默读"的最早的记录是 4 世纪古罗马奥古斯丁著的《忏悔录》。伊利奇认为，在修道院普及"默读"的是休。

确实，休的哲学方法是重视同他人的对话，这从他的许多著作都采用对话形式表述就可以明了。学习被表征为远离"故乡"（共同体）展开"孤独之旅"。不过，这种"孤独之旅"是借助对话语言的获得，拓展新的共同性。这是重要的一点。同学习大体同义使用的词汇是"研究"（study）。从休活跃的 12 世纪到印刷术普及的 16 世纪，"study"是专指"友爱、眷恋"的词汇在使用的。现今这种语感尽管几乎丧失，然而，研究某种智慧的学习曾经是指一种感受同他人"友爱、眷恋"的活动。

作为整理与记忆知识的学习方法，休还反复地谈及"秩序"（order）。基于字母表的知识排列的发明是 1 世纪前的事件。休提出了"历史"（historia）的故事编纂，作为归纳各类知识，加以结构化、秩序化的方法。作为学习方法的"历史"，不是传承的历史，而是个人把多样的知识从内心加以梳理，作为"话语"的历史。这是根据这样的线索——从"上帝的创造"经过受难再到"赎罪"的圣经故事的结构——在自己的内心世界构筑种种知识的方法。学习的形成使得作为话语的历史得以形成，作为生活方式的知识的排列得以形成。

学习作为修身养性的认识意义也是巨大的。无论是祈祷唱和的读书行为，还是默读的行为，都使调动身心的"修行学习"得以形成。调动身心的"修行学习"是早在古希腊就业已形成的样式。伊利奇指出，作为全身心的读书行为的传统，受到犹太教的影响。确实，犹太教和伊斯兰教的祈祷行为是全身心的活动。这种修行的学习，是从学习种种的样态带来的，是一种称为"调教"（discipline）的做法。尤其被视为学习之第一要件的"样态"（mode）是谓之"谦恭"的谦虚。在今日"谦逊"（modesty）这一词汇中得到传承。

这样，休提出的"修炼的学习"将导致"快乐"。通过读书行为实现的学习，正如伊利奇所出色地描绘的，犹如在教科书这样的葡萄园里品尝葡萄的果实那样的快乐。教科书的一页页就是"葡萄园",一行行就是葡萄房里挂满葡萄的"葡萄棚",一个个词汇就是"葡萄"。读书（学习）活动,就是徜徉于"葡萄园"（教科书）,把一个个词汇作为熟透了的"葡萄"加以品尝的"快乐"。这样享用的"葡萄"（词汇）,不久发酵,带来恩惠:酿成香醇的"葡萄酒"（丰硕的人生）。这个比喻是惟妙惟肖的。

伊利奇指出,休的学习论,不仅在圣·维克多修道院得到考察和实践,而且也把它作为该修道院所在地的都市共同体的民众的学习加以倡导。12世纪在欧洲中世纪是都市共同体形成的时代。欧洲中世纪的都市共同体,是一个挣脱了封建社会关系（以其外部广袤的土地为中介,以保护与从属为特征）的自由空间。在土地割据的封建社会的外部形成了以商品流通为基础的商人社会。在商人云集的地域,通过宣誓,获得法治的自由与自治,于是形成了欧洲中世纪的都市共同体。不过,以休所梦想的修道院为核心的都市共同体作为基础的"学习共同体",在短期内是实现不了的。把知识制度化、权威化、权力化的学术的形成,剥夺了来自修养的学习的快乐,封闭在修道院修养的修行框架之中,把民众的学习同学术的学习割裂开来了。

三、学习的传统（之二）:"对话"的传统

同"修炼学习"一样应当得到传承的学习传统是"对话学习"。这个传统,是古希腊的苏格拉底倡导的哲学方法,一直流传至今日。不过,回顾"对话学习"的历史发展,在尚无积累的现今,充分的研究是困难重重的。在这里,以柏拉图的《美诺篇》为文本,探讨苏格拉底"对话学习"的特征。在此基础上,以沟通为中心,考察杜威和维果茨基的学习论。借以揭示对话学习传统的现代意义。

"修炼学习"是追求自我完善的行为,而"对话学习"是通过同他人的沟通行为,展开探究对象意义的行为。在"对话学习"中,同对

象与他人的对话本身是一种学习的行为，学习被理解为在沟通的过程之中。"对话学习"不是把习得知识视为个人的掌握和独吞，而是人们一起共享知识，知识是公开的和开放的。学习的实践被界定为通过沟通参与文化公共圈的营生。

"对话学习"的起源可以追溯到柏拉图记录的 25 篇以及苏格拉底的对话篇。特别是柏拉图的《美诺篇》直接体现了教与学的性格，也可以说是显示了苏格拉底对话方法的代表性文献。

在《美诺篇》中苏格拉底同受邀的忒塔利亚的贵族青年美诺以"德是可教的吗？"为中心议题展开意味深长的道德教育的对话。苏格拉底说，既然德是不能界定的，那么，德是不可教的。倘若德是知识，那么，是可教的。苏格拉底提出如上的假设，同美诺对话加以验证。

苏格拉底为了显示教与学的过程，召来美诺的仆人少年当做学生，自己演示解答几何题的过程。一边为 2 的正方形（面积为 4）的一边如果扩大 2 倍，面积是多少，而面积为 8 的正方形的一边是多少的问题。那位不懂几何学的仆人少年谈了错误的想法：一边倘若延长 2 倍的话，面积也许就是 2 倍。不过，通过苏格拉底的提问和图形的验证，发现一边倘若是 2 倍，面积将是 4 倍，而面积为 8 的正方形的一边在 2 与 3 之间。

在这个教学实例中，苏格拉底主张的是，批判以古希腊诡辩与修辞学家高尔吉亚（Gorgias，约前 480—约前 399）为代表的诡辩家们所进行的知识传递方法，主张教学的不可能性。苏格拉底主张，在召来的少年达到真理的过程中，"只是提问是教不了的"。是召来的少年自身通过"学习即回忆"，达到了真理。苏格拉底说，不过是为了引发"学习即回忆"而提问和帮助罢了。

在这里，苏格拉底提示了被称做"美诺悖论"的意味深长的难题。

无论知道的或是不知道的，人都是无法探究的。因为，首先，他不会探究知道了的东西。因为，既然知道了，就没有探究的必要了。而不知道的东西也是不会探究的，因为，在这种场合，他不知道应当探究什么。

对于这个难题，柏拉图给予苏格拉底对话的回答是"学习即回忆"的回忆说。亦即，人的灵魂是在生前就存在的。灵魂潜在地保持的记忆得以回忆，就是学习。柏拉图的"理念论"就是支撑"学习即回忆"说的。当然，不能认同"理念论"的观念性的说明，不过，"美诺悖论"在何谓学习，学习形成的条件是什么的问题上，提供了意味深长的主题。

美诺和苏格拉底的对话，接着进入了道德教育论题：即便德是知识，德是可教的吗？苏格拉底认为，教这一行为，是在教授者与学习者的关系之中形成的。苏格拉底让美诺发现，实践德的人，亦即符合教德的人，既然事实上不存在，谁来对谁教授德，是不可能的。德是"上帝的恩惠"，重要的是认识这种智慧是什么。

《美诺篇》所显示的对话，它本身就是学习的方法，哲学的方法。苏格拉底不是在传授什么知识和技能。苏格拉底通过对话所追求的是，学习者从凝固的观念中解放出来，觉悟到"无知之知"，同学习者一起探讨事物之真理的行为。谓之"产婆术"、谓之"问答法"的苏格拉底的教育方法借助这样的思想支撑：学习是在探究真理的教师和学习者之间的沟通中形成的。

苏格拉底始创的"对话学习"的传统，借助现代的学习理论——把学习界定为基于沟通的社会过程——得以传承。其代表性的思想，就是杜威和维果茨基的学习理论。

杜威的学习理论的核心概念就是基于同环境交互作用的"问题解决思维"（反省性思维），这是众所周知的。杜威批判笛卡儿以来的身心二元论，这种二元论把心智思维与身体活动割裂开来，把主体与客体割裂开来。他提出了人在问题情境中把实践活动与思维作为学习加以认识的理论。这种"问题解决思维"中的"经验"，在杜威看来，是认知性、文化性活动，同时，是社会性、政治性活动，是心理性、伦理性活动。在联想心理学、行为主义心理学和格式塔心理学中，"学习"意味着个人的活动、心理活动，而杜威的学习"经验"，是个人的过程，同时是社会的过程；是心理的过程，同时是政治的、伦理的过程。

杜威生于达尔文《物种起源》出版的 1859 年，卒于朝鲜战争之中美国氢弹爆炸试验的 1952 年。杜威是一个以"进步主义"的思想，为民主主义与世界和平奋斗一生的哲学家。特别是在两次大战之间，杜威对于支持美国参与第一次大战导致大量杀戮作了自我反省，以此为契机，批判导致公共性与共同性解体的自由主义思想；批判法西斯主义和斯大林主义的专制主义思想；批判鼓吹技术官僚治国的罗斯福新政的福利国家思想，摸索基于"民主社会主义"（democratic socialism）的革命方略。可以看出，"作为沟通的学习"就是依据这一连串的哲学探究而提出的命题。

杜威的学习（问题解决思维＝反省性思维）是借助同客体相互交往的"工具性思维"以及同他人相互交往的"沟通"来实现的。杜威秉持的"经验"概念一般理解为"同环境的交互作用"。不过，这种界定是不充分的。杜威谈及人类与动物"同环境的交互作用"的差异，在人类的场合，作为"经验之经验"的语言和符号在"同环境的交互作用"中起着决定性的作用。人类是借助语言和符号的运用，同对象展开"工具性思维"，同他人展开"沟通"的。进而，人类通过反省性地思考自身的经验，人类内省自身。就是说，学习的经验不仅是主体与环境的交互作用，而且是同客体对话、同他人对话、同自身对话的沟通的重叠性交互作用（transaction）的经验（Dewey，1922）。

基于沟通的学习，其实就是实现意义与关系的编织。在杜威看来，意义不是赐予的，而是借助沟通不断地生成变化的。一般说来，意义论是在名词的话语中探索语词与实在之关系的理论，但在杜威意义论中的意义把握，是借助活动构成的，是在同他人的沟通中生成、变化的。学习（意义与关系的编织）是活动的过程、社会的过程。

杜威是个人主义学习的概念和心理学主义的学习概念的批评者。在杜威看来，"个人"与"社会"是相辅相成的概念，不是对立的概念。杜威的本质性概念是"共同体"，无论"个人"还是"社会"都是从"共同体"概念中析出的。特定的个人生存于特定的社会之中，个人的状态同时是社会的状态，因此，应当克服把"个人"与"社会"对立起来思考的方法。

杜威把学校视为"学习共同体"。他重新界定学校的概念：各种各样的人通过"沟通"形成共享的文化，形成民主主义之基础——"共同体"的场所，就是学校。而且，杜威的"民主主义"的概念比之表述政治步骤和制度的概念更为广泛，它是一种表述"生活方式"（a way of living）的囊括性的概念。"民主主义"是以"共同体"为基础的"共生"。——从这个界定中，我们可以发现杜威"民主社会主义"的精髓。从历史上看，美国是空想社会主义的种种实验最为活跃的国度，其传统就是徘徊于"工会主义"这一社会思想。杜威的"民主社会主义"就是立足于这个传统之上的。"作为沟通的学习"（基于反省性思维的合作探究）是各种各样的人以"学习共同体"为基础，构成文化的公共圈，实现以"共生"为原理的"民主主义"社会的实践。

维果茨基也把学习定位在沟通过程上展开他的理论。他的天才的伟业，可惜由于早逝（享年 37 岁），未能充分展开他的划时代的理论。而且由于 20 世纪 30 年代斯大林的"儿童学批判"，全盘否定了他的业绩。直至 20 世纪 50 年代末，赫鲁晓夫公开批判斯大林为止，只有一部分圈内的心理学家了解。维果茨基的著作公开出版是在 20 世纪 60 年代以后，他的业绩受到世界心理学界的关注，是 20 世纪 80 年代以后的事。

维果茨基的代表作《思维与语言》，倘若直译，则是"思维与口头语"。沟通行为中的学习，在标题中已经主题化了。众所周知，该书的中心论题是三个：（1）外部语言（沟通的语言）和内部语言（思维的语言），（2）最近发展区，（3）科学概念与自发概念。可以说，这些论题都是"沟通学习"理论的具体化（L. Vygotsky，1962）。

维果茨基论述的主题首先是"外部语言"与"内部语言"发展的关系。基于沟通的语言（人际关系的语言＝同他人的对话）与思维的语言（自我内关系的语言＝同自身的对话）关系的心智发展的认识，是维果茨基从法国精神医学家、心理学家珍妮特（P. Janet）那儿学到的观念。维果茨基通过探讨"外部语言"与"内部语言"这两者的关系，批判了皮亚杰的发展理论。皮亚杰把语言发展视为"自我中心语言"的"社会化"。可以说，是从"对话主义"的立场批判"独白主义"。在维果茨基看来，儿童语言的发展首先是"外部语言"在沟通中表现，这种"外部语言"经过"内化"，表现为"内部语言"。"语言"原本是社会性的东西。维果茨基认为，学习首先是运用"心理学工具"——语言的一种社会活动，心智发展首先表现为人际关系的沟通中的社会过程，其次是，这种沟通的语言是作为"内化"的"心理过程"表现出来的。

"最近发展区"的概念也是以"沟通学习"的概念为基础形成的。所谓"最近发展区"，是指无需他人帮助就能够完成，和借助教师、伙伴和工具的帮助能够完成的能力阶段之间的领域。皮亚杰把发展视为"阶段"来认识，提出了视其阶段组织儿童自主学习活动的理论，而维果茨基则重视儿童与教师的沟通，提出在"最近发展区"的射程内教师组织儿童的学习活动的理论。

"最近发展区"意味着儿童的"发展可能性"。儿童的"发展可能性"取决于该儿童与教师的关系、同其他儿童的关系以及同工具的关系而有所伸缩的。"发展的可能性"受社会情境的制约，是借助课堂内的人际关系社会地构成的。为了实现维果茨基所倡导的"沟通学习"，要求实践"最近发展区"（发展可能性）的组织——学习环境（以工具为媒介的学习）的组织、教师与儿童以及儿童与儿童之间的沟通（以他人为媒介的学习）组织，以及儿童自我内部对话（有工具与他人为媒介的思维）的组织（A. Kozulin，1998）。

"外部语言"与"内部语言"关系的"内化"理论与"最近发展区"的概念导致《思维与语言》的另一个主题——"科学概念"与"自发概念"（生活概念）关系的考察。所谓"科学概念"并不就是科学教科书里的某种概念，而是意味着在课堂的沟通中生成发展的概括性、普遍性的概念。而"自发概念"（生活概念）则不同，它是每一个儿童在日常生活中形成的概念。维果茨基关注，这两种概念是朝着相反的方向发展的。"科学概念"是自上而下地发展的，而"自发概念"是自下而上地发展的。维果茨基用习得外语与母语的过程作比喻来说明，这个比喻是非常妥帖的。就是说，外语的习得是从文法开始的，然后习得读、写、说、听。而母语的习得从听开始，然后过渡到说、写、读，最后习得文法。"科学概念"的发展与"自发概念"的发展如同这种外语习得与母语习得的关系一样，具有逆向的结构。

维果茨基进而论及"科学概念"与"自发概念"隐含的意义的差异。"科学概念"是由"概括化的意义"（meaning）构成的，而"自发概念"是由"感受性的意义"（sense）构成的。儿童首先是在人际关系的沟通中运用"科学概念"的词汇，然后通过自我内对话，把"科学概念"（概括性意义）与"自发概念"（感受性意义）内化为自身的概念。"科学概念"与"自发概念"是儿童在"沟通学习"中建构和表达自身意义的"合作者"（coauthors）。

四、从"勉强"到"学习"

上文提示了两种传统——"修炼学习"与"对话学习"，借以探索复兴学习的方略。可以说，"修炼学习"是对于学习的存在论接近，"对话学习"是对于学习的关系论接近。在这两种传统的交汇中准备了复兴学习的渠道。

不过，日本学校教育中的"学习"，是受到谓之"勉强"的文化所支配的。日语中的"勉强"这个用语是不可思议的词汇。"勉强"的用语用作"学习"的涵义,据推测是明治20(1887年)年代以后的事。在此之前"勉强"用作"学习"涵义的用例,我不知道。顺便提一下,在汉语里"勉强"这个词并没有"学习"的涵义。翻开《汉日词典》,"勉强"的涵义有两个。一是"勉为其难",二是"牵强附会"。在日本,直至明治20年代,日语中的"勉强"与汉语的"勉强"涵义相同,都是"勉为其难"之意。在买卖中减价的时候往往有"勉强算了"的说法。当学校教育普及、中学考试严格的时候,恐怕是嘲笑"勉为其难",用"勉强"这个词汇来表达"学习"的吧。久而久之,"勉强"嘲笑"勉为其难"的涵义也丧失了,变成了日常用语。既然"无理"行得通,"无理"的涵义也就变成"道理"了。

现今时代,在儿童中间,开始席卷广泛深刻的拒绝学习和逃避学习的风潮。儿童再回到"勉强"的文化,已经是不可能了。支撑"勉强"之"无理"的基础,在于大半的儿童获得高于父母学历、高于父母社会地位的日本教育现代化过程中高涨的"社会流动"(social mobility)。这种高涨的"社会流动"之所以可能,就在于东亚型学校教育的急速的量的制度的扩张。不过,基于勉强的社会流动的价值及其幻想,在高中和大学的升学率几乎达到顶点的20年前,除了一部分儿童之外,破灭殆尽。不仅如此,对于许多儿童来说,学校是他们沦为无论学历和社会地位都比父母低的受挫折的场所。这是勉强时代的终结。只要意识到学习处在竞争之中,拒绝勉强、逃避勉强乃是理所当然的现象。

然而,勉强的价值正在消亡,学习的价值正在升腾。高度知识组织的信息化社会、文化与信息服务成为商品的社会、知识爆炸的终身学习必要的社会,迎来了后"光幻觉"(photism)的时代,在简单的生产劳动剧减、复杂的知识劳动为中心的社会里,学习的需求正在扩充。参与社会与学习是同义词。需要从"勉强"转换为"学习"。不过,从"勉强"向"学习"的转换,究竟意味着怎样一种转换呢?

从传承"修炼学习"与"对话学习"这两种传统的立场出发,我提出从"勉强"转换为"学习"的三个课题。

"勉强"转换为"学习"的第一个课题是,"勉强"是无媒介的活动,而"学习"是借助工具的媒介性活动,是借助同他人的沟通的媒介性活动。

"勉强"使学习活动捆绑于"座学",贬之为大脑细胞突触的联结。实际上,把"勉强"制度化的赫尔巴特主义教育学,就是以联结心理学为基础的。这种心理学排除身体活动仅仅以观念为对象,排除目的性,主张观念的联结。捆绑于"座学"的大脑细胞突触的联结,就是这种主张的产物。

借助"座学"习得教科书知识的"勉强",在柏拉图所描绘的"洞穴的囚人"中作了比喻。正如"洞穴的囚人"把洞壁上的影子误认为现实一般,"座学"中习得教科书知识的儿童所学的不是现实世界中活生生的知识,不过是把教科书和黑板上映出的知识的影子,作为信息习得罢了。"洞穴的囚人"由于多年幽闭于那种状态,即便解脱了自身的束缚,回头眺望外部世界,由于现实的世界比之洞壁的影子耀眼复杂得多,一时间什么也认知不了。

要克服这种障碍,就得组织活动式学习,这种学习是借助工具和素材为媒介,借助同他人的沟通为媒介的。学习不是无媒介的大脑活动,而是以工具、素材和他人为媒介,同客观世界对话的活动。而且,这种对话学习绝不是终结,"勉强"是以"终结"的印记结束的,而"学习"则是不断地准备新的"开始"。

"勉强"转换为"学习"的第二个课题是,"勉强"的又一特征在于活动中的个人主义,而"学习"是以人际交往为基础形成的。"学习"的语源是"模仿",这表示,"学习"是以基于人际沟通的模仿为基础形成的。"学习"即便是从个体出发又归结为个体,却是在个体与个体的碰撞之中形成的。

"勉强"中的个人主义在日常意识中根深蒂固。例如,一般人总是以为,学习还是以不靠任何人的帮助,独立完成为妥。"自学自习"、"独立解决"、"自我决策"之类的标语至今受到重视,可以说,就是一个佐证。要求得到谁的帮助的学习，被视为依赖人家而加以否定的。确实，始终依赖别人的学习是应当回避的，但把自立与依存当作水火不容的对立物的认识是有问题的。应当说，当代儿童的危机现象在于，既不能自立，也不能依存。自立的儿童能够依存，能够依存的儿童也能够自立。即便"自立"（independence）优先于"依存"（dependence），在进一步的学习中，相互依存中的相互学习关系应当得到尊重。

既然 21 世纪的社会是多种多样的人彼此尊重差异共同生存的社会，那么，就应当寻求相互学习的关系：毫无保留地提供自己的见解，并谦虚地听取他人的见解。当代的教育学以"互惠学习"（reciprocal learning）的概念在追求这一主题。"互惠学习"（reciprocal learning）这一概念意味着基于善意交换的赠与关系。这是表述货币经济形成之前的社会里基于赠与的人际关系经济学术语。所谓"互惠学习"是指，彼此贡献见解，求得互惠与善意的学习。学习，应当发展为合作式学习，实现"互惠学习"。

"勉强"转换为"学习"的第三个课题是，谋求从知识和技能的"获得"、"积蓄"的活动，转换为"表达"、"共享"知识和技能的活动。一味地"获得"、"积蓄"知识、技能的勉强，可以说，就是保罗·弗莱雷在《被压迫者教育学》（1974）中所指出的"储蓄概念"（banking concept）的教育。实际上，被压迫者的教育意识是受到"将来何时派用场"的迷惑，而束缚于"储蓄概念"的。可以说，阶级和阶层越低，学业成绩越低，这种"储蓄概念"越是强烈地渗透。正如弗莱雷主张的，我们需要"从传递到对话"的转换。

表达与共享的学习，在它的整个过程中形成着琢磨理解方式的元认知，促进着反省性思维。在"勉强"中靠考试来评价所获得所积蓄的知识、技能的达成度，而在表达与共享的"学习"中，是在作品化的学习报告和编著中，个性化地表达自己的理解方式并得以评价的。以多样的方式表达各自的理解方式，形成课堂中"彼此切磋的共同体"（discourse community），必须是我们教授与学习的目的。

　　上述从"勉强"转换为"学习"的三个课题，是课堂中实现"活动性、合作性、反思性学习"（active, collaborative and refletive learning）课题的具体化。

五、学习的被动式能动性

　　"勉强"是不跟任何事物与人物对话的活动，"学习"则是以交往与对话为特征的活动。我着眼于学习的对话结构，把学习的性质视为牵涉三个维度的对话性实践。所谓"学习"，就是跟客观世界的交往与对话，跟他人的交往与对话，跟自身的交往与对话。就是说，"学习"是建构客观世界意义的认知性、文化性实践，建构人际关系的社会性、政治性实践，实现自我修养的伦理性、存在性实践。可以说是"构筑世界"、"构筑伙伴"、"构筑自身"的实践。"学习"就是这样一种三个维度的实践，三位一体地实现的。我把这种性质称为"学习的三位一体论"（佐藤学，1995a，1995b）。

　　"学习"是"构筑世界"、"构筑伙伴"、"构筑自身"的三位一体的实践。不过，我要强调的一点是，现实的学习活动，与其说是能动性，不如说是基于被动性的活动。日本的教师们往往要求课堂生动活泼，然而，"学习"所需要的是"静谧安详的生活"、"彼此倾听的关系"。教师们往往以"自主性"、"主体性"的口号标榜能动性，但实际上却把"学习"视为置于"聆听"、"接纳"这一被动性之上的行为。强调"学习活动性"的杜威也主张，"聆听"这一被动行为是沟通的最大要件。用心地观察客体，格物致知、洗耳恭听，是"学习"的出发点。"学习"是一种以被动式能动性为本质的活动。

　　我想再一次确认的是，"学习"是在沟通过程中以模仿为基础形成的。我们能够通过仿效客体和他人，对照自身，所谓"学习"，就是模仿、对照、模仿的内外往复的运动。

　　从这个意义上说，"学习"形成的场合是差异存在的场合。沉醉于所归属的共同体的习惯、常规和常识的场合，不可能形成学习。学习形成之处，是产生差异的场所，也是产生歧视与偏见的场所。自古以来，"学习"之所以被喻为"旅游"，恐怕是由于从共同体的内部出发再回归共同体的经验轨迹，跟学习的本质彼此重叠之故。置身于差异之中，正是形成"学习"的基础。废寝忘食的场合，才会有"学习"，"学习"是一种容易诱发攻击的危险性行为。进一步地说，"学习"是在差异之中创造关联的行为。学习什么的行为，是一种发现某某跟某某之间看不见的纽带的行为，是编织起跟陌生人之间的联系纽带的行为。

最后，我想谈谈跟引发逃学的虚无主义进行斗争的课题。学习中的虚无主义，渗透着对于事物与他人的漠不关心。"与己无关"的思想，正是学习中的虚无主义的表现。甚至面对世界某地发生战乱，该国的人权遭到蹂躏，倘若也说"与己无关"，那么，什么理解、什么学习，通通都没有必要了。

波士顿大学的教育学者马丁（J. R. Martin）主张，21 世纪的教育应当追求的教养基础，应当用"3C"替代"3R"（读、写、算）。马丁主张的所谓"3C"就是"关怀"（care）、"关切"（concern）、"关联"（connection）（J. R. Martin，1985）。为客体、为他人、为自身绞尽脑汁，不断培育对于社会事件的理智的关心，以及构筑发现事物之间关联的人们与自己的关联，乃是学习实践的中心主题。这 3 个 C，是克服学习中的虚无主义的有效战略。

哥伦比亚大学的教育学者阿尔希拉（R. V. Arcilla）还提出了"存在性学习"（existential learning）的概念。所谓"存在性学习"是扎根于"存在的感情"（卢梭）的学习，通过该学习能够保全"诚信"的学习。不是旨在作为实现某种功利之手段的学习，而是寻求学习这一活动本身之价值的学习（R. V. Arcilla，1999）。"学习"作为一种"快乐"复苏了。

一位德国戏剧家布莱希特（Bertolt. Brecht，1898—1956）曾经用富于魅力的话语表达了写作的行为。他说："就某部作品而言，作者只能单向地传递某些信息给某些读者，且仅仅是这些读者"。我模仿这句话，

1
绪论：追寻学习的快乐

只改动一个字，为使"学习"（教学）这一行为同他者的亲和关联起来，作如下的表达："就教学而言，教师只能同某些学生一起活动才能传递某些信息给这些学生，且仅仅是这些学生"。

参考文献

Arcilla，Rene Vincent，*Existential Learning*.（東京大学大学院教育学研究科での講演、一九九九年七月）。

Dewey，John，*Human Nature and Conduct*，Holt，Rinehart and Winston，1922.

パウロ・フレイレ"被抑圧者の教育学"（原著一九七四年、小沢有作他訳、亜紀書房、一九七九年）。

サン・ヴィクトルのフーゴー'デイダスカリコン（学習論）＝読解の研究について'（五百旗頭博治、荒井洋一訳、上智大学中世思想研究所"中世思想原典集成9＝サン・ヴィクトル学派"平凡社、一九九六年、三二頁―一九九頁）。

Illich，Ivan，*Shadow Work*，Marion Boyars Publishers，1981.（玉野井芳郎・栗原彬訳"シヤドゥ・ワーク"岩波書店、一九八二年）。

Illich，Ivan，*In the Vineyard of the Text*：*A Commentary to Hugh's Didascalicon*，The University of Chicago Press，1993.（岡部佳世訳"テクストのぶどぅ畑で"法政大学出版局、一九九五年）。

Kozulin，Alex，*Psychological Tools*：*A Sociocultural Approach to Education*，Harvard University Press，1998.

Martin，Jane Roland，*Becoming Educated*：*A Journey of Alienation of Integration*，Journal of Education，Boston University School of Education，1985. Reprinted in Richard G. Lyons et，al eds.，*Struggle over the Purpose of Schooling in a Democratic State*，University Press of America，1998，pp. 145-161.

プラトン"メノン"（藤沢令夫訳、岩波文庫、一九九四年）。

佐藤学'学びの対話的実践へ'（佐伯胖・藤田英典・佐藤学編"学びへの誘い"東京大学出版会、一九九五年、四九頁―九一頁）。

佐藤学'教室のデイレンマ――生成の構造'（佐藤学編"教室といぅ場所"国土社、一九九五年、一五頁―一四三頁）。

レフ・ヴイゴツキー"思考と言語"（柴田義松訳、明治図書、一九六二年）。

Westbrook，Robert，*John Dewey and American Democracy*，Cornell University Press，1991.

2　建构学习的对话性实践

一、拷问"学习"的传统：问题的设定

　　学校是儿童共同学习成长的场所。不过，这个界定倘若对照现实来看，绝非理所当然。这是因为，无论儿童或是家长乃至许多教师，通常都把学校中的"学习"用日语的"勉强"这个词来表述，而不用"学习"这一词来表述或是未能意识到。在学校中稳固"学习"这一词汇的努力，尽管历经众多教师将近整整一个世纪的反复挑战，但这个词汇至今尚未在内涵上赋予学校的日常经验以确凿的地位。

　　日本的学校岂止未能使"学习"的译语成为日常用语，反而使得日本因而达成了世界无与伦比的急速的量的、制度的扩张，实现了前所未有的学校化的社会。20 世纪 80 年代以后，缺乏现代性的以课堂为基础的学校飞跃的现代化得以实现。关注日本教育的欧美人士感到困惑的是，孕育着这种矛盾的学校的现实：如果说，日本学校的惊人发展是把"学习"置换为"勉强"而实现的，那是何等令人啼笑皆非！

　　因此，要在教育实践中探索"学习"的理想状态，就得从事双重的作业。第一个作业是，重新探讨"学习"这一词汇的输入过程，重新追究恢复其现代价值的契机。第二个作业是，抓住古代日本教育的传

统，重新审视"学习"这一现代主义的概念。这两个作业，也是同总结日本学校史相关的重大课题。不过，这里仅限于，重新探讨战后教育学是如何在吸收杜威和维果茨基学说的过程中曲解他们的"学习"的涵义的。在此基础上，试图描绘课堂中实现"活动性学习、合作性学习、反思性学习"的教育图像。

在丰富"学习"的涵义与图像方面，本章着眼于"学习"这一词汇的语感来展开议论。之所以要引进"学习"这一词汇，原本是出于这样一种冲动：想用妥帖的日语来重新表述"学习"这一生硬的译语。不过，醉翁之意不在酒。我的主要目的在于，探索理解"学习"的方略：不是以往作为外部操作对象加以认知的"学习"，而是作为学习者的内部广泛的活动世界来加以理解的"学习"。针对"学习"这一词汇是一种经验的活动性质淡薄的名词，我们说，"学习"这个词汇是"学"这个行为加以名词化的动名词。这种词汇，才贴近同样是动名词表达的英语的 Learning 的语感①。

作为动名词的"学习"，不仅很好地表述了"学习"的活动性质，而且这个词汇也可以使人诱发起从更广阔的视野去丰富地界定"学习"这一活动。例如，"学习"这个词汇，暗示它的一次性和个别性，含有其活动可以在个人内获得建构"经验"的性质之意。换言之，教师在课堂中即便能够操控"学习"，即便能够触发、帮助儿童，儿童的"学习"也是操控不了的。因为，"学习"无非是每一个儿童内部建构的个性化的、个别化的"意义的经验"。

"学习"这个词汇还表达了，同大和语汇的语源——"模仿"的文化传统是一脉相承的。不同于"学习"是从获得知识、技能的个人能力与动机中求得源泉的词汇，"学习即模仿"起源于文化的传承与再造这一社会过程，意味着以人际关系为基础的活动。从亚里士多德在《诗学》中把"创作"界定为"模仿、描写"可见，这个传统，与其说是日本的传统，不如说也是跟西方共同的传统。现代主义把"模仿"与"创造"对立起来，"学习即模仿"则为我们提供了重新探讨这种现代主义"学习"的视野。

"学习即模仿"同时也表达了"学习"的合作性。正如日本传统艺能中的"学习"清楚地表明的，作为"模仿"的"学习"是以传承文化、享受文化的共同体为前提的。"学习即模仿"的概念，可以说涵盖了扩大"学习"涵义的契机：诸如晚近文化人类学的认知心理学所提出的走向文化共同体的作为"正统的周边参与"②的"学习"，和作为徒工学习的"学习"③。

"学习"这个词汇，在"学习"的译语引进之前，意味着探究两种"真实"——"诚信"与"真理"——的活动。认知的真实与伦理的诚实，同时得到了探究。从前日本人重视的学习，是越学习越是像"稻穗低垂"那样谦恭的形象，就是典型的表现。这种"学习"的伦理传统，是跟英语中所表达的伴随"见识"（wisdom）的"谦恭"（modesty）相通的。可以说，是重新界定"学习"概念的重要元素。

这样，"学习"这个词汇不仅暗示学校教育中的"学习"形象，从被动的、静态的活动转换为有目的的、有生命活力的活动，而且包含了重新评价其"模仿"性格和共同体社会的性格的可能性，进而隐含了把认知与伦理的关联正统化，重新界定"学习"的可能性。下面，以"学习"这个词汇作为关键词，探索改造教育实践的方略。

二、丧失了的学习——经验与意义的失落

"学习"这个词汇所隐含的有目的的、活动的性质，共同体社会的性质，以及知性伦理的性质，是给予战后教育学与教育实践以巨大影响的杜威和维果茨基的学习理论所隐含的特征。20 世纪 80 年代中期以来，以美国为首的外国的学习研究，是以传承和重新评价杜威与维果茨基的学习理论为中轴展开的，这也是由于他们的理论丰富地提供了并且启迪了人们以这三种性质来重新改造"学习"概念的框架。

然而，回顾战后 50 年，像日本这样的案例是绝无仅有的：尽管热

心地接纳杜威和维果茨基的学习理论，但这两位学者的"学习"思想并没有在日本生根开花。

从战后新教育的 1945 年至 1955 年前后，杜威的《学校与社会》（1900）与《民主主义与教育》（1916）曾经作为教师的"圣经"广为传播，关于杜威的研究论文也数不胜数。从 20 世纪 60 年代至 70 年代初，日本教师对维果茨基的关注也高涨起来。第一个翻译杜威《学校与社会》的国家，是明治期（1905）的日本。维果茨基的《思维与语言》（1934）也是在 1962 年领先于世界各国翻译、出版的④。其后，维果茨基的著作大量翻译出来，对于教育实践的影响，跟杜威一样巨大。如果说，杜威的理论是新教育的"圣经"，那么，维果茨基的理论是作为批判新教育的经验主义、推进学科内容的现代化的最有力的理论加以介绍，作为学科教育的系统指导基础理论加以普及的。

不过，无论杜威的影响还是维果茨基的影响，在日本，并不是在"学习"的三种性质——目的性、活动性；共同体社会性；知性、伦理性——上实现的，倒是在片面强调一面，而将另外一面加以脱胎换骨地改造才普及起来的。这种接纳与普及的奇妙特性，跟晚近 10 年间美国教育学中关于杜威和维果茨基的着眼点作一比较就可以明了。近年来美国对于维果茨基的关注是围绕他跟杜威的共同性上展开讨论的，而在日本，是在批判并克服杜威的语脉中引进并普及维果茨基学说的。况且，其后日本的教育发展，形成了既否定杜威的"学习"说，又否定维果茨基的"学习"说的学校教育的现实。尽管日本语中的"学习"概念跟杜威和维果茨基的"学习"概念有若干相通之处。在这里，令人感到在日本学校中表现出来的制度化的学习文化的难题。

杜威"经验"的再探讨

在战后新教育中，杜威的"经验"是核心概念。在全国各地的学校里，寻求组织活生生的"经验"的学习，展开同生活密切相关的问题作为主题的活动性学习。这种急速而广泛的普及，倘若考虑到当时的美国以杜威的"经验"为基础的实践，仅限于私立的进步主义学校和加利福尼亚州和纽约州为中心的城市的一部分公立学校，着实令人惊讶。据日本国立教育研究所实施的《全国小学初中课程实态调查》（1951），着手编制独自的综合课程的学校占全部学校的七成以上，以单元学习的方式实践儿童中心教学的教师达全体教师的八成以上。[⑤]这种民间的新教育实践规模之大，可以跟布劳登（1967）为起点的英国非正规学校运动相匹敌，远远超过了20世纪70年代美国的开放学校运动。不过，随后急速的衰退，也是世界无与伦比的现象。面对要求基础学力训练和道德教育的大众的抗拒与文部省的政策转换，新教育的实践在20世纪50年代末，丧失了活力。到了《学习指导要领》被赋予了法律约束力的1958年前后，几乎完全偃旗息鼓了。即便在教育学者中间，以专攻苏维埃教育学的人们为中心，对杜威"经验主义"展开了激烈的批判，新教育的实践在左与右的政治压力之下，被断送了生命。

在这里，我想探讨的是战后新教育中接纳杜威的特征。这是因为，不能不说，无论是杜威的狂热宣传者还是激烈的批判者都曲解了杜威的"经验"。在这种曲解中，围绕日本学校教育中的"学习"的思想问题不就清楚地表现出来了么。作为接纳杜威思想过程中的曲解现象，大体可以指出如下四点。

第一，杜威倡导的"经验"的知性性质，可以肯定地说没有得到理解。杜威所谓的"经验"意味着学校里所组织的"学习经验"，体现了儿童在课堂中实现的学习经验与科学家实践的学术经验之间的"探究"的连续性。但是，新教育的推进者们，从杜威的"经验"中剥夺了"探究"的性质，把它理解为校外日常生活体验意义上的"经验"加以流传。对于杜威"经验"的这种反知性的理解，指导核心课程联盟（1949年成立）的教育学者们高扬"克服主知主义"的标语，助长了这一态势。在接纳杜威思想的前提下，整个日本教育界并没有使得"经验"形成高于"体验"的涵义，"知识"并没有获得"探究"的性质。

第二，可以说是上述事态的一个结果，杜威的教育理论在"生活教育"的标语下得到接纳。仔细地探讨杜威的著作就可以明白，他一次也没有使用过"生活教育"的术语。杜威是主张社会生活与学校教育的连续性的，但他的所谓"教育"，是基于问题解决探究的"经验的重构"，既不是"凭借生活的教育"，也不是"为了生活的教育"，也不是"生活教育"。杜威的"问题解决思维"所隐含的批判性、探究性的性质，被"生活教育"这一莫名其妙的词汇吸收了，丧失了建构"经验"之意义的理论轮廓。

造成"生活教育"这一曲解的要因之一，还在于当时美国的教育现实。从 20 世纪 30 年代中期至 50 年代前半期，在美国的新教育运动中，也出现了谓之"适应生活教育"（life adjustment education）的保守潮流，风行以形成道德态度为主旨的反知性学习⑥。在日本的核心课程联盟运动中，把这种保守谱系的代表——"弗吉尼亚计划"赞誉为"楷模"，进一步助长了这种反知性主义的倾向。

第三，作为曲解杜威的显著特征，可举基于"做中学"（learning by doing）这一措辞的"学习"的体验主义式理解，这也是只消仔细地探讨杜威著作就可以明白的，然而，"做中学"这一表达是杜威的通俗解释中普及的措辞，不是杜威界定的"学习"本身。

"做中学"这一表达，是"设计教学法"的倡导者著名的克伯屈（W. H. Kilpatrick）提出的"学习"的界定。克伯屈根据桑代克（E. Thorndike）的行为主义心理学的"刺激与强化"的原理，倡导"目的性活动"为单位的单元学习（设计教学法），他把这种学习表达为"通过做学会做"（learning to do by doing）。而且，他的"学习"的核心价值不是知性经验，而是追求作为其副产品（伴随学习）而达成的"社会道德态度"的形成。杜威的表达"学习"的知性社会性质的"经验"，在克伯屈那儿被置换为引导反知性道德态度之形成的"目的性活动"了。杜威的以"探究"为中心的"反省性思维"（reflective thinking）被对于刺激的直接反应的"反射性活动"（reflective activity）所替代了⑦。

以"做中学"这一标语为中心的杜威思想的普及，是基于克伯屈的杜威思想的庸俗化在日本新教育中扩大再生产的结果。

第四，可以指出的是，失落了体现杜威"学习"之特征的"共同体"。在杜威看来，学校必须是小"社会"，必须是"共同体"。不过，作为这种"共同体"（community）的学校的性质，在战后的新教育中被误读了。杜威学校论中的"共同体"这一术语被译为"社会"，或是误译为"社区"，并没有准确地理解。况且，杜威倡导的"民主主义"是在克服个人主义弊端的"共同体"与"公共性"的构筑上展望的，尽管如此，他的儿童中心主义的教育，是在被转换为"重视个性"这一个人主义的语脉上加以普及的。

可以认为，战后新教育中接纳杜威思想的四个特征，潜藏着日本学校中学习文化的体制。对于杜威的"爬行式经验主义"的批判，其矛头不也应当指向日本的"经验"概念的未熟与"体验主义"吗？要认识这个问题，就得揭示杜威"学习"的特征。

杜威"学习"的显著特征在于，它是从生物学模式出发的，跟华生和桑代克的动物实验为模式的行为主义心理学的"学习"不同，它积极地赋予人类对于环境的活动性交往以意义，提出了以反省性思维为基础的"探究"学习的概念。杜威的"学习"由于获得了建构意义的"探究"性质，有别于动物顺应环境的学习，奠定了在同环境的活动性交往中使用语言、符号与工具的"工具性思维"的基础。人们不是通过对于环境刺激的"反射"被动地学习的，而是提出问题，运用工具，挑战环境，展开洞察、反思、深究之类的探究。在有意义地建构环境的同时，也重新建构自身的经验。

这种问题解决性、反省性思维，在杜威看来，就是人际交往的社会过程。人之所以能建构意义，就在于这种沟通过程。这样，"问题解决性思维，即反省性思维，即探究"，是个人活动，同时是社会共同体活动。人通过"学习"，不仅建构自身同环境的关系，而且通过这种意义的建构，也建构人际关系和共同体关系⑧。

因此，杜威的"学习"是建构环境与主体的认知性经验，同时也是建构自身同他人关系的社会性经验。而"学习"这一"经验"，具有连续地扩大发展的性质。儿童"学习经验"的形成，应当同科学家的探究关联起来；同社会生活与历史关联起来，使学校成为共享这些"探究"的"共同体"，为民主主义社会作好准备。杜威把满足这些要求的学习经验，表达为"有意义经验"（meaningful experience），而这种"有意义经验"，正是课程应当组织的学习经验⑨。

维果茨基"最近发展区"的再评价

维果茨基的"学习"与"发展"的概念，也对日本战后的教育学与教育实践产生了巨大影响。这种影响集中在两个理论上："最近发展区"的理论，"生活概念"与"科学概念"的理论。维果茨基对于语言学的影响以"外部语言"（沟通的语言）与"内部语言"（思维的语言）理论为中心，但在教育与教育学中则是以上述两个理论为中心加以吸收和普及的。"最近发展区"是作为教育对于发展的主导性原理导入的，"生活概念"与"科学概念"的理论则是作为克服"经验主义教育"、实现"系统教育"的原理导入的。两者都是应对 20 世纪 60 年代的推进科学教育、展开学科教育的状况导入的。

日本维果茨基著作的翻译与推广领先于外国推进的事实，也是值得特别一提的事件。在《思维与语言》翻译（1962）的当时，原苏联在赫鲁晓夫体制下渐渐叛离斯大林主义，长年受压的维果茨基在 20 世纪 30 年代前后的著作开始实现再版的阶段。即便在欧美心理学界，除了一部分关注马克思主义的心理学家之外，对于维果茨基的理论几乎是不了解的。《思维与语言》在美国最早得以翻译，跟日本一样，是在 1962 年。维果茨基学说得到教育学家、教育心理学家和教师的广泛关注，是在 20 世纪 80 年代以后，这是从行为主义心理学转向认知心理学的年代。在日本最早得到翻译与广泛传播，着实令人快慰。

不过，由于维果茨基学说的传播是以克服战后新教育的"经验主义"、确立"科学的系统教育"为宗旨推进的，所以有片面理解之嫌，这是不可否认的。这种片面性集中表现在对于维果茨基学说中占核心地位的"最近发展区"的理解上。

所谓"最近发展区"是指，儿童能够独立地解决问题的发展水准，跟教师、伙伴介入时能够实现问题解决过程的发展水准之间所存在的"发展可能性"的领域。通过这种"最近发展区"的揭示，维果茨基批判了把学习还原为成熟的生物学模式的发展理论，同时也批判了把发展与学习视为同义的行为主义发展理论。在说明学习与发展的关系上，提出了他独特的理论。下面，就来探讨一下日本接纳与传播维果茨基"最近发展区"理论的特征。

第一，"最近发展区"不是作为"学习与发展的关系"，而是限于"教育与发展的关系"来传播的。在这里可以看出日本的特殊性：既有难以译出"教学"的原意的困难，还夹杂了克服杜威为代表的"经验主义"的意图。从一个极端——片面地从体验主义角度理解杜威的"经验"，跳到另一个极端——接受维果茨基学说时轻视"学习"的"活动"与"经验"。

在维果茨基看来，"最近发展区"不只是一种体现学校教育的固有性而主张"科学概念的教育"与"教育的主导性"的概念，而且是一种主张学习的活动性质与关系论理解的概念；一种在语言的"内容性涵义"（meaning）——"科学概念"起作用的"人际关系"（interpersonal relations），与语言的"感受性涵义"（sense）——"自发概念"起作用的"自我内关系"之间，体现广泛的学习可能性的概念。在这里，"人际关系"起作用的"内容性涵义"超越了语脉建构普遍意义，而"自我内关系"生成的"感受性涵义"则是建构同特定的具体对象的指示关系的。通过区分和关联这两个不同维度的"意义"，维果茨基指出，使用"语言"这一"心理学工具"的人类的学习首先是在"人际关系"的社会过程之中形成的，然后向"自我内关系"的心理过程发展。"最近发展区"是主张人类学习的社会性的概念，是提示学习过程中"社会"与"自我"的关系论的概念⑩。不过，在日本，学习的关系论理解与社会性质被舍去了，仅仅理解成了认知维度上的科学概念的形成问题。

在日本传播的片面性，倘若跟美国近年来对于维果茨基的关注作一比较，就一清二楚。维果茨基学说在美国的接纳与传播，比之日本，或者比之其他国家，应当说是幸运的。在美国，维果茨基受到这样一些学术思潮的支撑：对于布鲁纳（J. S. Bruner）的文化心理学侧面的率先关注和沃奇（J. Wertch）的符号论、意义论解释的贡献。这是由于，在20世纪70年代后半叶，摆脱了以行为主义心理学为基础的理解，实现了日本与苏联都无与伦比的精致的解释和成果丰硕的普及。

例如，纽曼（D. G. Newman）和科尔（M. Cole）认为，把"最近发展区"视为构成"学习可能性"的"社会文化语脉"，而主张"合作学习"的意义⑪。布鲁纳等人强调"最近发展区"中的"工具性思维"与"社会性过程"，着眼于成人所准备的"脚手架"（scaffolding）在学习的跳跃中的意义和"伙伴互教互学"（peer tutoring）的重要性⑫。就是说，儿童的"发展可能性"是基于课堂的人际关系和社会语脉而有所伸缩的，也会随着帮助学习的手段而发生变化。事实上，美国普及"最近发展区"的概念，使得美国的课堂环境与学习方式发生了变化：从散乱的个别学习转向配置课桌的合作学习。

沃奇着眼于维果茨基的符号论研究揭示，他的学习是在人际关系与自我内两个维度上建构意义的活动。同时，把维果茨基的"内部语言"跟巴甫洛夫（I. P. Pavlov）的"多声语言"关联起来，论述内化沟通的学习过程中，学习者自己得以社会地构成的过程。⑬

第二，再来探讨"生活概念"与"科学概念"的关系。维果茨基通过这两个概念的比较，指出学校中的学习所固有的意义与过程。作为一种比喻，他对比了从习得文法开始的外语学习和从听开始的母语学习。维果茨基说，"科学概念"的学习与日常生活中"自发概念"（生活概念）的形成是通过相反的路径实现的。在学校教育中，必须把"教育"摆在主导"发展"的关系之中。就这一点而言，在日本的介绍并没有曲解。问题在于，这种理论带来了"科学主义"与"学科主义"的弊端：把"科学概念的形成"视为学科教育的至高无上的目的。

维果茨基既不是主张"科学主义"来探讨"科学概念"与"自发概念"，也没有过低地评价"科学概念"习得中的"活动"与"经验"的意义。在维果茨基看来，"科学概念"与"自发概念"的差异，与其说是"抽象"与"具体"的差异，不如说是语言与意义所构成的社会样式的差异。他所说的"科学概念"是与人际关系中语言的概括化"内容涵义"对应的，而"自发概念"是指示自己的语言与具体对象之关系的"感悟"意义对应的。从这个意义上说，"生活概念"这一术语，用表述同样内容的"自发概念"（spontaneous concept）来统一表述也许更加明了。他是把学习作为社会过程来认识，并探究社会过程中体现的"科学概念"被个人"内化"的心理过程的。

不过，在日本的推广中，学习的社会过程被舍弃了，封闭于个人的纯粹心理的过程。其结果是，维果茨基的理论仅作为学科内容的科学组织和教育指导的主导性的课题加以议论，而构成学习语脉的社会关系的再组织问题并没有作为一种课题加以研究。可以说是维果茨基发展理论之精髓的社会过程，局限于心理学而被舍弃了。

第三，过低地评价维果茨基的"学习"中处于核心地位的"活动"的意义。可以说，作为批判杜威"经验主义"而引进的维果茨基的理论因而导致了这样一种结果：轻视了"活动"与"工具"。维果茨基的"学习"被剥夺了活动的性质，舍弃了具体对象的工具性操作活动，而局限于抽象的、无媒介的知识的理解。

维果茨基理论中"活动"的重要性，也可以把它置于列昂节夫（A. N. Leontiev）、鲁利亚（A. R. Luria）等人的"活动主义学派"的出发点得到理解。《思维与语言》中的"思维"与"语言"这一术语，在原著中也意味着"思维"与"口头语言即说话活动"，各自同"建构意义"与"建构语言"相对应。"建构意义即思维"是从概括化知识系历史地形成的这一角度来表述学习的历史性的,而"建构语言,即口头语言,即说话活动"则是通过语言建构人际关系这一角度来表述学习的社会性的。

"活动"正是维果茨基理论的中心概念。通过界定使用作为"心理学工具"的语言建构意义与关系的"活动",他不是把概念的意义视为知识所内蕴的东西,而是通过"活动"、通过社会地建构和"内化",心理地建构的[⑭]。他的活动学习是以语言、逻辑、符号、概念之类的"工具"为媒介的社会沟通的活动,跟前述的杜威的概念有相通之处。

第四,维果茨基的关于学习的自我内关系的考察,在日本并没有受到关注。维果茨基心理学的特征是囊括性地研究了欧洲与美国的心理学。他以冯特(W. Wundt)的实验心理学谱系为中心,试图整合华生(G. Watson)与桑代克(E. L. Thorndike)的行为主义心理学、苛勒(W. Kohler)与考夫卡(K. Koffka)的格式塔心理学,乃至弗洛伊德(S. Freud)的深层心理学。在他的学习与发展的理论中,这种囊括性不仅表现在认知侧面与社会侧面,而且表现在他所展开的以自我与自我概念建构的"自我内关系"的考察。他的外部语言(人际关系沟通中的语言)与内部语言(自我内关系中的思维的语言)之差异与关系的研究,以及从社会的、历史的、文化的"人际关系"的面貌出发"内化""自我内关系"面貌的理论中,可以看出他对于自我概念考察的线索[⑮]。在这一点上,维果茨基心理学通过同时代语言的分析,探讨了"自我"、"自己"与"社会"的关系,显示了跟芝加哥大学社会学家米德(G. H. Mead)的研究相通的性质(米德在芝加哥大学曾是杜威的亲密同事,1896 年至 1904 年系杜威实验学校从事实验研究的骨干研究者)。

在日本维果茨基理论的普及中,也由于他的早逝,关于"自我"的洞察终究未能完成,因而受到忽略。"内部语言"的概念也局限于认知领域的理解,并没有把它理解成自我与自己之发展的解读,是一种自我与社会之关系的揭示。应当说,这是失落了学习的社会性的必然结果。

三、学习的社会性——意义的建构与共享

从杜威与维果茨基理论的普及所体现的对"学习"的曲解与局限，尔后还在持续并且得以再生产。例如，在学科内容现代化时期，学科教育中的"结构"的概念，不是"认知结构"，而是缩小为"教材结构"加以普及的倾向，或是限于知识的结构（意义结构），并没有在认知与表达的对话结构（句法结构）上加以理解，等等，就是一个例证。可以说，这些教育学中的对"学习"的曲解与片面性，清晰地反映了日本学校文化的偏向，记录了这些偏向中共同体现的学校学习的根源性问题的一般特征。

第一，是缺乏学习中建构意义的活动性，缺乏工具性思维和问题解决思维。杜威与维果茨基理论的共同点是，所谓学习，不是被动地、机械地习得现成的知识与技能，而是具有"问题解决思维"这种学习的性质：作用于对象——事物、事件与社会，构成问题，展开工具性思维，建构对象的意义，建构世界。

日本的学校尽管积极地引进并普及了杜威与维果茨基理论，但在他们的可以说是理论支柱的亦即问题解决思维这一活动性学习的思想中，带来的成果是微不足道的。日本的教师与教育学家所设想的"教学"与"学习"的形象，至今还未能从整齐划一的以讲台与课桌为舞台，以黑板、教科书、笔记本为工具的风景中摆脱出来。

第二，可以指出的是，具体性、经验性、实践性认识与抽象性、概念性、理论性认识的二元论，这两种阶段的分割与游离。尽管杜威与维果茨基理论的精髓是克服感觉与意义、具体与抽象、经验与概念、实践与理论的阶段式二元论，但在日本却带来了扩大和助长这些二元论的后果。杜威与维果茨基的对立这一构图本身，就是这种二元论的反映。就认识论的问题来说，对于语言的意义论研究，与对于认识的社会建构理解的缺乏，也是造成这种二元论扩大的要因。

例如，在杜威那里，基于工具性的反省性思维与社会沟通是把学习作为探究来实现的，提示了克服实践与认识的二元论的逻辑。但在日本的引进者们那里，并没有充分地理解建构意义的"学习"概念本身也是社会建构的。这就是杜威的"经验"沦落为"爬行式经验主义"的结果。

维果茨基也对于语言展开了意义论研究。他区分了表述对象关系——拥有语言与具体语脉的对象——的意蕴，与语言内容的概括的、语脉的意蕴，前者谓之"自发概念"，后者谓之"科学概念"，并且研究了这两种概念发展的辩证关系。不过，在日本的普及中，这两者的关系是机械地分割的两个阶段。这个责任不能归咎于维果茨基的介绍者。因为，在引进维果茨基理论之前，日本的马克思主义者们已经接受了毛泽东的《实践论》、《矛盾论》的"从感性认识上升到理性认识"的二元论的洗礼。在这种思路上，汲取了维果茨基的理论。尽管维果茨基把学习界定为"科学概念""内化"为"自发概念"的过程，但是，"从生活概念上升到科学概念"这一接受毛泽东影响的认识论范式，支配了20世纪50年代至70年代的学科教育研究。其实，倘若立足于列宁的"感性认识、理性认识、具体认识的螺旋型"的认识论基础来接受维果茨基理论，或许可以避免把维果茨基理论归结为"学科内容的科学化"的。

不过，更深刻的问题在于，把具体与抽象、经验与概念、感性与理性、实践与理论加以二元化的学习文化的体质。也许可以说，这种体质与其说是日本文化的传统，不如说是西方文化内在的二元论，在明治以后急速的西化与现代化的过程中，扩大再生产的结果。这是因为，学校文化中的这种二元论顽固地存在，也可以认为是扭曲的历史的残渣。同这种二元论正面对峙，来接受杜威与维果茨基理论，内在地潜藏着解剖并重建日本学校文化体质的可能性。

第三，缺乏学习的有效步骤，对于认知与表达中的表述方式与论述方式（对话）缺乏关注。妨碍杜威与维果茨基理论的正统普及的一个要因，是效率主义的学校教育中凝固的知识观与结果主义的学习观。在杜威或是维果茨基看来，知识是在学习活动与沟通过程中连续地构成的，是不断地变化、发展的。尽管这样，在他们的理论的普及中，其前提都是预设了实体的、凝固的知识，生成性、功能性的知识性质，没有得到理解。

一旦缺乏如下的见解：知识是一种生成、发展的过程，根据语脉认识知识之意义，那么，学习往往就容易程式化，沦为习得至上的结果主义。谓之正解主义、测验主义、受验学力的效率主义的学习，就是其典型。缺乏生成性、建构性知识观的学习的实践，将导致"过程"与"语脉"的丧失，归结为"结果"与"程式"。

第四，对于学习的个人主义、心理学主义理解，缺乏社会性和共同体的性质。无论杜威的学习概念还是维果茨基理论的学习与发展的概念，都是用语言性沟通来说明的，贯穿了克服个人主义、心理学主义学习的意图。学习，是在人际关系之中形成的社会实践，构成学习的语言是沟通的语言，这是两者共同主张的。杜威把学校定义为"共同体"，把学习视为反省性思维的社会过程。维果茨基也无非是在沟通的语言中寻求学习的语言，把学习定位为社会建构的对话过程。

不过，在杜威与维果茨基理论的引进中，无论学习的社会建构的观点还是学习的共同体性质，在日本都没有获得充分的理解。学习，封闭在基于独白的语言个人主义框架之中，并没有把它作为个人特定的概念与技能形成的过程，以及在人际关系中意义得以生成与变化的过程加以认识。

从上述杜威与维果茨基理论扭曲的引进中所抽取的日本学校的学习的四个特征，不能不浮现出日本学校制度上、文化上的问题。因为，我们可以想像，学校所组织的知识的抽象化、去语脉、权威性的性质，以及课堂之中建构学习的人际关系的权威性质这两个要素，是形成上述四个特征的生成与再生产的基本结构。这样看来，我们必须探讨和重建新的学习概念，以便克服赋予学校文化以特征的知识的抽象化、去语脉、权威性的性质，以及课堂之中建构学习的人际关系的权威性质。下面，我们就来提示一部分这种尝试。

四、对话学习的三位一体论
——重建世界、重建自身与重建伙伴

倘若把学习作为意义与人际的"关系重建"（retexturing relations）加以认识，那么，学习的实践就可以重新界定为：学习者与客体的关系、学习者与他（她）自身（自己）的关系、学习者与他人的关系。学习的活动是建构客观世界意义的活动，是探索与塑造自我的活动，是编织自己同他人关系的活动。

在这里，三个维度的"关系重建"是通过"意义重建"实现的，从中我们可以寻求学习实践的认识论基础。"关系"（relation）这一概念是从"叙述"（relate）这个动词派生出来的词汇。建构、解构、修复客体、自身与他人的"关系"，跟"叙述"这些"意义"是一回事。就是说，学习这一实践是通过"叙述"客体、自身与他人，来建构意义、构筑"关系"的实践。

作为"意义建构，即叙述，即关系重建"来表述的学习的实践，因而是作为语言实践来展开的。学习实践中"叙述"的"语言"，相当于维果茨基的"思维"和"口头语言（叙述活动）"中的"口头语言活动"。如前所述，维果茨基暗示，学习的活动或是建构历史的、语言的一般意义的社会活动，或是形成语言、命名个别的具体的客体的个人活动，是两者螺旋式展开的活动。

通过叙述建构意义，通过意义的叙述建构关系的学习的实践，在客体、自身与他人的关系之中形成三种对话实践的领域。

学习的第一种对话实践，是同客体的对话。这种实践是认知客体并把它语言化地表述的文化性、认知性实践，是跟以往论述的"学习"活动相对应的。儿童直面教育内容的概念、原理和结构，从事具体客体的观察、实验和操作，运用概括化的概念和符号，建构客体的意义世界并且构筑结构化的控制关系。这些一连串的活动从其依据语言活动的角度来看，可以视为在一连串的对话中建构的语言性实践。

学习的第二种对话实践，是跟自己的对话。学习者建构客体的意义，构筑同世界的关系，同时，通过自我内的对话，改造自己所拥有的意义关系，重建自己的内部经验。学习是作为语言实践展开的，自我内的对话性实践的基础也是如此。语言正是有可能"体验经验"（维果茨基）的人所特有的工具。在学习中建构客体意义的语言性实践，同时，无非是建构自己网节关系的活动。

学习作为自我内对话的性质，意味着"自己"同他人之间关系的内化、结构化。"自己"（self）的原语——"se，seu"，原本是意味着"第三人称"（the third person）的词汇，米德把复数他人的视线内化了的"概括化他者"（others）来表述"自己"⑯。可以理解为，这个"自己"也是在语言实践所建构的同他人的关系中析出的。人通过运用体会经验的语言这一元认知的工具，建构客体世界的意义，同时，建构跟客体世界对峙的自身，乃至以自己为对象展开元认知思维，重新建构自身。所谓"自我探索"活动，可以说，就是通过这双重的元认知思维所实现的"自己"的析出、解体与重建的活动。这样，这种"自我探索"的需求，正是从内部调动我们从事学习实践的根源性需求。

学习的第三种对话实践，是在同他人的沟通这种对话的社会过程中实现的。一切的学习都是内蕴了同他人之关系的社会性实践。课堂里的学习是在师生关系与伙伴关系之中实现的。即便存在个人独立学习的场合，在这种学习里也交织着同他人的看不见的关系。这是因为，教育内容的知识其本身是社会建构的，学习的活动逃避不了来自看不见的他人的种种视线。

这样，所谓学习的实践，是建构教育内容之意义的同客体对话的实践，是析出自身和反思自身的自我内的对话性实践。同时，是社会地建构这两种实践的同他人对话的实践。这三种实践体现了互为媒介的关系。我们倘若不是丰富地建构客体的意义世界，就不能丰富地建构自己，也不能建构自己同他人的关系。反之，能否丰富地建构客体的意义世界依存于学习者自己内部广阔世界的丰富性，依存于同该学习者相关的人际关系的丰富性。所谓学习的实践，其轴心是作为同客观世界对话而实现的探究和表达的实践。可以说是使得上述三种对话性实践得以相互发展的实践。学习的实践是"创造世界"（认知性、文化性实践）、"探索自我"（伦理性、存在性实践）和"结交伙伴"（社会性、政治性实践）相互媒介的三位一体的实践。

不过，在制度化的学校里，这三个维度的对话性关系是割裂的，三位一体的关系也解体了。无论是作为对话性实践的学习，还是作为三位一体的实践的学习，在现实中，只能在变革性的实践中实现。下面，就来论述这种异化的状态及其克服这种异化状态的课题。

在学校教育中，学习的"时间"、"空间"、"人"、"知识"和"环境"，一切都是以"效率性"原理为基础得以制度化的。

在这里，说明一下学校教育的"课时"是以泰罗制（1911）——被视为大工业生产的近代劳务管理的起源——为模型构成的，也许不是多余的话。泰罗制把工人劳动的质性时间置换为均质的作业时间的量化单位，来实现大生产系统的，同样，在以效率性为原理组织的学校里，是把学习这一质性经验置换成均质的作业时间的量化单位，来组织课程与教学的[17]。

学习这一经验的时间，本来是有起伏的个人的质的时间，是可逆的、循环的时间。但在课堂里所组织的课时是均质化的量化的课时，是单向的、线性式的不可逆的时间。在课堂中，每一个儿童内心所经验的质性时间被舍弃了，在教室墙壁上悬挂的课时表和时钟所显示的细细分割的量化的课时，控制着儿童内心的时间。在课堂里，儿童自己的时间被剥夺了生存的条件，经验作为经验形成的根本条件被剥夺了。儿童们在课堂里完成无数的活动，而只能感受到些微属于儿童自身的经验。

在学校的"空间"、"人"、"知识"、"环境"的组织中也是同样的状态。学校中人为的追求效率的"空间"组织，剥夺了儿童以自然体展开活动性学习的条件。同学校中"人"的组织的关系，也难以形成对话性、合作性学习的关系。而"知识"的人为的效率化的组织，淡化了教育内容与客观存在之间的关系，舍弃了同建构知识的知识共同体对话的连续性，进而舍弃了该知识同实际发挥作用的社会语脉的关系。而学校的"环境"组织则剥夺了应当构筑的社会关系，这种关系是以具体的对象操作为媒介展开的，并通过学习实践的活动性与活动来构筑的。

根据上述三种对话性实践，来总结一下学校教育中学习的障碍和实践的课题。

在同第一个对象的关系上，学校所组织的追求效率的学习，剥夺了对话的性质。学校制度化的学习，由于舍弃了具体客体的操作和建构的活动，可以说，不是作为建构客观世界之活动的学习，被贬为以现成知识的习得与巩固为基本的学习，丧失了具体客体与意义的学习。可以说，作为教育内容的知识由于去语脉化、抽象化而得以助长。切断语脉、意义中立化、文体非人称化的知识，是教科书知识的标志性特征，这种知识，与其称为"知识"，不如称为"信息"来得妥当。在制度化的学校里，知识由于去语脉化、中立化、抽象化而变化为信息，追求效率性的传递与一元化的评价就有了可能。进而，实现了教育市场中知识的商品化，亦即应试竞争的市场与劳动力市场中教育知识的商品化。

去语脉化、中立化、抽象化的学校知识，可以用柏拉图洞穴寓言的"影子"来比喻。学校教育中制度化的知识，犹如存在的世界在洞穴深处照出的影子而已。倘若回转身来看看外面的世界，尽管展现出无垠的多彩的、活生生的真实的风景，然而，长年在暗洞里凝视"影子"的目光，即便转向外界，也会由于一旦暴露在耀眼的光芒面前，而招致失明的危险。也有人把这种学校的知识虚拟性比作"杯装方便面"[18]。基于学习这一人的渴望，人们不断地食用虚拟性食品，这些食品即便能够暂时消解饥饿感，但由于营养缺乏，持续的强迫进食，久而久之，就会处于饱腹状态以至饿死。丧失现实的具体的客体与语脉沦为信息的教育内容的知识，从根本上剥夺了主体在学习实践中同客观世界对话的关系。

学习实践的第二个维度——同自己的对话，也在制度化的学校教育中受到限制。在课堂中，学习者自身生活的"时间"、"空间"与"关系"被剥夺了，自我内对话的前提——习惯于一个人的条件，也被剥夺了。

对于自我内对话的制约，不仅仅在于个人的"时间"、"空间"与"关系"在课堂中不能得到保障。学习的活动在限于习得现成内容和达成正确答案的课堂教学中，不管如何着眼于每个学生的兴趣爱好，以各自的步调展开，都不能调动自我内对话。所谓学习中的自我内对话，意味着以自己的语言接近客体的省察的活动，并以这种省察活动为对象展开反省性思维的活动。作为探究过程的学习，倘若不加以组织，在儿童的经验中就不可能有自我内对话。

自我内对话的限制也存在于课堂的人际关系之中。在每一个人的认识与表达的个别化未能受到尊重和鼓励的课堂里，儿童是难以推进这样的实践的：尊重自己的形象和语言、重建自己的形象和语言。再者，在课堂这一由同质性的文化所构成、缺乏他者性的环境里，每一个儿童要认识自己的形象和语言的固有性，并把这种固有性作为思考的对象，那是困难的。在课堂里要调动每一个儿童的自我内对话，仅仅保障每一个儿童习惯于一个人是不够的。我们还必须同时做到：每一个儿童个性化的活动得到鼓励，形成共享这些差异、和谐相处的关系。

在学习实践的第三个维度——人际关系的对话中，课堂也隐含了若干限制。众所周知，在师生组成权威与服从关系的课堂中，儿童是难以展开对话性实践的。这是因为，对话性的人际关系是以对等的、平等的人际关系为前提的。其基础之一是对于他人的思考与见解的关注与尊重，基础之二是对于自身思考与见解的反省性思维。然而，在课堂中构筑这种对话关系的教师，在现行的学校里受到限制。

学习中同他人的对话性实践，由于课堂沟通的语言不是作为对话的语言，而是基本上以独白的语言来组织的，也受到制约。即便极其活跃地展开见解交流的课堂，也受到独白语言的支配。不能说构筑了以对话语言结成的探究共同体。

课堂语言的独白性质，也起因于课堂教学运用了谓之"教室语言"的定型语言。正如课堂对话分析的研究所表明的，在课堂对话中，由知道正确答案的教师提问，不知道正确答案的学生回答，然后教师作出评价。这样，以"教师提问、学生回答、教师评价"三要素组成的自我完结的人为单位的连续，支配了课堂。一般对话性会话中体现的二项式、即兴式的性质被剥夺了。再者，"教室语言"在声调和会话中被人为地制度化，以"大家"这样一种不特定的多数对手的会话，都阻碍了对话语言的形成，导致了受独白语言限制的结果。

课堂知识的非人称性质，也是阻碍对话语言形成的一个要因。正如教科书知识所典型地表明的，课堂中所学所说的知识，其特征就是剥夺了知识的个人性格的非人称化性质。课堂的知识，既不是"我"的知识，也不是在"我"和"你"的关系之中生成并发挥作用的知识。也不是从"我"出发、引导"我们"的知识。这种知识是丧失了归属的个人的"谁"（非人称或是第三人称）的知识，谈论这种知识的语言是"那些人"（第三人称复数）的语言，只能向"那些人"独白。

因此，要实现作为人际关系中的对话性实践的学习，就得展开变革的实践，亦即借助对话性语言，把构成课堂文化的制度化的人际关系、语言、知识加以变革。可以说，革新的实践全都是自觉地实践这种课题的。尊重每一个儿童的认知与表达的个别性，教学的中心置于好的听者、好的理解者的教师的实践；交流每一个儿童的形象和思考的个别性，探求对话性沟通的形成的教师的实践；开拓课堂语言的多样性、多层性的教师的实践，等等，都是这种变革的典型。

五、学习中的"模仿"与"创造"
——寻求"学习"的复兴

变革学习的中心课题之一，在于重新界定学习的概念，以往从个人主义角度看待的学习的实践，应当视为共同体的实践。

杜威主张把学习的过程重建为社会的、共同体的过程。杜威一方面批判被动的习得历史遗产——逻辑与知识——的机械的、形式的学习，另一方面，严厉地批判无视教育内容的社会性、历史性，把学习消解为"自我表现"的教育。杜威说，追求"自我表现"的无上价值的学习理论，无视了学习与成长的社会性、历史性和共同体的性质；忽略了学习的实践是以社会沟通为基础的，这是一种个人主义的谬误。

学习实践的社会历史性也是维果茨基理论的特征。维果茨基重新评价了学习中"模仿"（imitation）的意义。维果茨基通过对幼儿学习中"模仿"活动的观察，关注到儿童的模仿跟鹦鹉学舌的机械式"模仿"是不同的。这种不同，表现在"最近发展区"中的某种课题的解决上。儿童是在有发展可能性的某种课题上进行"模仿"的。因此，儿童的"模仿"是建构新意义的活动，是作为原创性活动展开的。

维果茨基理论还包含了这样一种主张：学校教育中的学习应当以"模仿"为中心展开。因为，"最近发展区"中的学习是包含了"模仿"他人在内而展开的活动。在"科学概念"与"自发概念"的关系上，学习者也是通过模仿性地建构沟通中所表达的"科学概念"的一般意义的语言活动（外部语言活动），把"科学概念""内化"为自己的语言（内部语言）来实现发展的。在这种"模仿"中提供典范的是参与学习的社会过程的教师和同学。

可以说，杜威和维果茨基的主张，为我们重新把学习界定为"模仿"提供了视野。以往"模仿"在教育中之所以只有消极作用，正如杜威指出的，那是因为"学习即模仿"并没有作为学习者建构创造性思维与想像力的运用来实践。也正如维果茨基所说，那是因为这种"模仿"是在"最近发展区"的框架之外，始终沦落为受强制的、鹦鹉学舌式的反复练习而已。反之，可以说，学习的实践只有在同他人的沟通中作为建构意义的社会过程来展开时，"模仿"才具有积极的意义。

"模仿"的积极意义引导我们寻求"模仿"与"创造"的循环作用。在"模仿"行为中寻求学习的本质，也是西方思想的传统之一，它的代表性的起源就是亚里士多德的《诗学》。在该书中，亚里士多德赋予艺术创作行为的实践以"创造即模仿、模拟"及其"喜悦"的性质。这种"创造即模仿、模拟"的活动体现了人类的创造行为是一种文化的传承。在现代主义的艺术理论的一大特征——"自我表现"的思想中，往往把"传承"与"创造"对立起来加以认识，而在亚里士多德看来，文化的"创造"是以"传承"为基础形成的[19]。

作为"创造即模仿、模拟"的"学习"中的"传承"与"创造"的关系，可以理解为文化的"模仿"与"创造"的关系。所谓"模仿"是指模仿他人文化的活动，所谓"创造"是指建构自己文化的活动。这种"模仿"与"创造"在学习的实践中，构成了螺旋式上升的运动。我们通过"模仿"学习向导——他人的文化，在混沌的世界中"创造"自己的轮廓，又以自己的"创造"为基础，使得他者文化的"模仿"得以扩大和发展。在模仿中创造，在创造中模仿。可以说，这种螺旋式上升的运动，正是我们谓之"学习"的活动。

"模仿"与"创造"的螺旋式上升的运动，是推进共同体建构的运动：区分自己与他者的界限，同时也建构自己同他者共有的关系，并从中析出自己。在"模仿"中，学习者超越自身经验的局限，生活于他者经验的世界，从事"习练"浸润于他者经验中的文化范式的学习。同时，在这种"模仿"过程中，学习者也从事"创造"的活动：把自己从他者分离开来，思考自己，形成自我意识。进而通过"习练"构成这种"模仿"与"创造"的文化规范，学习者参与文化的共同体。

所谓建构客体的意义，展开自我探索的实践，构筑同他者的共同体关系的学习的实践，可以理解为上述以"模仿"为基础而展开"创造"的实践。可以说，"创造"是"交谈"的语源，而显示意义建构的"关系"（relation）概念也是一种含有"交谈"意义的词汇。以"模仿"为基础展开的"创造"的实践，通过同他者的交往，生成所建构的意义的"交谈"，而通过这种"交谈"，实现自己同世界的"创造"[20]。

作为"模仿"与"创造"的循环所从事的学习实践，复兴了"学习"的意义，同时，也要求复兴徒工学习的意义。学习实践的价值倘若不是在个人主义的"自我表现"中去寻求，而是通过社会过程在"文化共同体的参与"中去寻求，那么，现代学校所舍弃的徒工学习的价值就得重新评价了。所谓学习的实践，就是参与文化共同体的活动。这种文化共同体是借助各个文化领域的对话所结成的，而这种参与是通过"模仿"文化共同体的学习向导所拥有的文化来实现的。

六、作为"对话性他者"的教师
——创造新的学习

上面，根据活动性、合作性学习者的形成，作为对话性实践的学习的构成，作为"模仿"与"创造"的学习实践这三个主题，提示了重建学习实践的课题。最后，考察一下实现这些课题的教师的作用。

在同客体对话、同自己对话、同伙伴对话的学习的对话性结构中，以及在追求自立的、活动的、合作的学习者形成的实践中，教师应当起什么作用呢？在儿童的学习局限于认知过程，局限于个人主义式、心理主义式加以理解的状态中，教师的作用是作为教学技术的问题和班级经营的问题加以议论的，教师被视为教育内容传递与说明的代理人、学业的监管者或是教育环境的主要构成要素。不过，倘若要活动性地组织儿童的学习，合作性地展开这种学习，作为社会共同体的过程来重建，我们就必须探讨性质不同于以往的教师的作用。学习的重建，要求教师作用的多方面变化。在这里，提出"对话性他者"的概念，仅聚焦于这个概念，谈谈要求于教师的新的课题。

组织和促进文化性、社会性、伦理性实践的学习，要求教师展开比之以往的"教学"概念更广的教育活动。教师要在课堂里，把课堂环境设计成活动性、合作性学习的场所，设计具备了教育内容的意义和魅力的学习经验，促进活动性、自立性、合作性的对话性实践。这三种作用本身绝不是复杂的课题。可以说，跟以往教学的支离破碎的繁杂的活动相比较，是一种远为单纯、自然、结构化和合理的活动。

不过，要在现实的制度化的学校教育中，实现这种新的学习，还得克服若干复杂的困难。倘若不实现教育内容的毅然的精选和结构化，就不能实现活动性、合作性、对话性的学习；倘若不在学生济济一堂的教室里，把课堂的环境，大胆地变革成知性的、合作性的环境，大幅度地引进小组活动和个人活动，就不能实现教学的变革。每一个儿童在课堂里必须在自己的思想中形成相互感到自豪、相互尊重他人异质思想的文化，而教师自身倘若未能掌握丰富新的学习形象、持续地发现这种学习意义的活生生的理论，那么，新的学习的创造不过是一场黄粱美梦。

在促进文化性、社会性、伦理性实践的学习中，教师必须发挥上述三种作用。而在这三种作用中，最细腻、复杂而重要的作用，就是在课堂的沟通中促进每一个儿童拷问客体的活动和对话性实践。课堂环境的设计，只消改变一下课桌椅的排列，设置资料角，在教室里准备好丰富的诱发和帮助学习的资料和素材，就可以达到。教育内容的设计，从尝试过同样实践的众多教师的经验中学习，活用教材，也可以在某种程度上实现。但是，根据每一个儿童的学习调动和帮助其探究活动，促进和发展儿童多样的图像和思考的交流的活动，要求教师更细腻的洞察、思考和判断。

介于儿童的探究活动与对话性活动之间的教师的作用，我们用"对话性他者"的概念作一个提示。所谓"对话性他者"意味着，在"最近发展区"里，能够发挥可能促使学习者的学习发生跳跃的、起一种"脚手架"作用的"他者"。合作展开学习的同学也能够发挥"脚手架"

的作用。但需要注意的是，教师的作用在性质上是不同于同学的作用的。教师，在学习共同体中是"他者"，是拥有"他者性"的对话者，亦即"对话性他者"。

教师由于是一种"对话性他者"的存在，所以，能够实现远比同学更强的"脚手架"的作用。作为"对话性他者"的教师，能够充当至今尚在懵懂之中的儿童的替角，诱发和促进儿童的自我内对话。能够走在儿童发展的前面，补充性地代理儿童的"内部语言"（inner speech）或是"内部声音"（inner voice）。这种"对话性他者"的角色也可以谓之"代理自己的他者"的角色，可以说，将发挥促进儿童的自立性、活动性的思维，推进反省性、探究性思维的重要作用。这种案例是很多的。贴近儿童的水准提出问题、诱发儿童思维的教师，在这种儿童"内部语言"的对话中，起着儿童自己的补充性代理的作用。

作为"对话性他者"的教师，由于教师本身是文化领域的优秀学习者，因此，还对学习者起着监管者的作用。在课堂的对话性实践中，起着学习者的"摹写"对象的作用。以往关于教师的素质和能力的讨论，往往把焦点集中在作为教授者的技术、知识和素质上，然而，倘若把学习的实践视为对话性实践，那么，教师最需要的，首先是他（她）本身就是熟悉并尊重学习的意义、方法和价值的优秀的学习者。作为"对话性他者"的作用，其基础全在作为学习者的教师的素质和能力。不同于学习的向导——教师，学习者所从事的"模仿"，可以说是课堂中所准备的最大的教育内容。

在这里，教师拥有"他者性"是重要的。这是因为，教师倘若借助作为"模仿"的对象与魅力，同时，又具备某种异质的"他者性"，那么，学习者就可以保持适度的距离，积极地展开自己的"创造"，成长为自立的学习者[21]。

最后，作为"对话性他者"的教师担负着这样一种作用：把课堂里儿童的学习跟课堂外广泛的文化共同体的知性活动关联起来。教师是课堂里生成的文化与社会文化的"媒介者"（mediator）；是根据社会语脉提示课堂里所教学的知识的现实意义而把课堂的学习跟社会人士的学习关联起来的媒介者。没有这种作用，课堂学习就不能获得其意义和前景。教师通过在课堂里发挥作为生存于社会与历史的一个人的"他者性"，就能够在学习者中间进行对话性实践，这是一种把课堂学习与社会息息相通的对话性实践。[②]

注　释

① 日本語の'学習''勉強'と中国語の'学習（学）''勉強'の比較は興味深い。中国語の'学習'は翻訳語ではない。'学習'は'学'と同義であり、いずれも、動詞と名詞の両方で使われ、'学習（学）'は'学ぶこと'と同時に'模倣すること'を意味している。そして、中国語の'勉強'には、もちろん'学習'にあたる意味はなく、'無理に強制する''嫌々行う''無理がある'などの意味があるだけである。

② Lave, J. & Wenger, E., 1991 *Situated learning：Legitimate peripheral participation*, Cambridge University Press.（佐伯胖訳"状況に埋め込まれた学習——正統的周辺参加"産業図書、一九九三年）

③ Rogoff, B., 1990 *Apprenticeship in thinking：Cognitive development in social context*, Oxford University Press.

④ ヴィゴツキー"思考と言語"上・下（柴田義松訳、明治図書、一九六二年、一九六三年）。

⑤ 国立教育研究所編"全国小・中学校教育課程実態調査（第一次報告）"（一九五三年）。

⑥ '生活適応主義教育（社会適応主義の教育）'の形成と普及に関しては、佐藤学"米国カリキュラム改造史研究——単元学習の創造"（東京大学出版会、一九九〇年）第八章、第一〇章を参照されたい。

⑦ 佐藤学'"プロジェクト・メソッド"の理論と実践'（"米国カリキュラム改造史研究"前掲、第五章）参照。

⑧ Dewey, J., 1925 *Experience and nature*, Reprinted in 1958, Dover Publications. Dewey. J., 1933 *How we think：A restatement of reflective thinking to the educative process*, D. C. Heath and Co.

⑨ Dewey, J., 1938 *Experience and education*, Kappa Delta Phi.

⑩ Newman, D., Griffin, P. & Cole, M., 1989 *The construction zone：Working for cognitive change in school*, Cambridge University Press.

Cole，M.，1985 The zone of proximal development：Where culture and cognition create each other，In J. Wertch（Ed.），*Culture，communication and cognition：Vygotskian perspectives*，Combridge University Press.

⑪ Bruner，J.，1985 *Vygotsky：A historical and conceptual perspective*，In J. Wertch（Ed.），*Culture，communication，and cognition：Vygotskian perspectives*，Cambridge University Press，pp. 21–34.

⑫ Wertch，J.，1991 *Voices of the mind：A sociocultural approach to mediated action*，Harvard University Press.

⑬ Vygotsky，L. S.，1978 *Mind in society：The development of higher psychological processes*，Trans lated by M. Cole，V. John-Steiner，S. Scribner & E. Souberman，Harvard University Press.

⑭ Wertch，J.，1985 *Vygotsky and the social formation of mind*，Harvard University Press.

⑮ Kozulin，A.，1990 *Vygotsky's psychology：A biography of ideas*，Havard University Press.

⑯ Mead，J. H.，1934 *Mind，self and society from the standpoint of a social behaviorist*，University of Chicago Press.

⑰ テーラー・システムのカリキユラムへの導入については、佐藤学‘“効率性”の原理による単元学習の再編’（“米国カリキユラム改造史研究——単元学習の創造”前掲、第四章）を参照されたい。

⑱ ダグラス・ラミス“影の学問・窓の学問”（加地永都子ほか訳、晶文社、一九八二年）。

⑲ アリストテレス“詩学”（藤沢令夫訳、田中美智太郎責任編集“アリストテレス”所収、中央公論社、一九七九年）。

⑳ ‘かたり’と‘かたどり’に関しては、坂部恵‘〈ふるまい〉の位相——分化の構造と動態への一視角’（“ペルソナの詩学——かたり・ふるまい・こころ”所収、岩波書店、一九八九年）が啓発に充ちている。

㉑ ‘他者性’の意義に関しては、酒井直樹‘他者性と文化’（“思想の科学”一九九〇年二月号、四—八頁）が示唆に富んでいる。

㉒ 本章では、教室における学びを、認知的過程の社会的構成に焦点化して論じてきた。教室の学びの政治的・社会的実践としての性格に関しては、以下の拙稿を参照されたい。

佐藤学‘教室という政治空間——権力関係の編み直しへ’（森 田尚人・藤田英典・黒崎勲・片桐芳雄・佐藤学編“教育のなかの政治”教育学年報3、世織書房、一九九四年）。

佐藤学‘教室——虚ろな空間を充たすもの’‘教室のディレンマ——生成の構造’（佐藤学編“教室という場所”国土社、一九九五年）。

3　学习论批判

——建构主义学习理论及其启示

一、问题的设定

　　欧美各国和日本的教学改革，在缓慢地然而深刻地进展之中。教学的改革以往曾经进行过多次，但现今进行的改革却是根本性、根源性的。从"教师中心"转向"儿童中心"，从"教"的中心转向"学"的中心，从"传递、讲解"转向"支援、帮助"。所有这些表述，通通不过是描述了现今改革的一个侧面而已，并没有揭示其根本性、根源性的变化。现代学校的特征是划一性和效率性，教学系统就是以这两大原理为基础的。我们需要重新拷问这种教学系统、教学关系和教学结构，求得新的解构与建构。重建"教师"的概念，重建"儿童"的概念，重建"教"的概念，重建"学"的概念，重建"教材"（知识与素材）的概念，重建"课堂"（环境）的概念，以及重建它们之间的相互关系，正在进展之中。这种变化确实是脱胎换骨的（稻垣忠彦，佐藤学，1996）。

　　教学改革的课题涉及多方面，但作为一个共同的课题受到广泛关注的是学习的改革。现今进行的教学改革，不是把学习者视为知识与技能的接受者，而是积极地作为建构意义与关联的活动的主体来定位，把学习活动作为社会过程的实践来认识的（佐伯胖，1995）。本章的课题是，以美国的转型为中心，聚焦20多年来所展开的"建构主义"（constructivism，constructionism）学习理论与"社会建构主义"（social constructivsm，socia constructionism）学习理论的发展；批判性地探讨日本的学习改革理论，为今后的教学改革提供启示。

所谓建构主义的学习，不是习得现成的知识和技能，而是意味着学习者以事物与人物为媒介，通过活动建构意义与关系的学习。在建构主义看来，学习的对象——客观世界并不是赋有现成的意义的，而是学习者借助语言给予命名才建构了意义的。建构主义认为，知识的意义并不存在于教科书之中，而是通过学习者的工具性思维以及同他者的沟通才得以建构的（Philips，1995；Prawat，1993）。

建构主义的学习理论存在若干传统。杜威的学习理论、皮亚杰的发展理论、维果茨基的发展理论等等，都是把学习视为以语言为媒介建构世界之意义的活动来论述的，它们是建构主义的代表性理论。这些建构主义的理论，之所以超越了半个世纪以上的岁月还作为教学改革的推进力重新加以评价，就是因为在以往20年间，学习心理学发生了范式的转换。

在这种转换之前构成学习心理学主流的是行为主义的学习心理学。自华生、桑代克的心理学以来，儿童的学习，是以基于鼷鼠、猫和鸽子等动物为对象的"刺激"与"反应"的实验的"科学原理"来说明的。赫尔（C. L. Hull）、斯彭斯（K. W. Spence）、托尔曼（E. C. Tolman）、斯金纳（B. F. Skinner）等人的学习理论就是基于这种自然科学的方法，为所有的儿童、所有的教师、所有的内容、所有的状态提供普遍妥当的一般原理与法则，给予教授、学习与评价以持续的、不小的影响。以这种动物实验为基础的客观的、普遍的学习理论，尽管遭到无数的批判，但直至20世纪70年代末，同追求效率性与生产性的行为主义教学理论相结合，一直占有支配地位。建构主义的学习理论是对抗持续半个世纪之久的行为主义的支配，作为"认知革命"（Gardner，1985）登上舞台并得到发展的。

实际上，建构主义的学习理论，是在替代了动物的行为，以人的思维为直接对象，分析并解释特定状态下学习特定内容的现实经验的研究基础上形成的。它主张现实的学习经验的个别性与复杂性，在强调学习的文化性、社会性的建构主义学习理论中，研究的对象不是实验室里的学习，而是课堂中的学习。研究的基础不是行为科学，而是认知心理学、文化人类学、社会语言学、社会心理学和民族学等等质性研究方法。这种建构主义的学习理论是怎样发展的呢？准备怎样的学习，直面哪些课题呢？

二、建构主义学习论：意义与关联的建构

建构主义的学习论，大体分为四个谱系。第一，心理学建构主义谱系，第二，以人工智能为模型的认知心理学建构主义谱系，第三，文化、历史学建构主义谱系，第四，文化人类学建构主义谱系。

第一种心理学建构主义谱系，以继承皮亚杰的发展理论谱系的研究为代表。基于皮亚杰发展理论的建构主义学习论，近年来，重新焕发了生机。皮亚杰理论是发展的一般理论，作为学习理论的运用是飞速的，许多人都尝试过以皮亚杰理论为基础建构或解释学习的过程。根据建构主义学习论推进数学教育的格拉塞斯费尔德（Von Glaserfeld）就是一个典型的代表。他关注人运用语言建构意义的过程，主张知识的意义不在于教科书之类的人造物和他者的心里和语言里，而是学习者自身以语言为媒介，通过认识对象的活动建构的。

这种建构主义心理学的学习概念的特征在于，把学习视为以个人为单位的心理过程，是从个人主义和心理学主义的角度加以理解的。这种立场把"学习即意义建构"作为"认知活动"（knowing）的心理过程来认识。然而，对于构成这种过程的社会关系、社会语脉及其知识乃是

社会地建构和组织的性质，并没有纳入探讨的范围。因此，它所设想的学习是儿童孑然一身运用认知图式，建构对象之意义的个人的心理过程。

第二种建构主义的立场，是在以人工智能为基础的问题解决过程的研究中推进的。认知心理学揭示信息处理模型，开始对行为主义学习论展开批判，是在 1956 年麻省理工学院的学术讨论会上。在这个讨论会上，提示了乔姆斯基（N. Chomsky）的生成文法、米勒（G. A. Miller）的控制论，以及纽厄尔（A. Newell）和西蒙（H. A. Simon）的人工智能理论，成为直至今日的"认知革命"的出发点。

在以人工智能为模型的研究中，学习被视为计划和组织"模拟尝试"以求得问题的解决的信息处理过程。"技术理性"（technical rationalty）原理构成了它的基础。正如人工智能秩序井然地整理复杂问题，从多样的策略探索性地选择解决的方法，求得合理解决一般，作为信息处理的学习也可以合理地组织起教学。在这种信息处理的计划与实施中，电脑发挥着作为一种隐喻的功能。同思维过程类似的电脑处理过程，使得认知与思维过程作为研究对象被赋予了实在的、得以理解的保证。

对于以人工智能为模型的认知心理学作出冲击性批判的代表性理论，恐怕是吉布森（J. J. Gibson）倡导的"生态学认识"（ecological cognition）的理论。吉布森注意到作为暂时的感觉所经验的视觉同作为永恒的概念建构的记忆之间存在的心理差异，指出认知的意义及其建构隐含了人与环境的生态学关系。在生态学认识论看来，有机体是使自身同客观存在的环境特性相协调，从而获得跟现实的一致来知觉的；是选择性地抽出相应于对象所拥有的潜在意义、价值和用途，来认识事物的（佐々木，1994）。

接受吉布森的理论，认知心理学家内瑟（U. Neisser）说道，人工智能研究中的问题解决把头脑中的信息处理的计划与实施简单化了。在实际问题的解决中，介入了同环境交往的认知图式，信息是有选择地检索的，视其交往的格式也可以预测解决。问题解决思维的内容与过程是同问题情境密切结合的（U. Neisser，1976）。在人类的思维中，同情境的活动性交往为问题解决准备了基础。

以人工智能为模型的学习理论的根本问题在于，把问题解决思维与信息处理当成一回事了。尼萨还指出，在这种模型的思维中，信息输入系统之后，大半的思维产生了，思维被理解为受到给出的格式与策略所局限的信息的分类、组织、更新，被视为跟学习者的意识与问题情境无关的过程构成的。

然而，信息与知识并不是一回事。知识，是经验经过语言化赋予了意义的概念。它的形成包含了经验的主体、经验得以概念化的语脉和社会过程。反之，信息不过是抽去了这种主体、经验、语脉和社会过程的东西。其结果，在以电脑为媒介进行的学习中，主体不是儿童，而是以电脑作为主体的情形也是不少的。人工智能模型的学习过程的主要代理者，不是儿童，而是要求电脑把儿童的思维过程当做信息处理过程来组织。

第三种立场是以文化历史心理学为基础的建构主义学习理论。其鼻祖是杜威和维果茨基。前者寻求基于"工具性思维"与"反省性思维"的"问题解决"，后者提出"最近发展区"的概念，揭示了学习的心理过程的社会建构的本质。

杜威所谓的思维，无非是以语言这一人所固有的工具为媒介，同环境交往，通过借助这种工具的交往，省察、构成、解决问题的反省性思维（1925）。以这种"工具性思维"与"反省性思维"为基础，杜威批判了被动、机械地背诵书本知识的学习，同时也批判了儿童的主体性活动的自我目的的倾向。在杜威看来，所谓"儿童"的思维与"教材"的知识，在教育过程中应当获得连续性。建构知识的意义，就是课堂沟通的社会过程。这样，杜威主张的学习，可以理解为，学习者以教材为媒介，共同建构意义的社会过程（J. Dewey，1910）。

这种社会建构主义的立场在今日得到了众多研究者和教师的继承。

上述皮亚杰的建构主义是从个人的心理过程的角度加以认识的，而社会建构主义的学习则是从社会的、共同体的角度加以认识的。这种学习的特征不仅强调同环境的交往，而且在于突出以人际关系为基础。

不过，杜威关于学习的理论也不是无懈可击的。其一，在杜威看来，"认知活动"（knowing）与"知识"（knowledge）是连续的一体化的。顺便提一下，在日本被广泛误解了。杜威既没有针对"科学（知识）"，提出"儿童（经验）"优先；也没有把两者加以一体化。杜威的主张原本是批判这两者的二元论分裂，同时提示了在这两者的连续性的获得得到深思熟虑的教育中是有可能的。从这个意义上说，杜威的学习理论倒不如说是提示了在课堂教学中实现"科学"的"学习"的可能性。不过，杜威聚焦于"知识"（knowledge）与"认知活动"（knowing）的连续性，却没有提及两者的非连续性侧面。所谓"知识"与"认知活动"也构成了一面是"制度"另一面是"实践"这一独立的问题。但在杜威那里，在"经验"的连续性中是一体化地加以认识的。

其二，是关于学习者"自己"的问题。杜威学习中的沟通，体现了"人际关系"（interpersonal relations），但没有触及"自我内关系"（intrapersonal relations）。从"经验"的概念看，尽管区分了"外部经验"和"内部经验"，但"内部经验"是怎样建构的，没有论述。杜威认识到，以语言这一符号工具为媒介建构意义是人类学习的特征，然而，却无视了学习的基础——同环境的交往，乃是以生物学模型为基础的。像米德那样提出的问题——关于"自己"的存在论考察及其社会建构，杜威并没有论述。

维果茨基的学习理论也是把基于"心理学工具"的语言的意义建构视为学习的理论。维果茨基考察了在社会沟通中起作用的一般概念（"科学概念"）与日常生活中形成的生活概念（"自发概念"）的高级思维过程的关系，揭示了儿童的心智发展，是从沟通的语言（"外部语言"）"内化"为个人思维的语言（"内部语言"）的过程展开的。他说，发展，首先是获得社会维度上的"外部语言"，然后再内化为心理维度上的"内部语言"来进行的。维果茨基把儿童能够独立达成的水准与经过教师和伙伴的帮助能够达成的水准之间的落差，叫做"最近发展区"，提示了儿童的学习在"最近发展区"里是可以社会建构的（L. Vygotsky，1978）。

维果茨基的学习理论跟杜威一样，认为学习的基础乃是基于语言的象征性媒介的意义建构。维果茨基参照胡塞尔（E. Husserl）现象学所揭示的语言的两种符号论功能——"指示对象"与"符号表达"[与索绪尔（F. Saussure）的"符号内容"与"符号表达"相对应]，把学习视为"科学概念"的"一般意义"（meaning）内化为"自发概念"的"感受意义"（sense）的过程。在沟通的语言（外部语言）中出现的"科学概念"结合每一个人的"自发语言"，内化为思考语言（内部语言）的过程，就是心智发展过程，隐含了这种发展可能性的领域就是"最近发展区"（L. Vygotsky，日译本，1962）。

维果茨基的理论超越约莫半个世纪的岁月，超越国境与体制，在20世纪80年代的美国，得到了传播。在美国传播的特点在于，"活动"被置于中心概念的地位，重新认识了"最近发展区"作为社会建构学习的基础。维果茨基的理论，推进了以语言为媒介的活动性、合作性学习；促进了引进合作学习与"互教互学"（peer tutoring）的课堂教学。建构并表达意义的语言性活动被视为学习的核心活动，也谋求建构"最近发展区"的伙伴关系的组织与师生关系的重建。

维果茨基的学习理论是在这样的关系之中构成的：拷问客体的对象性活动，同伙伴展开沟通的人际关系，构成自我思维的自我内关系。这样，维果茨基与杜威一样，为我们提供了综合地认识的学习理论，这种理论不仅把学习视为认知过程，而且把学习视为建构人际关系的社会过程和建构自我的伦理过程。

运用社会语言学方法，推进课堂语言分析的卡兹顿（C. Cazden）持有同样的立场。卡兹顿指出，课堂中儿童的语言兼有三种功能：传递、表达认知内容的"命题功能"，借助这种语言建构并修复人际关系的"社会功能",借助这种语言证明自我的存在和表明态度的"表达功能"（C. Cazden，1990）。可以说，这三种功能是跟维果茨基的学习过程的三个侧面相对应的。

这样，维果茨基的理论促进了社会建构主义的学习理论的发展，同杜威的理论比较起来，可以指出的一点是，在维果茨基的理论中，围绕"共同体"与"同一性"（identity）的问题未能明确地论及。下面提到的基于文化人类学研究的建构主义学习论就是旨在寻求这个课题的解决的。

建构主义的第四种立场，就是文化人类学的研究。这个谱系，是维果茨基的继承者迈克尔·科尔（Michael Cole）等人所发展的"学习的文化实践论"、"情境认知"和"认知徒工制"的理论。以这种文化人类学为基础的建构主义的特征就在于，推进学习活动的社会语脉和学习经验的文化意义的解释，把学习的实践置于参与文化共同体的高度。

主张"情境认知"的布朗（J. Brown）批判表象主义心理学，提出认知内容隐含于情境之中的见解（J. Brown，A. Collins，and P. Duguid，1989）。而揭示"情境认知"的文化人类学者们认为，学习是学习者在其所属的共同体内获得共享的文化的过程，提出了克服以往心理学的个人主义理解的必要性（J. Lave，1988）。

从理论上论述学习是一种文化共同体的参与的，是莱夫（J. Lave）和温格（Wenger）的"正统周边参与论"的理论。根据这个理论，学习推进的过程，无非是新参与者从参与文化共同体的周边开始，然后，作为老手逐步地移向中心的过程。这个理论，在日本经过佐伯胖的翻译，引起了许多人的关注（J. Lave & E. Wenger，1991，日译本，1993）。

不过，应当指出的一点是，要把"正统周边参与论"的理论引进学校，尚存在若干障碍。首先，莱夫和温格的理论是他们研究了利比里亚裁缝店徒工这样一些前近代徒工文化的共同体里的学习，而从中引出的理论。在学校这样一种现代制度的条件下以科学知识与技术作为教育内容的学习中，这种理论能否适用，需要慎重探讨。其实，"正统周边参与论"的理论作为一种批判学校文化的理论，或者作为建构"学习共同体"形象的原理，倒是可以发挥作用的。

"认知徒工制"的理论也是属于同样性质的理论：赋予学习以参与文化共同体的性质。罗戈夫（B. Rogoff）比较美国的育子文化与南美印第安人的育子文化，关注到这样一点：在以共同体为基础进行育子文化的印第安社会里，儿童是以成人的劳动、活动与生活作为模仿的范式展开学习的。"认知徒工制"的理论也提示了重建学习概念的方向：从个人主义、心理学主义角度所理解的学校教育的学习概念，转型为以共同体为基础的学习概念（B. Rogoff, 1990）。

由上所述，建构主义学习理论是在若干谱系中展开的。它们都在探索重建学习概念的方向：赋予学习者以积极的地位，以替代传统学校教育中的处于被动地位的学习者的活动；把学习界定为以语言为媒介建构对象之意义的实践。

必须指出，建构主义学习理论也包含一些值得探讨的共同性的问题，下面，就来探讨几个问题。

第一，"认知活动"（knowing）与"知识"（knowledge）的关系如何的问题。在把学习视为意义建构的建构主义看来，教材的"知识"（knowledge）往往被消解为建构意义的"认知活动"（knowing）了。以往的课程理论往往把"知识"还原为"教材"，建构主义却相反，在建构主义的学习论中，"知识"被还原为"思考"。通过"思考"，"知识"得以建构，这是受功能主义的见解所支配的。

例如，近年来在数学教育中渗透的学习论，还认同建构主义的本质即"认知活动"优先于"知识"的主张（Von Glaserfeld, 1990）。对于把"认知活动"一般化的倾向，需要我们进一步注意。这是因为，即便是建构意义的过程一般化了，课堂中每一个儿童的"认知活动"并不是在展开同一种的活动，而是视情境的不同，每一个儿童建构其特有的意义的。建构主义的学习论倘若二元论地看待"知识"与"认知活动"，"认知活动"优先，轻视"知识"，或者在"认知活动"的一般化中，轻视每一个人的经验意义、理解的个性和多样性，那么，对于教学改革的贡献是有限的。

关于"知识"与"认知活动"的二元论，以及"认知活动"中个性与社会性的二元论，维果茨基的理论是富于启示的。在维果茨基看来，以科学家共同体为基础的"科学知识"，在课堂的学习中，首先是作为沟通的公共语言出现在人际关系之中，通过"认知活动""内化"为自我内关系的个体知识。维果茨基认为，语言与象征的机制在人际关系中建构多样的意义，以工具性思维为媒介建构个体的认识。而且，这种"内化"，绝不是把"外部语言"单纯地改组为"内部语言"的过程。在外部语言的内化中，进行儿童内部语言机制（自我）的重建，通过这种重建也改组人际关系。这样，"知识"与"认知活动"，以及"认知活动"中自我与他者的关系在现实的课堂的学习中，不断地建构和再建构。

第二，建构主义学习论的"情境"概念，或是"语脉"概念的多义性与混沌性。心理学建构主义的"情境"与"语脉"大体跟"环境"同义。不过，社会建构主义的"情境"与"语脉"，是什么涵义呢？

例如，作为"情境认知论"的基本前提，"知识隐含于情境之中"的命题。这时的"情境"指的是什么呢？这个命题是作为对于"表象主义"——以为知识是头脑中的产物——的批判而提出来的。"表象"或是"情境"之类的二元对立，作为认识论原本不是那么简单。这是因为，尽管"表象主义"的片面性遭到批判，正如索绪尔指出的，"意义"是"表象"的产物，它不是以"符号内容"的差异为基础，而是以沟通中语言的"符号表达"的差异为基础的。例如，"狗"与"狼"的意义的差异，是它的表象——符号表达——的差异。据说，爱斯基摩人表达"雪"的词汇将近 40 种。将近 40 种的这些词汇的意义，无非是在各自词汇的表象的差异中，作了严格区分。

"情境认知论"中的"情境"是一个有争论的概念。"情境认知论"的"情境"往往以为在认知之前就已经预设好了，但对于人来说，"情境"绝不是先于认识给定了的。对于人而言，"情境"是意义得以建构的状况，并不是先验地存在的。

"正统周边参与论"的倡导者莱夫指出，对于"何谓语脉"的问题，存在两种不同的接近，亦即"社会历史的接近"和"现象学的接近"。在"社会历史的接近"中，正如传统的马克思主义所主张的，活动的"语脉"客观地受制于宏观的社会的、经济的、政治的、历史的结构。而在"现象学的接近"中，"语脉"不是理解为个人所处的状况，而是理解为：个人自身作为内部的一员所建构的状况，这是基于参与的人们所赋予的意义和所建构的状况。这种"现象学的接近"不能说是充分的。正如莱夫指出的，它不仅淡化了同社会历史的宏观结构的关系，而且带有失落了"他者的视线"的倾向（J. Lave，1988）。

莱夫意识到这两种接近的问题，提出了把握学习的"语脉"的两个视点："领域"（arena）与"场"（setting）。无论是"领域"或是"场"，都是社会建构的"语脉"，在这一点上没有什么不同，但"领域"是指促进和组织学习活动的制度的语脉，而"场"是指学习者在某种领域中所建构的活动的语脉。这样，我们必须认识到，学习的"情境"与"语脉"，乃是包容了制度上所建构的"情境"与"语脉"，以及学习者社会建构的"情境"与"语脉"这样一种多层复合体。

第三，教育实践中的理论与实践的关系问题。显然，建构主义的学习论是受到索绪尔、皮亚杰、利瓦伊·斯特劳斯、布鲁纳等人为代表的建构主义的影响形成的。作为选择性建构的语言的意义、二项式逻辑构成、表层活动与深层结构、共时接近与历时接近，等等，建构主义学习论与建构主义哲学的关系是密切的。这里想讨论的问题是，同这种建构主义结合的建构主义学习论与实践的关系问题。如果说，建构主义学习论认为，教育实践的性质是体现深层预设了的结构的过程，那么，这种理论就只能发挥这样的作用了：以普遍的技术原理控制实践的功能，或是追述性地解释实践的功能。不过，教育实践中的认识是通过整个过程不断生成的。如何才能超越这种界限呢？

同英海尔德（B. Inhelder）一起共事研究晚年皮亚杰的达克沃斯（E. Duckworth）在她的《有关教与学的绝妙想法及其他论文》（"*The Having of Wonderful Ideas" and Other Essays on Teaching and Learning*，1988）中，讲述了一个令她兴致勃勃的插曲，提出了皮亚杰的发展理论与教育实践的关系的矫正问题。

这是达克沃斯在哈佛大学教育咨询室里从事学习困难儿童的发展诊断测验时发生的一件事。她从事的咨询工作是，旨在研究皮亚杰的"量"与"量的守恒"概念的发展而使用的长度稍微有些不等的大量的棒，令被试按照"从长到短排列"或是"从短到长排列"的指令，进行作业，然后诊断其处于怎样的发展阶段。一位被称为"智能无法测量"的男孩来访。然而，当她像往常一样把一捆棒放在桌上并发出指令时，这位男孩尚未听完指令就急匆匆地说："我想了一个好主意"（I have a wonderful idea），于是，把这些棒排列成山形或是钵形了。

达克沃斯看到这个光景之后说道，自己从皮亚杰学说中学到了什么呢？当我想到皮亚杰的发展理论究竟有助于哪种教育的时候，我被绝望的思绪扰乱了。这位男孩的"发展阶段""无法测量"。然而，想像力丰富的他，比之来访的其他儿童拥有更"出色的想法"，这是肯定无疑的。这样看来，我所信奉的皮亚杰的发展理论有着怎样的意义呢？由此，达克沃斯反思道，皮亚杰引出发展理论的方法，正是我们应当学习的。重要的不是用皮亚杰的发展理论去套现实的儿童，而是像皮亚杰那样去探究现实的儿童。

这个插曲，不仅为我们思考心理学理论与教育实践的关系提供了启示，而且告诉我们，以皮亚杰把握发展的建构主义见解，去观察儿童、思考儿童发展的重要性。这位男孩没有回答达克沃斯准备的诊断测验，但他确实建构了"量"的概念，也建构了"量的守恒"的概念。在教育中，从他的"出色的想法"出发是必要的，可以说，"出色的想法"

的源泉——他的内在的想像力——的存在，比诊断的发展阶段的程度更加重要。

第四，建构主义的问题还在于主体的绝对化。建构主义把现实的认识视为意义的建构，然而，在它的背后是，对于建构意义的主体被绝对化了。建构主义的根本问题，可以说就是这种主体的绝对化。我们可以从笛卡儿的身心二元化、主客观二元化，以及用"主体"概念作为建构主义认识论之基础的康德的《纯粹理性批判》中，找到其根子。康德在该书中说道，一切的知识是跟经验"同时"成立的，但不是"从"经验派生的。倡导悟性的范畴是主体地建构认识的立场。建构主义的哲学，就这样由近代式的主体概念构成。

这种主体在绝对化的建构主义的学习中，缺乏身份性与他者性，失落了身份与环境、自我与他我、意识与无意识、自然与社会等等的循环交往。倘若要从这种束缚中摆脱出来，求得从单数的固定的同一性转向复数的流动的同一性，在哪里才能探求这种解决的方略呢？

三、意义的社会建构与沟通

社会建构主义的学习论，就以杜威说来，由四个要素构成。第一，界定"学习"是以"工具的工具"——语言为媒介，建构意义的语言性实践；第二，界定"学习"是问题解决过程中"反省性思维即探究"；第三，界定"学习"是具体的作业中的"社会交往"；第四，界定"学习"是持续地建构自我与社会（同一性与共同体）的实践。以这四个要素为前提，提示一下社会建构主义的特征。

在杜威看来，所谓知识、认知、意义、语言，无非是表现同一个对象——认知活动——的不同侧面而已。这是因为，知识的意义就是语言的意义，这种语言是建构意义的社会工具，这种语言的意义就是认知的产物。杜威说，"意义"不是"心理实体"，而是"行动的产物"。建构这种"意义"的"语言"的本质，不是现成"精神"的"表现"，而在于某种合作活动中的人际关系的"沟通"（J. Dewey，1925）。与杜威交往密切的社会建构主义者、社会学家米德也同样持有这种"语言"观。米德说：

> 我们不是从所表达的内在涵义的立场出发的，而是在基于信号、姿势之类的指示，在所在集团的更大的合作语脉中，运用语言手段的。意义，是在这个过程的内部表现出来的。我们的行为主义是社会行为主义（J. H. Mead，1934）。

在这里所说的"社会行为主义"的立场，正如杜威主义的哲学家罗蒂（R. Rorty）所指出的，它是对抗"理论与事实的二元论"、"事实与价值的二元论"，进而与斯金纳（B. F. Skinner）等人把"行为"还原为"环境刺激"的自然主义式行为主义，明确地划清了界限。"社会行为主义"的认识论主张，"认知性意义"和"审美性、伦理性意义"是通过人际沟通社会地建构的，其真理在共同体的语言实践中得到保障。

在社会建构主义中，认知意义是在共享某种对象的复数的人际关系之中建构的。因此，在社会建构主义的语言实践中，"客观性"是"主观际性"（intersubjectivity），"对象性"与"交互主体性"同义。就课堂的语脉来说，教育内容的意义，不是作为现成知识而存在的，而是在教师与儿童以及儿童相互之间的社会沟通中生成的，是通过交互主体的实践建构的。进而杜威用"身—心"来标示，把"身—心"（即活生生的主体）界定为"在交谈、交往与参与的状态中实践现实事件的主体"。作为意义的社会建构的学习，不是在头脑中形成"概念性表象"，而是作为通过对象性活动作用于事物与他者的"活的生命体"的社会语言实践活动来实现的。

四、以"工具"与"人"为媒介的学习

学习心理学家布朗（J. Brown）在 1994 年美国教育学会会长演讲《学习的进展》（The Advancement of Learning）中，引用了培根的《新工具》（1623）中的一段话："单凭双手或是头脑，却没有使双手和头脑焕发活力的'援助'（aids）和'工具'（tools），是不可能发挥充分的力量的"。他把"学习"重新界定为依靠"工具"和"援助"为媒介的实践，同时提出，必须把基于个人主义认识的"学习"重新界定为共同体的实践。

细说起来，布朗在以往 20 年间对于建构主义学习论的贡献，不仅提出了学习者的主体性的论题，而且主张，课堂的学习是凭借"援助"与"工具"多层次媒介的实践。

布朗引用培根的《新工具》，表明他对于整合"活动"（双手）与"思考"（头脑）的"援助"与"工具"的关注，是极具象征意义的。

《新工具》宣告，认识一切事物的出发点是经验认识论。这种认识论源于亚里士多德的《伦理学》，为刷新世界认识提供了基础。不过，以康德为首的建构主义哲学是以批判这种经验认识论的被动性的姿态面世的。凭借"援助"与"工具"整合"头脑"与"双手"的"中介性学习"这一主题，隐含了克服认识中的"精神"与"主体"的二元论、"知识"与"经验"的二元论的课题，要求重新审视"经验"、"过程"、"关系"、"语脉"。

实际上，建构主义学习论与"中介性学习"的概念，提出了扩大以往的学习概念，多元、多层地重建"学习"概念的课题。关于这一点，我提出了这样一种见解：着力于语言活动，把"学习"重新界定为"意义与关联的建构"。而课堂的学习实践是这样三种实践的统一：建构客观世界（教育内容）之意义与关联的认知性实践（建构世界）；

通过认知过程构筑或修复人际关系的社会性实践（结交伙伴）；通过社会实践过程建构自我并探求自我存在价值的伦理性实践（探求自我）（佐藤学，1995）。儿童在从事某种学习的时候，在他的经验中，不仅建构教育内容的意义，而且重建跟教师与伙伴的关系，儿童自身的个性也得以探求与表现。所谓学习，就是同情境的对话（建构世界），同他者的对话（结交伙伴），同自身的对话（探求自我），形成三位一体的对话性实践。

把"学习"重新认识为这种相互制约的三种实践，"援助"和"工具"的意义就更加明了了。"援助"和"工具"首先指的就是语言。"学习"，就是维果茨基谓之"经验的经验"并表述为"心理学工具"的语言，和杜威谓之"工具的工具"的语言，作为媒介而形成的语言性实践。由怎样的语言建构课堂沟通，乃是学习中的决定性条件。这种语言该是促进"建构世界"、"结交伙伴"、"探求自我"的语言；这种语言该是促进"反省性思维"，建构拥有文化的、社会的意义的某种"经验"的语言。

学习中的"援助"与"工具"，作为教材教具在课堂中所准备的是"人际关系"，是"材料"。以往课堂学习的最大缺陷是全盘教科书式语言的学习。材料不能唤起形象，材料不能带来其所触发的工具性思维与沟通。这种学习，使知识置换成无机的信息，使经验沦落为无意义的体验。整个20世纪的新教育的实践，一直在对教科书中心的语言主义发起挑战，可以说，最近20年间建构主义的学习论，也在组织活动性、合作性学习，在课堂中引进多样的素材与工具方面，建立了它的功绩。

凭借"援助"与"工具"的"中介性学习"提出了恢复学习的"主体性"的课题。这种"主体性"研究，可以从若干角度进行。例如，认知心理学家约翰逊（M. Johnson,）说，认知表象的"素材"源于日常生活经验，是以"平衡"与"对称"之类的身体的形象为基础的作为隐喻式表达来积累的（M. Johnson，1987）。更直接地研究"主体性"的是倡导生态学认识论的是吉布森（J. J. Gibson）。吉布森把认知视为是有机体在同客观环境协调的过程中，选择性地抽出环境的潜在意义的活动，提供了把学习作为一种主体的活动来把握的视点。这些心理学中对于"主体性"的关注，从教育学的立场看，也要求根据课堂的具体实践进行更细致的研究。

以"援助"和"工具"作为媒介的学习，正如布朗所强调的，也是以"学习共同体"为基础的概念。布朗指出，维果茨基的"最近发展区"，是受到"人、工具、有效教具"的支援而构成的，课堂中的"最近发展区"是作为课堂内外的"学习共同体"多层地构成的。布朗把这种共同体比做"拼图玩具"。就像在"拼图玩具"中，把空白的部分一个一个拼满那样，在作为"学习共同体"所组织的课堂中的学习，是基于每一个教师与儿童参与的个别的片段，来填补课堂中的认知性、社会性、伦理性空白的实践。布朗说，像"拼图玩具"那样容许尝试错误的"学习共同体"，就是囊括了多样的能力与个性所组织起来的"多元发展的最近发展区"（J. Brown，1989）。

五、学习的"时间"与"空间"：经验的复活

"学校化学习"（schooled learning）的特征之一，在于组织学习的时间的线性式单向性与均衡性。在学校化的学习中，学习的内容是作为一种计划分阶段地、系列化地加以组织的。学习的活动是根据直线式排列的均质的课时来组织的。就拿古希腊的"量化时间"与"质性时间"这两个时间概念来说，可以说，学校的场所是根据"量化时间"均质地组织的空间。

学校课时的单向性与均衡性，可以比做大工场的流水作业。这种大量生产的形象，不是单纯的隐喻，也是跟学校这一制度的历史发展相呼应的。流水作业是随着泰罗制——将不同工人的作业均质地、单向地分割，置换成"作业时间"——的出现而实现的制度。同样，在20世纪10年代，课程研究者博比特（J. F. Bobbitt）把这种泰罗制机械地运用

于教育之中，倡导这样一种制度：设定"教育目标"，有效地管理"学习过程"，用测验来测定"教育结果"。这种制度转瞬之间在全世界推广开来。尔后，以"目标、成就、评价"为单位，构成教与学的学校教育的样式，有效地传递大量的知识与技能的学科单位的课程与同步教学，得以具体化，并且实现了基于一元化评价的学力竞争。

从桑代克经斯金纳到布卢姆的行为主义学习研究，从博比特经泰勒到布卢姆的行为主义课程研究，通通属于以流水作业为模型的有效控制"目标、成就、评价"的学习过程的谱系。以产业主义的大量生产为模型的学校的制度化，促进了基于行为科学的学习的理论化和课程的科学化。

不过，课堂的学习并不是作为流水作业那样单向性、均质性的时间来体验的。行为科学的学习理论把学生的个别差异还原为"学习能力"与"学习时间"的量的差异，但即便在单向性、均质性分割的教学计划中，每一个人的学习也可以体验到不同质的个性化的经验。况且，每一个学生凭借身体体验到的时间即便在单向地组织的教学计划中，既不是流水作业般的单向性的时间，也不是均质性的时间。每一个学生凭借身体体验到的时间是包含了高潮、低迷和中断的曲折起伏的时间，是一种回顾过去、放飞未来、流连现今的循环往复的时间。

这种"用于制度计划的时间"和"用于自我主体的时间"之间的断层，是建构主义学习论能够克服的。从这一点来说，建构主义和社会建构主义的学习论，显示了摆脱流水作业时间的方向。不过，尚未积极地提出相应的方略。确实，建构主义的理论把学习重新定义为意义与关联的建构，主张恢复课堂经验的叙事性。然而，这种主张的基础并不是要求重新定义学习的"主体"与"时间"。应当记住，建构主义哲学本身在历史上是以身心二元论作为前提形成的，倘若想到近代的以均质时间为前提的事实，那么，这个课题并不是能够容易得到解决的问题。

但是，今日的教育实践，要求在"课堂"里构筑此时此地的关系，以"质性课时"来透视学校教育制度化的"量化课时"；要求使得每一个人的特有经验特质化的逻辑。这种课题，进一步提出了在新的水准上，重建学校改革——以建构主义为原理改革学习——的必要。

学校化学习的另一个特质在于课堂空间的人为性与均质性。学校空间的人为性与均质性，是促进现代学校制度化的两个原动力——"国家主义"与"工业主义"的基础。构成均质的权力空间，达成均质的作业效率。

可以说，建构主义与社会建构主义的学习论及其实践对于学习空间的人为性与均质性，提出了若干挑战。建构主义的学习论把教科书所限定的学习空间改革为以多样的教具为媒介、以工具性思维为基础的空间；社会建构主义的学习论打破了教师一言堂的课堂空间，出现了儿童彼此合作、互教互学的课堂，合作作业的课桌排列的课堂。例如，维果茨基的"最近发展区"是以工具与援助为媒介社会地建构的，课堂空间与人际关系的建构使得每一个儿童的"最近发展区"（发展可能性）变狭或变小。

从根源上批判学习空间的人为性的，是倡导"情境认知"（situated cognition）的莱夫等人的"正统周边参与"的学习理论，和罗戈夫等人的"认知徒工制"的学习理论。两者都批判了单向地、阶段性地编制和个人主义式组织的学校教育；揭示了学习乃是从参与文化共同体周边过渡到参与文化共同体核心的文化性、社会性实践。这种学习概念的重建，重新确认了"传承"与"模仿"的意义，揭示了"主体"与"沟通"的交互媒介式建构的巨大意义。

但是，必须指出的是，"正统周边参与"理论和"认知徒工制"理论，都是以校外的徒工组织和地缘共同体的原始的文化与技术习得为对象，要用于系统地学习现代化知识与技术的学校教育上有巨大的差距。正因为莱夫等人是著名的"讨厌学校帮"，才提出了砸碎旧有学校制度框架的激进的学习理论。

今日学校所组织的学习，不可能像徒工制共同体和地缘共同体那样原始的知识与技能的学习，学校教育内容的大半是高度抽象化、科学化的知识和技能。即便在高度抽象化、科学化的学习中也维持了"整体性"与"共同性"，但这种"整体性"与"共同性"跟徒工制共同体和地缘共同体中的作业与劳动的"整体性"和"共同性"是不同的。

学校所组织的集团，既不是特定职业结成的徒工制共同体，也不是以特定文化为前提的地缘共同体。学校所组织的"学习共同体"必须是多样的文化交错、交流的多样的劳动，和开放的"公共空间"。在学校这种制度中，关于"正统周边参与"能否发挥作用、"认知徒工制"能否发挥作用的问题，包括改革学校的制度性框架的问题，是应当探讨的大课题。这样，社会建构主义的学习论必须有"重建"（replace）学习的"场所"的新的实践与理论。

另外，作为意味着"学校化的学习"的词汇，一般叫做"学校认知"在广为流布，需要注意这个术语的运用。普遍的认识是，"学校认知"是以"生活认知"作为对立面并主张后者优先的，或者"学校认知"是以"学术认知"作为对立面并主张后者优先的。究竟"学校认知"的实体指什么，是不明不白的。以其昏昏，使人昭昭，是教师和教育学家的恶劣品性之一。

我的判断是，还是避用"学校认知"这一术语为妥。这个判断是有根据的。在欧美各国的语言中，有"学校知识"（school knowledge）的词汇，但这种"学校认知"是以知识社会学为基础的课程概念。学校教育的知识意味着一种社会建构、政治建构，是制度化的。不过，在日本，滥用"学校认知"的人们未必意识到学校制度化知识的社会功能与政治功能的问题。"学校认知"所意味的是，宁可说是学校中学习文化人为性曲解的特质，与欧美的"学校知识"是不同的。在这里，存在着产生"学校认知"混沌性与混乱的要因。

那么，为什么"学校认知"的说法会得到普及呢？"认知"这个术语作为日语流布，源于福柯（M. Foucault）《知识考古学》（*Archaeology of Knowledge*，1969）的"知识"（savoir），1981 年中村雄二郎把它译为"认知"。这个"认知"，正如福柯作为"知识即权力"，跟主体的训练结合起来加以定位的那样，是一种不限于"知识"（knowledge）与"知晓"（knowing）涵义的广义的词汇。这个译语"认知"的概念与"学校知识"的词汇合而为一，构成日本"学校认知"的术语。这样看来，用"学校知识"（school knowledge）来标示和使用"学校（的）知识"，用"学校化的学习"来表述学校中学习文化的扭曲，可以避免无谓的混乱。

不过，滥用"学校认知"的人们通过这个术语，跟日常生活中的学习与学者、艺术家的文化实践进行比较，主张批判学校中学习的扭曲。但也有不同的论调，声言"学校化的学习"是人为制造的东西，丧失了"本真性"（authenticity）。然而，倘若把"学校化的学习"的人为的扭曲，跟日常生活中的学习与学术、艺术世界里的学习的"本真性"对立起来的话，就必须作出如下的探讨了。

"学校化的学习"如今并不仅仅是学校的现象，整个社会都在学校化是现代的特征。泛滥于学校之外的私塾和预备校的教学自不待言，许多企业公司内部的研修，电视台的一系列"教养"节目，泛滥于街头巷尾的烹饪教室、空中课堂和体育健身课堂，电脑网络铺天盖地的信息服务，借助这些所实现的人们的广义意义上的学习，不管哪一个，都使"学校化的学习"淋漓尽致地呈现出学校化的面貌。去汽车驾驶培训所的人们熟悉，那里的教学程序的单向性、阶段性的构成和教官的权威式指导，比之通常的学校更加"学校化"。"学校化的学习"如今在大学和学会也是同样。许多大学的听课学生的学习比小学生更加"学校化"，许多大学教授会跟小学教职员会议一样"学校化"，许多学会的研究与学会的报告跟学校里的学习一样，丧失了平等对话的欢乐。

预备校、私塾的学习，通过大众传媒的学习和企业公司的研修，浸透了远胜学校的"学校化的学习"。可以说，这是现代社会的特征。在同一般社会的学习和专家集团的学习的比较中，批判学校学习文化的人们，不过是以 19 世纪启蒙主义的浪漫主义与教养主义，来感叹大众文化的颓废而已。对于"学校化的学习"的批判必须扩大范围，把整个

"学校化的学习"纳入射程。

六、不断分化的学习主体

我们在"学校化社会"这一均质的、制度化学习的庞大系统的包围下生存。况且，电脑网络的电脑空间必然进一步加剧学习环境的均质化。在这种均质化中丧失的是学习经验的"现实性"、"独特性"、"主体性"与"公共性"。

电脑空间的"虚拟现实"所表现的"模拟"学习，首先追求的是作为"形象"的"现实感"，而并没有出现凭借五官感触现实事物的"现实性"。其次，电脑空间的学习是超语脉化的信息探索与处理为中心的匿名的个人所实现的学习，拥有固有名字的个人通过各自的主体性所经验的学习的独特性被剥夺了。再者，电脑空间的学习丧失了学习生成的"场所"，由于学习者的头脑被电脑空间本身所封闭，学习的"主体性"也被剥夺了。这种剥夺了"主体性"的以信息探索与处理为中心的电脑化的学习，将切断和谐的人际关系，进一步加剧每一个人的"个体化"（individuation），导致共同体的解体。

展望 21 世纪学习的理论与实践，就得直面在上述极度均质化的"电脑空间"中受剥夺的"现实性"、"独特性"、"主体性"、"公共性"的现实，展开争夺战。

我想围绕系统的裂缝中所产生的"分化的学习"来追求这种斗争。在加剧均质化的系统与学习者主体的狭缝中间，存在若干龟裂，这种龟裂也准备了作为主体经验的轨迹循环探求的契机。可以说，所谓"学习"，就是在制约我们生存的系统里制造龟裂，并在这种系统与学习者主体的龟裂中重建新型关系网络的实践。

要推进这种"分化的学习"，光靠建构主义与社会建构主义的理论是不够的。建构主义与社会建构主义宣告，现实不是客观赐予的，而是主观建构的。这实质上把建构认识的"主体"绝对化了。无论建构主义还是社会建构主义，都是以"现代主体"为前提的学习理论，以"自我实现"为论题的人类解放的思想，支撑了这种建构主义与社会建构主义思想。

然而，展望21世纪的学习，必须超越"现代主体"的"自我实现"的幻想。我们必须跟加剧均质化的系统针锋相对，准备好多层化的沟通空间；必须建构异质文化共存共生的共同体。建构这种共同体的学习者主体，不能封闭在单一的主体构成的框架之中。能够对抗均质化系统的主体的复数化与流动化的持续不断的斗争，必须作为学习的实践来展开。

在学习实践中，学习者主体与群体之间的互动关系是当前面临的课题之一。建构"学习共同体"的核心原理是，通过每一个人的学习的分化，实现课堂文化的多样性。以往学校教育的最大错误之一，就是把学校的中心目标视为缩小每一个儿童的差异。

在标榜"学习共同体"的课堂里，则是反其道而行之，高举"一切的差异，万岁！"的标语。我们所要求的"学习的共同体"的形象，不是像同质的有机体结成板块密集的珊瑚那样的公社，而是每一个人的个性差异各自发挥其独特性、像课堂内外的人们交响的管弦乐团那样的乐队。这是因为，每一个人之间的差异正是学习的原动力，抹杀了差异的同一性的集团是不可能形成学习的。"分化的学习"是每一个人的主体性在同均质化系统的龟裂中生成的"自我探索"、"结交伙伴"、"建构世界"的实践。在这里，"生存"、"学习"和"斗争"是同义的。通过这种"分化的学习"的实践，学习的理论将摆脱心理学主义与个人主义的框架，走向研究学习者主体的技法的主体政治学。

参考文献

Brown，J.，*The Advancement of Learning*，Educational Researcher 23(8)，1994，pp. 4−12.

Brown，J.，Collins，A. and Duguid，P.，*Situated Cognition and the Culture of Teaching*，*Educational Researcher* 18(1)，1989，pp. 32−42.

Cazden，C.，*Classroom Discourse*，Heineman，1990.

Dewey，J.，*How We Think*，1910.

Dewey，J.，*Experience and Nature*，1925.

Duckworth，E.，"*The Having of Wonderful Ideas*" *and Other Essays on Teaching and Learning*，Teachers College Press，1988.

Gardner，H.，*The Mind's New Science*，Basic Books，1985.

稲垣忠彦・佐藤学"授業研究入門"岩波書店、一九九六年。

Johnson，M.，*The Body in the Mind*，University of Chicago Press，1987.（菅野盾樹・中村雅之訳"心のなかの身体"紀伊國屋書店、一九九一年）

佐伯胖"学ぶことの意味"岩波書店、一九九五年。

佐々木正人"アフオーダンス──新しい認知の理論"岩波書店、一九九四年。

佐藤学'学びの対話的実践へ'佐伯胖・藤田英典・佐藤学編"シリーズ学びと文化1 学びへの誘い"東京大学出版会、一九九五年、四九～九一ページ。

Von Glaserfeld，Cognition，*Construction of Knowledge*，*and Teaching*，*Synthesis*，80(1)，1990，pp. 121−140.

Lave，J.，*The Practice of Learning*，in J. Lave(ed.)，*Cognition in Practice：Mind*，*Mathematics and Culture in Everyday Life*，Cambridge University Press，1988，pp. 3−32.（無藤隆他訳"日常生活の認知行動"新曜社、一九九五年）

Lave，J. and Wenger，E.，*Situated Learning：Legitimate Peripheral Participation*，Cambridge University Press，1991.（佐伯胖訳"状況に埋め込まれた学習──正統的周辺参加"産業図書、一九九三年）

真木悠介"気流の鳴る音──交響するコミユーン"筑摩書房、一九七七年。

Mead. J. H.，*Mind*，*Self and Society*，University of Chicago Press，1934.（稲葉三千男・滝沢正樹・中野収訳"精神・自我・社会"青木書店、一九七三年）

Neisser，U.，*Cognition and Reality*，W. H. Freeman and Company，1976.（古崎敬・村瀬旻訳"認知の構図"サイエンス社、一九七八年）

Philips，D. C.，*The Good*，*the Bad*，*and Ugly：The Many Faces of Constructivism*，Educational Researcher 24(7)，1995，pp. 5−12.

Prawat，R.，*The Value of Ideas：Problems Versus Possibilities in Learning*，Educational Researcher 22(6)，1993, pp. 5–16.

Rogoff，B.，*Apprenticeship in Teaching*：*Cognitive Development in Social Practice*，Oxford University Press，1990.

Rorty，R.，*Contingency*，*Irony*，*and Solidarity*，Cambridge University Press，1989.

Vygotsky，L.，*Mind in Society*，Harvard University Press，1978. (ヴィゴツキー・柴田義松訳"思考と言語"明治図書、一九六二年)

学校：学习的场所

——现代学校的对话

一、迷惘的学校

对于学校的疑虑早就渗透人们的意识。学校，与其说是儿童一起学习成长的场所，不如说是丧失欢乐、丧失学习伙伴，也丧失自身的场所更为妥当吧？学校与其说是形成学习的亲和、实现民主主义的场所，不如说是发挥着通过排他性竞争，酿造优越感与自卑感，扩大阶级、种族、性别的社会文化差异的场所更为妥当吧？学校还是发挥着以追求效率的标准去划一地控制儿童多样的学习，压抑每一个人的个性和创造性场所更为妥当吧？

在这些朴素的质疑的背后，存在着更为根本的问题——儿童为什么必须有学校呢？为什么必须上学呢？学校为什么必须存在呢？伴随市民社会的形成而出现的、推进民族国家的整合与工业社会的建设的现代学校，其历史使命业已终结了吧？在大众传媒如此普及、多样的学习机会充塞的社会里，学校，怎样才能凸显它的存在价值？在可见的未来社会里，基于电脑网络为中心的技术科学将使文化得以均等地提供，适应个性的消费。那么，在这样的社会里，学校仍然还有其存在的意义么？

本章从宏观的视点分析处于深刻迷惘之中的学校教育的状态，旨在提供一种认识基础，以便引导改革的论争富于成效。为此，我想围绕25年来日本与美国学校教育危机与改革的"对话"（discourse）进行比较分析，从而梳理出一条推进错综复杂的改革讨论的线索来。

先来确认一下学校教育危机的历史定位。今日学校的危机，是在学校制度的现代化高速实现的日本与美国，况且在顶点的时候，亦即在一个多世纪来发挥效力的学校的规范性与正统性开始衰退的时节出现的。现代学校的体制从中枢开始崩溃了，正在摸索"21世纪的学校形象"。

事实上，在高中入学率达到95%，大学和短期大学升学率接近40%的20世纪80年代前后，学校的一连串危机暴露出来了。日本的学校经历大约一个世纪的发展，卷入了"现代化的终结"的状态。其后，代替就学人口而持续上升的是终身学习的人口，整个社会的"学校化"在急剧进展。

学校扩容的达成，招致了学校存在价值（规范性）及其价值得以正统化的合理性（正统性）衰退，学校危机四伏。以20世纪80年代袭击初中的校内暴力为开端，辍学、逃学、强化管理、体罚蔓延、教师失信、恃强凌弱之类的危机现象，在全国扩大至小学、初中、高中。在这些现象的背后，尽管有着单纯地追求经济发展的日本社会的结构性变化和家庭变貌所产生的影响，但我想确认的一点是，无论哪一种危机，在学校是推进社会"进步＝现代化"的神话渗透人们意识的时代里，在"进步"的形象下，受到了抑制而没有恶化。

"现代化的终结"在学校的意义与功能上引发了若干逆转现象。日本的学校起着促进阶级与阶层的移动的功能，但这种社会移动的流动性却加剧了僵化的、无聊的考试竞争的压力和应试学力的弊端。另外，日本的学校曾经以出色的知识灌输而自豪，但这种中央集权的教育效率也由于划一主义的弊端而导致了个性与创造性的丧失，而今遭到来自产业界的批判。于是，日本的学校尽管在保护儿童的整个人格上发挥了它的卓越性，但这种特征也招致了学校的管理主义，作为封闭的共同体里恃强凌弱事件频频发生的元凶，而遭到严厉的批判。进而在日本的学校里，尊重教师的人格与无条件地信赖学校的基调发展起来，但在 20 世纪 80 年代，这个特征也逆转了。日本的儿童与家长对于教师的尊重度和对于学校的信赖度，从国际范围看，如今也沦为最低的水准了。

学校"现代化的终结"也导致了有关教育改革的修辞转换。这种变化表现在，1971 年中央教育审议会沿袭现代化路线提出了"统整与扩充"的提案，1985 年临时教育审议会第一次咨询报告宣告"现代化的终结"，批判划一的教育行政，打出"自由化"与"重视个性"的口号，主张引进民间活力。尔后的教育改革一直在推进后现代状态下的"教育个性化"，摸索着从官僚行政的控制过渡到市场竞争的控制的方向。

在这里，必须注意的一点是，现代学校的历史是包含了在其内部克服现代主义的实验在内而展开的。倘若认为，对于官僚划一性和大量生产的非人性的批判就是对于学校的现代主义的批判，那么，现代学校的历史起源可以追溯到 19 世纪末开设杜威实验学校。杜威实验学校把学校作为小社会来建构，作为共同体来组织。这种学校是在批判个人主义自由放任主义和机械的效率主义的基础上形成的，这种"学习共同体"的革新传统，尔后成为超越整整一个世纪的学校改革的源流之一。

从 20 世纪 10 年代至 20 年代展开的新教育运动的激进谱系，也是以批判官僚主义与工业主义为中心思想的学校改革运动。这个谱系在过去 30 年间，为英国、美国、加拿大的自由学校和开放学校，法国的弗雷纳教育，德国的斯坦因学校所传承，形成了探索近代学校与现代学校之间的脉络的潮流。

对于现代主义的批判是在基于一连串的学校批判——宣告"进步"这一"宏观叙事"的终结的"后现代主义"，和由于信息革命宣告阶级社会终结的"后工业主义"——之中推进的[①]。这个谱系五花八门，英国的非学校论、女性主义和后结构主义的学校改革论、把学校的公共领域引向教育企业的市场控制的新保守主义的学校改革论和家庭学校运动，或是作为多媒体教育推进的一种非学校论的展开，可以说，展现了后现代状态和后工业主义状态下学校重建的前景。

不过，"21世纪的学校"这一后现代的学校的形象，至今未能取得共识。一方面是新保守主义与新自由主义的路线：尽可能缩小教育行政负责的教育的公共领域，引进教育产业的活力，寻求市场原理控制的学校；另一方面是进步主义的传统：重新界定教师的专业化，主张学校的自律性，拥护并扩充教育的公共领域。在这个方向上，把学校重建为学习的共同体。前者是把以往行政范围所控制的学校移交给市场范围来管辖的改革路线的具体化；后者是把行政范围所控制的学校以共同体概念为基础加以重建的改革路线的具体表现。

围绕学校未来发展的论争，20多年来就这样在迷惘之中徘徊。这种迷惘，可以说是源于一个问题，亦即学校究竟是怎样一种场所。为使这个问题的更严密的讨论有一个坚实的基础，本章试图分析构成以往30年间学校改革的对话特征，批判性地探讨现今摸索之中的若干学校改革的观念。

二、探讨最近未来的学校构想：
改革蓝图的类型

近年来，日本教育政策的筹划者们开始提供展望"21世纪的学校"蓝图。跟日本一样，在大体达成了现代学校扩容的美国也在断然地实施一系列砸碎旧有学校制度的改革，长达一个半世纪的公共教育的历史面临巨大的转折点。下面，从介绍、展示这些学校改革构想的类型和样态出发，来展开讨论。

在20世纪80年代以后的日美两国，掌握学校改革主导权的是新保守主义的教育意识形态。其特点，一言以蔽之，就是批判福利国家、标榜"小政府"。一方面，强调"民族认同"为基础的共同教养与道德教育，另一方面，扩大家长和学生的"选择自由"，使学校摆脱行政控制走向市场控制。这种新保守主义的教育政策，在英国撒切尔政权、美国里根政权与布什政权下得到发展，日本也在中曾根政权以来，成为教育改革的最大推进力在发挥作用。我们来看看这种新保守主义的学校改革方向。

第一个方向是，在公立学校引进市场原理，扩大择校自由。可以说教育券制度就是代表性的改革构想。所谓"教育券制度"是教育委员会替代教育税的纳付所发行的币券。家长作为学费向所选择的学校交付这种币券。在这种制度下，每个学校不是像历来那样由教育委员会支付教育预算的办法来经营，而是将选择这所学校的家长支付来的币券向经营委员会兑换现金，作为自立的企业来经营学校。也就是说，教育券制度一方面保障了家长选择学校的自由，另一方面，又促进了每个学校的教育服务的多样化和自由竞争，形成以市场原理控制这种服务与竞争的制度。

在美国的几个地区已经引进了教育券制度，在日本，这种制度的引进是临时教育委员会成立当初（1984）的中心课题。临时教育委员会当初标榜彻底的"教育自由化"：废除学习指导要领（学校多样化）、废除学区制（择校自由）、调动民间活力（引进教育产业）等等。这种"教育自由化"是以引进教育券制度为前提的，这一点至今记忆犹新[②]。这种教育券制度所象征的"教育自由化"，跟日本国有铁道的 JR（Japan Railways）民营化、日本电信电话公司的 NTT 民营化等公共领域的行政移交市场领域一样，构成了新保守主义政策的一环。在公立学校的民营化（引进市场原理）中，寄托了从"教育自由化"的"现代学校"过渡到"21 世纪的学校"的理想。

这种引进教育券制度的企图，遭到担心会破坏教育机会均等、助长学校的预备校化的危险的文部省的抵制而受到挫折。自临时教育审议会第一次咨询报告（1985）以来，改革轴心也被置换了，"重视个性的教育"替代了"教育自由化"，直至今日。不过，可以说，大幅度地放宽学习指导要领的基准、促进学校多样化、扩大择校自由的方向，作为临时教育审议会的基本方针，已经形成了不可动摇的基础。

而且，20世纪80年代中期以来，扩大择校自由、促进教育服务的市场竞争的路线，作为美国和英国新保守主义的基本路线事实上发挥了作用。学校组织向企业体过渡的战略，在学校改革构想的核心问题上，今后一定会继续发挥力量的。

第二个方向是，公立学校的教育市场化。日本的小学、初中、高中，平均每个学生所花的公共教育经费每年的金额大约是80万日元。虽说这些费用大半用于人员经费、公用经费，但倘若考虑到学校周边多额的服务和商品得到消费，教育是一个并不比任何商业部门逊色的、规模宏大的市场。况且，今日是一个从物品的制造过渡到信息、文化的时代。有关教育文化的产业及其市场，同信息部门与流通部门一起，是一个预料可以膨胀的领域。事实上，可以预期，同教育相关的市场在21世纪的社会里，将成为仅次于信息产业市场、银色（老龄）产业市场的第三大市场。

从"现代学校"过渡到"21世纪的学校"的一个方略，就是通过民间企业介入教育市场来推进。学校这一市场，以往有教科书公司、教材测试公司、建筑公司等的介入，现今进行的市场化其规模远远大得多，显示了这样一种动向：学校设施、教育内容、教育技术、教具乃至教育信息、升学信息，以及学校例行活动等一切的教育服务，都可以纳入市场。

尤其是多媒体教育的构想，可以说是围绕学校市场化的最显著的动向。1995年，文部省和通产省发表一份宏图：到2000年为止，装备所有学校生均一台电脑的教育环境，全国所有学校接通光缆传输的因特网，以电脑空间重建学校教育的种种功能。在这个宏大的项目规划中，以NTT为首的与电信电话相关的企业和与电脑相关的企业、以教科书公司为首的教材与教育信息相关的企业也纷纷参与，把学校作为巨大的市场开发的多彩的计划得到巨额国家财政预算的支撑。

学校市场化的进展，要求"小政府"改革设想的具体化，其将来不能不带来公立学校大交易的事态。实际上，据日本报纸（1995）的报道，美国的康涅狄格州的哈特福德和马里兰州的巴尔的摩等地，出现了把市内的公立学校委托给民间测验公司等教育相关企业，由其管理经营公立学校的制度。这种企业接受州的教育经费的支付，通过大幅度削减人员，确保利润。公立学校委托企业管理经营，已经成为现实。

在日本，在"教育自由化"受到挫折的 1984 年以来，公立学校民营化的动向表面看来似乎沉寂了，但其实民营化的欲望依然在膨胀之中，不过是改变了表现方式而已。例如，近年来，大牌的预备校和测验公司，通过"卫星教学"的服务、教育出版事业和收买经营不良的私立学校等，正在从"幕后"的教育产业变为"台前"的教育产业。儿童服装之类的企业谋求设立自由学校的动向也正在显性化。

我们必须认识到，教育行政从中央集权移向地方分权的改革也是同教育产业的欲望吻合的。即便在教育经费将近半数依赖国库补助的现在，学龄儿童每人所花的年度公共教育经费，在最高额（小学 100 万日元以上）与最低额（50 万日元左右）的县之间，存在两倍以上的不平等。倘若公立学校完全过渡到地方分权，那么，都道府县之间的落差将达到 7 倍至 8 倍之多。靠地方自治体的财政规模维持公立学校，在许多县是不可能的。实现地方分权不能不以教育企业的参与为前提。多媒体教育的光缆计划率先从偏僻地区的学校着手，或许助长了这种担忧。

第三个方向是，教育的"私事性"（privatization）。其代表性事例就是美国的家庭学校的发展。所谓家庭学校是指在家庭里设立的"学校"，教师（家庭教师）的人员经费接受公费补助，学生修习所定课程之后，取得毕业证书的制度。从这个意义上说，家庭学校是自由学校的翻版，不过，更彻底地体现了"私事性"的特征。

家庭学校运动，是近来在没有私立学校的地区，在家庭里设立自己所要求的学校运动中起步的，现今在美国所有的州都在制度上得到了认可，其发展是迅猛的。在 20 世纪 70 年代末，不过 1 万多人的家庭学校的就学人口，在 1995 年超过了 50 万。

在日本，近年来要求实施家庭学校的呼声，特别是在有辍学儿童的家长们中间高涨起来。文部省从 1992 年开始，针对辍学儿童曾经采取措施，把是否去"适应课堂"之类所定教育机构上学的日数作为上学日数来换算。现今这种措施要求扩大到家庭学校。在这里，多媒体教育的普及肯定也在促进家庭学校的发展。从技术角度而言，借助电脑网络连接的学校教育的电脑空间，使儿童修习所定学校课程是可能的。

不过，家庭学校存在着不限于现实地应对辍学儿童的问题。这是一个原理性的问题，即如何建构教育的私事性与公共性（私立学校与公立学校、家庭教育与学校教育）的关系的问题。

不过，这种私事性与公共性的关系绝不是单纯的。因为，不能说由教育委员会统辖的学校就一定是实现"公共性"的。从美国的现状看来，由于人种与阶级的差异事实上居住区处于分割的状态，倘若以阶级与人种的平衡作为标准来衡量"学校的公共性"，那么，倒是可以说，天主教的私立学校是"公共性"最高的学校；倘若以教育目的、教育内容的民主主义作为标准来衡量"学校的公共性"，那么，可以说，继承进步主义传统的私立的进步主义学校是"公共性"最高的学校。用公费运作的公立学校未必在实现"公共性"，不能说，由于是自由学校必定是破坏"公共性"③。

美国在近年来的改革中，为了帮助希望上私立学校的少数民族，或是保障家长的择校自由，接受公费补助所经营的学校（教育券学校）正在全美普及开来。教育券学校是 1991 年在明尼苏达州开始的方式，之后迅猛地普及开来，整个美国已经有将近 1000 所私立学校过渡到这种方式，或者新设这种私立教育券学校。可以说，教育券学校一方面在推进"公共教育的私事化"，另一方面，在用公费支援学校的自律性这一点上，又在促进"私教育的公共性"。"公共性"与"私事性"的关系，必须根据这种复杂的状态重新加以界定。

需要补充一点，我们也不能忽略了美国的学校改革中，尽管在推进教育的私事化，但学校的公共领域也在扩大的改革动向。在它的背后存在贫困加剧和家庭崩溃这样一些深刻的事态。由亲生父母养育的儿童不到半数，接受生活监护的贫困儿童超过整个儿童数的两成。监护困惑于贫困和离婚家庭的儿童的权利成为公立学校的核心责任之一。例如，以城市的公立学校为中心出现了增加上学日数和课时的倾向，在供餐服务方面，增加了午餐（约2500万人），早餐的供应也扩大（约500万人）了，对贫困儿童实行免费供餐。

再就学校教育与家庭教育的平衡关系而言，从国际上看，也没有形成共识。在法国，1989年以来上学日数从180天削减至140天，实施"儿童回家"的改革。在美国则相反，由于家庭和社区的崩溃，有必要监护儿童、提高其学力。所以，改革的议论是，上学日数（180天）增加到跟日本大体一样的程度（220天）。日本的五日制改革跟法国的改革逻辑一样在推进，不过，无论在日本还是在美国，家庭的崩溃超越了学校崩溃的速度在进展的事实，是不能忽略的。

第四个方向是，学校的网络化。这是一种公立学校同周边的机构和团体之间结成网络，通过相关企业、专家与市民的参与，代理学校教育领域的构想。其典型，就是1995年4月公布的日本经济同友会的建议书——《从学校到合校》。

日本经济同友会的建议书——《从学校到合校》有一个副标题，即"学校、家庭、社区都认识到自己的角色与责任，共同贡献智慧与力量，创造培育新型学习的场所"。正如这个标题所显示的，建议书是以"学校简约化"为中心课题，倡导组织三种课堂——在文部省统辖的"学校"（基础的、基本的课堂）亦即在"习得国民共同的基础、基本的场所"的周边，配以民间教育机构和专家参与的"自由课堂"（科学地发展学习、情操教育的场所），与社区人们参与的"体验课堂"（儿童跟自然与他人交往的场所）。在这三种"课堂"的"网络"中，建构"学校即合校"的构想。

"合校"构想的特点在于，以往教育行政统辖的学校的功能大幅度地"简约化"了。历来运用《学习指导要领》的学校仅仅是"基础的、基本的课堂"。在那里，实施"旨在提高'语言能力'与'逻辑思维能力'的学科"与"培育日本人认同感的学科"的教育。"自然科学与人文社会科学"和"音乐、美术、戏剧等艺术学科"的学习，转移到民间教育机构的专家指导之下的自由选修的"自由课堂"；修学旅行等学校例行活动和俱乐部活动则转移到由社区人士和专家指导的"体验课堂"。可以说，这是一个把公共教育的功能缩小到最低限度的改革设想。

"合校"构想的结果，将导致学校功能的大部分转让给市场领域。习得人文社会科学、自然科学和艺术的"自由课堂"，认为由校外的专家和教育产业来承担为妥。社区承担的"体验课堂"也是以民间企业的参与为前提的。所有这些，都是旨在使历来的学校功能所承担的部分从行政范畴转移到企业与市场范畴。所谓"合校"这一"新型学校的新理念"是一种在教育中行政，企业与社区联手，扩大企业与市场的学校构想。

在"合校"的构想中，倡导企业的积极参与与合作。在"人才派遣、物质与资金支援"、"体验学习、教师研修的接纳"、"设施的开放和设立"中，提议"激活企业的经营资源"与"以家长的身份关爱员工"。具体的办法是，倡导向"合校"派遣讲师，向"合校"派遣人才以引进企业经营的方法，协助教师在企业内展开研修的合作，等等④。可以说，这是一种从民族国家为基础的学校，转型为以企业社会与大众社会的市场为基础的学校的改造。

可以说，这种"合校"构想是一种学校教育网络化的、具体的、现实的设想。因为这种构想具有其合理性：扩大教育产业的欲望和教育市场的价值，而且，适于确凿地把握恢复社区与家庭的教育功能。这种构想也受到了加紧批判学校与教师的人们的赞赏，这也是确凿的事实。不过，应当铭记的是，加剧了教师们对于这个建议书的失望。这是因为，在"合校"中"简约化"的是教师的专业性和学校的公共性。教师寻求的"开放学校"，应当是在不同于"合校"原理为基础的"网络"中来加以探讨的。

这样，在"小政府"与"引进市场原理"为基本政策的新保守主义的主导之下，一连串的学校改革构想主张择校自由和教育的多样化，推进教育的私事化与市场化，批判教育的划一性，促进地方分权化，实现基于教育的电脑空间化、企业、社区、家庭的合作的教育网络化。

在这些一连串的未来构想中，核心的问题是"学校的公共性"。学校，究竟是谁的？学校，应当围绕什么目的、完成什么使命而组织起来？学校，应当为儿童提供什么样的教育服务？

三、非学校化方略的再审视

学校的民营化、教育服务的市场化、教育券制度、家庭学校、教育券学校、学校的网络化等等，在 20 世纪 80 年代以来的改革议论中所构想的学校未来的形象，是 20 世纪 60 年代以来展开的基础学校改革实验的延续。非学校论、开放班级、自选学校等等的实验，原本是作为学校再生运动展开的。如果说，这一连串的实验是导致学校的公共性解体的一种重建和归宿，那是何等的荒唐！为了探讨这种转换，有必要回顾一下过去 30 年间民间的学校改革。

非学校论的探讨

在探讨学校教育的制度和样式方面，再没有像伊利奇（I. Illich）的《非学校的社会》（1970）那样从根源上批判"学校"这一存在的文献了。伊利奇的非学校论以波多黎各的天主教大学和墨西哥国际文化资料中心为据点，波及拉丁美洲各国的教育改革和美国的少数民族教育，对于日本学校的批判也产生了不小的影响。我想确认的一点是，开始当初，伊利奇的非学校论的中心意图并不是"学校的非学校化"，而在于"学校化社会的非学校化"。伊利奇倡导"非学校化社会"（deschooled society）即"共生的社会"（convivial society）来对抗"学校化社会"

（schooled society）。"学校教育"（schooling）的"非学校化"（deschooling）是其战略手段。可以说，伊利奇通过"学校化社会"的"非学校化"战略，超越了学校批判的框架，为我们准备了超越现代学校制度框架的"学习网络"这一设想。

伊利奇描述了写作该书的意图是："人们倘若推进价值的制度化，那就必然导致物质环境的污染、社会的分化以及人们心理上的障碍"。伊利奇通过该书警醒世人，教育、医疗、福利、心理疗法等制度，使得穷人的需求转变为商品的需要，转变为依靠制度服务的社会。所谓"学校化社会"意味着这样一种社会：使得以往的芸芸众生沦为"现代化贫困"的状态；学校制度管理着学龄者的智慧；医疗制度管理着人们的生老病死；在福利制度下消磨着互助能力，乃至削弱着人们的政治能力。

在"非学校化社会"即"推进价值制度化的社会"里，学校成为这样一种场所：潜在课程发挥着走向"消费社会"与"劳动市场"的"冠仪"的功能，分配、调剂着来自"新的世界教会"的"知识产业"所调配的"知识"这一"鸦片"。

伊利奇由此提出了建构"非学校"的"学校网络"这一独特的学校改革战略。在废除了学校的社会里作为学校的替代物，建构"学习的网络"。这种学习网络由四个基本要素——"事物"、"模范"、"伙伴"、"长辈"组成。这种学习网络不是工业化、计划化社会的"普罗米修斯"的形成，而是在废除人为的生活，准备在神话礼仪与社会习俗中同伙伴一起成长的"埃匹米修斯"（普罗米修斯之弟）的再生。可以指出若干论点。

第一，伊利奇的《非学校的社会》给予许多人从根源上重新审视学校的自明性以冲击。试具体地探讨一下这种学校批判的内容，无论是"潜在课程"的"冠仪"功能、学校的"价值制度化"的功能、通过"非学校"的"共生教育关系"的构筑，或是学校的替代方案——"学习网络"的构想，许多都是在过去进步主义教育学及其教育实践中讨论过的内容。伊利奇的独创性是主张综合这些学校批判，废除"学校"的制度。亦即在于提示这样一种变革课题：把"学校化社会"变革为"非学校化社会"。进而言之，"非学校"这个概念本身也是得到教育改革家赖默（E. Reimer）的启示才提出来的，伊利奇不过是在文明批判与文化革命的战略上把这个概念加以提炼，重新提示出来罢了⑤。

它的意义不管怎么强调也不会过分。伊利奇是把"学校批判"作为对于"学校化社会"的批判这一文明批判的一环来看待的。他指出，进步主义（革新主义）的学校改革可以归结为"学校化社会"的再生产。他的著作之所以对自由学校的教师产生巨大影响，是因为揭示了以"进步"为根本的进步主义思想的局限性。

第二，伊利奇的"非学校论"受到许多对于学校抱有虚无主义与厌世主义人们的接纳，但需要留意的是，正如许多学校消亡论那样，他的"学习网络"的构想是以"共生社会"这一乌托邦思想为基础的。

"非学校论"的乌托邦性质，可以从学校的权力与功能比作教会的权力与功能这一点上窥视出来。在伊利奇看来，所谓学校是世俗化的一种教会权力；所谓现代社会是借助世俗化君临"世界宗教"之宝座的学校所创造的社会。因此，所谓"非学校化"是从带来地球的崩溃与贫困的扩大、政治与生产的无能化的"学校化社会"里拯救工人与贫民的战略。可以说，这是一种作为"宗教革命"所构想的教育改革战略，旨在通过"学习网络"实现"共生社会"——一种超越了传统的教会权力的框架，或是世俗化学校权力的框架的崭新的社会。

以"宗教革命"作为比喻的"非学校"的功能有双重涵义。"非学校化"的战略，一方面为我们提供了抨击现代主义学校的"神话"与"幻想"，无情地鞭挞了学校"成为现代化的无产阶级的世界宗教，履行着对于技术时代贫民的救济这一无意义制约"的逻辑。不过，"非学校化"的战略，另一方面，在宗教和教会革命并不同社会与文化革命直接相关的日本这样的国度里，尽管在推进"整个社会的学校化"，但停留于丧失实践性的，抽象化、观念化的批判倾向乃是不可避免的。对于替代方案抽象性的批判反反复复，就是这种倾向的结果。

第三，"学习网络"的内容与组织也必须探讨。伊利奇说，"事物"、"模范"、"伙伴"、"长辈"是"学习所必需的四大资源"。他提出了活用四种资源的"教育网状组织"（学习网络），替代"学校"的方案。这种"学习网络"同"文化共享网络"、"人文关怀网络"一起，作为人生各个阶段的机会使每一个人得到保障。构想了综合地享受学习、关怀与文化的教育功能的网络化，展望了共生社会的实现。

应当说，这种"学习网络"作为25年前的未来学，是拥有惊人的预见性的建议。在发表当初，尽管多半是以乌托邦式的想像议论的，但这种"学习网络"的构想却在现今骤然带有了现实性。以电脑网络为基础的多媒体教育的扩大，以及上面介绍的"合校"构想的出现，不正是伊利奇的"学习网络"的出色的具体化么？不过，令人啼笑皆非的是，现今推行的学习的网络化，一面在推进"学校的非学校化"，另一面却出现了跟伊利奇的初衷背道而驰的状态：愈益扩充"学校化的社会"。"非学校化"的战略必须解构"学习网络"，改革正在膨胀的"学校化社会"为"共生社会"。

第四，上述的问题，提出了透视"非学校论"的"现代化"批判的效度与局限的课题。实际上，伊利奇主张的"共生社会"是谓之"后现代社会"的未来社会呢，还是"前现代社会"，未必是明确的。就像这个问题所象征的那样，他的"非学校论"是在学校制度尚未充分完善的拉丁美洲各国有其现实的效度，但在学校制度的普及业已达到巅峰状态的美国和日本那样的国度里，往往会被误解为是与寻求前现代教育的厌世主义如出一辙的，或是寻求后现代教育的乐天主义⑥。

我想到，伊利奇的"非学校论"的旨趣与其说是"非学校"，不如说在于"学校化社会"的"非学校化"。伊利奇标榜的"共生社会"既不是"前现代社会"，也不是"后现代社会"，"非学校化"是解构学校的一种战略，意味着通过"学习网络"的建设，为自己争取合作学习的活动、共享文化的活动、人文关怀的活动的一种斗争。

自由学校的探讨

作为民众自发的学校改革之一，可举美国为中心在 20 世纪 60 年代开始直至今日仍在持续的自由学校的实验。所谓"自由学校"是指家长募集资金、寻找校舍、录用教师、法人化的免费学校。这个运动原本是教师和家长联手，通过教育寻求消除了种族歧视的社会建设的市民运动而形成的，是一种实现黑人公民权运动和以反越战为中心成长起来的"对抗文化"为基础的学校设置运动。这种在公共教育制度框架之外开办的新型学校，在 20 世纪 60 年代中期在波士顿和旧金山等大城市设立，很快扩大至全美各个城市，乃至进入白人居住区。到 20 世纪 80 年代前后已达数百所之多。

自由学校显示了在公立学校框架之外设立免费学校的可能性，显示了家长、教师和市民合作建设"自己的学校"的可能性。美国的公立学校由于是基于资产评估的地方教育税为基础所经营的，城市贫困地区的学校跟郊外富裕地区的学校在生均教育经费上面，出现了巨大的落差。况且，正如伊利奇的《非学校的社会》所指出的，贫困地区的公立学校受种族歧视的意识形态所支配，不适当的传统教育方法使得教育效果中的失败和教育预算中的浪费积重难返。推进自由学校运动的市民、家长、教师旨在克服这种制度上的局限，展开了从公立学校这一教育权力转型为自由学校形态的摸索。

自由学校直面的问题，为我们探讨学校公共性的形成基础提供了珍贵的启示。首先，自由学校直面的一个问题是，作为该运动自明的前提——"公立"（public）与"自由"（free）的对立图式在现实的改革运动中过分简单化了。自由学校的创始人、知名的教育评论家科索尔（J. Kozol）反思这场运动后说道：

> 我曾经强调公共教育跟国家和城市的政治利害相一致的事实。因此，学校必然有助于这种直接的政治教化。然而，我们社会的所

有学校都同样地受到束缚的事实，却是我万万没有想到的。

科索尔说，从捐款的慈善家、基金会的偏见、价值观和策划看来，即便是自由学校也并不是自由的。

其实，自由学校最大的障碍在于资金的筹措。当运动一旦处于低潮期，便出现了若干分歧。第一个方向是，一部分自由学校由于白人悲叹公立学校的教育水准低下和创造性缺乏，而办成了一般称为"学院"的精英主义的私立学校。在这个谱系中，所谓"自由学校"是促进教育的"私事化"（privatization）、容忍种族歧视主义的学校。可以理解为跟"教育的公共性"抗衡的学校。事实上，渴望自由学校的"创造性教育"的白人们引进教育券制度，热衷于推动教育私事化的"家庭学校"运动。作为自由学校的代表性教师而知名的约翰·霍尔特（John Holt），作为开发艺术创造才能的家庭学校运动的主导者而活跃在 20 世纪 80 年代末。

第二个方向是，保留少数民族教育的性质，向公立学校附属设施过渡的谱系。促进这种展开的要因之一在于，自由学校的实践一般倾向于轻视"基础技能"（basic skills），引起了以"基础技能"的习得为核心价值要求的少数民族的家长的不满。家长们尽管要求"不惧怕严教的教师"，但许多自由学校的教师却把放弃教师的权力作为理想来追求。但是，作为公立学校附属设施的自由学校既然纳入了权力机构，就可以期待发挥一种补足公共权力的政治的、意识形态的教化的功能。这种苟延残喘战略的破绽是显而易见的。

第三个方向是，把自由学校纳入公立学校，演变为"校中校"（由家长和儿童选择的实验计划的微型学校）或是"磁石学校"（跨区招生的富于魅力的公立实验学校）的公立学校改革运动的谱系。在联邦政府废除种族歧视的法律从制度上、形式上解消了教育的种族歧视的状态中，问题的焦点从公立学校框架之外把"黑人学校"建设成自由学校，转向在公立学校之中实现多元主义的"公共性"的确立。基于这种状态，自由学校运动发展为寻求社区再生的共同体运动：重整由于种族与贫富差距造成的隔离区域的学校，依靠优质学校的魅力，谋求种族混合。

20 世纪 80 年代以来，自由学校运动以欧洲各国为中心，在家长设立学校的运动中得到传承。例如，以德国为中心的加盟自由瓦多尔联盟的大半施坦纳（R. Steiner）学校（100 所以上），在晚近 20 年间是以自由学校的形态设立的学校。其中许多学校未必标榜施坦纳的人智学，倒不如说，以文明批判和生态学为基调的"自由青年运动"（生活方式与生活文化的改革运动）形成了设置新型学校的主要动机。在摸索摆脱生产、消费中心的社会，实现共生、共存社会的基础上，通过自由学校的方式探讨着新型的学校。

在日本，20 世纪中叶以来，以辍学为对象的自由学校的实验在各地陆续出现。

不过，在日本一般谓之"自由学校"的学校，由于尚未得到学校法人的认可，严格地说，是行不通的。日本不存在"自由学校"的制度，谓之"自由学校"的学校未能获得跟公立学校抗衡的权限。因为，所谓"自由学校"是家长设立的，得到学校法人认可的免费教育的学校。

这种制度性的制约是巨大的。在日本之所以不能设置的最大瓶颈，在于过分严格的学校设置基准剥夺了家长自由设立自己的学校的权利。可以说，这种制约是日本学校改革的道路越走越窄的一大要因。例如，在丹麦实现了这样的制度：倘若家长准备了设置学校的必要资金的五分之一，剩下的五分之四的资金由国家支付。在学校改革成为人们共同课题的今日，保障人们从事自由学校的实验、搞活学校改革的制度性条件，即便为了借助家长和教师的合作展开公立学校的改革，也是应当积极加以探讨的。[7]

开放学校的再探讨

开放学校的运动是 20 世纪 70 年代学校改革的主要推进力。自由学校运动是在学校制度的框架之外创设新型学校的运动，而开放学校运动则是致力于从学校内部推进教育实践的自我革新而展开的。开放学校运动是继承了杜威以来的进步主义教育的革新传统展开的，它旨在克服学校教育的阶级性、种族歧视、官僚性、形式性、机械性，重新把学校建设成儿童中心的"学习共同体"来推进的[⑧]。

首先需要纠正一下日本流传的"公立学校即无墙学校"的误解。同样一句"开放学校"，在日本是叫做"无墙学校"流传的"开放学校"，在美国的涵义是指改革学校建筑的"开放学校"，跟原本的"开放学校"——教育实践的改革运动（"开放教育"）是有区别的。就是说，学校建筑的"开放学校"与教育实践的"开放学校"是两码事。实际上，开放学校的实践并没有以校舍的改建为前提，在原来的校舍中推广开放学校倒是通例。倘若按照这个标准来衡量日本的"开放学校"，那么，应当认识到，其中大半是以改革校舍作为主要动机的，反之，在并不称为"开放学校"的实践中，倒是可以看到应当称为"开放学校"的教育实践的成熟。

"开放学校"的实践是 20 世纪初以来立足于进步主义的教育传统形成的，应当看到它的多样性和复杂性。开放学校，是以美国引进英国的以布劳顿报告（1967）为契机普及的儿童中心的教育实践（非正规学校的实践）开始的，但从根底里说，是美国国内持续的作为再生、扩大儿童中心主义的教育实践运动展开的。在开放学校胎动期的美国，20 世纪 30 年代以前设立的私立进步主义学校将近存在 100 所，以这种革新传统为基础，公立学校的改革运动得到了推进。

不过，同样一句"进步主义的教育传统"，却存在原理上、样式上不同的四个谱系。其一是"儿童中心主义"，是推进对抗产业社会的效率主义、基于智慧和艺术想像力的创造性学习的谱系。其二是"社会效率主义"，是以产业主义的生产性与效率性为原理，推进教学的科学化、技术化，学习的个别化与效率化的谱系。其三是"社会改造主义"，是把学校教育作为社会改造的手段，寻求社会问题的解决所必要的批判性思维能力的形成的谱系。其四是"社会（生活）适应主义"，是以社会生活所必要的道德态度与人格形成为中心目的，把学习组织成自主的、合作的、道德的活动的谱系⑨。

在这四个谱系之中，主导开放学校运动并成为中枢的是"儿童中心主义"谱系，是标榜激进民主主义的理性谱系。开放学校是由参与学生运动——主张废除种族歧视、反对越战——的人们推进的，得到联邦政府的促进少数民族补偿教育的政策与补助金的支撑发展起来的。把英国的非正规学校介绍到美国，开放学校的始作俑者约瑟夫·费塞斯通（J. Featherstone）为首的哈佛大学学生运动的经验者们；以儿童的发展为目的，标榜保障实质性教育机会均等的教育的维托·佩龙（Vito Perrone）为中心的北达科他大学（North Dakota University）的研究小组；以观察儿童为基础的发展研究作为教育实践中心的纽约的班克·斯托利特学院的研究小组，等等，都是把激进民主主义与儿童中心主义作为改革公立学校的基本原理来传播的。其影响范围广泛。这个运动，在20世纪70年代中期形成了200个以上的谓之"教师中心"的革新教师的网络，发展为全美规模的民间的学校改革运动。

然而，急剧普及的开放学校在何等程度上内化了"儿童中心主义"的原理与样式呢？这个问题需要慎重探讨。即便废除了黑板和粉笔中心的教学，转换为以作业与活动为中心的教学，在能力分组的学生组织和个别化的学习形态得以普及、成套化教材充斥的课堂之中，效率主义的教育不过是借用"儿童中心"的方式再生产罢了。通过开放学校的普及，效率主义与行为主义的学习心理学占据支配地位的事实，原本寻求"综合"的开放学校推进教材的"多样化"和学习的"个别化"的事实，等等，旁证了"儿童中心主义"原理与样式的普及被扭曲了的事态。而且，在开放学校丧失了对抗原理、博爱主义情绪流淌的场合，在

"人性中心"、"发展中心"的空想主义之中所含糊地表现出来的倾向也是显著的。

开放学校衰退的要因也来探讨一下。直接性的衰退要因在于，20世纪80年代前后转向以"回归基础"（back to basics）作为口号的保守主义政策及其学校批判。不过，在运动内部交织着更复杂的要因。尤其是，开放学校的"学力测验"的调查结果大多显示了学力的种族落差与阶级落差比一般学校更为扩大的倾向，这使得基于博爱主义引进开放样式的教师们失望了。当然，"学力测验"是立足于旧有的学力观，并未考虑开放学校所追求的学习的综合价值加以评价。对于视学校教育为废除种族歧视的核心手段的教师们来说，这种调查的冲击是巨大的，"回归基础"的政策口号和舆论一旦普及，许多革新的教师们加深了对于学校保守体质的绝望而辞职。

对于开放学校的决定性打击，是英国的撒切尔首相、美国的里根总统和布什总统基于他们所推进的新保守主义教育政策及其意识形态作出的攻击。追求"小政府"、在公共部门也引进市场原理的新保守主义的改革路线，导致对于少数民族教育预算的大幅度削减，使得民间的改革衰退。新保守主义的教育意识形态，把开放学校的教师们所信奉的卢梭和杜威的自然主义与文化多元主义作为攻击的标的，激烈主张以柏拉图为起点的"人文主义教养"作为教育内容并一元化地加以组织，强化"学力"的标准化与"品质管理"。

不过，通过开放学校运动摸索的"现代学校"的设想，变换了方式至今仍然存在。这种设想的传统，分化成多种运动——教师专业化运动、把学校重建为"学习共同体"运动、寻求学校自律性的"重建"（restructuring）运动——在展开。下面，再来确认一下开放学校的意义吧。

开放学校的第一个意义，在于把"学校是怎样一种场所"这一根源性的问题摆在了学校教育的内容与实践面前。在《新共和政体》杂志上介绍英国的"初等学校革命"，开放学校的始作俑者费塞斯通，将自己的一连串教育随笔结集出版，书名为《学校：儿童学习的场所》（*Schools where children learn*）[10]。

在这个"学校是怎样一种场所"的设问中，贯穿了对于"流水作业"式的学校的批判，和对于种族歧视、阶级歧视、性别歧视的扩大再生产的学校的批判。在"学校作为儿童学习的场所"这一问题的极其正常的解答中，渗透了"儿童中心主义"作为根本原理、以"学习"为中心价值的学校追求，和以这种学校为基础，实现民主主义与和平的意志。开放学校对于国家主义和工业主义统辖的现代学校提出了挑战，它要求重建学校，使之成为以人们的亲和结成的民主型共同体为基础的学校。

开放学校的第二个意义，在于构想了学校的未来面貌——"学习共同体"。开放学校的推进者们认识到，基于个人主义病理的公共性的解体是民主主义的危机，发现了旨在确立"公共性"的新型共同体的创生之道。所谓确立学校的"公共性"，意味着实现不同种族、阶级和性别的文化交融的学习；意味着在学校里构筑相互学习的亲和，以便为民主主义社会的建立作好准备。就是说，摸索统辖学校的新方向：从行政权力统辖的"教育的公共性"转换为借助儿童、教师和家长的相互学习所构筑的亲和来统辖。

开放学校的第三个意义，在于从实践样式的层面提示了未来学校设想的具体形象。从教师传递中心的教学转换为以儿童的经验和表达为基础的教学；从教科书中心的教材转换为以素材、事实、题材为教材；从面向黑板、排排座的课堂空间转换为以合作学习的桌椅排列方式组成的课堂空间。如此等等，都表现了它的具体样式。评价方法也得到改善。替代以往的基于测验的评价，以学习成果、笔记本和报告集来个性化地、综合地表现的学习得到普及，通过这些作品个性化、综合化的评价方式也得以扎根。

这些样式是在"柔软"的教育实践这一口号下论述的，把学校的教材、课时、空间和组织柔软化，是开放学校的核心的实践原理。学校的组织也是"柔软"地重建的。开放学校为了提高课程与学习的集约性、课堂的社会性，通常把横跨两个学年的儿童组织成一个班级进行"复式教学"。

应当留意的是，这些一连串的样式，即便在开放学校运动衰退之后仍然广泛存在。在 30 年前，美国只有 100 多所进步主义学校，英国只有几个百分点的学校实施上述的样式，但如今，美国约有三分之一、英国和加拿大则有三分之二以上的学校得到了普及。近年来，在法国也引进了把两个学年作为课程的基本单位进行的学校改革。日本的文部省近年也在推进从"传递"中心的教学转型为"帮助"、"支援"每一个学生学习的教学改革。可以说，这种方向也反映了以开放学校（非正规学校）为中心的各国的动向。作为"教的制度"组织起来的现代学校在缓慢地开始"学习制度"的脱胎换骨。

四、从内部变革学校：改革的多样形态

在自由学校和开放学校衰退之后，学校改革的草根传统，呈现分极化、多样化的发展。主导 20 世纪 80 年代教育改革的教师专业化运动，就是其中之一。它以确立教师的自律性与专业性为核心课题，在职前教育与在职教育两个层面提升广泛的教养与实践性见解，在学校里建设"学习共同体"的主体形成的运动，是在谓之"反思性实践家"（reflective practitioner）这一新型的专家形象的提出中所追求的。此外，"磁石学校"运动、"教师专业发展学校"运动、"学校重建"运动、"校中校"运动等等，都得到了继承并产生了多样的改革形态。

所谓"磁石学校"（magnet school），是把开放学校样式的公立学校发展为自选学校（能够跨学区选择的实验学校）的改革据点校。它回应要求革新教育的家长的需求，借助其教育的卓越性，要求在少数民族地区改善种族构成的学校。"磁石"这一名称是比喻以其魅力吸引儿童的学校，意味着在少数民族聚集地区吸引白人的中产阶级子女的学校。

"教师专业发展学校"（professional development school）也是继承开放学校传统的学校改革的据点校。这个构想，是 1986 年组织的全美主要 96 所大学的教育学院院长组织——"霍姆斯小组"的报告书《明日之教师》（1986）和《明日之学校》（1992）所倡导的。业已超过 300 所的"教师专业发展学校"，以大学的教育学院和公立学校之间的合作关系为基础，推进构筑据点校的运动，旨在确立教师的自律性与专业性。同时，展开实施大学的教育研究与教师教育改革的运动。"教师专业发展学校"在家长、教师、教育研究人员、教育行政人员作为以儿童为中心的教育的主体，构筑相互合作的"学习共同体"方面，同开放学校的因缘关系也是显而易见的。《明日之学校》的执笔者之一，就是开放学校的创始者费塞斯通⑪。

"学校重建"（school restructuring）运动悲叹官僚式控制的学校组织，重建为自律地经营的学校组织的改革运动，是围绕学校的课程、人事和财政，教师和居民主动参与决策，谋求学校内部的活性化的改革运动。

"学校重建"的代表性案例是谓之"芝加哥形态"的居民参与学校改革运动。自 1989 年伊利诺伊州议会通过《芝加哥学校改革法》以来，在芝加哥市，启动了这样一种制度：州的教育预算直接拨给学校，在各个学区组织"地区学校委员会"（Local School Committee），由校长和教师代表（2 名）、居民代表（6 名）、学生代表（高中 1 名）组成。各校自由行使财政，雇用校长，决定课程。这个改革，实现了国家、州、市的教育行政所保持的大半权限下放给了各地区的学校，使得公立学校能够以学校与地区的共同体作为基础，自律地运营的制度。芝加哥市的大约 600 个学区中有 500 个以上的学区组织了"地区学校委员会"，进行大规模的实验，这种形态对于全美其他城市的学校改革也产生了影响⑫。

把学校重建为"小型学习共同体"的改革也在推进。其代表性的实验，就是著有《贺勒斯的妥协》（1984），主张学校教育的内容与组织"单纯化"的塞奥多·塞萨（T. Sizer）为中心的"要素主义学校联盟"的改革运动。这个改革小组批判道，以往在"个性化"与"多样化"道路上迈进的教育改革，导致了大多数"普通学生"的主体地位和学习目的、学习意义失落的结果，主张在学校内推进"小型学习共同体"——通过知性作业相互学习少而精的内容——的建设。他们的口号是"少即多"（less is more），体现了以"共同体"原理，把"大量生产"、"大量消费"的隐喻构成的学校加以重建的改革气质。具体地说，把一所校舍分割成一个个"房屋"。每个"房屋"拥有 10 名左右的教师、150 名左右的学生。在这个"房屋"的单位里，决定校长，编制教师组织与学生组织，使各个"房屋"建设成自律的学校单位——"小型学习共同体"[13]。这种"房屋"的样式，叫做"校中校"（schools within school）或是"微型学校"（mini school）。

精选教育内容、简化学校组织、再生学生的主体性学习与人际关系的"小型学习共同体"的效果是绝大的。这种实验的创始者、纽约的圣特拉尔帕克·伊斯特小学初中校长德波拉·迈耶（D. Meier）说："小即精细"（small is sensible）。"小型共同体"的建设使得"迷失的学校"转换为"清晰的学校"。从失落学习的意义、失落相互学习的伙伴、失落学习的指导者、也失落自身的学校，变革为发现学习的意义、发现相互学习的伙伴、发现学习的指导者、也发现自身的学校。其关键在于，把"大量生产、大量消费"模式的学校重建为"小型学习共同体"的集合。这位德波拉·迈耶过去也是以其实践的卓越性而知名的开放学校的指导型教师[14]。

作为解构现代学校的新型学校形象的摸索，再一个就是基于女权主义的改革称之为"学会关心"的学校改革运动论。这种改革以"关心"作为中心原理，把以往的以"学科教育"为中心组织起来的精英主义学校，重建为以"照料"、"养育"、"福利"、"护理"等为中心的共同学习"生活者的智慧与伦理"的学校。在这种"学会关心"的教育中，要求变革以生产、控制、支配、竞争之类的男性原理构成的社会与教育，主张以关怀、养育、福利、学习为基本原理建设共生社会的"学习共同体"的构筑。"学会关心"教育的倡导者是美国斯坦福大学教育哲学家内尔·诺丁斯（N. Noddings）教授。她提出了"学会关心"课程的六个领域——"关心自我"、"关心身边的亲人"、"关心陌生者和远离自己的他人"、"关心动物、植物和地球"、"关心人造世界"（工具与技术）、"关心艺术与学术"；提出了通过"关心"、"对话"、"实践"、"确证"，学习其文化内容的学校[15]。

五、学习共同体的构想与实践

围绕展望 21 世纪的学校改革，已经明确了若干基本论点。第一个论点是，"21 世纪的学校"是应当沿着"教育私事化"的方向推进呢，还是应当沿着维持、重建和扩大教育公共性的方向推进呢？这是一个大论题。第二个论点是，"21 世纪的学校"是应当像过去那样以中央和地方的教育行政体制运作呢，还是应当以教育产业参与的市场竞争的体制运作呢？第三个论点，在上述的改革中，应当如何界定学习者、教师、家长、行政、企业的角色，如何构成它们之间的合作关系呢？

就日本展开的改革议论来说，可以提供三种不同的路线：以"国家主义"与"工业主义"两大意识形态为基础加以控制并发挥作用的学校制度的框架，今后仍然会继续传承呢？还是应当过渡到由"市场"原理控制的学校制度呢？或是重建成由"共同体"原理控制的学校制度呢？

"国家主义"与"产业主义"是贯穿 20 世纪学校改革的两大原理。这两个谱系实现了"国民教育"——以拥护"民族主义"、追求"产业效率"为基础，培养基于"基础学力"与"道德教育"的"日本人的国民性"，和"产业教育"——形成适应产业要求掌握科学技术知识的"合格的劳动力"。近年的特征是，这条路线一面在标榜"小政府"，摸索"地方分权化"的道路，寻求学校公共功能的缩小，一面在适应迈向多国籍企业国家的国家与产业界的变化，寻求"多媒体教育"为中心的"信息化"与"沟通能力"的"国际化"。

同传统路线并行，主导过去10年间教育改革的是以"市场"原理为基础的改革。基于"市场"原理的改革，推进了学校教育走向由教育服务的"自由竞争"与教育消费者的"自由选择"来控制的体制。这是以教育的"自由"与"私事性"为根本原理，公立学校民营化、自由化的改革。在这种势力急剧发展的背后，存在着通过大众传媒广泛传播的教师的背信与学校的背信的蔓延。对于学校制度的官僚性、划一性批判的高涨，和考试中心的教育产业的膨胀之类，促进了基于"市场"原理的改革的急剧发展。

正如前文指出的，这种"国家主义"、"产业主义"、"市场原理"在新保守主义的政策与意识形态中融合起来，成为今日教育改革的主导推进力。不过，准备"21世纪的学校"的改革并不停留于这条路线。

对抗新保守主义的学校改革的路线，可举学校改革的革新谱系，它是以构筑新的"共同体"为基础的。以"共同体"原理为基础的改革规定，学校教育的目的与使命是以"教育的公共性"作为根本原理，在异质人们的共同体相互交流的空间里寻求学校教育的形成基础，构筑有助于民主主义发展的实践的文化的共同体⑯。而基于"共同体"原理的改革，把学校构想为社区文化与教育的中心，作为儿童相互学习的共同体、教师们作为专家来共同培育的共同体、社区人士相互交流异质文化的共同体，推进学校的重建。这是学校作为"学习共同体"的重建⑰。

"学习共同体"的构想倘若同具体的设想和实践的课题结合起来，那么，其主要动因是由于，日本学校的公共领域受到一个多世纪的国家权力的控制，况且，战后以个人为中心的"教育私事性"的意识在人们中间的渗透比别的国家更甚。日本的学校受到两种对立的结构所支配。一方面是，在提供教育的教育行政和教师的实践中受划一的整体主义的支配，另一方面，在接受教育的学生的学习和家长的意识中则受个人主义与排他主义的支配。在日本的学校中，划一的整体主义与竞争的个人主义构成了共犯关系。这种共犯关系在学校的日常现象中随处可见：在划一教育之下激化的应试竞争，在封闭的集团之下频发的恃强凌弱，在集体指导之下的孤寂感，在个别化之下渗透的划一化，等等。

"学习共同体"的构筑，可以在转换这种结构——划一的整体主义与竞争的个人主义构成了学习的共犯关系——的改革中，加以具体化。这是一种以人们（儿童、教师、家长、教育行政人员）的"合作"为基础，转换为建构学校教育活动的实践，是一种把学校这一场所重建为人们相互学习、一起成长、心心相印的公共空间的改革。这里不妨提示一下它的具体课题。

首先，"学习共同体"的构筑是在课堂的学习以个人的经验轨迹为基础，重建共同体实践的活动之中加以推进的。尤其是把个人主义的学习转换为共同体的学习是一个核心课题。为此，有必要在课堂中保障每一个人的以多样个性为出发点的活动性学习，以及实现多样的学习交流的合作性学习。促进由此展开的学习同校内外多样的文化的、实践的共同体之间的合作。学校的公共使命在于，培养每一个儿童成为自立的、活动的、合作的学习者，在学校内外构筑文化共同体，这种文化共同体是以知识这一公共纽带结成的。

其次，"学习共同体"的构筑提出了把学校作为教师共同成长的场所这一改革学校的课题。近年的学校研究提出了这样的见解：作为合作创造教学的专家一起成长的教师的合作性亲和，谓之"同事性"（collegiality），乃是决定学校改革成败的最大要因[⑧]。学校这样一个场所，即便外面如何采取改革的措施，内部倘若不同时改革，也会是无动于衷的保守的场所。而学校内部的改革能否实现，取决于教师们能否构筑起将彼此的实践相互公开、相互批评、合作创造的关系（即"同事性"）。"同事性"的建设是学校内部改革的中心课题。

第三，"学习共同体"的构筑也提出了家长、市民跟教师合作，参与教育活动，建设自身也得以成长的学校的课题。从"教育私事性"

的见解看来，学校是提供教育服务的机构，家长与市民只是消费者，但从"教育公共性"的原理看来，学校教育是以教师为中心，家长、市民合作构筑的协同的公共事业。

在公共意识尚未成熟的日本学校教育中，教育行政与市民、学校与家长、教师与家长之间的关系，与其说是合作关系，不如说，往往陷入敌对的、对立的关系。但是，倘若要把学校作为社区中心建设成"学习的共同体"，那么，就得积极地扩大家长、市民参与学校活动的机会。许多教师已经在课堂里接受家长与市民的合作，创造着吸纳了他们的丰富经验与见识的教学。这些尝试未有穷期，在构筑以社区为基础的"学习共同体"之前并不成熟。

第四，"学习共同体"的构筑也提出了从内部确立学校的自律性、学校的组织结构与教育行政关系如何民主化的课题。学校这一组织是含有复杂性质的组织。学校基本上具有实现法规和规程所定任务的"官僚组织"的性质；但从尊重工作成效和追求工作效率的角度说，含有"企业组织"的性质；从讨论与决策学校工作的价值与方针的角度说，含有"政治组织"的性质；再从尊重教师工作的自主创造、重视专业判断的角度说，兼有"专家组织"的性质。问题在于，在这四种不同性质的组织原理中，以哪一个原理为轴心构成学校。

以往的学校是以"官僚组织"的原理为核心来组织内部的运作与行政关系的。这种学校的破绽表现在学校的划一性、封闭性和僵硬性上，已经昭然若揭。对抗这种"官僚组织"，由教育工会推进的以"政治组织"原理为轴心的改革也已经走进死胡同，这是显而易见的。在运用"政治组织"原理的学校里，教师之间的对立与分化固定化，导致了压抑学校内部多样的发展可能的前景。近年来的学校改革以"企业组织"为经营模式，在追求"成就度"（业绩）与"效率"，推进学校的结构改革。有人指出这样一种危险：在教育这一复杂的、追求多元价值的活动组织中，陷入了压抑复杂性与多元性，助长形式主义的后果。

"学习共同体"的构筑要求把学校重建为自律的"专家组织"。这里所谓的"专家"，不是指熟悉科学的理论与技术的作为"技术熟练者"（technical expert）的"专家"，而是指作为"反思性实践家"（reflective practitioner）"专家"，这种专家对于复杂的问题情境能够立足于考察与经验的反思，行使实践性智慧。作为"反思性实践家"的教师，致力于在学校内部实现建设"同事性"，实现专家合作。同时，努力构筑同校外专家与教育行政人员之间的合作关系。

在校外的合作关系之中，同教育研究人员的合作关系以及同教育行政人员的合作关系，将成为从一个侧面促进学校改革的动力。不过，同教育研究人员之间建立了合作关系的学校尽管不少，但大半的合作关系被组合在"教与被教"的权力关系之中。我们应当克服这种局限性，以确立学校与教师的自律性为轴心，重建合作关系，使之成为对等、平等的关系。同教育行政的关系也是同样。指导主任的校内研修的参与、初任教师研修的指导、教育委员会的研究指定校制度，或是教育中心的庞大的研修计划，等等，所有这些，都应当以维护学校的自律性、在学校内部培育教师专业文化，作为中心目的加以重建。

六、学习共同体的制度上的条件

最后，谈谈构筑"学习共同体"的制度上的条件。为了把学校重建为"学习共同体"，首先碰到的一个问题是现有的学校规模和班级规模过大的问题。尽管近年来由于学龄儿童数减少，各个学校、各个课堂的学生数出现减少的倾向，但仍然未能摆脱"大量生产"、"大量消费"的架构。

学校规模的大小在"学力"的"达成度"调查中并没有显示显著意义的差别，但儿童的居住场所与身份的危机显示了明显的正相关。例如，从初中校内暴力的调查看，比较平均每个学生的发生率，显示出36个班级以上的大规模校的发生率是6个班级以下的小规模校的30倍以上（1962 年度，文部省调查结果）。许多调查和文献指出，关于逃学、恃强凌弱、体罚也是大规模校多发。显然，居住场所的丧失和人际关系的淡化，诱发学生的孤寂感和生存危机，导致问题行为的多发。

学校规模的大小也对教师的工作产生不少的影响。大规模校学校组织复杂，用于分工过细的繁杂活动的时间和精力过大。日本中小学教师的上班时间，平均每周 54 小时，负担过重，其中一半时间用于教师专业领域——教学与教材研究、研修——之外的事情。可以说，越是大规模校，教师越要忙于周边领域的工作。大半时间用于教学、教材研究和校内研修的学校，即便小规模校存在，在大规模校则几乎是没有了。

倘若认识到，学校是师生共同学习、共同活动、共同休息、共同生活、彼此交往的场所，那么，就得探索重建学校使之成为"小型共同体"的方略。引进"微型学校"的方式（把一幢建筑物分割成若干"房屋"作为小型"学校"集合体运营的方式），谋求学校的机构与课程的精简化，组织教师 10 多名、学生 200 多名以下的"小型共同体"是可能的，况且，在一所学校中，实验性地组织不同的教育哲学和办学样式的"微型学校"，扩大儿童、家长和教师的选择自由，也是可能的。

把课堂重建为"小型共同体"的条件也在增加。日本课堂的学生数近年来减少了相当多，小学每个班级的儿童平均数可达 29 名（1993年度）。按照本科教师每人平均计算，小学 20 名，初中 17 名，高中 18名（1993 年度），跟 40 年前相比减少半数，接近欧美的条件。倘若把最近的教师小队教学的增配条件也考虑进去，倘若在学校内部设计组织实施，那么，平均每个班级 20 多名的班级编制也不能说是不可企及的条件正在形成。

因此，核心的课题在于，使得这些制度上的条件发挥作用的学校内部的构想力和实施力。我们应当探讨在各个学校里把学校组织重建为"小型共同体"，把学校和课堂重建为"学习共同体"的公共空间的方略[19]。

以这个方向为轴心，对于现今推行的改革的对抗也应当探讨。例如，就如何应对市场原理的引进来说，在要求自由选择教育的人们的意识得到渗透、教育服务事实上以市场为基础起作用的状态之中，全盘否定引进市场原理（选择的自由）的举措也可能会封杀儿童和家长参与改革。倘若基于儿童和家长的教育的自由选择，正如"自选学校"的"微型学校"所看到的那样，有助于确立教师的专业性与自律性，有助于维护和扩大学校的公共性，那么，就应当探讨扩大和实现上述这些功能的改革。

所谓"市场"，原本是异质共同体交往的场所，意味着在进行物物交换的同时，实现着异质文化的碰撞与文化交流的公共空间。从前"市场"被写成"市庭"，这个"庭"，是意味着异质的他者络绎不绝的场所的词汇。现今的市场之所以丧失了这种公共空间的涵义，沦落为无机的场所，是由于交往的共同体业已崩溃之故，由于应当交流的文化业已商品化之故。在构筑"学习共同体"的改革中，应当在扩张两个要素——"教师的自律的专业性"与"作为公共空间的学校"——方面，探讨市场原理的引进。

关于多媒体教育，也要求同样的探讨。多媒体这一电脑技术本身，是一种蕴藏着有可能成为建构"学习共同体"的媒体的技术。但是，现今进行的以工业主义与市场主义为基础的多媒体教育，却蕴藏着这样一种危险：学校的功能被均质的电脑空间所吸收，使学校这一公共空间解体。

被技术神话所束缚的多媒体教育的修辞，不要忘却这样一个事实：学校本身就是谋求多样的文化交流的媒体装置，教师就是文化的媒介者。多媒体教育的推进者，倘若把计算机构成的电脑空间视为学校和教师的替代物，并以此为前提把学校视为计算机相关产业与教育产业的市场断然地进行改革，那么，多媒体教育的课题就不是电脑技术与软件开发的问题，而应当是引进并且活用多媒体技术的学校与教师的问题了。这是本质性的课题，然而现今的改革却对此置若罔闻。

多媒体教育的普及提示了"学习共同体"的"媒体"与"网络"的课题。在最近的将来，不管哪一所日本的学校，都不可能是自我封闭的独善的体制。这是因为，所有的学校和课堂不久都将变为以电脑空间为媒介，直接跟外部的社会、产业和机构连接的场所。显然，这种"学习网络"一定会为伊利奇所构想的那样的"共生的社会"作好准备的。蕴藏于多媒体"网络"的资本的欲望，远比以这种"网络"为媒介、构想"共生的社会"的人们的愿望大得多。借用伊利奇的话来说，现今叫做"多媒体"的"学习网络"，正是"学校"，它在扩大着"学校化社会"的再生产。

因此，我们必须探索促进"学习共同体"的"媒体"与"网络"的理想模式。这种"媒体"与"网络"不能停留于电脑空间，这种电脑空间不过是匿名化的大众以非人称的方式相互交换非语脉的无机信息的场所而已。我们要求实践这样的重建方略：把学校作为异质文化相互交流的媒体装置加以重建；把课堂这一场所加以重建，使之从信息与信息的"网络"终端变为人与人的"网络"据点。

由上看来，摸索"21世纪的学校"的教育改革，是在一个多世纪的现代学校的历史终结点上，在摸索之中展开对于未来社会的展望的。寻求这种"21世纪的学校"的转型，绝不可能毕其功于一役。我们所责问的现代学校这一制度，终将转型为崭新的另类制度，终将置换成由多样的代理者参与的、综合地构成的、灵活的教育网络。况且，即便学校这一制度业已完全转型了，我们还得持续地探索作为传承文化、学习文化的共同体永远的再生与活跃之道。构筑"学习共同体"的课题，在这个转换期里肯定持续地承担着更为重要的意义。要求"学习共同体"的构筑，趁早地重建"文化的公共领域"的实践本身，正是在现行的学校之中准备"21世纪的学校"的核心的推进力。

【补论】寻求教师的自律性协作

构筑"同事性"

在变学校为学习共同体的改革中，最紧要、最困难的课题，就是教师作为相互创造和交流实践的专家，在学校内部形成教师诚心协作的课题。这个课题可以分解成两个课题：构筑教师作为专家一起创造和提升教学工作的"同事性"（collegiality）的课题；确立教师集体成为校内外事件决策之主体的"自律性"（autonomy）的课题。

学校，乃是一种即便外界的改革如火如荼，倘若不伴随内部的改革，也容易成为顽固不化的保守的场所。仅就这一点而言，可以说，构筑教师相互交流实践的作为专家来培育的"同事性"，构成了学校改革的核心课题。

然而，在现实的学校中构筑"同事性"，并不是轻而易举的。教师工作的繁杂性与不确凿性使得教师难以形成相互协作的意愿。特别是在当今对于教育的价值与目的的见解和教育方式多样化、学校的日常危机现象频频发生的状态之中，教师们对于同事与自身的信赖感削弱了，并且加深了孤寂感。"同事性"的构筑是以教师们一起创造课程、相互观摩教学的校内研修为中心推进的，但由于教师忙于应对学生的问题行为和教师工作的繁杂，以校内研修作为学校经营的轴心加以设定的学校减少了。当然，重视校内研修的学校也为数不少，但其研修的内容丧失了具体性和集约性而趋于形式化，丧失了活力。

丧失了"同事性"的学校，不仅把教师的工作封闭在日常事务上，招致教育实践质量的低劣，而且招致教师工作离开了专业领域，忙于周边的杂务堆之中。构筑"同事性"的校内研修的活性化，往往使得教师疲于奔命。实际上，不少追求"同事性"的学校改革，把教师从校务分工的过重的杂务中解放出来，通常的业务工作也做到了精简化，扩大了作为专家专心致志于教学实践的条件。"同事性"的构筑是以"专业化"（professionalization）的原理重建学校组织与教师职域的改革。

"同事性"的构筑也要求重建学校内部的人际关系与责任关系的实践。一些校长仅仅负起学校管理与经营的责任，却放弃了教师作为专家来培育的组织责任，即便一些教师力图作出献身性努力，也难以在岗位上构筑"同事性"，这种校长要从内部改革学校是不可能的。在仅仅承担校务分工的自己的班级和学科的教学，个人主义意识支配教师的学校里，要建设旨在专家的共同体的"同事性"，那是不可能的。"同事性"是在共同追求作为专家的权限与责任的共享，以教师的协作为基础才能形成。

克服划一主义与权威主义

从日本的学校历史看，以校内研修为基础，共同成长的教师文化的传统绝不是薄弱的。不过，可以说，这种传统一般是规定了学校内部特定的研修主题、特定的教学方式，由前辈教师单向指导。这是一种划一主义、权威主义倾向浓烈的传统。这种明治以来的传统，在高速经济发展以后改变成了现代主义的装束，标榜"教学的科学化"和"学校的科学经营"。然而，以特定的教育哲学统整教师集体、以特定的教育方法求得统一的倾向，依然成为教师们的支配性文化。

不过，教师文化的划一主义与权威主义的传统，在近年来校内研修处于停滞状态情况下不得不重新反思了。这是一种扎根教师的个性、以教育实践的多样化为基础的校内研修的摸索。可以说，这是一种针对每一间课堂的固有状态和每一个教师的具体课题的教学研究的样式的摸索；是一种不同的、多样的经验得以交流与共享的校内研修样式的摸索。"同事性"的建设是以每一个教师作为自律的专家，创造自己的教学、公开自己的教学，并且相互评论各自的教学为前提的。在这里所形成的教师文化，涵盖了多样性。正是这种多样性，才可能不断地生成创造性的活力。

在学校内部确立"自律性"，同确立"同事性"一起，是把学校的组织从管理性经营体改革为专家共同体的中心课题。所谓"自律性"，是指学校成为创造并推进课程、教学与研究的主体。同时，也是这些责任的主体。而确立"自律性"，要求学校内部权力关系与责任关系的重建实践。

可以说，学校这个场所，是基于权力与责任的等级关系，限定和剥夺自律性的场所。在"文部省→都道府县教育委员会→市町村教育委员会→校长→教师→儿童"这种单向的权力结构中，学校的自律性与教师的专业性形成的基础被限定并剥夺了。这种单向的权力结构，一方面，实现管理控制、限制教育实践的自由，另一方面，也孳生出这种机构的终端——每个教师工作——的无责任体制。在官僚结构中，每个教师的责任被自律性的剥夺与旁落所扼杀，变换（消解）为上级代理者（教师→校长→教育委员会）的责任了。就是说，对于拥有作为专家觉悟、拥有职业责任感的创造型教师来说，这是一种带来巨大障碍和制约的体制，而对于缺乏专家意识和责任感的非创造型的教师来说，这是一种极其可心的体制。

这种官僚组织的弊端，渗透于学校日常生活的每个角落。以消极主义为行动原理的校长，学校运营与学校例行活动中的惯例主义与惯行主义的渗透，教师职业意识中创造性精神与实验精神的丧失，等等，都是它的显著表现。实际上，在一所学校中挑战创造性尝试的教师即便占了多数，只要有几个教师抵抗，就会陷入胶着状态，许多学校终究不能使这种尝试付诸实施。可以说，学校的保守性，从根本上说，源于这种权力关系与责任关系的官僚体制。

官僚组织的弊端，另一方面，孳生了教师的个人主义倾向，使得工作单位的协作和团结陷于困境。我们不要忘记，日本学校教育的官僚体制是基于《学习指导要领》的制约带来的划一主义控制为其特征的，另一方面，又孳生了对于每个教师工作的无政府主义的放任。在日本的学校里，由于校长的自律性领导作用的权限受到限制，教师集体的自律性责任体制也被剥夺殆尽，例如，在每个教师的工作范围内，即便低水平的工作一再持续，只要不出格，就会听之任之，不会有任何的检查和任何的改善。

　　在这里，包含了关于教师自律性的原理性问题。教师的自律性是以个人自由与责任为基础形成的呢，还是以学校教师集体的专家文化与共同责任为基础形成的呢？可以说，以往教师的自律性是以教师的市民自由的原理为基础的，主张作为个人主义的自律。但是，学校的教师集体重建为专家共同体的教师的自律性，作为教师集体应当形成和维护的自律性，亦即作为专家集体的自律性有重新加以界定的必要。担负起每一个儿童的学习与培育的，从根本上说来，不是每一个教师，而是教师集体；不是每一间教室，而是整个学校。

寻求决策的"共存模型"

　　学校中决策的样式也必须改善。以往，支配日本学校决策的是"同意模型"。在"同事性"的探讨中也触及到，明治以来，日本的学校作为一种理想进行的运营是这样的：无论是研修的主题，还是经营的决策，教师集体地参与决策过程，形成一种共识。可以说，教育行政的上传下达的官僚控制和学校内部的整体主义经营，从学校内外两个侧面支撑这种决策的"同意模型"。但是，这种"同意模型"，在学校内部的方针和意见多样化的今日，造成了压抑和控制每个教师自律性的后果，或是暴露出这样一种弊端：学校内部难以形成共识之后导致来自外部的官僚控制。

　　对抗这种"同意模型"，在学校内部异质的方针与意见碰撞的基于"纠葛模型"的决策，以教育工会运动为中心推进，成为学校运营的另一种支配性样式而发挥着作用。但是，这种"纠葛模型"的弊端也是显而易见的。在"纠葛模型"中，要求争论方针与见解的正统性，夺取权力与权限，这种决策过程始终贯穿着政治对立，或者始终围绕规范展开观念性的论争，导致了激化并凝固学校内部的分裂与龟裂的后果。特别是今日这样一种处于教育的观念与实践方式多样化的状态之中的

"纠葛模型"，跟"同意模型"一样，导致了压抑学校内部教师自律性的作用。这是因为，无论"同意模型"还是"纠葛模型"，都是基于共同的认识前提：普天之下，正确的结论只有一个。

为了在学校内部确立教师集体的自律性，替代"同意模型"与"纠葛模型"的应当是"共存模型"，必须确立新的决策样式。这是一种多样的教育观与多样的教育样式在一所学校里受到尊重、相互交流、彼此共存的学校运营方式。这种"共存模型"，为了不至于导致学校的分裂与教师的孤寂，要求尊重教师多样的教育实践，促进集体交流的校长的领导作用。通过这种交流在工作单位形成的"同事性"，必须不断地作为教师集体全员的共同目的加以共享。在学校中确立"同事性"与确立"自律性"是相辅相成的关系。

在学校中确立"同事性"与"自律性"的实践，是把学校这一场所作为异质的文化相互交流的公共空间重建的实践而展开的。正如本文开宗明义所表明的，作为"学习共同体"的学校的改革，是何等繁难的事业。即便如此，只要通过脚踏实地的改革，从上述学校内部的教师集体的专业文化与政治自律性的确立抓起，就能够获得现实的、实践的基础。

以校外人士的网络为核心

在重建学校成为学习共同体的改革中，必须跟校外的专家、保护者和社区的人士以及教育行政结成广泛协作的网络。21世纪的学校教育，必须立足于学校的专家集团、社区共同体、教育行政人员、教师以外的专家的广泛的协作关系，重建、维持和发展教育的公共领域。在这种广幅的网络之中，构成其核心的是作为专家集体、确立自律性的学校的教师集体。

基于校外开放的网络的教育活动，已经在许多学校通过多样的方式实现了。许多学校邀请社区居民和专家参与课堂教学，或者通过田野作业得到众多人士的协作。社区的指导人员和专家参与学校的俱乐部活动、文化体育活动、学校例行活动的协作，几乎在所有学校得到实施。一些学校跟大学的教育研究人员建立合作关系，推进教学改革，最近，家长从事志愿服务，作为教师助手进入课堂的积极的合作关系，也在一些学校陆续实践了。

这些网络构成了学校中异质人们交流并共享多样的教育文化的公共空间。在这种教育空间的构成中，学校是文化的"媒体"（media）。教师是推进种种人们实践教育交流与共享的文化"媒介者"（mediator）。

作为文化媒介者的教师，在学校教育网络作为公共空间的构成上起着重要的作用。今日众多企业和团体，包括教材编制企业、电脑企业和升学考试企业等等，都是基于各自的营利目的参与学校教育的。社区居民和专家参与学校教育也是发挥一定的作用的：或是扩大特定阶层和团体的意见和利益，或是排除特定人士的文化教育要求。同这些企业与团体所结成的网络在维护学校的公共性的框架内能否起作用，同社区人士、专家和教育行政人员的协作，能否在学校构筑共同领域方面发挥作用，可以说，这取决于获得了专业性与自律性的教师集体的主导性。

多样的网络所构成的学校将会发展为社区的文化教育中心。基于教育行政的官僚控制的学校的公共领域必须以社区教育与文化的共同体为基础加以重建。在被称为引进市场原理、教育的私事化得以进展的学校教育中，同多样的人士、专家、企业、团体所结成的网络是否发展为维护与扩大学校的公共性的要素，取决于构成这种网络之核心的教师集体是否在学校内部构筑"同事性"与"自律性"，成为学习共同体的核心性主体。

注　释

① Ball, S., 1994 *Education reform*：*Acritical and post-structual approach*，Open University Press.

② 臨時教育審議会"臨時教育審議会答申"大藏省印刷局、一九八七年。

③ Goodlad，j．，1983 *A place called a school：Prospects for the future*，McGraw-Hill.

④ 経済同友会 "学校から'合校'へ" 一九九五年四月一九日。

⑤ Illich，I．，1970 *Deschooled societty*，Harper & Row.（東洋・小沢周三訳 "脱学校の社会" 東京創元社、一九七七年）

⑥ 山崎正和 "近代の擁護" PHP 研究所、一九九四年。

⑦ Kozol，J．，1982 *Alternative school：A guide for educators and parents*，The Crossroad/ContinuumPublishing.（石井清子訳 "自分の学校をつくろぅ" 晶文社、一九八七年）

⑧ Kohl，H．，1967 *36 children*，New American Library.

⑨ 佐藤学 "米国カリキユラム改造史研究——単元学習の副造" 東京大学出版会、一九九〇年。

⑩ Featherstone，J．，1971 *Schools where children learn*，Liveright.

⑪ Holmes Group，1991 *Tomorrow's school*，Authors.

⑫ Hess，A．，1991 *School restructuring：Chicago style*，Corwin Press.

⑬ Sizer，T．，1992 *Horace's school*，Houghton Mifflin.

⑭ Meier，D．，1995 *The power of their ideas*，Beacon Press.

⑮ 佐藤学 'ケアリングとしての教育' "学び・その死と再生" 太郎次郎社、一九九五年、所収。

⑯ Giroux，H．，1988 *Schooling and the struggle for public life：Critical pedagogy in the modern age*，University of Minnesota Press.

⑰ Sergiovanni，T．，1994 *Building community in schools*，Jossey-Bass.

⑱ Iittle，J．（in press），*Ties that bind*，Teachers College Press.

⑲ 佐藤学 '学校を問ぅパースペクテイブ' 佐伯胖・汐見稔幸・佐藤学編 "学校の再生をめざして（1）学校を問ぅ" 東京大学出版会、一九九二年。

5 学习的文化领域

——重建课程

一、引言：重新审视"课程"

在改革学习的实践方面，最大的障碍是课程的问题。过剩地组织网罗性知识并加以制度化的课程把教学视为单向传递的作业，使学习封闭在被动的死记硬背的作业里。正如许多教师指出的，课程正是压抑学习的实践、剥夺学习经验的文化价值的元凶。

然而，试回顾一下，所谓"课程"究竟意味着什么呢？在日本，"课程"被视为分学年组织学科与教材的预设的"制度性框架"，在教师与儿童的实践领域乃是一个死语。当然，使用这个术语的教师不是没有，但其所理解的"课程"是指"教育计划"、"教学计划"和"课时表"，并不是日常实践范畴的词汇。日本学校的"课程"终究是制度性的概念，是指先于教授与学习所预定的"计划"。并不是构想、创造和反思每日的教授与学习的活动所内隐的概念。

不过，无论"制度性框架"的涵义还是"教育计划"的涵义，都只是"课程"涵义的片面表达，并没有表达这个概念的本质性涵义。"课程"的语源是拉丁语的"跑道"（currere），"课程"是在"人生的阅历（经验）"这个意义上使用的词汇。这是因为，从它的语义可以理解，教育术语的"课程"界定为"学习的履历（经验）"是妥当的。事实上，英、美国家的"课程"也有用来表明学科、教材、教学大纲和教学计划的场合，但核心是指"学习经验之总体"的概念，是指儿童学习经验的文化内涵的概念来使用的。

因此，"课程"是意味着"学习经验"的多层组织的概念。"课程"，第一，表现儿童的学习中所经验的文化内涵，第二，意味着组织其学习内容的教学大纲之意，第三，意味着使学习内容制度化了的学科与教材的组织。应当认为，在上述三个涵义之中最本质的是第一涵义——"学习的经验"，第二、第三涵义是从本义派生出来的次要涵义。

本章的主题在于，批评性地探讨课程，研究通过教育实践，构成"学习的经验"所应当组织的文化内涵。日本的学校教育承受着双重的控制——《学习指导要领》的法制约束力以及以它为标准的应试学力的压力，在课堂中以"学习的经验"为基础构成课程，绝非轻而易举。不过，另一方面，日本的学校迎来了急剧的现代化历史的终结，不能不面临制度的转型：从僵硬的重重压抑的制度走向人性的、文化的制度。在许多课堂中，已经在摸索超越现行框架的课程实践，可以说就是一种征兆。

在这里，首先提示构成课程的两种模型，从原理角度加以比较。然后探讨表现课程的公共性的"普通教育"的概念，从而接近学习的经验所应当组织的文化内涵的领域。

二、学习的两种课程模型： "阶梯型"与"登山型"

一般说来，课程被视为教育内容的系统组织，但课程所组织的不仅仅是教育内容。课程是通过教育内容的组织，来组织知识与人的关系，也组织人与人的关系的。

课程所结成的社会关系，对照推进学校改革的四个社会谱系——"国家主义"、"产业主义"、"市场主义"、"进步主义"，就可以明了。"国家主义"的课程，组织共同的学科与道德教育，标榜国民意识的统整；"产业主义"的课程，以工场企业的模式经营学校，把适应于工业社会结构的知识、技能划分成学科，促进合格的劳动力的形成与学生出路的分化。另一方面，"市场主义"的课程以大众社会与市场社会为基础，使教育服务像商品那样发挥作用，以标准化的知识，组织学生的竞争，有助于大众求得阶层移动与阶级移动的欲望。而"进步主义"的课程，提供建构公共领域的共同教养（通识教育），发挥着形成文化共同体以实现民主主义社会的功能。课程，就是以这四种社会要求与意识形态为基础，组织知识、学生与社会关系的，教师则是引领每一个学生的社会出路的掌门人[①]。

课程也组织学校内部的人际关系，也建构学习的社会背景。像日本的学校那样，以一年作为一个单位编制的课程是在学年制的班级里组织学生，教师也相应加以组织的。但在英国的非正规学校、美国和加拿大的开放学校那样以灵活的课程为特征的学校里，是把两个学年编为一个班级来组织学生和教师的。在日本也有许多养护学校以主题为中心所组织的课程，这种课程基本上实现了接近无学年制的学生组织与教师组织。

在高中的课程中，在大幅度引进了选修学科的大规模学校里，课外辅导室解体了的学生组织，每个教师不得不教授300人以上的学生。但在废除了选修学科、以共同学科组织课程的高中里，每个教师教授100人左右的学校也不少。指向"个性化"的选修学科的引进，却剥夺了师生个人关系，导致了"个性化"的基础解体的结果。

这样，课程不仅组织教育内容，而且通过这种组织，组织知识与学生的关系，知识与教师的关系，教师与学生的关系，学生之间的关系，进而也组织建构社会背景的学校共同体的关系。

但是，在同课程结成的关系之中，构成学习实践之核心的，是教育内容与学习者的关系。以这种关系为焦点，课程可以区分性质不同的两种样式来阐述。我们不妨来对比一下这两种样式，探讨课堂里改造制度化课程的方略。

构成课程的第一个样式是"阶梯型"课程，是追求效率性与生产性的样式。其教育内容与学习活动是瞄准最终目标，划分好小步子，然后引导学习者朝最终目标步步攀升来加以组织的。从现行学校教育的面貌来看，"阶梯型"的特征是容易理解的。这种特征在于，步步攀升的过程是单向地、线性式地规定了的，一旦在某一级踏空了，就会导致"掉队"。

可以说，以往大半的课程研究属于"阶梯型"的范畴。"泰勒原理"（1949）提示的课程编制四阶段——"设定教育目的"、"选择学习经验"、"组织学习经验"、"评价学习经验"，就是一个典型。以"泰勒原理"为主导运用行为科学开发课程的人们，把学习过程视为生产工程，或是视为步步攀升的行为，追求教师设定的教学过程与学生达成的学习结果的合理整合。可以说，无论斯金纳的"程序学习"中的"小步子原理"，还是布卢姆的"形成性评价"（成就度评价）与"掌握学习"理论，都是以"阶梯型"作为规范性模型来构筑的课程的典型理论。

"阶梯型"课程往往被比喻为"流水作业"，这种比喻是符合历史事实的。这是因为，率先引进"教育目标"这一术语，倡导实现高效教育的科学管理的，是课程领域的第一个科学研究者博比特。而他的"目标—成就—评价"这一框架，就是以泰罗（Taylor）"科学管理原理"（1911）所构想的流水作业作为模型的[②]。泰罗把劳动活动置换成均质的作业时间单位，有效地组织作业时间，实现了工厂大量生产的制度。博比特也采用了同样的结构，把学习活动置换成均质的学习时间单位，有效地组织学习时间，实现了作为"流水作业"的学校教育。可以说，以"工厂"作为隐喻来看待的现代学校，是这种思路的直接延伸。

"阶梯型"课程在目标一元化、过程一元化地有效运作这一点上，起着明确每一个人的成就目标、视其进度进行个别化教学的作用，这样，也就起着把学习成就分等分级，把学习者分等分级的作用。正如布卢姆把能力的个别差异置换成"时间差异"，主张"掌握学习"那样，"阶梯型"的所谓"个性"，不过是步步攀升的速度的差异。在这里，可以说存在着"阶梯型"的讽刺性的悖论。适应"个别差异"的"阶梯型"课程，由于把个别差异置换成"时间差异"而获得了实现"平等"教育的逻辑，但结果是，在同一的、均质的时间里所组织的现实的学校教育中，不是缩小而是扩大了"个别差异"。

"阶梯型"课程还是一种以个人主义、心理学主义的学习见解为前提，轻视儿童互教互学的社会过程的课程。而且，在"阶梯型"课程中，其程序越是精致化，"教育目标"、"教育内容"、"学习活动"越是以精细的要素的阶段性系统加以组织，就越是加剧了学习的个人主义化和学习结果的序列化。可以指出，近年来，计算机教育中的 CAI 软件，有许多是根据"阶梯型"原理设计的，这里面蕴藏着导致学习者孤立化和学习内容机械分割的危险。

构成课程的另一种样式是"登山型"。"登山型"课程的特征在于，以大的主题（山）为中心，准备好若干学习的途径（登山路线）。"阶梯型"课程以"目标—成就—评价"为单位组织单元，而"登山型"课程则以"主题—经验—表达"为单位组织单元。在"登山型"课程中，目标的达成被视为价值。在"登山型"课程中，达到顶峰是目标，但其价值在于登山本身的体验及其快乐。在"登山型"课程中，能够选择自己的道路，以自己的方法、自己的速度登山，随着一步步的攀登，视野开阔，其趣无穷。即便不能攀登顶峰，也可以享受攀登过程中有意义的体验。而且，只要不选择危险的道路，就不至于像"阶梯型"那样败下阵来。

"登山型"课程是以杜威实验学校为出发点的儿童中心主义学校的单元中实践的。就近年的案例来看，英国非正规学校的"主题学习"、美国开放学校的"课题学习"、德国斯坦纳（R. Steiner）学校的"集中教学"（一译"时代课"）等等，可以说，都是"登山型"单元学习中组织课程的典型。从这些案例也可以看到，"登山型"课程不同于适应产业社会、竞争社会和官僚教育行政的编制原理，"登山型"课程显示了，旨在摆脱工厂企业的学校教育与官僚主义教育行政的束缚，标榜社会与文化的民主变革，在学校里确立"学习共同体"的性质。

"登山型"课程是以文化性、学术性经验同儿童学习经验的共同性与连续性为原理形成的。文化、学术，就其本质说，是按照"登山型"原理组织的，而"阶梯型"组织不过是以"效率性"原理，从"教育"角度将文化、学术的表层结果加以简略化而已。"阶梯型"的学习是何等人为性，是如何损伤文化价值的，这对于那些哪怕是从事了一丁点儿文化创造与学术探究，拥有经验的人来说，是容易理解的。

可以说，在"登山型"课程中，教师已经不是"知识的分配者"，而是作为"导游"发挥着引导儿童的学习经验成为有意义经验的作用。"导游"熟悉"山"（单元）的魅力，理解"山"与"山"的关联布局，准备了攀登不同山峰的"登山道"，能够疏导"登山者"面对危险的丛林、沼泽地和悬崖而不至于困惑。而且"导游"能够提供帮助，使得"登山者"自身按照自己的计划快乐地"登山"。作为"登山型"课程设计者的教师的作用，可以理解为就是这种"导游"的作用。

在实现"登山型"学习中，决定性的重要的问题在于，在一个个"登山"（单元学习）中，如何组织文化价值高的经验。课程倘若不是以文化价值高的内容来组织的话，那么，即便采用了"登山型"课程，也终究不过是使儿童陷入周边的沼泽地，一味地同泥沼格斗的活动而已。事实上，日本的"登山型"课程实践，陷入活动主义、体验主义、态度主义的倾向，无论过去、现在都是强烈的。在"登山型"课程中，建构起能够应对"阶梯型"课程的"学科、教材"的文化内容，是不可或缺的课题。

然而，在学校教育这一公共领域中，应当确定怎样的文化领域作为教育内容加以组织，绝不是轻而易举的课题。为了研究这个课题，下面，我们就来探讨一下"普通教育"的概念，揭示其所组织的"共通教育"的涵义，然后探讨建构"登山型"课程的文化领域。

三、"通识（普通）教育"的课题
——民主主义的传统

构成教育内容的公共领域，过去是在"通识教育"（普通教育，即 general education）的概念中探讨的。所谓"通识教育"是立足于"人文教养"（liberal arts）的传统，批判"学问（学科）教育"的精英主义与教养主义，同时批判适应产业社会分工的"专业（职业）教育"的偏颇，以新的原理整合两者的理念，是寻求民主主义之基础——"共通教养"教育的概念。"通识教育"从历史上看，是通过大学教育与高中教育的改革成熟的。现在，作为贯穿大中小学的理念得以再认识。

回顾美国"通识教育"整整一个世纪的历史，我们可以了解，这种理念是在标榜并实现民主主义社会公共使命的觉悟，和对于两次世界大战深刻反思的基础上，形成、发展起来的。"通识教育"在 19 世纪末美国的大学改革中登场，第一次世界大战后不久，在哥伦比亚大学杜威构想的探究自然与社会问题的"调查学程"为首，在各大学以现实社会的问题为主题开设的"通识教育"课程中普及起来。这种"通识教育"的理念，在 20 世纪 10 年代以后，对于扩充了大众化、分工精细化的职业教育课程的高中，也扩大了影响，并作为保持"综合性"、实现"担当公共责任的市民"的教育的共同教育的概念普及起来。

"通识教育"的价值之所以得以深刻认识，是由于第二次世界大战的大量杀戮的悲剧与法西斯主义的威胁这一历史体验。在多数大学与高中里，以"和平"、"自由"、"民主主义"为主题的"通识教育"改革得到了推进，其典型，就是以科南特校长为中心组织的哈佛大学委员会的报告书——《自由社会中的通识教育》（1945）。该报告书提出建议，大学和中等学校"通识教育"的目的是培养建设民主主义社会的自由市民。在大学采用选择三个领域——"自然"、"人文"、"社会"——的方法实施其基础教养；在高中则由五个领域——"数学与科学"、"文学与语言"、"社会科与社会科学"、"艺术"、"职业"——构成。（日本大学的"通识教育"就是以哈佛大学委员会的报告书为基调诞生的。）

在20世纪70年代以后，对越南战争的反思与核战争的威胁，种族歧视与基于贫困的人权危机，环境破坏的深刻化，围绕性别轻视问题的凸显，等等。在这种背景下，"通识教育"不仅影响大学教育与中等教育，而且也扩大到初等教育。同这些社会问题的应对并行不悖，"通识教育"进行专业分工的大学与扩大选修学科的中等教育学校，也准备了重新以"共同教养"进行整合的学校改革的基本理念[③]。

对于"通识教育"再度引起关注，是在20世纪80年代。以里根和老布什的新保守主义教育政策为背景，宣传以人文教养的"文化教养"传统作为"国民共识"之中枢的复古主义意识形态，严峻地拷问初等教育、中等教育、高等教育的"教养教育"的模式。通过论争，揭示了"通识教育"跟"人文教养"有着本质差异，展开了由"共同教养"（common knowledge）为纽带的把学校改革为"学习共同体"（learning community）的运动。

总结一下上述历史，梳理"通识教育"的涵义。所谓"通识教育"，意味着通过对于人文教养的精英主义教育的批判，所发展起来的共通教养的教育；意味着旨在培养担当民主主义社会公共责任的公民，积极地应对现实社会课题的通识内容的教育。因此，"通识教育"中的所谓"通识性"不是意味着跟"专家"相对的"多面手"，而是表达解决现代多样的课题所需之教养的"通识性"，意味着培育积极地担当民主主义社会建设的个人与共同体的教育的"通识性"。所谓"通识教育"就是指由三个C构成的教育：拥有社会涵义的"教育内容"（content）、学习这些知识方面主体所整合的"一贯性"（coherence）、以共通知识结合而成的学习的"共同体"（community）④。

再来揭示一下"通识教育"课程的特征。"职业（专业）教育"是由该职业领域细分化、特殊化的知识与技术所构成的，"学问（学科）教育"（liberal arts）与"通识（普通）教育"（general education）都是以形成人际纽带的"共同教养"作为教育内容组织的。但是，在"学科教育"与"通识教育"中，无论其"共同教养"的内容还是学习方式，在性质上都是截然不同的。"学科教育"中的"共同教养"是基于欧洲人文教养的传统（在日本，则是旧制初中与旧制高中的传统）形成的，表现为大学准备主义与教养主义教育这一精英主义教育的学究主义。其教育内容由人文教养为中心的"教材"组成，其教育方式表现为以文献解读与讲解为中心的讲义式教学。可以说，日本大中小学占统治地位的教学与课程，现在仍然受这种"学科教育"的传统所支配。

相反，"通识教育"中的"共同教养"，是以跨领域的学术、学科的知识为基础的，旨在养成有助于解决现实社会问题的教养而探讨这样的教育：培养作为社会一员积极地担当公共责任的民主主义市民的教育。因此，"通识教育"的教育内容，一般是以"主题"与"问题"为中心的跨学科内容来组织的，冠以"学科"名称来组织的场合，也是以设定了"主题"与"问题"的作为综合单元的学习展开的。这种教育方式，不是讲义式的同步教学，一般采用促进问题解决思维与批判性思维的主题学习方式。

不过，"通识教育"中的"共同教养"是由怎样的文化领域构成的呢？"通识教育"中的"共同教养"是根据两种基准探讨的：促进民主主义实现之教养，有助于现代课题解决之教养。但并不是像"学科教育"的"共同教养"那样，获得了固定的、稳定的结构，因此，确定这种"共同教养"的内容领域是困难的。以往采用过两种方法展开"通识教育"课程的内容领域的研究。一是，探讨构成"通识教育"课程文化内容诸领域的方法，二是，把现代社会现实课题作为"通识教育"课程的"主题"与"问题"来组织的方法。

四、共同教养的公共领域：
课题与内容的构成

　　"通识教育"所追求的"共同教养"，应当由哪些内容领域编成呢？关于这个大论题，作出一义的解答是不可能的。这是因为，标榜"通识教育"的课程是多姿多彩的，其组织的教育内容领域也是多种多样的⑤。

　　而且，在以"学科"为单位组织的"学问（学科）教育"的课程中，学习经验的内容领域被封闭在学科框架之内，而在"通识（普通）教育"的课程中，一般在学习经验的内部渗透着复数的内容领域；"学问（学科）教育"是以学科知识组织学习，而"通识（普通）教育"一般是以跨学科的学习经验的单位，构成"共同教养"，以内容领域明示其"共同教养"。

　　"通识教育"的课程千姿百态。梳理以往的教学计划，姑且以一般性的内容领域加以设想，则可能提示如下七个领域：（1）精通语言运用的经验——语言教育。（2）科学探究的教育——自然科学教育。（3）关于数量与空间的符号与逻辑的经验——数学教育。（4）社会认识与社会正义的经验——社会科学教育。（5）劳动与技术的经验——技术教育。（6）艺术享受与创造的经验——艺术教育。（7）身体运动与保健的经验——体育。

　　这七个内容领域，乍看也许以为仅仅是"学科"的重新表述。不过，这些表述，表达了跟构成"学科"背景之训练的结构性关联的领域，是同"学科"相对独立的领域。而且，各个内容领域是通过整个课程加以施教的，在具体的学习经验中，通常是多个内容领域相互渗透发挥作用的。就是说，上述七个内容领域，是保障学习经验的均衡与综合性的基准，是表示构成、观察、评价学习经验之文化意义的看法的基准。

例如，第一个内容领域——精通语言运用的经验，是以"国语"、"外国语"为核心学科，但并不局限于这些学科。精通语言运用的经验是学校教育的核心内容，必须通过整个课程加以教育。借助语言栩栩如生地表达事物，构成自身的理解方式，丰富地表达自身的认识，然后传递给他人。通过这种语言交流编织人际关系的经验，在任何领域里都构成了本质性的内容，是应当借助整个课程一以贯之地追求的领域。

同样，其他六个领域也应当跨越相应学科的隔阂，作为综合地追求的文化经验加以理解。数学的经验往往是隐含在科学探究的经验与技术经验之中，函数、几何学的逻辑构成力，甚至也是渗透在人文社会科学和艺术想像力中的重要的、通识的教养。

艺术教育的领域、体育的领域也是同样。艺术的教育是分化为美术、音乐、文学、戏剧、舞蹈之中进行教育的，但不管哪一个，都是旨在培养表现者的人的综合教育的课题。艺术教育的实践，是对于现代文明与文化的批判意识，和对于作为表现者的自我形象的追求所支撑的活动，绝不是封闭在每一个人的"纯粹艺术"铁幕里的狭隘的活动。体育也不仅仅以生理学的身体为对象，而是以作为精神的、文化的身体为对象，涵盖了语言、艺术、科学、社会、技术等综合内容，这是容易明了的。

我们要注意，上述七个内容领域是整合学习经验的内容与意义的领域，并不是原封不动地构成学习活动的领域。如果说，构成课程的"学科"和"单元"是在表层组织知识与活动的领域，那么，在这里提出的"内容领域"，是在课程的深层将"学科"和"单元"里展开的学习经验的文化价值赋予意义并结构化的领域。

事实上，从标榜"通识（普通）教育"的美国课程改革运动也可以看到，一般是整合多个"内容领域"构成"学科"与"单元"的。试举若干代表为例。

卡内基教学促进基金会提出的"普通教育"改革报告（1981）建

议，课程由六个领域构成："符号的运用"、"参与集体育制度"、"生产与消费活动"、"同自然的关系"、"时代感"、"共享的价值与信念"[⑥]。

倡导基于三大领域的初等教育、中等教育的教养教育的《派地亚计划》（*Paideia program*，1984）。这里所谓"三大领域"系指"系统知识的习得"（语言、文学与美术，数学与科学，历史、地理与社会科）；"智慧技能——学习技能的发展"（读、写、说、听，计算、问题解决、观察、测量与评定，批判性判断的训练）；"拓展的理解、观念与价值"（文献解读，艺术作品鉴赏与讨论，艺术活动包括音乐、戏剧、美术等）[⑦]。

"要素主义学校联盟"（代表人物是 T. Sizer）的中等学校改革建议，将课程简化为四个领域——"探究与表达"、"数学与科学"、"文学与艺术"、"历史与哲学"来实现"普通教育"（1984）[⑧]。

众所周知，这些目前正在进行中的学校改革的代表性建议，都是综合地建构上述所示的"内容领域"，以"综合学科"和"综合单元"来编制课程的。

第一，上述的"内容领域"提供了一种视点，即按照"内容领域"中所实现的文化价值的复杂性，来理解被分割成一门门学科的学习经验。即便在传统的学科教学中，在学习经验中应当追求的文化价值，不应当封闭在学科的框架内。

第二，上述的"内容领域"像生活科、社会科、家庭科那样，提供了明确业已实施的综合学科中学习经验的文化涵义。在分科主义支配下的日本教育中，综合学科的学习往往偏向淡化内容价值的活动主义与体验主义。倘若教师能够认识"内容领域"的框架，直面实践，那么，综合学科的教学就一定会获得不同于以往的积极意义。

第三，上述的"内容领域"为学校教育的重建奠定了基础。这种重建其实是以"通识（普通）教育"的基本原理来替代效率主义、分科主义的基本原理。"内容领域"的界定，从内部粉碎了分科主义的狭隘性，同时也准备了在学校教育这一公共领域中应当追求的"共同教养"的轮廓。在制度性制约极强的日本，要一举地实现"通识（普通）教育"是不容易的。但局部地实现，为未来的改革作好准备，现在是可能的，也是必要的。

实现"通识（普通）教育"课程的一种方法，是把现代的课题作为"主题"来设定，开发以此"主题"为核心的综合单元的研究。这种研究的案例众多，这里无需赘述，如"人权"、"环境"、"和平"、"核"、"国际理解"、"性"、"残疾人"、"老年人"，等等。不管大中小学，广泛普及，在全国各地的学校里积累了珍贵的成果。

五、结　语

本章讨论了用文化的"内容领域"与社会的"课题领域"来编制课程的方略，这种课程是以学习的经验作为单位，实现"登山型"课程，建构公共领域的"共同教养"。

从课程的"阶梯型"到"登山型"，以及从"学问（学科）教育"的传统到"通识（普通）教育"的过渡，不仅带来了教育内容的变化，而且带来了建构学习的过程与语脉的课堂人际关系的变化，带来了学习的涵义与价值的质的转换。这是学习的涵义与关系的改造。

在"大量生产"模型构成的"阶梯型"课程中所谓的"学习"，是受"效率"与"竞争"支配的强迫性活动，是丧失了学习者的主体性目的与意义的举步维艰的被动作业。而在这种课堂里，传递并评价"学问（学科）"的教师的权力性权威与责任，构成了师生关系的基本格局。黑板、讲台、讲坛，整齐划一地排列的课座椅构成的教室，标准化的知识和网罗式地记载的教科书和测验，以课时划分的课程表，等等，都是"大量生产"模式的象征，这种课堂风景本身就是急遽现代化的历史产物，除了发展中国家之外，已经焕然一新了。

日本的学校教育面临巨大的转折期。通过这种转折能否准备未来的学校，是同每一间教室里重建有意义的学习经验，恢复学习的经验世界里内在的文化规范性与共同性，维护并扩大学校教育的公共领域的实践息息相关的。课堂的未来，取决于在学习经验的创造中开拓学生对于知识的新的关系与探究的方法，从中一道探索学习的新涵义的师生每日每时的活动。师生携手恢复学习的目的、意义、价值与快乐，重建相互学习的关系，使学校与课堂得以脱胎换骨地改造的实践，正是在今日的课堂中准备着 21 世纪的学校与社会。

注　释

① Erickson，F.，1975 *Gatekeeping the melting pot*，*Harvard Educational Review*，45（1），pp.44-70.

② 佐藤学 "米国カリキユラム改造史研究——単元学習の創造" 東京大学出版会、一九九〇年、第三章参照。

③ The Carnegie Foundation for the Advancement of Teaching, 1981 *A quest for common learning*：*The aims of general education*，The Carnegie Foundation.

④ 佐藤学 '一般教育の混迷——見失われるカリキユラム' "コミユニケーション" 三五号、NTT 出版、一九九二年二月、一二一一五頁。

⑤ 佐藤学 'カリキュラムの公共性——学習における関係性と共同性の回復' 森田尚人・藤田英典・黒崎勳・片桐芳雄・佐藤学編 "学校＝規範と文化" 教育学年報 2、世織書房、一九九三年、三五—五七頁。

⑥ The Carnegie Foundation for the Advancement of Teaching, 1981 *ibid.*，pp.35-52.

⑦ Adler，M.J.，1984 *The Paideia program*：*An educational syllabus*，Collier Books.

⑧ Sizer，T.，1984 *Horace's compromise*：*The dilemma of the American high school*，Houghton Mifflin.

第二编

作为实践的学习——

6 教育实践辨析

一、教育学与教育实践

教育学的近现代发展

教育，是组织文化传承与文化再造的过程，是促进儿童学习、援助儿童发展的实践。传承文化、学习文化本身，是在整个人类历史发展的长河中，共同体的语言、生活、劳动、关爱和矫治得以连绵不绝的活动。不过，我们今日所谈的"教育"这一实践，通常是指，仅抽出这种文化传承与学习中的教育功能而制度化了的现代学校中的教育实践。它的特征在于"目的性"、"计划性"、"组织性"。学校中的教育实践（教与学）不同于共同体中自然发生的成长与社会中无意识的形成，是一种有意识、有计划、有组织的实践，是由特殊的程序与系统构成的实践。

现代学校的教育是在教育学的基础上形成的。这种教育学确立教育的目的、技术与制度，带来了教育实践的反思和批判。在现代以前的教育中，存在教师也存在教学，但没有把这种实践当做客体，没有探讨作为一般技术的法则，没有探讨教学大纲与教学技术的开发和评价，或是没有从原理角度探讨实践的反思与批判的话语。教学技术的法则、教学大纲的开发和教育实践的批判是在学校确立普及这一现代化需求的基础上展开的。回应这个需求而确立的教育学，就是组织学校，培养教师，建构教学。这样，现代的教育实践的特征，体现为一种制度性实践，即借助教育学这种话语确立起来的学校教育制度的实践。

不过，教育学与教育实践的关系绝不是在事先预设的和谐关系之中展开的，这两者的关系其实是包容了某些龟裂与分裂才得以进展的。其表现，一是教育理论与教育实践的分离，二是"教育学"（pedagogy）与"教育科学"（science of education）的分裂。

教育中的理论与实践的龟裂，首先是在实践教育的主体（教师）与研究教育的主体（教育学家）的分裂中进行的。这种龟裂的始点，可以追溯到在柯尼斯堡大学作为康德的后任率先开设教育学讲义的赫尔巴特（J. F. Herbart），以及继承他的理论的赫尔巴特学派教育学家。赫尔巴特把教育目的建筑在伦理学基础上，把教育过程建筑在心理学基础上，构筑"系统教育学"。继承赫尔巴特遗志的赫尔巴特派的教育学者们，把称之为"五阶段法"的同步教学的样式加以定型化，设立师范学校，为公立学校的建立与普及作出了贡献。德国及其他各国通过引进赫尔巴特与赫尔巴特学派的教育学作为基础，从而实现了学校教育的制度化。

这种学术的教育学的形成，成为教育实践与教育理论分裂的起点。例如，卢梭的《爱弥儿》和裴斯泰洛齐的《葛笃德怎样教她的子女》等赫尔巴特以前所著的教育书籍，实践的主体与理论的主体都是同一个人，分明是以故事和书简的样式编著的。赫尔巴特以前的教育学可以说是基于教师经验的实践智慧。而以赫尔巴特为始点的教育技术的科学化与制度化，亦即近代学校的制度化与学术的教育学的形成，在其进展中则是包含了教育实践与教育理论的断裂。

教育科学与教育实践

进入 20 世纪，教育实践的制度化，进一步呈现出新的面貌。基于赫尔巴特学派的教育实践的制度化（公共教育的普及），是以统整民族国家这一民族主义为主要动机推进的，加上工业社会的发展这一工业主义的原理，构成了新的教育话语，推进了新的教育实践的制度重建与教育技术的科学化。

工业主义逻辑的典型之一，是率先科学地研究课程的芝加哥大学的博比特（J. F. Bobbitt）。博比特旨在课程编制、课程管理与课程评价的科学化，照搬近代劳务管理的鼻祖——泰罗的《科学管理原理》（1911）的生产流程，推进了以"目标"、"成就"、"评价"为单位编制教育过程的改革。这是一种追求"效率性"，以作业单位时间来分工的流水作业那样的教育实践的组织。用单向的、均质的作业时间来分割的学习，过细划分的线性式、阶段性地分配的学习内容，像企业与工厂那样分工而组织的学科编制与教师组织，基于生产性与效率性的考试与竞争，等等，直至今日，仍然是学校教育的支配性样式，是借助工业主义的流水作业为模型的教育话语而构成的。而且，以行为科学为基础的教育科学（教育的技术与教育心理学）构成了这种效率主义教育的实践与组织的话语。

于是，教育学与教育实践分离的问题呈现出更加复杂的面貌，其典型表现就是教育学与教育科学的分离。率先主张这种分离的是教育社会学的创始者迪尔凯姆（E. Durkheim）。在迪尔凯姆看来，必须明确地区分探讨"教育实践"的教育学与探讨"社会事实"的"教育科学"[①]。探讨"教育实践"的教育学既然处于"实践样式"的技术与"认识样式"的科学之间，具有作为价值、技术的选择与判断的、面向未来的规范科学的性质，那么，就不可能成为以过去与现在的客观事实为对象的科学。

这样，教育学与教育实践分离意味着对于教育的两种视线的分裂。

在迪尔凯姆看来，这两种视线的分裂，表现为从"教育科学＝实证性地探讨事实的社会科学"中驱逐"教育学＝探讨规范与技术的实践之学"。实际上，迪尔凯姆对于教育科学为教育学作出贡献是寄托了希望的，而对教育学对于教育科学的贡献却是持怀疑态度的。

同迪尔凯姆持相反立场的阐释学家狄尔泰（W. Dilthey），也在他的论文《关于普遍妥当的教育科学的可能性》中，探讨了教育学与精神科学的关系。狄尔泰也把教育学视为有关价值与技术之选择的规范学。狄尔泰主张，教育的实践是在特定地域、特定文化、特定教师、特定儿童之间形成的具体的活动，批判那种在一般的、普遍妥当性中说明这种实践与技术的经验科学的逻辑。但是，狄尔泰并不否定作为"精神科学"的教育学的可能性。他说，通过个别的具体的实践所出现的文化价值，是可以作为神学目的论（上帝有目的地构成的神话性意义世界）所表现的"精神的意义关联"的普遍性的显现加以解释的[②]。这样，狄尔泰的教育学就在阐释学这一"精神科学"中确立起来。可以看到聚焦教育的里里外外的视线的分离。狄尔泰认为，关注教育实践的视线是特权化的，这种视线本身，是受超越了特定设想的视线所控制的。

另一方面，以行为科学为基础的心理学家和教育学家，展开了以自然科学的法则性认识为模型，把学习的过程等同于动物的行为变化过程的研究，或者追求人类行为的合法则性认识，像生产过程那样基于科学技术与原理去控制教育过程的尝试。桑代克的学习心理学、泰勒（R. W. Tyler）的课程原理、斯金纳的程序学习、布卢姆的教育目标分类学和掌握学习等等，都是科学地控制教与学的过程、开发有效率有效果的、普适的教育计划与教育体制的努力。对于这种教育的视线也表现出内侧与外侧的分裂。行为科学对于教育实践的视线，是从教育的外侧（科学、技术）去概括并合理地控制其内侧（意识、经验）的一种一元化，在这里，对于教育内侧的视线被还原为来自外侧的视线而舍去了。这种计划和体制剥夺了教师与儿童所固有的特征，丧失了学习的认知内容与社会语脉的固有特性乃是理所当然的结局。

可以说，从实践外侧把教育作为分析对象来看待的视线，和从实践内侧把教育作为省察对象来看待的视线，这两种视线的分离，也是同围绕教育的两种智慧样式相对应的。一般化、科学化、命题化的"知识（学术）"（episteme），与特异化、个性化、故事化的"智慧（睿智）"，这是希腊哲学以来的两种智慧样式。处于"知识（学术）"和"智慧（睿智）"这两者的中间领域的"技术"的性质，就是"教育学"（pedagogy）的特征。

在"知识"与"睿智"两种样式中，前者是以"一般"为对象构成计划与体制的技术科学，后者是以"一个"为对象构成经验的意义与关系的实践的见识。教育，即便是可以从外部控制的、对象化的、能够科学地分析和解释的对象，但从其内部看是一种经验和实践。教育这一实践，仍然必须把它作为基于实践性见识的教育学的对象加以研究。从这个意义上说，迪尔凯姆把教育学置于教育科学之外的判断，在维护教育学的实践性这一点上说，是恰如其分的。不过，不是使内省的视线（审察＝实践性见识）与外来的视线（分析＝科学解释）分裂，而是使之循环的方略，亦即，教育实践的探究矫正制度的结构，而制度的探究开拓教育实践的意义，这样一种认识方法不是存在么？

二、实践性探究：意义与关系的审视

我们通过两个具体的案例，来考察一下教育这一实践。它是作为一种复杂的意义与关系的重建才成立的。

案例一：钥匙

这是一所某养护学校的教师西原彰宏先生，通过一桩儿童的事件，重新发现儿童、重新发现自己、重新发现学校的实践③。

在这所养护学校里，幼儿园和小学阶段的智力落后儿童来上学，几乎所有的儿童都不会说话。西原先生是一位幼儿部的教师。在幼儿部的教室里，连续发生高年级的香织进来挠一名男生达夫的事件。大概是香织对于达夫那种过分恐惧的样子感到有趣吧。教师即便紧紧盯住达夫，香织也会冷不防捉弄达夫，挠伤他，使他哭泣不止。终于有一位前辈教师提出建议，在幼儿部的教室里配备钥匙。西原先生强烈反对，但这位前辈先生问他"还有什么别的方法"的时候，他无言以对，只好勉勉强强地答应了。

从此，香织一旦挠了达夫，西原就处罚香织，把她关在门口不让进来，这样上锁的日子连续不断。尽管香织表现出越是上锁越是反抗的样子，但还是忍无可忍地劈头向香织奔扑过来，把她撵出教室后上锁的，是西原先生。

每当放学后，西原先生感到难受极了。但另一方面，在学期临终的时节，幼儿部的儿童们恢复了安宁。惧怕香织而逃学的儿童没有了，达夫也从坐卧不安的状态中解放出来，信赖教师了。

11 月的某天，西原先生体验了冲击性的事件，教室不上锁了。像往常一样，把香织关在门口。香织在窗子的那边怒目而视，她指着钥匙孔，发出"哼哼"的声音，命令西原先生开门。在命令"开门"的香织射出的视线面前，西原先生感到身体在打哆嗦。他立刻拿来了职员室的钥匙，以颤抖的手开了门。此后，西原先生对自己发誓，再也不上锁了。

从此以后，西原先生有意识地招呼香织跟幼儿部的儿童一起游戏。也许是这个缘故，香织挠达夫的行为少了。不过，问题并没有解决。香织对于幼儿部以外的儿童施加变本加厉的挠伤行为开始了。

进入第三学期，被香织挠伤的儿童和害怕挠伤而停学的儿童接连不断，家长们的抱怨和愤怒的抗议声浪向学校涌来。职员会议也多次讨论过如何应对香织的问题。面对家长们"再也不许伤害我的子女了！"的强烈要求，和教师们"无论如何必须阻止香织的骚扰！"的应对，西原先生只想不要使得香织的心情复杂化，使问题尖锐化。然而，西原先生也是束手无策，只能保持沉默。由于香织骚扰幼儿部的问题得到了解决，他把讨论的问题看做是香织的班主任同被骚扰儿童的班主任之间的问题。

到了3月份，香织的问题席卷了整个学校和所有家长，问题恶化了。香织的母亲给被骚扰儿童的家长通电话谢罪，然而，对方家长不仅没有平息愤怒，反而沸沸扬扬地指责非难，学校受到莫大的冲击。借助香织的母亲哭泣着诉说"谁也不能相信了"的契机，学校召开了职员会议。在春假之前，根据校长的建议，邀请理解受伤儿童的家长与香织的家长双方心情的家长，以及有类似体验的家长，同教师一起展开讨论会。讨论会成为发泄家长之间不信任、发泄家长对教师的不信任、发泄教师相互之间的不信任的场所。西原先生以曾经是受到香织骚扰的班级的代表参加讨论，报告11月份围绕"钥匙"的冲击性事件，同时诉说香织也受到了伤害。讨论一直持续到深夜。但是，仅仅暴露了家长与家长、家长与教师、教师与教师之间缺乏沟通的状态，对于香织的骚扰仍然找不出有效的解决策略，在家长和教师都感到无能为力和绝望之中散会了。不过，从讨论的第二天开始，香织的骚扰行为逐渐销声匿迹，无论教师还是家长都感到问题意外地获得了解决。

春假里，教师们花了几天时间，围绕这个事件开了反思会。通过讨论，大家认识到，每一个教师始终处于"设防"的状态：专心致志地看守好自己班级的孩子。大家抨击道，这种"设防"在幼儿部特别突出。比如说，有人指出，在新学年伊始的4月里，幼儿部的教师们以"教室一旦成为通道，就不安宁"为理由，把教室里头的门扇给锁上了。在入口处的门扇上锁、不让香织进来之前，幼儿部的教师们已经给自己的教室"上锁"了。而且这种"设防"反过来说，也意味着把儿童作为管理对象加以处置。

接着，大家对于香织的看法也进行了反思。香织频繁地出入幼儿部的教室，不是去骚扰达夫，而是回幼儿部"省亲"的心情所使然。即便是挠达夫的行为，正如她母亲所强烈主张的，从香织漫长的成长岁月来看，难道不是意味着结交朋友这一新的成长的征兆么！当然，骚扰的行为是不允许的。除非同香织一道找出替代办法，否则，是解决不了问题的。某种行为难道不是对成人的批判么？——提出了种种的见解。这样看来，香织之所以骚扰，是成人们封闭自身的"设防"造成的。也许可以作为一种佐证，在成人们冲破相互之间隔阂，从"设防"摆脱出来的新学期里，香织的行为在突然之间令人难以置信地消失了。

其后，西原先生接着也对事件作了自己的反思。尽管强烈反对过"上锁"，但为什么还是冲着香织上锁，不让她进教室门呢？一味固执于"班主任的责任"，始终采取"设防"，究竟是为什么呢？西原先生反思了自己一连串的思考，发现这里面贯穿了自我防卫的意识。这不是自我防卫意识——从幼时起就不善于说"不懂"，唯恐他人的批判，但求明哲保身——所使然么？就这次事件来说，难道不是惧怕来自家长与同事的批判，只求自己的班级安稳太平么？西原先生总结了自己的反思，运用了弗洛姆（Erich Fromm）的"拥有"与"存在"的对比，表现出"同自我防卫密切相关的'负有责任'的意识，使得应当'应对'（responsible）儿童突如其来的召唤的'某种责任'的意识丧失殆尽"。

解读意义与关系

上述案例清楚地表明，教育的事件是在复杂的网结中发生的。探讨教育的实践，无非就是通过审视这种复杂关系之中发生的事件的复杂、多义的涵义，发现在同样的脉络中新的实践可能性的作业。沿着西原先生的认识过程，我们再来追溯一下这个案例的涵义。

在这个案例中，西原先生当初是在"攻击"与"防卫"的关系上来看待香织的骚扰行为的。而且，认为自己是没有任何责任的。但是，西原先生最终的认识却是完全相反的结论。

香织的骚扰行为是人际交往冲动的表现，同时这种冲动带有受"钥匙"和"设防"的压抑，反抗大人的涵义。香织之所以频繁地出入幼儿部的教室，不仅同幼儿交往对香织来说是富于魅力的，而且也是对幼儿部的教室从新学期开始就"上锁"、"设防"表示最强烈反抗。尽管如此，西原先生一直把香织的骚扰行为视为捉弄达夫，用"上锁"的办法把香织关在门外，保护幼儿部教室的安全。

香织方面要求"开门"的冲击性事件，是粉碎西原先生心中"钥匙"（设防）的事件。香织把攻击的对象转向幼儿部的其他班级，也是顺理成章的事。不过，这个时候的西原先生并不理解其中的涵义。幼儿部问题得到了解决，这一"设防"模糊了西原先生的视线，不能清楚地理解香织再次攻击的涵义。

粉碎西原先生"设防"的，是指出了幼儿部的"钥匙"涵义的教师们。通过对幼儿部的"钥匙"的批判，教师们相互之间的"钥匙"撤去了；家长与家长、家长与教师相互之间封闭的一把把"钥匙"，在艰难的冲突中被砸碎了。这些"钥匙"一旦撤除，香织便从骚扰这一反复的攻击性行为中摆脱出来。香织的攻击，从象征意义说，是砸碎她周边人们心中的"钥匙"的斗争。这样看来，顽固地执著于"钥匙"（自我防卫）这个"防线"的自身，不正是问题网结的中心么！——这就是西原先生最终做出的结论。

正如西原先生的真知灼见所示的，哪怕再小的课堂里的事件，都是在整个学校的复杂关系的网结之中产生的。儿童学习成长的经验，就这样包含在同儿童相关的成人的学习与成长之中；教育的实践，是作为儿童与成人的交往情境中意义与关系的重建来加以实现的。

案例二："圣诞老人"

再介绍一个案例，这是美国幼儿园教师维维安·佩利的实践记录的一部分[④]。稍微长了些，却是有趣而严肃的对话。我们来考察一下在这场对话之中，究竟谈了些什么、发生了什么。

罗兹：我见到了黑人圣诞老人和白人圣诞老人。

柯尼：圣诞老人，不是黑人，只有白人呢。

罗兹：我明明在西尔斯商场里见过的。

威伦：圣诞老人就是白人。

威利：黑人孩子有黑人圣诞老人，白人孩子有白人圣诞老人呢。不过，我想，圣诞老人是白人。

教师：可是，威利是黑人吧？

威利：是的。我见过圣诞老人，不过，是白人。

蒂娜：白人黑人都有。话虽这么说，我去西尔斯商场的时候，见到的是白人圣诞老人。黑人圣诞老人一定是生病了。

阿尔：说起圣诞老人，是雪白的呢。我姐姐说的，圣诞老人是精灵，精灵是白人。

教师：为什么没有黑的精灵？

阿尔：因为我不是黑人，不明白。

塔妮：我没有见过黑人圣诞老人，不过，我想一定会有的。因为，我们大家并不都是黑人或者白人什么的。（塔妮向四周环顾了一下）还有那个——日本人啊，中国人啊。

（引用者注："日本人"指的是阿克米，在这段对话中未发言。"中国人"指威伦。）

艾迪：错了。因为圣诞老人皮肤的颜色是规定好了的。是白人呢。我在商店里见过的。

教师：不过，罗兹明明见过黑人圣诞老人呢！

艾迪：也许仅仅是圣诞老人的黑人模样。

威利：罗兹，那个人在说些什么呀？或许是木偶里面的钢丝吧。

罗兹：在"呀、呀、呀！"地说。

威利：那么，是真的木偶呢。

塔妮：如果是真的木偶，那么，是谁做成圣诞老人模样的呢？但是，圣诞老人是住在北极的，我们这里不会有的。一定是圣诞老人住在那边的时候，让另外的人来到孩子们身边了。

教师：住在北极的圣诞老人，是白人？是黑人？

塔妮：白人黑人都有吧？白人圣诞老人在孩子身边的时候，黑人圣诞老人住在北极。

威利：是在耍魔术。

安迪：威利说得对！圣诞老人改变了皮肤的颜色。是那样的。

艾迪：明白了！圣诞老人是魔术师。

艾迪：哎，一定是谁在装扮这种圣诞老人的时候决定下来，做成那个模样的。如果选好白人圣诞老人，就做白人；如果选好黑人圣诞老人，就做黑人。

在这段对话中，罗兹是否真正见到"黑人圣诞老人"并不是核心问题。问题的核心在于，以罗兹为首的黑人儿童们（罗兹、威利、蒂娜、塔妮）的人种身份。事实上，在对话中，对于许多白人儿童（柯尼、阿尔、艾迪）断言圣诞老人一定是白人的主张，无论哪一个黑人儿童，尽管对于罗兹的话将信将疑，但都想方设法主张在圣诞老人中有黑人和白人两种圣诞老人。罗兹见到"黑人圣诞老人"的一句话，不由得激起了黑人儿童们切实的问题和愿望。

最先察觉这个问题的核心的，是教师佩利和想像力丰富的威利。佩利认识到罗兹发言中隐含的真意以后，力图引导大家同人种问题联系起来进行讨论，但没有成功。佩利越是引导，罗兹越是陷于窘境。黑人儿童们的解释矛盾百出。

拯救罗兹窘境的是威利。他的发言紧贴班级中发展最迟缓的罗兹，他或者用自己的语言来替换罗兹表达的不足，或者给罗兹的逃遁提供暗示。然而当他判断这些都无济于事时，突然抛出"魔术"，在创意的世界里使得"黑人圣诞老人"得以出现，满足了以罗兹为首的黑人儿童们的梦想。

看看每一个儿童的发言也是趣味盎然的。例如，在家庭里受到成人的语言与知识的熏陶的艾迪，最初陈述了成人的常识性的见解，当威利一旦抛出"魔术"，马上把圣诞老人视为"魔术师"了。从家长那儿搬运过来的临阵磨枪的知识，一旦碰到威利的"魔术"，便立刻土崩瓦解了。还有，威利对于不擅语言的罗兹像兄长那样温存地接近，这也是对于，他在进入幼儿园之前的托儿所里，被送到先生那儿的时候，罗兹始终表现出来的对于自己的关爱，作出的好意的回报。

教育实践的三个维度

在这种课堂的对话中，我们可以看到三种不同维度的意义与关系。认知维度的意义与关系，课堂中人际关系这一社会维度的意义与关系，以及每一个人的存在价值得以证明和态度得以表现这一伦理维度的意义与关系。所谓"教"与"学"，无非就是师生相互重建这种认知的、社会的、伦理的意义与关系的实践。从这个视点出发，我们再来看看上述的对话。

首先，在认知维度上，儿童们是围绕着"黑人圣诞老人"是否存在，相互交流若干逻辑与共鸣的。佩利把这种逻辑与共鸣作了如下简洁的表述：

1. 罗兹见到了黑人圣诞老人与白人圣诞老人。

2. 圣诞老人是白人，这是普遍的见解。儿童小组里必须就罗兹提出的事实作出解释。

3. 威利认为，黑人儿童应当相信有黑人圣诞老人，但自己感到问题复杂。

4. 无论从视觉还是从逻辑上说，都应当承认黑人圣诞老人，因此，在圣诞老人中有白人圣诞老人和黑人圣诞老人。

佩利接着作出了如下的结论："发明双重人种的魔术的圣诞老人，是把幻想作为思考的正当手段加以运用的 5 岁儿童的能力所能做到的、高度合理的解释。"

同这种认知维度的意义与关系的构成并行，在该对话中儿童与教师、儿童相互之间的人际关系的重建得以实现。这是社会维度的意义与关系的重建。其典型表现，可以从上述威利对于罗兹的关系之中的好意交换看出来。此外，例如在阿尔的两次发言中，在黑人与白人之间明确地划分鸿沟的社会关系得到了承认，在艾迪的"明白了!"的感叹声中，表达出找到了跟抱有不同见解的朋友的新的接点的喜悦。这样，在儿童的学习中，不断地通过学习所获得的人与人之间的纽带得以扎根。

在伦理维度上，表现为师生的身份的问题。可以说，在每一个发言中都表现出每一个发言儿童的存在价值。不擅长语言表达的罗兹"见到黑人圣诞老人"的发言，承担着这样的涵义：证明平日寡言的她的存在。作为黑人的她的存在被浓缩地表现出来了。还有，在课堂里一言不发的日本人阿克米，她也许由于结结巴巴的英语能力而感到自我存在的危机；也许并不理解黑人儿童们为什么如此执著于"黑人圣诞老人"，感到了不能参与对话的异化感。

这种认知的、社会的、伦理的三个维度的意义与关系的重建，是所有教学实践与学习实践中常见的事件。教育这一实践，是三个维度的意义与关系——客观世界的意义构成（建构世界）、人际关系之纽带的构成（结交伙伴）、自我存在的证明（自我探究）——得以重建的多元的、多层的实践。

三、教育实践的两种样式

技术性实践样式

考察一下探究教育实践的方法。从上述的两个案例可知，教育的实践是作为一个个的个别的、具体的、复杂的活动形成的。教育实践的活动，是特定的教师，以特定的教材为媒介，在特定的教室、特定的意图下，以特定的儿童为对象，创造特定事件的一次性经验。亦即，无非是无可置换的特异的经验。而这种具体的经验是由涉及心理学、哲学、社会学、政治学、经济学、文学、工程学、生理学等领域复杂的、综合的内容构成的。而且，教育的实践具有不确凿的挑战的性质——不断地深入未知的领域探讨，在模糊的、复杂的状态中洞察多样的可能性，从而作出一种选择与判断的决策。可以说，教育的实践就这样具有"特异性"（singularity）、"复杂性"（complexity）、"不确定性"（uncertainty）的特征。

作为处置这种"特异性"、"复杂性"、"不确定性"的特征的教育实践的样式，可举"技术性实践"与"反思性实践"两种不同的样式。这种分类是根据唐纳德·肖（D. Schon）提出的"反思性实践家"这一专家形象作出的⑤。可以说，在教育的实践及其研究中，也在应对以往这种反复对立的两种样式。

"技术性实践"是以"技术理性"（technical rationality）作为实践原理的样式。这种样式的教育实践的普遍有效性，通过程序与教育技术在课堂之中的运用过程得以实现。而这种程序与技术是得到科学验证的。因此，在以"技术性实践"为模型的教育实践研究中，无非就是以尽量多数的课堂案例为对象，谋求经过科学提炼分析的概括化，推进普遍有效的、适用于任何课堂、任何教师、任何儿童的程序与技术的开发。这种样式，是教学与教学研究中的支配性样式，在教育研究者推进的教学的科学研究与教师的教学研究中，几乎都是以这种样式为模型发挥作用的。这种以"技术性实践"为模型的研究所具有的特征是，把教育实践的"特异性"转化为"普适性"（一般性），把"复杂性"转化为"单纯性"，把"不确凿性"转化为"确凿性"。

反思性实践的样式

与此相反，"反思性实践"是以"活动过程的审视"作为实践原理的样式。这种样式的教育实践，是作为复杂状态下生成的对于具体问题的洞察、审视与判断的过程来实现的。在这里，程序与教育技术不过是一种知识库，选择、运用这些程序与教育技术的教师的实践性智慧，才被视为教育实践的核心问题。因此，以"反思性实践"为模型的教育实践研究是作为一种特定的课堂案例为对象的"案例研究"，它综合了跨领域的、多样的理论，阐明"这一个"实践中的经验的涵义与关系，旨在开发教师的实践的见解、观点与实践问题的解决策略，亦即旨在开发教师的实践性智慧。

以"技术性实践"为模型的教育实践研究是在大学的教育研究室、教育中心的制度化了的研修和全国性的民间教育团体中实现的。而以"反思性实践"为模型的教育实践研究，是学校内外的作为非正规教师组织的"案例研究"中的反思与批判的具体化。这种以"反思性实践"为模型的教育实践研究具有这样的特征：把"特异性"作为"特异性"，把"复杂性"作为"复杂性"，把"不确凿性"作为"不确凿性"来加以确立。这是一种在表面看来以为是一般的、单纯事件的事实中，去展开每一个教师和儿童的特异性与变故的关系的复杂性，以及教育这件工作的深奥性的探究。西原先生与佩利的案例，就是这种反思性、实践性思考的适例。

教育实践的探究，就是这样按照目的、方法、原理都不同的两种样式展开的。这个两种样式各自的有效性及两者的关系，应当同教育实践研究的目的联系起来加以理解。

在这里我想探讨的是，在两种样式中以"反思性实践"作为模型的实践性探究样式。回顾过去30年间的教育研究，关于教材程序与教学技术的一般原理的研究，亦即以"技术性实践"为模型的科学的、客观的研究获得了显著的发展。这种发展的成果表现为，关于教材程序与教学技术的教育学研究、教育心理学研究的论文和学校研究集录等出版物的泛滥，或者地方教育研究中心开办的不计其数的研修讲座。可以说，把教育实践科学地加以概括、以合理的技术加以控制的欲望，已经渗透在学校教育的所有领域了。

不过，教育实践中的另一种样式——"反思性实践"的样式与研究，在"技术性实践"的压倒性支配下，并没有充分地展开。对于每一个教师在每一间课堂里以每一个儿童为对象展开的具体实践进行审视与解读的研究，从某种意义上说，局限于一部分经验丰富的教师灵巧的活动领域，尚未作为教育研究的方法论获得认可。下面，让我们来看看以"反思性实践"为模型的教育的实践性探究的课题。

四、如何进行研究

从理论到实践的跳跃

不限于教育，凡是旨在问题的现实解决的实践性探究，总是以置身于具体的情境、从情境的内部接近问题的立场为特征的。这种实践性探究的立场往往是同旨在建构理论的理论探究相对立的。这种理论与实践相对立的传统，从"理论"（theory）这个词汇的语源就可以明了。"理论"是以古希腊的"观察者"（*theatai = spectator*）从情境外部去认识的"观照"（*theoria*）作为语源而形成的。立足于这个传统，"理论"是基于实践情境之外而获得的认识，它并不导致直接的解决，而是准备好认识，作为实践性解决的前提。这种"理论"的"真理"，并不是在具体情境中所认识、所确证了的，而是在排除了场所、主体、对象与课题的制约的普遍性与一般性中所主张的。可以说，通常同实践相对立、相分割地谈论的所谓"理论"，可以设定为"来自情境外部的认识"的"理论即观照"。

相反，实践性探究中的"理论"，可以理解为实践者在具体的问题解决中所形成的并且发挥作用的"来自情境内部的认识"。这种意义上的"理论"，可以理解为实践者在问题的构成及其解决中所运用的见解、观点的"框架"（frame）。站在作为这种"框架"去认识"理论"的立场上，实践与理论的二元论是不成立的。一切的教育实践无非就是洞察情境、构成问题、设计问题解决之逻辑的实践这样一种"框架即理论"不间断地构成与再构成的过程。换言之，所谓实践性探究的实践是实践者所拥有的包含了"框架即理论"的构成语再构成的"理论性实践"。

在实践性探究中所追求的认识，显然并不停留于来自情境之外的客观的、科学的说明。例如，即便课堂的问题情境从情境外部作出了若干客观的、科学的分析与说明，但这种分析与说明并不自动地导致解决的方略。这是因为，实践性的问题解决是作为一种决策——在不断的、无限的可能选择之中选择、判断一种逻辑的决策——来实现的。

从这种实践状态中的"分析与说明"到"选择与判断"的过渡，"反思性实践"的倡导者唐纳德·肖谓之"规范性跳跃"（normative leap）[6]。肖说，这是一种在实践性认识中从"数据"到"解决的启示"，从"事实"到"判断"，从"是什么"的认识到"应当如何"的认识的"跳跃"。可以说，这种"跳跃"正是实践性探究的本质过程。那么，实践者是如何实现这种"跳跃"的呢？

实践中的反省性思维

实践者，洞察瞬息万变状态中的事件，然后把这个事件作为"问题"来"命名"（naming），展开"框架"（framing）中的思维。在实践性探究中，"问题"并不是预先存在的，是通过实践者的"命名"与"框架"构成"问题"的。实践者的活动就这样在"命名"、"框架"下的"问题情境"中展开，作为不断地设计并实践问题解决之方略的过程加以实现的。而通过这种问题的表象与解决的过程，实践者的"框架即理论"也得到了变化和发展。这样，所谓"问题情境"的模式（问题解决的设计）与"框架即理论"的变化（实践性见识的形成）是辩证地发展的，构成这种核心的是实践者的"反省性思维"（reflection in action）。

需要谈谈实践性问题的复杂性。在教育实践中教师面临的"问题"具有复杂的性质。无论什么问题都是层层叠叠地交织在一道的：从教育内容与教学程序派生出来的问题、从教学设计与教学技术派生出来的问题、从儿童的活动与思考派生出来的问题、起因于教师自身的信念与思考的问题、从课堂的语脉与学校的组织产生的制度性的问题，乃至起因于校外人们的意识与文化的问题，等等。教育实践的过程，从实践者的教师的角度看，无非就是反省性思维的过程：洞察这些复合的、重叠的问题的复杂关系的网节，构成问题解决的实践性课题，设计并且实践课题解决的方略[⑦]。

教师在实践中对于实施的"框架"的反省性思维，可以分两个维度进行探讨。一是表征并构成"问题"的"修辞学框架"，二是实践该"问题"解决的"活动性框架"。

前者的"修辞学框架"意味着规定教师如何设定某种实践课题的框架。例如，在上述西原先生的实践中，从心理学角度把"问题"解释为香织的"暴力攻击性"的他，在这种"修辞学框架"中构成"问题"。同样，在上述的佩利的实践中，从社会学角度把"问题"解释为罗兹的"人种身份"的她，在这种"修辞学框架"中构成问题。这样，在教师的实践中，隐含了构成这种课题的教师本身的"修辞学框架"。

后者的"修辞学框架"是构成教师活动本身的"框架"。与其说是问题构成的"修辞学框架"，不如说发挥着更复杂、更潜在的功能。例如，在上述西原先生的案例中，西原先生反对"上锁"却又针锋相对地以"上锁"来对付撒野的行为中，隐含了他的无意识的"活动性框架"。

"活动性框架"是教师个人的"框架"，同时也是这种实践所营造的学校制度化了的"框架"。例如，西原先生通过反思认识到的"设防"，也是浸透了养护学校多数成人们（教师和家长）的整个行为的"活动性框架"。对于这种自我中心的分工负责的成人们的封闭性，香织用骚扰来应对。这样，"活动性框架"预示着深层地制约每一个人的行为的制度化的"框架"在起作用。

教育实践的研究，就这样以教育的具体案例为对象，作为反省性地探讨两者——这种实践中的"问题"定位的方式（"修辞学框架"）和"问题"解决的方式（"活动性框架"）——而展开的。

以往的教育实践研究（教学研究、课程研究、教材与大纲研究）与教师教育的研究，是受"理论"与"实践"——理论知识、科学分析与技术原理，和作为这些理论与原理的运用的实践与实习——的二元论支配的，是受"技术性实践"为模型的研究与实践所支配的。在这里，可以说，肖所说的"是什么"的认识与"应当如何"的认识之间的"规范性跳跃"，丧失了反省性地琢磨的契机。

以"反思性实践"为模型的教育实践探究，就是克服这种"理论"与"实践"二元论的努力。教育的实践性探究，是以"是什么"与"应当如何"之间的"规范性跳跃"本身作为对象，反省性地琢磨这种"跳跃"中实践问题的构成方式与解决方式，致力于解读教育实践的复杂世界，设计新的教育实践，编织支撑这种实践的关系与制度的探究⑧。

注　释

① エミール・デュルケーム、佐々木交賢訳"教育と社会学"誠信書房、一九七六年。

② Dilthey, W., *Über Möglichkeit einer algemeingültigen pädagogischen Wissenshaft*, 1888.

③ 西原彰宏'危機によって成長する'稲垣忠彦・中野光・寺﨑昌男監修"日本の教師（24）教師として生きる"ぎょうせい、一九九五年。
西原彰宏'危機のなかで教師は育つ——人を育てることは自分が育つこと'"ひと"太郎次郎社、一九九五年六月号。

④ ヴィヴィアン・ペイリー、卜部千恵子訳・佐藤学監修"ウオーリーの物語——幼稚園の会話"世織書房、一九九四年。

⑤ Schön, Donald, *The Reflective Practitioner：How Professionals Think in Action*, New York：Basic Books, 1983.

⑥ Schön, Donald & Rein, Martin, *Frame Reflection：Toward the Resolution of Interactable Policy Controversies*, New York：Basic Books, 1994.

⑦ 佐藤学編"教室というぅ場所"国土社、一九九五年。

⑧ 稲垣忠彦・佐藤学"授業研究入門"岩波書店、一九九六年。

7 与语言相遇

——经验与纽带的创造

一、与故事相遇

"小雅，咱们念念书吧。"东老师叫小雅了。当时小雅在风琴后面左手握着刚德姆（橡皮娃娃），右手�着铅笔，发出"噼西噼西"的声音，画着流血场面的画，但听到东老师叫自己，他点了头就跑到书架拿了一本图画书回来。患自闭症的小雅是小学五年级学生，听说他拒绝一切的语言交流和身体接触，连饭都拿到他家的二楼一个人吃。他的世界只有一个，即嘎查碰（橡皮娃娃）的怪兽、魔鬼、妖怪以及刚德姆的战斗场面。

"喷喷喷喷，来来来，杂技演员忽兵卫给你们看看他平生最精彩的杂技。"（田岛征三著：《在地狱里的忽兵卫》）东老师幽默的朗读的声音代替小雅发出的"噼西噼西"这种尖厉声音响遍了全教室。自4月起，只过了仅仅一个月，东老师连续朗读了好几十遍这本图画书。对大人来说，每一次以新颖的语言来朗读十分费劲。但东老师总是想"通过反复回味同一本图画书，使孩子本能的语言能力得以苏醒，发出朗读的声音。因为，只有与课本语言的微妙接触就像调整短波的频率一般，好不容易实现了与小雅的交流"。进入忽兵卫和魔鬼的战斗场面，小雅把刚德姆放在桌子上，伸指开始与图画书里的魔鬼战斗。东老师的稍微变尖的声音因呼应小雅的变得柔和的"嚊西嚊西"的声音而融合，在这种交流中，恢复他们两个人的"声音"，产生"语言"，创造出"谈话"。

"我要寻求一个小雅和我都能够享受的文学世界。"这是东老师在4月份担任小雅的辅导老师时说的话。他妻子每天晚上给他儿子读图画书，他对此感到一种魅力，这就是东老师朗读图画书的初衷。东老师说，一边跟他儿子躺着倾听他妻子讲故事的声音，一边想起在课堂里渴望听朗读故事的孩子们。

后来，东老师就开始给小雅读图画书。虽然是强行开始的，然而每天继续下去，小雅逐渐喜欢上了图画书。此前，小雅除了他妹妹以外不接受任何人而只活在刚德姆、怪兽和妖怪的世界里，但他进入了《在地狱里的忽兵卫》、《小妖怪石巴特》（田岛征三著）的世界，并开始接受《猴子就是猴子》（伊东弘著）、《盆侧提诺——一个零件找到自己的故事》（Leo Lionni 著，谷川俊太郎译）等世界。小雅适应了东老师的朗读和《在地狱里的忽兵卫》，并且以它为起点，学会了能够描述展开故事的语言。

此后过了两个月，小雅这天也一边听东老师的"喷喷喷"，一边自言自语地嘟嘟哝哝。不过，他的声音已经不再是那个尖利的"嚊西嚊西"。同时，《盆侧提诺——一个零件找到自己的故事》里有"粉碎了"这句话，每次到这段，小雅会用另外一个词来说"粉碎了"。真不知道，他在哪个故事里学到这个词的。有一位女老师把小雅的这句话听错成"变漂亮了"，引得教室里大家哄堂大笑。另外，听《小吴虎找到宝宝了》（神泽利子著）故事时，每次到"小吴虎慢吞吞地走"这段，小雅总是会说"精疲力尽"。在小雅的世界里，好几种语言从符号的集合当中离析出来，构建起有多层涵义的空间，从而获得表达经验的句子。

小雅的世界扩大了，这变化从他画的画儿中也看得到。4月，他以尖利的线只画"怪兽"、"妖怪"和"刚德姆"的战斗场面，并且把画儿全都涂上黑色，但到了7月，他以柔和的曲线画《盆侧提诺——一个零件找到自己的故事》的"跑步的家伙"、《猴子就是猴子》的"章鱼尾巴猴子"及"蟹耳猴子"、《小妖怪石巴特》的主角等，而且他画的每个人物都有不同的表情。尽管如此，东老师说每次朗读故事都是一种"比赛"。小雅现在手里仍然握住"嘎查碰"，一听到东老师过于强调或失去所感受到的语言形象，就身体僵硬起来而向东老师开始反攻，发出"噼西噼西噼西"的声音。在"喷喷喷喷，来来来……"的朗读声中，东老师和小雅一起开始通过语言的纽带进入故事世界之中。

二、创造语言之时刻

"我要看到一个创造语言的场面。"——东老师三年前这样决意而调到养护学校。在这所养护学校里，他认识了明日香。她是小学三年级学生，有多重残障。明日香一直接受上门教育，因此对她来说也是第一次过养护学校生活。孩子之间的交流对明日香不久起了作用。她模仿小学三年级学生小大介的口头语，学会用"慢慢玛—"这个词来表示牛奶的意思。之前，明日香的词汇只有"噢卡"（妈妈）和"慢玛"（吃饭）两个词，现在跟"慢玛"连接起来加上了"慢慢玛—"。而且通过朋友之间的交流，"慢慢玛—"这个词除了表示"牛奶"以外，还表示"我要喝点饮料"，这样又增加意思了。

然而，明日香的生理反应却不是那么简单。她来学校因紧张而不能撒尿。东老师在厕所里抱着明日香坚持25分钟，但还是不行。到了5月，她好不容易挤出两、三滴的尿撒到马桶里，不过，这个进步太小，还不能算是个进步。后来6月的一天，明日香在一位从事残疾儿童教育几十年的内行教师的腿上撒尿，不久在东老师的腿上也能撒出很多尿。明日香在他腿上撒尿的那一天，东老师一直不换湿透的运动裤，直冲鼻子的骚味使他感到一种欢喜。通过与东老师的交流，明日香扩大了他们两个人的语言世界。比如，她已经学会了"东老师"、"尿"、"苹果"和电视节目的登场人物等很多词汇。后来，她也会说她朋友的名字。明日香说她朋友的名字时，吧嗒吧嗒地动双腿，好像在为她的心中积累那个朋友的形象，最后用全身力量好容易发出叫声。因此，你如果紧接着明日香叫朋友让她再说一遍，她是无法说出那个名字的。东老师觉得明日香每次在自己身体里创造一种奇迹而发出声音，这件事真令他感动。明日香后来通过一些训练，会说她同学的名字了。看着她的样子，东老师还感叹说："能够适应社会以后，人只能失去他自己有个性的语言。"（东昭志著：《跟明日香在一起》，见佐藤学，小熊伸一编：《日本的教师 18 改变作为教师的我》，ぎようせい，1993）

过了一年，明日香增加了好多词汇，也可以做比较简单的交流。明日香之所以有了这么大的进步，是因为学校附近的小学生每天都来找她玩儿，这是他们与明日香之间的友谊带来的成果。一个女孩说明日香的手很冷，所以一直给她搓手。一个女孩虽然沾上了明日香的口水，但还是坚持给她喂饭。她们因在学校被同学欺负或歧视而受到心理伤害，对她们来说，跟明日香一起玩儿是一种安慰。照顾者同安慰者，面对这种非常自然的关系，东老师感叹说"孩子是多么伟大的教育者！"。

第二年，明日香从很多词汇卡片之中挑出写有"明日香"的卡片，并且能够指着说"这是明日香的'明'字"。不过，她看不懂其他词里用的"明"字，也不懂"明"字本身。对明日香来说，所有的词里用的"明"字都只不过是"明日香"的"明"字。东老师关注明日香自己的语言。明年，明日香除了"明日香"的卡片以外，还一定学会挑其他的卡片。然而，东老师希望明日香在她脑海里把"明"字的发音形成一个概念来选择卡片，对明日香来说，其他词用的"明"字仍然是"明日香"的"明"字。因为，语言并不是符号，阅读文字并不等于阅读符号。

三、寻找语言与寻找自己

"上课再这样继续下去，我恐怕要失去自己的语言"——这是东老师说的话。我 14 年前在一个语文教育研究会上认识了东老师。此后，东老师和我每月一次参加以四日市市的教师石井顺治先生为中心的研究小组，一直探究语言同文学课的应有的教学方式。当时，我跟教育研究者稻垣忠彦先生一起挑战各种上课实践，如：1984 年，由导演竹内敏清先生举办的"语言和身体活动的课程"，自 1986 年起，邀请诗人谷川俊太郎先生创造以《童谣》、《语言游戏歌》（福音馆）为课本的课程，当时东老师是主要的实践者之一。

我好几次聆听东老师的上课，拍下了他的课堂录像。其中印象最深刻的是把语言重新当作一种身体形象表现出来的一系列实践。如：东老师尝试着把"天空"这个词用晴朗天空、朝霞天空、晚霞天空以及乌云天空等很多声音形象来表达，另外尝试着走出操场向天空喊"矢持（地名）的天空"，尝试着跟学生一起去森林，每个人都模仿树的样子来进行交流。

由于在录像带里的东老师和学生总是充满幽默感，给视听的教师留下了朴实、快乐而温馨的好感。尤其对课堂上东老师与学生之间进行的生动的语言联欢活动，视听教师深受感动。然而，我们所寻求的语言世界动摇了课堂里的人际关系，甚至挑战学校原有的故事和语言教育制度，这是教师们难以了解的。应该说，这种预感在教师们对我们表示的拒绝和反驳的挑战中十分直率地表达出来了。事实上，一直致力于语文教育和文学教育的内行教师，越有工作热情越不关心东老师与他的同事们的教育实践，并且露骨地表示激烈的拒绝及反感。要知道，语言和故事的学习经验不仅受限于《学习指导要领》和检定教科书制度，更主要还受到语言教师固有的默契常识这一制度的控制和压抑。

由于语言和故事的教育本身是在学校规定的语言与故事教育的制度

上进行的，所以难以解决。比方说，教师要求学生用有个性的表现，但教师用的词如果是又不新颖又概念化的词，这怎么行得通呢？阅读诗词的课原来应该将赐予的意义变得多层次多样化的，但如果教师偏向于把赐予的意义变为单层次统一化的语言来进行，这怎么能行？故事课文本来是通过语言细腻的表达勾勒人生微妙的波澜起伏，但倘若教师用既生硬粗鲁又过于逻辑性的语言来上课，那是不行的。另外，文学隐藏着以魔鬼性来怂恿人叛逆日常生活并体验到危险性快乐的可能，然而，假如上课时主要阅读充满健全性、创造性以及道德性这种"教育"性很强的故事，那怎么能行呢？这都并不是一种假设，而是在教室里随处可见的现象，也正是教师们的教育常识。

"上课再这样继续下去，我恐怕要失去自己的语言。"——14 年前东老师感到的危机感就是能察觉到语言教育制度隐藏着"陷阱"的预感。东老师一系列的教育实践，也是他自己通过"寻求语言"从而"寻求自己"的实践。其实，动撼教育常识这一"制度"，比摧毁《学习指导要领》和检定教科书制度更难。然而，正像东老师真诚的教育实践给我们的启示那样，每个教师都可以怀疑教育常识，也可以在每个教室里开始进行挣脱教育常识的实践。

例如：有的教师调查电视播音员的套话而讨论这些话的"不合理性"；有的教师尝试着把几本故事教材交给学生，以便让他们调查各种主语用法的共同性从而编制"我的日语词典"；有的教师比较同一时间的新闻报道从而认识信息语言的危险性。另外，有些教育时间虽然比上述事件更单纯但都是难能可贵的。如：在上课的时候彻底排除教师主导的发问而讨论学生阅读后产生的问题，还有连课堂上的语文课本身都排除而采取个人阅读，在课堂上只交流每个学生的读书感想，等等。

四、语言的经验和纽带——迈向实践的指标

语言表达和阅读故事的教育创造着人与语言的相遇，用这语言来构

成世界的意义与形象，通过上述经验形成自我存在，以这些语言为纽带寻求同他人的联系。由此可见，这种教育能形成多层次的学习经验。

然而，战后的语文教育在一方面倾向于以文学情操为主的情绪性的、伦理性的所谓文学主义的"人性教育"，在另一方面主要把语言看做表达的"工具"，也当做"技能"在教学生。可以说，在前者的"人性教育"上，以揭示教材为主的课程，由于战后的意识形态固定的诠释框架而压制了多样的解读，而后者的"工具主义"语文教育，把语词从具体的经验中抽象出其涵义与功能并剥夺了词语内在的对话性与共通性，甚至也剥夺了语词外在的音韵和声音这些轮廓。

然而，在经历高速经济成长的语言情况下，这两个倾向都面临紧迫形势。我们在由大众媒体信息组成的大众消费里生活，因此，我们活在有太多文学词语和故事的社会，这样说也并不为过。现在，电视、报纸和杂志都单向地发出无数信息，创造着由过多故事构成的社会，同时商业主义和宣传活动运用所有的诗意语言与文学词汇，刺激并主宰人们的消费、竞争及管理的欲望。正像后现代哲学家说的那样，基于科技与大众消费市场带来的语言和故事洪流之中，我们已经只能反复地"复制"语言和经验，丧失了它们本身的"意义"和"纽带"而漂浮不定。我们挣扎于可以谓之一种"团体性失语症"的危机。

上述状态之所以对学校教育提出重大问题，是因为学校教育从前一直发挥传承并普及语言和故事的主要媒体功能。在泛滥这么多语言与故事的社会里，学校何必继续教授语言和故事？现今的学校教育成为比学校还学校化的社会体制的部分，也许只能发挥复制并重新创造在大众消费社会和企业社会里扩散的语言和故事片段的功能。尽管如此，学校何必教授语言和故事？倘若抵制这种情况，到底何处存在比之蒙受自觉地面对"失语症"并以"沉默"来抵抗更好的办法呢？

对这个重大问题，至少应该从两个方面来进行研究。一方面是研究学校本身的语言制度，即研究这里的活动（教和学），就是语言实践这种学校教育本身的语言性质，另一方面是研究以语言为内容的日语教育所拥有的可能性。

重新编制课堂上的语言

当我们把学校视为语言空间的时候，介于教与学之间的语言受到三种语言的支配：一是丧失个别经验和具体关系的语言，二是失去作为语言"身份"的声音和形象的语言，三是丧失对话性质的独白语言。课堂上的语言空间由教师"发问"、"指示"、"评价"与学生"回答"这种定型规则来组成，这个语言空间就是产生教育者（教师）和被教育者（学生）这种权力关系的系统。消除认识与表现的个性性质而将知识当做信息处理的一元化系统，导致在课堂上的语言交流中丧失了"我"这个第一人称个性以及"我"和"你"这个关系上的对话关系。在课堂里的主要关系上，教师和学生虽然彼此运用发挥各自"角色"功能的语言，但是大家都只不过是失去有个性的语言和经验的"某一个人"。

为了对待这种学校的语言空间，可以进行把一元化单层次的语言系统改成为多元化多层次的语言实践。具体地说，学生用第一人称说活生生的语言，课堂的语言空间一下子就会多元化、多层次化。这个时候，教师再也不能将自己定位在角色或权威这种稳定的空间里，同时学生也不能处身于隐藏自己的安全地带。换句话说，在这个情况下，"语言"才作为"语言"得以运用并发挥作用。在教室说自己的语言，或者听到别人的语言，这都又是"事件"也是"事情"。

作为"事件"或"事情"的语言经验当然是不仅在语言学科而且在所有的学科教育里都应当探讨的问题。对于数理科、社会学科，或是音乐、体育都是如此，必须探究最精确表达这门学科经验的语言，通过这种词语和语句构成学习的意义，对于这种文化学习中的"作者"或是"表现者"来说，都应推进构成自己语言的实践。语言教育需要整个学校教育的语言性实践。

作为支配学校语言空间的话语，另外还有一个语言系统，就是教师谈论教育所使用的语言。这些专门词语与逻辑也和组成教育内容的语言一样，是一个由牢固的意识形态组成的系统，也是一种调节和压制教师实践的装置。比如说，教师常用的"学力"、"课题"和"目标"这些词或者"支援"与"帮助"这些词，甚至"追求主题"、"深刻解释"及"读懂"之类的专门术语，都是赋予教育过程以意义，并且控制、压抑这种过程的装置。这些数不清的概念化语言泛滥，剥夺了教师经验的个性，失却了课堂事件的具体性和独特性，而掩盖了每件事情的意义。这种情况，如果看一看许多教师的实践纪录，就显而易见。教师实践也需要教师自己的语言，以便能够表达教育经验的新颖性、独特性。只有运用教师自己的语言才会创造课堂上的"事件"。

创造人与语言的相遇

作为"事件"的人与语言的相遇以及作为"事情"的语言经验当然是一个以日语教育为主的语文学科中应当专门探讨的课题。这里，总括其中两个课题。一是组织同语言相遇的课题，二是组织同事件相遇的课题。

在我们的社会里既然泛滥着当做信息的知识，漂流着当做符号的语言，那在教育上应该寻求什么样的语言经验呢？现在，如果从严格意义上来看近代以来通过学校体制强行定型化而普及标准日语的性质，以"正确的日语"或"漂亮的日语"这种规范性为主而寻求语言教育标准已经失去意义了。

其实，我们的日语教育应该先解决我们现在常用的日语问题，即现在我们的语言表面上浅显易懂，但实际上原有的意义日益模棱两可并完全解体。更具体地说，语言原来给我们提供共同的涵义与形象，实际上越来越失去共同性并丧失对话作用和传达功能，无论我们如何正确表达自己的感情或意见，运用的词语愈多愈变得虚伪或违背说话人要表达的意思。另外，人们都有攻击并伤害别人的心理，及沉默中处于混沌状态的语言原型。总而言之，我们的日语教育首先应该正视以我们的身体来表现并感受到的语言。

教育带来人与语言的相遇。它首先重新认识语言，这时不把语言当做"工具"或"技能",而把语言当做"经验"或"纽带"。语言在各种关系中产生,并表现这些关系。在这个意义上,语言既是"经验",也是"纽带"。如果将这件事情作为前提,语言教育也许可以说是一种"治病教育",亦即根治我们现代人对"事物"、"事件"及"人"漠不关心这种固有病症的教育。我们需要接触"东西"并为"东西"起名字的词汇,问"事情"并定义"事情"的语言,认识"人"并与"人"交流的词语。因此,语言教育需要的实践是:将上述具体语言当做每个人的"经验"加以体验并作为一种"纽带"所体会的实践。

恢复读书的乐趣

故事教育也面临着同样的危机。在日本,教育传统曾经赋予文学语言特别的地位,并把它当做日语文章的范义,或者在文学话语中寻求人的思想及灵魂的纯粹的规范。然而,20年来在文学和教育议论上存在疑义,所以过去的文学教师、文学少女及文学青年都仿佛已经成为古董。现今时代,在所有的媒体里泛滥着太多故事,除了大众小说以外,广告的复制、漫画的英雄、报纸的文章、电视的连续剧和表演,甚至从周刊杂志的文章以及流行歌曲的歌词,全都充斥好多故事。而且所有这些故事都被看做课本并被作为"文学批评"的对象。

回过头看,在日本的教育史上,文学教育一直被赋予比"故事教育"还重要的价值,被看做学校教育的主要领域之一,发挥着多元性功能。正像明治时代的言文一致活动所象征的,文学教育首先不仅意味着正规的日语教育,而且在当时强权控制的日本学校里,往往暗自培养反体制的政治意识形态,同时也发挥着把体制性意识状态变成为情操或道德的教化功能。然而,不管从哪个方面来看,在媒体提供的过多故事与文学性说法的洪流之中,仿佛文学课本的价值同文学教育的意义都已经逐渐丧失。事实上,以教科书教材及其使用方法来看,轻视古典的文体而重视使用教科书时的分析评价这一现象在近年来变得越来越显著。素朴地朗读故事的乐趣是否退居到教育实践之后而销声匿迹呢?

不过，我们之所以渴望读文学、阅读故事，不是因为我们缺乏故事，而是因为泛滥着过多的故事。正像过去倾听故事的习惯那样，我们应该创造朗读故事的空间和关系。不过，到底从哪里恢复素朴地朗读的乐趣呢？

我们倾向于看重在故事阅读理解上的所谓以"人"为"中心"的文学主义的意识形态和解释分析及其评价，这种偏向在战后的文学教育中最明显。被教科书采用的文学作品不仅由教科书编辑委员会与文部省检定制度使其特权化，而且由指导书等一系列文献规定正统的解释，甚至连读法以及解释都是一种特权化。而且，构成课程内容这种技术性要求对教师解释教材的形式性，教师们一直假设特定的主体从而分析性批判性地对待课本，从而剥夺了教师作为读者穿梭于故事提供的多样性语言空间的经验。朗读教育如果追求素朴的乐趣，应该首先直面上述那样的分析性批判性系统，打破这个僵局。

文学课本中表达的故事语言，深深扎根于日常生活，具有从中生成有微妙差异的、构成多层多义之世界的力量。学语言不仅能够体现多样读法和解释，而且以文学作品作为通用媒体互相交流，可以尊重彼此的个性和多样性，即能够创造个性化和多样性的特有的乐趣。这种读者的乐趣，正是促使我们渴望读故事的原因，把日常的事件作为个人经验加以描述，正是为我们提供了在个人经验上实现的由故事纽带所组成的共同体及其关系的喜悦。

为了在教室里实现素朴地朗读故事的乐趣，只能在教师个人与学生个人的关系上恢复"此时""此地"这种朗读的新颖性。如果是优秀的教材，这故事的语言便会诱发读者感受到一种"事件"，能够促使他们用自己的语言来形象地表达那个"事件"，那么，这个时候就可以说，在教室里产生了与别人一起朗读的乐趣。阅读这个行为，即使从课本外表看来，其内容应该当做严格的分析与批判的对象，但对读者来说，乃是一种任何人都无法体验的惟有通过自己的个性才能进行的行为。同时也是一种开启不同朗读世界，从而实现与他人交流、与他人共享的行为。

8 从表现的教育到
表现者的教育

一、创造的由来

艺术教育，一般理解为追求纯粹审美的表达，使之习得审美的样式与技法，形成人类情操的教育。不过，从根源上推动艺术学习的，难道不是潜藏于学习者日常生活深层之中的，更加生机勃勃的、不可遏止的渴望么！

例如，我并不是在创造艺术、提供艺术的世界中生活的人，而是在专门享受艺术、消费艺术的世界中生活的人。即便这个我，对于艺术的渴望也始终是与灵魂同在的，是作为生存的切实的渴望，发挥作用的。永远拥抱着声音而生活，通过物体的形象审视世界，不断地寻求存在和经验的意义与方式。而且，这种冲动是作为撼动日常世界这一制度的力量而出现的。同语言的经验相反，它抗拒一切的概括与分解，发挥着激活具体经验的独特性与整体性的作用。不依靠这种力量能够生活下来，我是根本无法想像的。有时尽管认识到，这是我的脆弱性的表现，类似于逃避行为，但我想，如同在没有语言的世界里我不是我一样，在没有声音、存在的形象及色彩的世界里，无论我这个存在或是世界这个存在，都会蜕变为虚幻的、无机的东西，归于空无。

　　5岁时候，迷恋于父亲的朋友弹奏的小提琴的我，在百货商店里被广告橱窗所装饰的这个乐器的模样吸引了几个小时，成为迷路的孩子。那种可怜的渴望究竟是什么呢！我在同是那个年龄阶段时发生了这样一个事件：由于大病不断，不许外出，在院子里的水泥板上用蜡笔画画的我，一天，听到马车的声音奔出大门，就在马路中央继续画画，差点被压死。永远梦寐以求的那种涌动的渴望，究竟是什么呢！然后在高中时代，在苦于失语症症状和放火烧校园冲动的日日夜夜里，逃学，关在校园一角的音乐室里，迷醉于这样那样的乐器而不能自拔。那种挣扎的渴望究竟是什么呢！

　　那种如饥似渴的渴望，尔后一直沉潜于我生活活动的底流。即便在今日，仍有几件乐器放在手够得着的地方，就像每天放放喜欢的CD那样，一直在聆听总是远远的听不到的音响。这是为什么呢！我想，在心灵深处不断地探究那些总是远远的听不到的音响，这种探究的轨迹，也是我的生活的轨迹本身。

　　也许是这个缘由吧，我总觉得，把艺术教育概括为"自我表现的教育"或是"情操教育"的概念，总觉得存在某种不般配的失调感乃至抗拒。持续蛊惑我的音乐与美术的世界，是更加混沌的、寂静的危险世界；是逼近语言难以表达的境界的冲动，同发挥超越了语言控制力的制度展开的激烈斗争。那么，我们果然可以把它称做"表现的教育"么？

二、拷问"自我表现"的紧箍咒

　　不限于音乐，广义地称之为艺术的一切活动，都是在"传承"（模仿即再现）与"创造"（表达即表现）这两种活动的交互作用之中实现的。这两种活动，正如三善晃先生形容的"内环与外环的运动"那样，勾勒出发自内心的、同世界的交流，又重新回归自身的圆环的轨迹。在法语中有意味着"工作"、"劳动"、"作业"、"学习"的"劳苦"（travail）这个词汇。"劳苦"原本意味着由"内"而"外"再回归"内"的"循环＝旅行"。可以说，所谓"活动"，就是指这种"内""外"循环的"劳苦"之意。

但是，以"自我表现"（self expression）为核心目的的艺术教育，只能是由"内"而"外"的教育，是切断了"内"、"外"循环的教育。就是说，这种艺术教育的作用，难道不是在割断和压抑"表现"——不断地解读自己与世界——的活动么！不涵盖现实与主体之间的严格格斗的"表现"，即便如何纯粹地表达、吐露内在的感受与情绪，终究只能是由于程式化表达的再生产而导致自我丧失，或者只能以漠视他人的自我矛盾而告终。

可以说，以"自我表现"为核心目的的倾向，是任何一间教室里常见的现象。在美术课上，要求儿童"自由地表现"，制作大量的绘画作品，然而，这些作品不会像手编的毛衣那样得到珍惜。几乎所有的作品，就像无端买来的商品那样，拿回家中便会立刻无可奈何地丢到垃圾箱里去。音乐课也是同样。在学校里要求儿童"用心"歌唱大量的歌曲，却少有把这颗"心"带到校外去的。令人啼笑皆非的是，艺术教育中的这种"自我表现"，愈是纯粹地追求目的，就愈是直面尴尬的境地：助长冷漠性和虚幻性，加剧主体经验的空洞化和作品个性的丧失。

"自我表现"的紧箍咒所带来的经验空洞化与个性丧失这种尴尬的现象，当然不是学校独有的现象。在人人主张个性、憧憬个性的现代社会里，人们的生活愈益陷入了划一的、俗套化的无聊境地。况且，在今日日本已经成为世界少有的艺术消费市场的社会。艺术如此地渗透人们的日常生活的时代，该是前所未有的。然而，正是由于这个缘故，我们却生活在这样一个时代，一个丧失了对于艺术力量的信赖，对艺术的涵义怀有疑虑，不能实际感受享受艺术、创造艺术之感动的时代。

晚近数十年间，不用说，美术馆、音乐厅像雨后春笋般在全国各地出现，甚至百货商店、公民馆、体育馆也在总动员，开办了无数的艺术性集会，所有街道开办了文化学校和面向儿童的音乐教室，以多媒体、书籍和唱片为媒介流布的被消费的大量艺术作品，乃至所有商业复制和商品中渗透的艺术装饰与艺术话语的泛滥，等等，即便说，作为"文娱"与"商品"的艺术已经充斥着我们生活的每个角落，也不为过。

在这样的时代里，学习艺术的经验，无论"内""外"，都只能是朦胧的、虚幻的。即便如何潜入"内"、挖掘"内"，也只能是像剥蔫皮那样徒劳的行为；即便如何依据"外"、建构"外"，也无非是在虚拟的经验中重复定型的拷贝。在"内"与"外"的空洞化、划一化的状态之中，即便要学习和表现艺术，也只能导致抽象化、无机化意义的弥漫。

这种危机性现象，可以作出若干判断。在父辈时代常常谈起的用手摇留声机聆听 SP 唱片的音乐的冲击，靠我们如今的 CD 与立体音响装置是体验不到的。由于技术的进步，不必手工操作了，也去除了杂音。然而尴尬的是，却导致了享受音乐之快乐的主体的丧失。况且，我们即便聆听了手摇留声机的 SP 唱片，也不能再现父辈时代那样的感动了。如今，所谓的生活与音乐之间的关系，丧失了作为一种断裂——在暧昧的混沌之中奇妙地融合在一起，潜藏着危险的富于魅力的断裂——而表现出来的张力关系。在这种状态之中，既谈不上同音乐相会，也谈不上同音乐诀别，总是若即若离的。

同样的现象在美术教育中也可以看到。例如，试回忆小学时代的生活，即便上一节泥塑课，也要经历同老师一道爬山、采掘黏土层的泥土、搬回学校、用脚充分地搅拌、做成黏土以后，才开始教学。同今日的教育比较起来，似乎是相当费时费力的。但就学习者的经验而言，美术教育中的泥塑，经历一连串的作业：爬山、采掘黏土层的泥土、搬回学校、用脚充分地搅拌、做成黏土、作品制作，有一个完整的连续的经验。跟今日的教育——配给从市场上买来的"黏土"教材，让儿童去"自我表现"——是不同的，那时的创作表现的前前后后和周边的事件，更具体、更丰富。

当然，我不是礼赞出于怀古趣味的手工学习，而是指出，以"自我表现"为目的的艺术教育由于空洞的"自我"与俗套的"表现"而导致其经验的空洞化与抽象化。我痛感到，使艺术学习得以摆脱这种尴尬的一种方略，就是同具体的事物相会，恢复手工"成型"（shaping）作业的地位。同具体的事物相会、用手工制作的作业，难道不是摆脱"自我表现"的紧箍咒，体现出表现与生活的张力与衔接的有效方略之一么！其具体案例，可以举出许多。

在《培育表现者》（东京大学出版会）讨论的数月后，西冈阳子先生送我的儿童作品的照片，使我重新认识到朴素地探索事物的存在感所表现出来的美妙。这些作品细腻地描绘了枯萎的向日葵和芋头的骨节突起的根茎与根须。在这一件一件的作品中，通过同事物的天真的交往，每一个儿童所抱有的存在感，作为自然的个性彰显，清清楚楚地体现出来了。可以说，这是该书报告的领先一步的实践。

我来介绍一下在数月后造访的基督教的教护院的案例。在这所通过祈祷和劳动的共同生活，治疗着由于不良行为而受伤的儿童的教护院里，面对儿童们利用山上的劳动中伐下的木材为素材，雕刻自己与友人的面庞的美术作品和演奏赞美歌的竖笛合奏，以及连生活与学习的工具——餐具、桌椅也一一制作的陶工与木工的作业，我的心被打动了。这些作业是作为工艺教育与艺术教育加以推进的，但所有这些作品都作为他们自身的共同生活的工具与装饰品而加以运用。而且，默默地营生的作业，其本身就在治愈儿童心灵深处的创伤，在那里展开着塑造新的自我更生的活动。表现与作业，就这样别开生面地嵌入在这所教护院的共同生活的祈祷、劳动与生活的循环之中。

在此前一个月参观的一所养护学校里，教室的一角放着一台钢琴，它从种种的维度支撑着身心障碍儿童及其母亲们的生活。有一位女孩，每当周期性地陷入精神错乱，就会哀号不已，要求演奏她爱唱的童谣和喜欢的莫扎特的曲子，而跑到钢琴旁边来。对于她来说，这些曲子是摇篮曲、疗养曲。还有一位女孩，她会全身心地融化到钢琴的音乐之中，表现享受音乐的快乐。她通过音乐恢复了身体上的平静与平衡。她自己低声吟唱着舒伯特摇篮曲的一节，很快就会进入梦乡。再有一位男孩和他的母亲，以钢琴为中介，一起感受生命活力的跃动。据说，在子女养育中心力交瘁的这位母亲，最近在这间教室里开始练习钢琴以救助自己。男孩听着她弹奏的意大利作曲家克莱门蒂（M. Clementi，1752—1832）的奏鸣曲，僵硬的身躯也变得灵巧多了。如今，只要他依偎在母亲弹奏的钢琴旁边，借助护理，就能够自立成长了。

这种钢琴，也有作为音乐疗法的工具使用的，通常既不是用来上音乐课的，也没有专攻音乐的教师在那儿。也有专攻音乐的从事义务服务的学生整日弹奏钢琴的，但完全是作为儿童生活的背景音乐（BGM）来弹奏的，是弹奏者自身旨在通过这个教室环境探索自己的音乐而弹奏的。在这种教室里，音乐唤醒着每一个人的身心和生活的节律，创造着人与人之间的交响。

三、"表现的教育"与"表现者的教育"

艺术活动中的"表现"，不仅有由"内"而"外"的"表露的表现"（expression），而且还有另外一面，这就是在"表露"中受到控制的、由"外"而"内"回归的"表象"，亦即"再现的表象"（representation）。在这里，"表露"是"自我实现"的活动，但另一方面，可以说"表象"是"再现现实"的活动。况且，"表象"（再现）的"表现"也是"模仿"的表现，这种"模仿"一般被视为创造的对立面。

但是，必须认识到，正是"表象"（再现）动摇了俗套的表现，蕴藏着彰显个性的可能。从前同我的一位教师朋友一起，作过儿童拟音语的教育试验，让儿童用文字忠实地记录10元硬币落在地上的声音。尽管是记录、再现同样的声音，但整个班级出现的表述却是五花八门。这个事实表明了个性与多样性的表征这一表现的本质。我想，这个事实同时也表明了，我们人类是惟有作为表现者才能生存的宿命论的存在。

更有趣味的是，一位同学发言说，在身体前面落下的 10 元硬币发出"当"的响声，而在身体后面落下的 10 元硬币则发出"当啷"的响声，其他的同学对这个"发现"感佩之至。当然，这个"发现"，从科学的角度说是谬误的。然而，我们却可以发现一个真实的案例：即便是"再现"，也只能作为"表现"才能成立。即便同样一个声音，既非听成一个声音，亦非再现（表象）成一个声音。倘若划一化地处置，就会描述成同样的声音，这是一种类型化语言这一制度的作业。

从这个案例看来，表现的个性，是以表现为目的的，不是人为的表演。或许可以理解为，表现是作为一种自主的展现。关于这一点，精通风琴演奏的哲学家森有正曾以巴赫的风琴曲演奏为例，说明个性是通过忠实地再现乐谱的演奏来自我表现的。

要重新恢复作为"表象"（再现）之"表现"的价值，就得把产生这种表现的事物与人物的交往及其相关的经验，置于教育实践的中心，而不是表现的结果——作品（发表）。在这方面，西冈先生的"白杨树"教学是珍贵的实践。西冈先生极其重视一年级儿童同白杨树的多样的交往。在表现之前，儿童们谈论校园里的白杨树；用手触摸白杨树的树皮；同粗粗的白杨树干角力，实际地感受树干的强劲；甚至感受到落叶的白杨树的树液——生命的血液。以儿童们整个身心的经验为基础，在每一个人的表象中白杨树栩栩如生，从而能够淋漓尽致地表现出来。

在设想和实践之际，西冈先生是得到一些暗示的。我曾经向他介绍意大利勒吉·艾米利亚幼儿园的美术教学的录像。在这盘录像带中，城镇的市场上的石狮子是用绘画和黏土来表现的。但在表现活动之前，儿童们跟石狮子或对话或骑它；用傻瓜照相机拍摄下来；用黏土雕塑狮子的脚；将石狮子的影像放大；了解影像大小的变化；测定石狮子的大小；或扩大或缩小地放映石狮子的幻灯片；阅读有关书籍，了解石狮子的照片和故事；放映以石狮子为主人公的幻灯片；实际地感受种种的石狮子同自己的关联，通过这些经验，为每一个人凭借自己的想像力准备了石狮子活动的瞬间。一气呵成的作品，无一不是值得惊叹的、富于魅力的。

作为"表象"（再现）的"表现"的追求，正如以上两个案例所见到的，体验同客体的多样的交往，展开一系列的实践：把客体作为客体加以追究，把存在作为存在加以现实化，把表象作为表象加以升华。在这个过程之中，作品只能是不折不扣的结果。宁可说，一棵白杨树的存在形式及其生命的发现，从石狮子触发的百兽之王的表象，以及在表象之中重建该客体之活动的主体存在感的追求，正是这些实践的关键所在。可以说，这些实践所追求的，是同世界对话，构筑同世界的关系，构成世界之意义的主体的理想状态。作品的表现只能是其结果。倘若是不折不扣的结果，那么，无论是"白杨树"的作品，还是"石狮子"的作品，它们并不仅仅停留于外观，而且其内涵也会熠熠生辉。

倘若我们如前所述那样，重新认识艺术教育的意义，那么，以往的"表现教育"就必须用"表现者教育"重新加以界定了。音乐和美术的教育，是教授音乐与美术的样式，同时，通过表现的活动持续地寻求作为表现者生存的我们每一个人的存在方式。

区分"表现教育"与"表现者教育"显著差别的一个标准，就在于从何处寻求表现之中的"本真性"（authenticity）的问题，亦即所谓"本真艺术"的"本真"的标准何在的问题。这种"本真性"的问题，在学校教育中是特别重要的。学校是以规范性艺术的教育为目的的制度化的体制，其"本真性"，在制度化的艺术——由于西方的古典艺术和日本的专家而得以制度化——之中被特权化了，要求儿童们以规范艺术的专家作品为顶峰，作为最终目标来展开学习。在学校教育中一般所谓的"本真艺术"的"本真性"，可以说，指的就是这样的教育行政人员和专业的艺术家所规范了的制度化的艺术。

相反，"表现者教育"中的艺术的"本真性"，需要从表现的主体——每一个儿童与教师的"内在现实"中去寻求。在"表现者教育"中所谓的"本真艺术"，不是指存在于儿童之外的艺术，而是指在表现之中从主体内部生成的。关于这一点，加拿大伦理学家泰勒（Charles Taylor）在《本真伦理学》（1993）中揭示，"本真性"这个伦理学的概念，只有在意味着卢梭所谓的"内在声音"之中的本真性时才能成立。这种"本真性"，在艺术教育中可以换成"表现者的内在现实"。

不过，"表现者教育"中的"本真性"的探求是一种建构身份的活动，同时，又是一种解构身份的活动。随便提一句，"本真性"究其语源，有"自杀者"的涵义。"表现者教育"中的学习，是以"自我探究"之需求为基础，持续地建构和解构主体的"主体的斗争"，是一种容易引发攻击、受到伤害的活动。

在这一点上，需要不断地考虑学校教育的制度层面的局限性。倘若要展开"表现者教育"，就必须多少觉悟到学校制度层面的矛盾与冲突。这是因为，学校这一同步教学的体制和师生之间的权力关系，不能不作为一种压制的装置，起着抑制"表现者教育"——追求每一个人的"内在现实"的展开——的作用。

不过，从"表现者教育"的观点来矫正现行的艺术教育实践是可能的；在现行的艺术教育中拓展"表现者教育"的性质是可能的。

首要的一步是，在课堂中教师自身以表现者的面貌出现，重新调整自己同儿童之间的关系。"表现教育"的课题是主体内部的情感表露与规范方式及技法的形式，而"表现者教育"则以推进这样的实践作为课题：重新建构生成该表现的人与事物、人与人之间的关系。教师不是规范化的艺术及其金字塔式阶层组织的维护者，教师自身应当成为一个表现者。当教师在课堂里开始探索"内在现实"的时候，儿童与教师的关系，就可以作为复兴表现者共同体的一条线索。

四、"模仿"与"创造"
——走向作为存在之轨迹的"学习"

"表现者教育"中的学习的价值，既不在于实体化的自我实现，也不在于作为结果表现出来的作品和发表的出色。它的价值，在于表现过程中主体的经验本身，我们应当在没有表现的活动就不可能析出的每一个人的个性存在的轨迹之中去寻求。

在以往我所访问的课堂里，已经确证了一些儿童作为表现者姿态出现的精彩情景。例如，在一所小学四年级合唱课上碰到了瑞穗同学。她落落大方、轻松自如地站立在队伍当中，和着伙伴们的歌声，声情并茂地歌唱着。她的右手稍稍前伸，左手稍稍后贴，随着左右手轻重缓急的优雅动作，抑扬顿挫的歌声飞扬起来。这是全身心的投入。她的每一个细微的动作和表情，都在酿造出悠扬的音色和音调，是那么丝丝入扣，浑然天成。我向她的班主任打听，才知道，原来瑞穗同学在一年前，苦于音痴，根本不敢在众人面前开口歌唱。她那种演唱的姿态，是她全身心地投入，探索乐感、放声歌唱的结晶，显示出她作为一个表现者的姿态。

另外，在合唱课上碰到的由美子，是更直接地引发我构想"表现者教育"的同学。我假借体育馆，以160人之多的六年级儿童为伙伴，上了一堂合唱课。令人惊异的是，尽管多次列队以保持每一个人的空间，但儿童们在无意识之中排成像军队那样整齐划一的队列，在集体之中隐没自己。这样一种合唱队的"合唱"，究竟如何呢？连续3小时的课，之所以有两小时以上用于振作精神和站立的训练，以及呼吸和发声的训练，那是因为要让同学意识到自己的身躯与声音的空间的伸缩，这是万不得已的事情。

不过，几天后我收到由美子同学寄来的一封描述她感想的信，使我震撼了。由美子同学写了如下一段话：

> "最初的伴奏，总在驱使我引吭歌唱，面对着智者（佐藤）。啊！似乎只有我和智者。终于，我习惯了一人世界。跨进了自己的世界。我感到，这一天，是我生平中最为神魂颠倒的一天。"

这是我首次造访的一所学校，是一个以 160 名学生为对象的教学。即便重新看了录像带，哪一个同学是由美子依然是全然不知。当然，我的教学的意图并不超越"表现教育"的范畴，我并没有期望由美子所说的"神魂颠倒的一天"。补充一下，给我来信的另一位男同学隆司说道："我经历了一次妙不可言的神奇体验。"当然，我不至于要求"神奇"式的体验。正因为由美子和隆司同学的感想，才给我带来了巨大的冲击——全盘颠覆艺术教育之概念的冲击。表现者，首先是通过成为一个人，才能实现同他人的实实在在的沟通和交响。由美子同学向我真切地显示了这一点。

然而，上述表现者的自我异化与共同纽带的构筑，在表现这一实践中，是如何实现的呢？一条线索是，文化传承中的"模仿"与"创造"的意义，另一条线索是，在表现者个体的轨迹中恢复独特性与整体性的逻辑。

"表现者教育"中的学习不仅是由"内"而"外"的"表露"，也是由"外"而"内"的"再现＝模仿"。这一点，前面已经阐述。例如，一般认为，传统技艺在其内核里通通包含着作为传承的学习。所谓传统技艺的"学习"，无非就是"模仿"。不过，把这种"传承"中的"模仿"视为"复制"，是绝对错误的。"传承"一旦沦为"复制"，任何值得夸耀的传统艺术，其生命力都将归于衰败、灭绝。在作为"传承"的"模仿"之中，都蕴藏着"创造"的活动，这种活动隐含了对于传统的凝固化的抗争。相反，任何的"创造"之中都蕴藏着传统的继承这一"模仿"的活动。所谓表现者的学习，可以说，就是一种把"模仿中创造"、"创造中模仿"的活动，作为主体的斗争推进的实践。

作为"模仿"与"创造"之循环的学习，在艺术教育中，提出了重新评价古典教育与技法教育之意义的必要性。关于这个课题，本章难以充分地展开讨论，不过，在课程方面提供了如下的启示，是可以确认的。

关于以往艺术教育的课程，由于艺术之林的极其多样性，面临着不能概括出有效的编制原理的难题。以音乐教育为例，音乐式样的多样性和民族音乐的多样性，乃至晚近无国境音乐和世界音乐的推广，组织怎样的系统和怎样的结构的课程，是谁也难以解答的难题。

　　然而，究竟谁来梳理、整合多种式样的音乐文化的问题，正是本质性的问题。"表现者教育"提示了一个观点，亦即，在学习者——儿童——的音乐经验的轨迹之中去寻求解答这个问题的线索。可以说，每一个儿童作为表现者开始描述探索自己音乐的轨迹的时候，就已经为这个课程问题的解答准备了线索。所谓"课程"的概念，从其语源上说，意味着"人生的经历"，可以把它界定为"学习的履历"。而所谓艺术的经验，无非是意味着表现者的"内"与"外"的循环的轨迹。这样看来，通过课堂中的"个体与个体的相互摩擦"（三善晃），会发展起每一个人的艺术经验轨迹的流布与关联。——我们应当从这个信奉出发，构想艺术教育的课程。

　　最后，在"表现者教育"中更为本质的问题，仍然摆在我们面前。三善晃先生随处所指出的问题——人"为什么歌唱"、"为什么描述"的问题，是根源性的问题。给自己提出这样的问题，可以培育我们作为一个"表现者"。这个问题，可以说是无解的问题。人为什么歌唱？人为什么描述？在这个大问题面前，我哑口无言，丧失了阐释的话语。我们能够做到的，只有一件事，那就是：为什么我要表现？不断地向自己提出这个问题，不断地在生存活动的根基里探求它的答案。通过这种探求，艺术的学习就一定能够在"作为表现者的我"这一个性存在的轨迹之中，持续地揭示其意义，并且实现其价值。

9　数学教育的危机与课程

一、解体的危机

数学教育面临解体的危机。由于 2002 年实施的《学习指导要领》（高中 2003 年实施）的教育内容削减三成（小学、初中），扩大选修学科（初中、高中）和必修学科选择化（高中），数学教育无论在教育内容的结构、数学教养的整体性上，都面临解体的危机。这个改革体现了怎样的社会脉络，它是根据怎样的逻辑与思想实施的，在学校课程中究竟要组织怎样的数学呢？——这些问题，牵涉数学文化的政治学，牵涉它的批判性探讨。

改革逻辑的核心论点，可以从教育内容削减三成的策略之中寻求。实质性内容的教材精选的改革，是日本课程改革的核心问题之一。以网罗式地传递庞杂内容的"生产性"与"效率性"为指标的学校教育，在工业主义社会里是有效的，但在高度信息化社会与后工业社会里，不能不转换范式。特别是，过分庞杂的课程和班级规模过大的、划一的同步教学，以及以个人之间竞争为动机的学习，是东南亚型教育的特征。从"广而浅"的课程向"少而深"的课程转型，是迫在眉睫的课题。

不过，问题在于削减的方法。这次修订所倡导的"严选"，并没有使得历来的网罗式内容发生本质性内容的结构性转换。它是采用了如下两个方法来实施多至三成内容的削减的。一是，倘若同高一年级和高一级学校的内容重复的场合，把这部分内容归并至高一级；二是，删除学生难以掌握的内容。这样，无论小学阶段还是初中阶段的数学课程，都把核心的内容给删除了，不得不大幅度地降低了水平。

这种过激的削减，无论从数学角度还是从教育学角度看，都产生了深刻的问题，这是显而易见的。任何国家的课程或多或少都是采用"螺旋型"编制的，数学的实质性内容在各个学年和学校阶段里都是反复出现的。从这个意义上说，学科不是"结构"的组织，不是线性的、阶段性的"系统"。然而，这次修订由于破坏了这种"螺旋"，使得实质性内容空洞化了，把数学知识纳入了"堆积型"的框架。

其结果，只能导致数学和数学知识的解体。为什么只教小数一位、不教小数二位是"明白易懂"呢？为什么教三位数的除法、不教四位数以上除法才有助于儿童的理解呢？这种想法本身是我们必须追问的。比如说，教授三角形和四角形的面积，不教梯形和多角形的面积。然而，梯形面积的教材，在课堂教学中不是会引出各种各样的见解，数学的推理也能够最活跃地展开么？许多儿童就是通过梯形面积的教学，才理解了三角形和四角形的面积的求法的。通过梯形和多角形面积的学习，可以获得一种空间认知：所有空间都是由三角形堆积而成的。分数和比例的教材处理也是同样。修订的教材删除了带分数，然而通过带分数的学习，加上整数和小数，可以认识十进法的构成。删除比和反比例也是同样的问题。许多儿童是通过比和反比例的学习，来加深对于分数运算涵义的理解的。

初中的数学面临同样的危机。统计方面的内容，在义务教育阶段毫不涉猎，儿童怎能发现它同社会的关联呢？删除了一次不等式、二次方程式的解的公式，没有了事实与系数关系的内容，儿童能够发展起数学思维来么？精选的实质性问题，并不在于"严选"哪些教材，而在于以数学的实质性内容为核心，把哪些教材加以通盘地"结构化"。

数学思维中实质性的意义关系，就这样被残忍地阉割了。在小学阶段以"日常生活技能"为中心，从初中开始以"逻辑思维能力"为中心——这种两分法的妥当性，不管凭借任何心理学和教育学，都是难以成立的。

二、数学的政治学

任何国家的数学教育都以提高内容的水准作为改革的核心课题，为什么惟独日本的课程改革，把武断地实施教育内容的过激的低落和数学的解体，作为核心课题呢？这个问题，已经超越了心理学和教育学的问题，是数学教育的政治学的问题。

数学这门学科的地位，处于构成现代化和工业化的枢纽的领域。正如康德认为的数学是"百科之王"那样，数学发挥着驾驭所有学科的形而上的范式的作用。纯粹数学的柏拉图主义和公理主义也是在这种语脉中起作用的。况且，正如"七艺"中的"三艺"系由"数学（含音乐）"组织起来的那样，数学是"教养之核"，是"自由"的象征。可以说，这个作为"百科之王"、"教养之核"的数学，其规范和神话，在日本也维持到20世纪70年代。

在借助学力选拔，竞争式地组织"社会移动"（social mobility）的日本学校里，数学的权威形成了另一种神话。"抑制数学即抑制应试"这一常识妇幼皆知；"数学成绩是儿童头脑聪慧与否的指标"这个迷信无所不在。应试数学的权威，从一方面来说，也体现了社会移动体制中"民主主义"的效用。数学的"客观性"与"中立性"，象征着应试选拔的"公正性"，数学的成绩事实上起着这样的作用：比起原原本本地反映了文化资本之差异的人文社会学科来说，数学是一门最难以影响阶级与阶层之差异的学科。

数学的稳定结构发生了变化，是20世纪80年代以后的事。动摇数学地位的日本社会的变迁，可以从如下几点得到确认。

1. 向后工业主义社会的过渡，使得大学的升学志愿发生了从理科系转向文科系的变化，在学生中对于理科和数学的关注显示了衰退的倾向。与其说，"智慧作用"是在表征着科学技术的生产性的科学和数学中所象征的，不如说，是在同生产过程无关的文科系的评论和杂文中得到表征并作为庸人们的生活方式被消费殆尽的。

2. 进入20世纪80年代，日本的高中、大学的升学率达于顶峰，社会移动的流动性凝固了，这无异于是基于文化资本的差异得到了凝固。这是应试文化中的数学神话的崩溃。学生们终于意识到，数学不是"民主主义"的象征，而是严酷的、不公正的沦落的象征。

3. 由于严酷的应试体制，在儿童中间蔓延着讨厌数学之风。根据1995年国际理科、数学的比较调查结果，讨厌数学学科者，日本在可比的41国中高居第二位，关于学习数学的意义、数学同生活的关系以及学习数学的乐趣的回答，显示出世界最低的结果。

4. 在私立大学、私立高中的应试中，数学可以免考，或是改为选修科目。这样，数学在应试中的神话进一步破灭。

追赶这种变化的是教育政策的转换。1984年临时教育审议会设立以来，主张教育的公共性解体、私事化、民营化的新保守主义与新自由主义的教育政策掌握了教育改革的主导权，教育的"自由化"、"多样化"、"个性化"成为改革的标语。其结果，打出了最低限度地缩小教育的公共性的方针；公私之间的落差加剧；展开了多次精英教育与大众教育二元分离的政策变革。联系数学教育，最近15年来教育政策的特征有如下述。

1. 作为缩小"公共性"的一环，削减教育内容。据新自由主义教育改革的代表——经济同友会倡导的"合校论"（1995）提案称，21世纪的公立学校只要奠定"语言能力"（国语）、"逻辑思维能力"（算术、数学）和"作为日本人的国民性"（道德、日本史）的"基础"就可以了，其他内容以及高深的内容，一概可以在民间教育机构里自由地学习。这种"合校论"的构想，获得了文部大臣、中央教育审议会会长、日本教职员组合的赞同，形成了多方协同的改革运动。这次教育内容的大幅度削减，也不是与"合校论"为代表的新自由主义路线毫无关联的。

2. 摸索精英教育与大众教育二元分离的改革，引进新的竞争原理。在公立学校有选择地引进初高中一贯制、跳级制度、自由择校，鼓励能力编组、高中课程的多样化等等。这些改革的依据中，必须注意反复提起的数学理解度的问题。"三成儿童能够理解数学，七成儿童不能理解。"——这个"数值"像真的似的。保障三成儿童竞争的自由，让七成儿童从严酷的应试竞争中解放出来。——这条改革路线几次浮出水面。

3. "人格评价先于学力评价"以民族主义为基础得到了普及。渗透着强调"主体性"与"态度"的反知性主义的教育意识形态。根据1991 年《指导要录》的修订，注重"关心、动机、态度"的"分视点评价"，使得寻求"新学力观"的动向得以制度化，由于引进了依据学生会活动、俱乐部活动和志愿服务活动的实绩进行评价的"档案袋"和"人格评价"的升学考试改革，而得以加速推进。

4. 新保守主义的日本文化论与新自由主义的意识形态带来了教养的解体。大学教育中的通识教育的解体和衰退、高中的无边际的多样化，促进了学问与学科的细分化和片段化，使得人文教养与"通识教育"（general education）这两种教养传统衰退了。无论是传承欧洲精英教育传统的人文教养，还是传承美国民主主义教育传统的通识教育，都是日本文化和教养的西洋化与现代化的象征。在近 10 年间，日本的保守主义酿成了反现代、反欧美、反知性的感情，加剧了教养的解体。在"本真性"（authenticity）先于"实用性"和赋予教养以价值的数学教育文化中，这个时代成为考验的时代。

5. 每当《学习指导要领》修订，学校课程的内容都要遭到削减，造成了同应试学力之间的落差。这种落差，造成了大量私塾和补习学校的泛滥，助长了私立学校的精英化，加剧了公私立学校之间学力的落差。这次的修订使得上述倾向更加火上浇油。

面对这种状态，关于数学与数学教育的探究，不仅要研究何谓数学、数学知识借助什么得以正统化的问题，而且应当谋求研究哲学的转换：数学在现实社会和学校教育中发挥怎样的作用，数学所研究的内容在社会中派什么用场。我们在这里探讨的，是围绕数学和数学教育的文化政治学；是实现这种文化政治学的课程设计。

三、超越常识性的理论

把数学课程作为文化政治学进行探究的一个切入点，比如说，可以批判性地探讨这次修订的宗旨："重视基础和基本"。立即使人想起的是，20 世纪 70 年代末美国掀起的保守潮流——"回归基础"（back to basics）运动。这场"回归基础"运动，是针对进步主义教育倡导的创造性思维和创造性表现的要求，作为进步主义学校改革运动的一种反动而展开的。这场运动把彻底地实施"读、写、算"的"基础"训练作为学校教育的核心环节。不过，它的努力以惨败而告终。失败的原因有二。一是，在高深的知识被复杂地组织起来的现代社会里，不管"读、写、算"的基础能力如何扎实，也不能保障就业的机会、参与社会的机会，以致产生出大量的高中毕业的年轻失业者。把"读、写、算"作为"学力基础"的想法本身是时代的错误。在今日高度复杂的社会里，即便拼写和运算多少有些问题，然而，只要在创造性思维能力、电脑能力、问题发现和提示能力、交往能力方面优秀，就能够积极地参与职业生活和社会生活。这里所要求的，不是低级的基础能力，而是高级的思维和表达能力。

惨败的另一个原因在于学习心理学问题。学生一旦不明白，就回到低层次的内容加以训练，这是教育工作者往往容易陷入的一个错误认识。现代学习心理学揭示，越是基础性的技能，在高级的创造性活动中越容易功能性地获得。例如，让拼写发生错误的儿童反复训练，不仅会进一步扩大他跟其他儿童的落差，而且会挫伤儿童的学习积极性，对于基础技能的记忆和巩固也没有效果。倘若让他跟其他儿童做合作的作业，参与高级的创造性活动，提供更多的接触书籍和资料的机会，更多地给予用文字表达自己思想的机会，反而有助于拼写之类的基础技能的习得。拼写错误即便不去矫正和训练，也能够在创造性活动和跟伙伴的交往之中，自然而然地得到修正。

削减三成的教育内容，是依据与"回归基础"一样的想法和逻辑断然地推行的。算术、数学内容的改革是以这样的假说为前提的：把从易到难的排列理解为"系统"，削减难的内容、彻底地实施平易的"基础"训练就可以提高儿童的理解度。

如果说，这种假说作为一般常识多少带有一些真实的味道，那么，它的根基是值得拷问的。这种基础，正是教育学中的核心问题。构成削减三成教育内容的修订基础的，是传统的教育学上的假说，这里，试列举如下。

1. 算术、数学的教育，是向没有算术和数学经验的儿童传授并使之习得知识、技能的过程（知识和技能就像"复印"那样加以传递的理论）。

2. 算术、数学的教育，是凭借教师的"讲解"和儿童的"练习"进行的。亦即，算术、数学是"课桌之学"，是借助意识的联结成立的（古典的联想心理学和朴素的行为主义学习理论）。

3. 算术、数学的内容，是从易到难，构成线性的"系统"（把教育内容视为阶段性的"系统"加以认识的理论）。

4. 倘若削减算术、数学的内容，降低其难度，就可以培养创造性思维能力和问题解决能力（把思维能力和创造性还原为"主体性"和"态度"的理论）。

5. 小学阶段的算术同"日常生活"结合，初、高中的数学同"逻辑思维"结合的假说（生活与数学的二元论、算术与数学的二元论）。

在这里，无需过细地批判这一连串的假说。第一个假说，无视这样一个事实：儿童是意义的建构者，在学校内外已经拥有了大量的数学经验。把作为学习者的儿童视为被动的"复印"的对象。第二个假说，无视数学的意义建构中的素材和活动的功能。这不限于算术、数学，它是日本学校中的根本问题。这里面，显示了这样的错误认识，以为"学习"是无媒介的大脑皮层突触的联结，没有认识到"学习"是以素材和他人为媒介的活动的产物。第三个假说，无视数学的内容是由多种"式样"和"结构"组成的。不仅是数学，所有学科的本质并不在于阶段性的"系统"，而在于它的式样的多样性和学科特有的对话"结构"。在算术、数学中，有着算术、数学特有的概念和对话的"结构"，在这种"结构"中，算术、数学形成了特有的式样。"阶段"、"系统"和"基础"，通过课程编制总是可以组织的。第四个假说，是犯了"内容"（知识）和"形式"（思维）二元论划分的错误。倘若内容平易，是不能创造性地展开思维能力的教育的。以低级的思维处理高层次的内容是可能的，但以低层次的内容培养高级的思维是不可能的。第五个假说，日本数学教育的最棘手的问题之一。说数学内容未能跟"生活"结合的时候，其"生活"往往使人想起科学知识前的浑然一体的朴素的体验。然而，儿童生存的"生活"现实是比数学这一科学远为复杂的"生活"。可以说，借助种种的知识复杂地构成的现实就是"生活"。立足于这个观点，"数学"与儿童的"日常生活"并不是分别存在的两个领域，在现代的"生活"这一现实中是整合在一起而存在的。认识数学，就是认识"生活"这一经验世界，就是意味着参与这个世界、形成生活的多样的现象与活生生的关联。

然而，在日本的数学教育中，同现实生活相结合是抽象化的。另一方面，在强调同现实生活的结合时，往往是同数学这一科学式对话对立起来处置的。把小学算术视为"日常生活"，把初、高中数学视为"逻辑思维"这种二元对立的想法，是日本数学教育应当解决的最大课题之一。这个难题，也是作为支撑这次修订的假说，在强有力地起着作用。

四、从独白的数学走向对话的数学

我想提出直面数学教育危机的课程研究课题。课程研究的课题是，把算术、数学的教育实践（教与学的实践）置于儿童与教师的认知性、社会性、伦理性关系的重建过程之中进行探讨，展开隐含于课堂教学之中的可能性的探究。在课程研究中，课堂是不断地抵抗、创造和改革的据点。

在日本的算术、数学的教学中，我想设定应当解决的两个课题，以便探讨创造课程的课题。这两个课题中的一个就是，把数学认识视为大脑皮层突触联结的唯心主义的学习观念，另一个就是把数学认识视为个人主义过程的独白主义的学习观念。前者的课题是，在算术、数学的学习中如何建构创造性的、操作性的活动的课题，后者的课题是，如何使得算术、数学的学习重建为基于沟通的社会过程的课题。

算术、数学的学习是通过对象的操作活动建构数学意义的活动，可以说，这一点已经成为许多研究者和教师的常识了。这种学习观是由皮亚杰奠定基础的，对于数学教育产生了巨大影响。在皮亚杰看来，数学的认识，不是来自对于客体的影响中的客体本身的引导，而是来自对于客体之影响的操作性活动的引导。在这一点上，皮亚杰的发生认识论克服了把认识视为客体之"复印"的朴素决定论，产生了主体能动地建构意义的建构主义的认识论，把引进操作具体客体的活动作为算术、数学的学习过程的核心环节。在皮亚杰看来，儿童是通过操作具体的客体自主地建构数学意义的。例如，即便承认通过教师和教科书的解说理解数学意义的过程，但建构数学意义与表象的操作性活动的发展乃是一个前提。

基于这种建构主义的学习理论，在近年来的算术、数学教育中重新焕发了活力。强调基于体验的学习，强调在教学过程中组织具体情境中的问题解决活动。随着"新学力观"的普及，这种倾向进一步加速，同"主体式学习"、"自主解决"、"自我学习"的流行结合在一道得到发展。以往皮亚杰的理论是作为操作活动的客体——教材开发的运动展开的，但当今的建构主义运动，可以说是在"主体式学习"、"体验学习"、"自主解决"等活动主义的普及中得以具体化的。

但是，皮亚杰的建构主义的最大问题在于，把课堂的学习限于客体与个体的关系，是作为个人主义的过程来探讨的。这是一种"独白主义"（Skovsmose，1993）。皮亚杰区分了"心理主体"与"认识主体"。"心理主体"意味着个体，"认识主体"意味着把具体的人加以抽象化了的"主体"，数学认识就意味着这种抽象化了的"主体"的思维。儿童操作客体的活动是一种作为"心理主体"的个体活动，这种活动加以内省化、抽象化、概括化的过程就是一种数学思维，介于这种过程的话语只能是独白。

皮亚杰的建构主义的独白主义，也表现在操作活动的对象是在个体的活动中组织的，并没有作为人际的、合作性活动的对象加以组织。教材和教具是在每一个儿童的课桌上各自配备的。独白主义的学习，是每一个儿童默默地进行的，亦即，展开同客体的对话和同自己的对话，没有同他人沟通的余地。更准确地说，即便儿童之间介入了相互沟通，其认识也被视为个体的内部过程的事件。特别是，同成人与教师的沟通的意义不能忽视。课堂中见解的交换，是作为学习成果的发表进行的，学习的过程并没有合作性地加以组织。皮亚杰的独白主义的基础，是这样一种认识论，亦即，把哲学和数学的思维同语言思维区别开来，以为数学思维比语言沟通更为本质。

课堂中的独白主义，借助数学思维是中立的、客观的、普遍的这一种数学观，以及个人主义的学习观——以为不借助他人之力独立解决问题的学习才是理想化的学习——而得到了强化。

要改变独白主义的算术、数学的学习，实现合作性的学习，应当如何设计算术、数学的教学呢？新近的社会建构主义学习理论把这个课题视为教学改革的中心课题。立足于社会建构主义理论，数学的意义建构是通过课题性活动作为媒介的合作性沟通过程。课堂不是同质性的空间，而是交织着多样的思维表象的异质空间。数学思维是个人内部的推理性思维，这种推理性思维是在同他人的思维进行交流的过程中展开的。同客体的对话、同他人的对话、同自己的对话，构成三位一体的过程而展开。是以对话的语言构成数学的对话的。算术、数学的课堂，是以数学这个文化作为媒介的对话社区。

作为数学的对话社区的课堂，借助交换观念，进行"互惠学习"（reciprocal learning）才能成立。在这种课堂里，鼓励依赖于他人的观念，积极地促进自己的观念与他人分享。学习，可以理解为本质上是一种相互学习。

基于社会建构主义的数学的对话社区的创造，绝不是梦呓。我来介绍一下我的合作者教师的小学三年级课堂的一个片段。

这位教师为了实现儿童的合作学习，撤除了教室里的课桌椅，让大家"团团围坐"进行教学。教材是分数导入的部分。教师问："现在进入分数的学习。所谓分数，就是分割的数呢。分割的数，懂吗？"精力充沛的男孩回答说，"分割玻璃"，"打碎杯子"。教师问："分割玻璃也是一种分割，那么，分割了的玻璃可以说是分数么？"儿童们托着脑袋，沉默无言。于是，不擅长九九口诀的亚里小姑娘说："我的姐姐在做晚饭的时候，总是在做分数"。"我家里有六姐妹。因为姐姐能够做分数，负责分菜。我一直是吃亏的。学会分数，我就可以分菜了。"教室里哄堂大笑。于是，五兄弟的、四兄弟的、三兄弟的，马上运算起"分菜"来。准备午饭时，组织小组实践"分菜"。"除下来出现余数的分数运算"，对于小亚里来说也是身边的事了。"零头总是给爸爸或妈妈"。分数单元的最后，这位教师归纳说，同学们说的"分割了的玻璃"或是"打碎了的杯子"，是在考虑实际的器皿破碎来思考"分数"的。"分割了的玻璃"、"打碎了的杯子"是一种分数，其一个个断片总和起来便构成1。

这位教师既没有读过杜威和维果茨基，也没有读过巴甫琴

（М. М. Бахтин）；既没有思考过皮亚杰的建构主义所存在的问题，也不了解社会建构主义的理论。尽管对于《学习指导要领》削减三成的政策感到愤慨，但也不是作为抵制这种政策的一种实践来展开他的"分菜"教学的。不过，这位教师的实践深刻地洞察了日本算术、数学教育所隐含的课题，并且作出了针锋相对的斗争。超越独白主义的数学教育的实践，在这样的课堂中一天天地创造着。

不管中央机构的改革如何，这种改革能够真正在起作用的是课堂。课堂是抵抗、改革和创造的据点。在课堂的小小的事件中隐含着种种改革的契机。课程研究的课题就在于，审察这种课堂中发生的无数小小的事件并加以语言化，作为教育实践的对话加以升华。我们期待着，推进教师和研究人员之间的合作，推进以课堂中的行动研究为基础的数学教育的研究和课程研究。

参考文献

佐藤学"カリキュラムの批評——公共性の再構築へ"世織書房、一九九五年。

佐藤学"教育方法学"岩波書店、一九九六年。

Skovsmose, Ole, *The Dialogical Nature of Reflective Knowledge*, Restivo, Sal, Van Bende-gem, Jean P. & Fischer, Roland（Ed.）, *Math Worlds：Philosophical and Social Studies of Mathematics and Mathematics Education*, State University of New York Press, 1993, pp. 162–181.

10 关心与矫治的教育

一、走向关心的教育

如果说，"教育"与"关心"是风马牛不相及的两码事，一定会令人吃惊吧。我们今日使用的"教育"（education）乃是现代的概念，它的形成是借助排除了"关心"这一功能才问世的。

其实，我本人在专攻教育学之际之所以一直对"教育"这个词汇抱有抵触感，就在于此。"教育"（education）的本义是"引出"，这已经是常识了。正如一些研究者指出的，"教育"这个词汇原本是在"产婆接生"的意义上使用的，这种意义扩充之后，就引申出现代教育的概念——"引出儿童的能力"。实现现代教育的一个理想的"无限发展的可能性"这一理念，也是以"教育即引出"的涵义为基础而产生的。

我感到抵触的是这个"教育即引出"的涵义。"教育即引出"的行为是极其单向的，难道不会造成教育者的傲慢么？不仅如此。这种"教育即引出"的概念从另一方面说，是以教育者方面的"发展的无限可能性"作为前提提出来的。所谓"发展的无限可能性"究竟是怎么一回事呢？

倘若以为，借助教育能够实现任何"发展的无限可能性"，这不是过分脱离现实的乐天主义么？况且，这种乐天主义的观点，不是意味着沦为教育万能这一"教化"的观点了么？这些观点难道不是跟"教育即引出"以来的思想如出一辙，是一种傲慢的思想么？

持续地观察课堂事件，通过见证师生具体关系的经验，"无限的发展可能性"这个词汇的大体涵义，我也是可以细细地琢磨的。所谓教育的"无限可能性"，正如一般所理解的，不是指不管教育如何，儿童的能力有着无限发展的可能性。所谓教育的"无限可能性"应当理解为，儿童的学习与发展依存于制约其学习与发展的情境（与环境的关系），把"无限"的多样性作为"可能性"来表述的。

实际上，试观察一下课堂中的学习事件，由于儿童同教材、同伙伴、同教师的关系不同，可以发现儿童就像一个多面体那样，呈现出多姿多彩的面貌。一些儿童对某种教材漠不关心，但对另类的教材却显示出异常的反应；对于某种伙伴关系和教师的作用采取拒绝态度的儿童，对于另类伙伴关系和另类教师作用则投身参与。儿童的学习与发展是依存于情境（与环境的关系）而千姿百态的。这种变化的多样性谓之"无限的可能性"。

另一方面，"教育即引出"又是怎么一回事？这个词汇作为近代教育的概念形成之前，传承、学习文化的活动已经存在了。在近代社会与近代教育形成之前，文化的传承和学习已经渗透在日常的生活、劳动、祈祷、休闲、矫治等共同体的整体的活动之中了。近代的教育，就是在近代社会的整体的活动之中，抽出其传授知识、技能、道德，"引发"能力这一功能而加以制度化的。换言之，近代的教育是通过舍弃"关心"与"矫治"的关系实现的。我对"教育"的抵触感，就在于这种近代化之中。倘是这样，如何来重新界定"教育"呢？

它的答案，还是在"教育"这个词汇的历史当中。由于近代"教育"（education）概念的出现背后所隐含的"教育"（edu-care）这个词汇的谱系，"教育"（edu-care）顾名思义，意味着生命体的照料。

"关心"这一词汇在日语中可以译成"福利"。这原本是一个囊括性的、具有综合涵义的词汇，具有诸如"发现、挂念、顾虑、中意、惦记、关照、照料、喜欢、爱、指望、顺从、希望"等涵义。

就其本义来说，"·（为了对方）而操心"的涵义是最能反映该词本质的表达。因此，培育动物和植物的活动是"edu-care"，培育自身、培育对象的活动也是"edu-care"。并不仅仅是动物、植物和人是客体，珍惜和培育文化和艺术的活动也是"edu-care"。总之，操心生命体的生存和成长的活动就是"edu-care"。

不同于"教育"（education）意味着以儿童为客体，成人能动地施加影响，"教育"（edu-care）是以儿童与成人的交互作用的关系为前提。本质上意味着"应答性"（responsible）的活动。"教育"（edu-care）是应答对象的脆弱、悲伤、呼叫和烦恼的行为，是存在于同对象的关系之中、为了对象而操心的行为。

在近代社会里，此前的共同体中所隐含的教育的两种功能之中，仅仅把"教育"（edu-cation）的功能抽象出来加以制度化，形成学校教育；却把"教育"（edu-care）的功能封闭在家庭密室的私人性的亲子关系之中。我们难道不能恢复这种"教育"（edu-care）的功能，以便在学校教育这一公共领域里求得新生么？

二、关心教育论

我想，作为"教育"（edu-care）的"教育"概念，隐含着刷新教育面貌和教育关系的可能性。即教育是为儿童而"操心"的活动，为自身而"操心"的活动，为不熟悉的人而"操心"的活动，为这个社会的学术、文化、艺术、伦理而"操心"的活动，为地球的未来而"操心"的活动。儿童也是同样，在履行着为伙伴而"操心"的活动，为自己而"操心"的活动，为家庭而"操心"的活动，为自己周边的社会学术、文化、艺术和伦理而"操心"的活动，为地球的未来而"操心"的活动。所有这些人与客体之间的关系、人与人之间的关系，为丰富"教育"的功能和丰富教育的世界，准备了基础。

当我的这种粗浅想法围绕"教育"（edu-care）这一词汇处于犹豫之际，美国女性主义教育哲学家诺丁斯（N. Noddings）开始提出了以"关心"作为核心概念的教育理论。诺丁斯的"关心教育论"同我的想法多有相通之处，但更为系统、更为具体。其大要如下。

诺丁斯"关心教育论"的要点在于，批判学校的分科主义（人文教养传统），根据"关心"为中心的六个领域的主题重建课程。诺丁斯说，以人文教养为中心的学科教育，立足于精英主义的传统，丧失了解决现代复杂问题及其病理的能力，没有授予每一个学生应对人生直面的问题所必不可少的知识。

诺丁斯立足于这种批判，倡导以人生所必需的如下六个领域的"关心"的知识和伦理，作为教育内容加以组织：（1）关心自己，（2）关心身边最亲近的人，（3）关心自己不熟悉的人及疏远的人，（4）关心动物、植物与地球，（5）关心人造世界（工具与技术），（6）关心知识（艺术与学术）。

这里，试提示一下教育内容的概要："关心自己"是指，珍惜自身存在的活动、锻炼自己的身体、维护自己的健康；了解人的诞生与死亡；学会精神生活、职业生活、休闲生活的方式。"关心身边最亲近的人"是指，在恋人、夫妇、亲子、友人、同事、近邻的人际关系之中，学会怜悯人、养育人、照料人的知识、技术、伦理，承担着以亲密的人际关系编织宏观社会的课题。"关心自己不熟悉的人及疏远的人"是指，认识基于种族、阶级、性别的生活与意识的差异，认识世界各国的多元文化和社会，学会异质的人们相互关心、共同生存的生活方式。"关心动物、植物与地球"是指，从学校里照料生物的作业开始，学会保护身边的自然、地球免遭破坏的救护方法。"关心人造世界"（工具与技术）是指，珍惜工具与机械，学会修缮和保管的方法。"关心知识"（艺术与学术）是指，尊重并学习数学、科学、历史、文学、美学、伦理学等知识领域。

诺丁斯还提示了实施六个领域的"关心"的四种教育方法。即榜样、对话、实践和证实。"榜样"是教师自身成为"关心"主体的典范。"对话"是以"关心"为主题展开讨论。"实践"是履行"关心"的实践。"证实"是犹如教堂里的忏悔那样，在大庭广众之前表白自己"关心"的伦理。

诺丁斯的"关心教育论"，就这样提示了把男性原理支配的生产至上主义的学校教育替换为以女性原理为基础的方向；提出了重新界定学校教育的逻辑：把再生产置于优先地位，既是升学准备的场所也是职业准备的场所；人们学习构筑自己与他人的关系，从破坏自然与破坏社会中解放出来的场所。这个建议，准备了重建学校的逻辑：把服务于生产、消费、控制和竞争的学校转换为人们学习相亲相爱、彼此扶助的场所。

三、在关心中矫治

"教育"这一活动是一种包含了应答（关心）人的脆弱、悲伤、呼叫和烦恼的活动，同时，在这种教育活动中，也激活了恢复同自然的和谐、治愈身心创伤的"矫治"（healing）的功能。不过，"教育"与"关心"的关系，尽管以上述的诺丁斯的"关心教育论"为中心，逐渐受到瞩目，但在学校中，"教育"与"矫治"的关系却仍然被无情地割裂。如何理解这种关系呢？

"教育"与"矫治"之间的幸运的关联，不是在从事基于"关心"的教育实践的人们中间自然而然地得到享受了么？参与残疾儿童教育的教师们，或是推进以犯罪少年和不良少年之类背负着种种罪孽、苦恼和伤痕的儿童为对象的教育实践的教师们，在同儿童的关系之中充分地体验着"矫治与被矫治的关系"。即便在一般的教师之中，献身于教育工作的人们之所以背负着种种的伤痕却自信地醉心于工作，不正是由于在同儿童之间，亲自体验到"矫治与被矫治的关系"么？

"矫治"（healing）这一词汇是以希腊语的"整体"（holos）作为语源，从同一个语源，引出了"健康"（health）这个名词、"整体性"（whole）这个形容词、"神圣的"（holy）这个形容词。"矫治"这一词汇是表示闯进身体深部的"自然治愈力"得以激活的作用。可以说，通过给予他人的祝福恢复同自然的和谐，进入"矫治与被矫治的关系"而恢复"整体性"的活动。

在医疗作为医学得以现代化以前，疾病的治愈全是一种"矫治"的活动。这种"矫治"是在祝福、劳动、度日、休闲、学习这一生存的整体性与连续性之中的活动，是通过从期望、祝福、祈祷而建构的"矫治与被矫治的关系"之中，作为引出病人的自然治疗力的一种法术。这种"矫治"的传统在今日东方的民间治疗中得到传承。即便在中世纪的欧洲，医疗也是修道士的工作，在修道院里设有医院。"医院"（hospital）这个词汇之所以以"接待"（hosipitality）为语源，就是由于这个传统的遗存。"矫治"在享有"祝福"的关系之中得以经营，起着体验象征性的"死与再生"的"冠仪"的功能。

"矫治"不同于现代的医疗技术那样使用化学药品、外科手术的"治疗"（cure）或是看得见的"治疗"（therapy）。它是以人与人的身体的关联和共鸣为基础的活动。作为"矫治"的治疗，是用"手"接触病人身体的"治疗"（相当于英语的 handing on）术。而这种"治疗"是应对对象的脆弱性，同无微不至的"关心"一体化的。可以说，"治疗"（cure）、"关怀"（care）和"关心"是源自同一语源的词汇。"矫治"也是以治愈者自身的自疗为特征的。正如古希腊的希波克拉底所洞察的那样，在"矫治"中，只有治愈自己者，才可能治愈他人。

"矫治"与"教育"的关系，也同"关心"同样，在一般学校中被残忍地割裂了。现代学校尽管是"矫治"和"关心"发挥作用的场所，其实是容易遭到来自教师、学生、家长，或是来自同事和伙伴的意外攻击而受伤的场所。教师和儿童自身的工作和学习越是诚实，越是会处于受伤窒息的危急状态。那么，如何来应对这种危机呢？

首先，要确认的一点是，"矫治"也是同现代的"教育"（education）背负同样的命运。正如医疗的现代化，从祈祷、劳动、休闲和学习相结合的"矫治"仅仅抽象出"治疗"的技术性功能，把它加以科学化，构筑"医院"这一制度那样，教育的现代化，是从拥有祈祷、劳动、休闲、关心和矫治的连续性的学习中仅仅抽象出教育的技术性功能，把它加以科学化，构筑学校这一制度的。

四、重建关系

把学校的人际关系从"伤害与受伤的关系"，转到"关爱与被关爱的关系"，以及"矫治与被矫治的关系"，这种转型的线索，究竟在哪里？

"关心"立足于对象的脆弱性，意味着应对这种脆弱性的关系，而"矫治"则是以当事人相互共享脆弱性的关系为前提的。倘若要恢复"矫治"与"教育"之间的关联，那么，成人（家长或教师）自身就应当从这样一种觉悟出发：彼此在"教育"与"学习"中都是容易受伤的存在。教育的实践往往被视为立足于人的"健康度"，作为一种追求"强壮"的活动。然而，包含了"关心"与"矫治"的教育活动，不是在觉悟到人的"伤痕"、扎根于人的脆弱性之际才成立的么？可以说，当教师和家长直面自身的无力，并同儿童一起以心愿和期望支撑这种无力的时候，儿童与成人之间的"矫治与被矫治的关系"便形成了。

其实，"关心"与"矫治"的自然关联，可以在日常的教育实践中看到。在实现着与儿童一起成长的教师的实践中，一定隐含着应对人的脆弱性的"关心"，以及引导"矫治"——源于这种脆弱性的疾病和伤痛的治愈——的活动。因此，通过调动自己的体力，激活同他人交往的体力和语言，由此产生的更大的辛劳和快乐恰恰准备了"矫治与被矫治的关系"。

无论是"关心"还是"矫治"，在成为观念、理论、思想、技术之前，不过是一种身体技法，这是需要留意的。我们必须认识到，无论教育中的"学会关心"还是"矫治"，在成为教育之术之前，不过是作为人的行为举止的一种仪态。这种术，不是像现代技术那样作为"计划"固定下来的，而是作为"项目"——不断地应对脆弱性与呼喊，投身于人际关系之中——在实践中间加以领悟的。

我现在是以探讨"学习的仪态"这一主题来解读这个课题的。应当说，同"关心"和"矫治"一样，"学习"也是在形成观念、理论、思想和技术之前，在言行举止和形体语言中所表现出来的一种文化。而"学习"作为一种仪态复活，不就是"学习"、"关心"和"矫治"以恢复其整体性与连续性么？

当我们重新把"学习"视为一种仪态的时候，美国教育学家马丁（J. R. Martin）倡导的3C，为我们准备了具体的内涵。

第一个C是"关爱"（care）。对事物、对人的"操心"，这种"操心"的仪态，可以说构成了一切学习的关键。

第二个C是"关切"（concern）。生存于现代的我们，谁都是抱有共有、共同的关心事项而生活的。对于一系列问题——诞生与死亡的意义、养育与教育的课题、老人福利问题、残疾儿童福利问题、人权与歧视问题、战争与和平问题，以及保护环境保护地球等的课题——的知性关切，是每一个人作为人生的主人公参与社会的基础。没有这些"关切"的身体，就不能同他人共生，持续地学习。这些人们在公共生活中共同拥有的关切事情，即便在幼小时代也是应当共有的。

第三个C是"关联"（connection）。可以说，不断地同事物、事件和人产生"关联"，发现和构筑这种"关联"的活动就是"学习"。持续地进行学习的人，就能够在同事物的关联中、同他人的关联中、同自己的关联中，不断地把发现"关联"、构筑"关联"，作为自己的行为举止加以体会。

要寻求教育中的"关心"和"矫治"的复权，就得在日常实践中追求用3C来表达的"学习的仪态"。通过在日常的教育关系之中构筑丰富的与事物、事件交往的实践，学校教育才可能在"学习"的整体性之中激活成立之初便舍弃的同"关心"、"矫治"的连续性。

最后，我想用涵义为"再见"的英语词汇，来结束这篇论文。

Take care！

参考文献

Noddings，Nel，*Caring：A Feminine Approach to Ethics and Moral Education*，University of California Press，1984.

Noddings，Nel.，*The Challenge to Care in Schools：An Alternative Approach to Education*，Teachers College Press，1992.

Martin，Jane Roland，*Becoming Educated：A Journey of Alienation or Integration？*，Journal of Education，No. 167，Boston University School of Education，1985.

佐藤学"学びその死と再生"太郎次郎社、一九九五年。

佐藤学"学びの身体技法"太郎次郎社、一九九七年。

第三编

教育话语的解构

11 实践性思维中的心理学

一、问题设定

应当承认，在教育心理学家与教师之间存在巨大落差。通常，教育心理学家们埋怨教师们不那么关注心理学理论，心理学研究怎样才能有助于教育实践，动辄议论不休。而教师们也埋怨教育心理学家们不那么了解教育实践的复杂性，探索有助于教育实践的心理学究竟何在，因找不到中意的心理学而加深了绝望。这种落差之所以奇妙，就在于教育心理学家也好，教师也好，都渴望"有助于教育实践的心理学"，却恰恰因此而错过了，加深了彼此之间的鸿沟。

不过，这是怎么一回事呢？心理学的理论只能在同教师实践无缘的场所发挥作用么？所谓"有助于"（useful）教师实践的心理学，是怎样一种心理学？构想了怎样的"理论"与"实践"的关系？教育心理学家和教师的意识本身，原本就认为教育实践与心理学就是分离的、不沟通的，这不是显示了只能表层地理解教育实践与教育心理学之关系的状况么？

从为数众多的课堂里观察教学，研究教师的思维和活动的经验来说，心理学是远离教师的实践而存在的，在课堂之外发挥作用的。然而，在设计、执行和评论教育实践的教师的话语与信念中，或是在课程与教学计划之中强有力地发挥着作用，教育实践与教育研究中的话语和修辞在无意识之中又复杂地交织在一道。例如，"学习"、"发展"、"学力"、"能力"、"人格"、"自我"、"态度"、"兴趣"、"愿望"、"活动"、"动机"、"迁移"、"评价"等等，关于教育实践的建构、实践与评价的大半话语都是纠缠着心理学的话语出现的，控制着教师的思维和活动，制约着教学的方式、教育内容的计划及其制度。心理学的理论在从教育实践的外部带进来之前，在教师的思维和活动的内部已经隐含了。这样看来，探讨教育实践与教育心理学的关系，不是应当在追求"有用理论"（useful theory）之前，首先检讨"实践上已经运用的理论"（theory in use）的性质与功能么？

关于从教育实践内部左右教师的理论，哈佛大学教育心理学家兰格（E. Langer）提示并且批判性地检讨了渗透于课堂中的学习心理学的"七个神话"：（1）基础能力要成为"第二自然能力"扎实地学习。（2）集中注意力就是集中注意于一时一事。（3）延缓满足感是关键。（4）教育中必须死记硬背。（5）遗忘是问题。（6）所谓智慧，就是理解现实之外的真实。（7）大凡任何事情总存在一个正答或误答。兰格说，这七个"神话"是妨碍"精思学习"（mindful learning）的元凶。

不仅仅是兰格的"七个神话"，而且在教师的思维活动之中隐含着无数心理学的命题。倘若承认这个事实，那么，参与教育实践之创造的教育心理学家的作用，就不能停留于在以往的心理学"神话"中添加新的"神话"了。教育心理学家的作用，就在于通过心理学命题的"非神话化"的作业，使教师们从心理学的束缚中解放出来；在于同创造教育实践的教师结成新的联盟，以此为基础，推进心理学研究本身的解构。然而，这条道路，从何处切入，如何开拓呢？

二、教育实践与心理学的背景

教学论的确立

在教育心理学与教育实践之间，隐含着现代教学论的理论与实践的特有关系。我们称之为"同步教学"的教学方式是19世纪中叶以赫尔巴特主义的教学理论为依据而得以制度化的，提供这种理论基础的是赫尔巴特的联结心理学。联结心理学是一种排除意识与身体活动的分割，也排除目的志向性，在知觉要素的联结上来科学地说明意识之发展的心理学。赫尔巴特把概念所形成的意识过程区分为"专心"（对客体倾注兴趣）和"审思"（在思考中琢磨兴趣），再进一步将"专心"和"审思"各自分成静态和动态两个阶段。提出了由"明了"、"联合"、"系统"、"方法"四个阶段构成的"形式阶段"（formale stufen）的理论。这种"形式阶段"的理论，以赫尔巴特主义的戚勒（T. Ziller）发展为五个阶段——"分析"、"综合"、"联合"、"系统"、"方法"，再由赖因（W. Rein）发展为五个阶段——"预备"、"提示"、"比较"、"总括"、"应用"。应当留意的是，从戚勒到赖因的过渡之中，"形式阶段"发生了变化：从显示学习的心理过程到显示教学步骤阶段。以这种从赫尔巴特到戚勒再到赖因的"科学心理学"作为基础，现代学校的教学定型，亦即以一定的步骤构成预定知识之传授的"同步教学"的方式，得以现实化。

赫尔巴特主义的教学理论是以"心理学"和"伦理学"作为基础确立的。各门学科的学习是由"人格（品性）的陶冶"这一伦理目的所统整的"教育性教学"的理论。这种"教育性教学"的理论是适应"塑造国民"这一使命的现代学校制度化的目的的。这样，借助赫尔巴特主义的心理学和教育学的话语——旨在实现基于"形式阶段"的同步教学的定型化与基于"教育性教学"的国民教育的道德规范化，在

19 世纪后半叶，包括日本在内的先进国家实现了作为公共教育制度的现代学校的制度化。

在赫尔巴特的以心理学与伦理学为基础的教育学中，可以指出至今仍然相关的若干问题。赫尔巴特造访裴斯泰洛齐开办的斯坦因学校，对于裴斯泰洛齐的从"直观"引向"概念"的教学活动，赞赏不已。他把这个从"直观"引向"概念"的过程，系统地赋予了心理学和伦理学的基础，这就是他的讲义《普通教育学》（1806）。作为康德的后任，在科尼斯堡大学讲授哲学和教育学的赫尔巴特，成为在大学讲授"教育学"的第一位教育学家。

不过，我们可以从赫尔巴特的话语和裴斯泰洛齐的话语之间发现根本的转换。首先是"儿童"被置换为一般"心理"的问题。裴斯泰洛齐的著作是教育实践的记录和评论，是以固有的名词儿童和固有的名词教师出现的故事样式描述的，而在赫尔巴特的《普通教育学》中，教师、儿童都不是以固有的名词出现，教育活动与学习过程被概括化的心理学术语所囊括。支撑裴斯泰洛齐实践的支柱——以父权家长制为模型的教师与儿童的"爱"的关系，在赫尔巴特那里被概括化的伦理学的术语所囊括。儿童的学习通过这种学习心理与教育目的的科学说明，教师合理的技术控制的"科学教育学"（科学教学论）诞生了，借助这种"科学教育学"，各国的国民教育制度得到了推进。

行为主义心理学

如果说，19 世纪的联结心理学奠定了国民教育的基础，那么，20 世纪的行为主义心理学则为工业主义的意识形态重建学校教育，并且实现其教育过程的效率化与科学化奠定了基础。这个运动的最大推进力，就是由华生（J. B. Watson）理论化的、由桑代克发展学习与测量的技术而形成的行为主义学习理论。巴甫洛夫（И. П. Павлов）的条件反射实验科学地说明了心理过程，并从技术上有可能控制这种心理过程。华生洞察了这一点，在 20 世纪 10 年代，做出了行为主义的宣言，借助通过动物实验所证明的"刺激"与"反应"的因果关系的法则性认识，构想了合理地控制人类学习过程的心理学。华生坚信，"人的身体不是神秘的宝库，不过是一种普通的有机的机械"，只要科学地准备了刺激环境，所有的人都可以教育成"天才"。这种教育万能主义的观点，成为机械地、技术学地构成和控制学习的心理过程的学习研究的出发点。从桑代克直至斯金纳、布卢姆的行为主义心理学都是以华生技术化的心理学理论作为基础的。

华生倡导的行为主义心理学，是同泰罗（F. W. Taylor）的"科学管理原理"运用于大工业流水作业的理论建构如出一辙的。泰罗是在"时间活动研究"中确立作业时间和作业活动的相关的第一个管理学家。在泰罗看来，工人是生产机械系统的一部分，生产性和效率性是可以科学地加以研究并加以管理的由数字和单位来表现的存在。同样，根据行为主义心理学，儿童和教师是"教育机械"的一部分，其生产性和效率性是可以科学地加以调查并加以管理的由数字和单位来表示的对象。泰罗追求科学的控制和技术学的实践，使"大批量的物质生产"得以实现。以华生为首的行为主义心理学家探究的是，使"大批量的心理生产"得以实现的科学控制和技术学实践。正如泰罗把个人的不同质的整体的劳动，根据作业课题分阶段地加以分割，分割成线性地组织的均质的劳动时间单位，构成流水作业一般，行为主义的心理学家们把儿童的不同质的学习经验，根据学习课题分阶段地加以分割，分割成线性地组织的均质的学习时间单位，编制教育大纲。如果说，前面提到的赫尔巴特主义心理学是实现塑造"国民"的学校，那么，行为主义心理学则是旨在开发"效率化"、"标准化"的教育实践的大纲和体制。

迄今为止，多种多样的心理学理论构成了教师的思维和教育实践的过程。弗洛伊德（S. Freud）的自我发展理论、荣格（C. C. Jung）的文化个性化理论、皮亚杰（J. Piajet）的认知发展理论和维果茨基（Л. С. Выготский）的心理发展理论、艾里克森（E. H. Erikson）的个性理论、科尔伯格（L. Kohlberg）的道德发展理论、奥苏贝尔

(D. P. Ausubel）和盖奇（N. L. Gage）的学习理论、吉布森（J. J. Gibson）的生态学认识论、科尔（R. A. Cole）和沃奇（J. Wertch）的文化实践理论，等等，形形色色的心理学渗透在教师的话语与活动之中，构成了教育实践。不过，对于教学与学习产生影响最大的，是以量化研究为基础的行为主义心理学。它的问题可以表述为下述五点。

心理学主义

第一个问题，认为教与学的心理过程是独立于社会过程与伦理过程的东西，给教育的研究与实践带来了心理学主义。20世纪初，杜威把研究儿童思维过程的心理学研究、研究儿童交往过程的社会学研究和研究儿童伦理发展的哲学研究，视为研究同一个对象的研究，强调在教育研究中是密不可分的。当时，杜威是哲学家、心理学家、社会学家、教育学家，帮助芝加哥大学实验学校的米德（M. Mead）也是哲学家、社会学家、心理学家、教育学家。但是，行为主义心理学的发展瓦解了教育研究的跨学科性与综合性，把教育心理学从社会学和哲学中分离开来，在教育心理学的内部也带来了研究的细分化。

关于心理学与社会学的沟通，进入20世纪30年代，法国的社会学家、先驱人类学家莫斯（M. Mause）在法兰西心理学会上的应邀演讲中主张，"仪态"是一种文化表现，把它作为研究"个人意识"的心理学和研究"集合意识"的社会学共同探究的具体对象。不过，心理学超越社会学和哲学边界的情形是罕见的。

技术理性

第二个问题，把"科学"（science）混同于"技艺"（art），形成了教育实践的整个领域能够用"工艺学"（technology）加以合理地控制这一"神话"。这个"神话"早在19世纪末就被心理学家詹姆士（W. James）批判了。詹姆士在以教师为对象的系列演讲中，谈到运用冯特（W. Wundt）的实验心理学和赫尔巴特主义的联结心理学的问题，他严厉批判了要求把这些"科学心理学"的"分析技艺"与"应用于具体实践"引进教育之中的教师和心理学家。詹姆士说，不应当把"科学"（science）的心理学混同于"技艺"（art）的教育。并且指出，承担作为"技艺"的教育的教师所必需的心理学教养是"修养"（fermentation）心理学，是"内省"（inward reflectiveness）心理学。教师应当学习的心理学，与其说是赫尔巴特和冯特以来的"科学心理学"，不如说是"洛克时代的心理学"。

值得注意的是，詹姆士是第一个批判如下这种倾向的：科学心理学与教育实践的简单化结合，特别是在"工艺学的合理运用"（technical rationality）中定位教育实践的倾向。然而，尽管是卓越的批判，整个20世纪心理学与教育实践的支配性关系，却如华生所典型地表现的，是在以"工艺学"合理地控制教育实践的欲望之下获得进展的。教育实践被剥夺了"技艺"（art，artistry）的性质，定位在以科学原理来控制的"技艺性实践"（technical practice）之上。

理论与实践的话语

第三个问题，理论话语与实践话语的分裂。教育心理学家与教师的话语的割裂，随着要求克服两者隔阂的教育实践的"科学研究"的发展而加剧。从20世纪10年代到20年代，指导"教育科学运动"的芝加哥大学的贾德（C. H. Judd）就是一个典型。贾德开拓了"学科心理学"的研究，在倡导"六·三·三制"的学校改革运动方面也是有影响的教育心理学家。不过，贾德的"教育的科学研究"不同于杜威的教育研究，意味着大学实验室的研究，以现实的教育实践为对象的场合，课堂是实施心理学调查的场所，教师不过是调查的合作者、信息的提供者。

大学实验室中的"科学研究"，和实验并运用实验室里开发的计划的课堂"教育实践"这一理论与实践的关系，在20世纪60年代的课程改革中也是明显的。这是一个行为科学的全盛期，大量的计划在大学的研究室里开发出来推广于学校，是一种"研究—开发—推广"模型

（RDD，research-development-diffusion model）的课程开发。不过，据说在这种课程改革中开发的许多教科书和教育计划，只进入了教职员室，而没有进入教室。在"任何教师都能运用的课程"这一观念之下，教师并不是创造性的主体，不过是将大学开发的计划推广到课堂的系统末端的"导管"而已。

芝加哥大学的生物学家、教育学家施瓦布（J. J. Schwab），谈到课程改革的失败时说道，教师的实践——"课程领域"处于"濒死"状态。他指出，由于行为科学的"理论话语"的渗透，教师的"实践话语"衰退了。施瓦布是课程改革时代的生物学教科书（BSCS）的起指导作用的开发者。同样，科学教科书的开发者、斯坦福大学的行为科学研究中心的开发者阿特金（J. M. Atkin）也对"教育的科学研究"展开了同样的反思和批判。阿特金说，教师的实践话语是以"技艺"（art）为基础而成立的，是作为审美性选择和伦理性判断所依据的"睿智"来谈论的话语。施瓦布和阿特金的这些言论，在 20 世纪 80 年代以来，打开了性质上迥然不同于以往的教育心理学研究的实践性研究的通道。

脱离实践

第四个问题，脱离教育实践的问题。教育心理学的科学研究是沿着脱离教育实践本身的方向发展的。其典型表现就是美国教育学会最大的分会——"学与教"分会每 10 年刊行的《教学研究手册》（*Handbook of Research on Teaching*），至今已发行三版（1986）。直至第二版的参考文献中教师叙述的记录一篇都没有，尽管记载有数千篇的参考文献和参考资料，但教师的实践记录一片空白。再者，直至第二版所引用的教育研究，九成以上是基于量化方法的研究论文。教师的实践记录总算在第三版作为参考文献出现了，该版通过引进认知科学与文化人类学，寻求摆脱行为主义的束缚，是把教师的认知和思维的研究作为新的领域加以设定的一卷。不过，即便是第三版，作为参考文献引用的教师的记录，也只限于芝加哥大学实验学校的幼儿园教师维维安·裴丽的著名实践记录（第四版预定 1998 年发行，我想，这个倾向不会有多大差别）。

基础与应用

第五个问题，是区分理论（研究）和应用（实践）两个阶段并加以层级化。教育心理学研究的专门化与科学化，使得大学的"理论研究"与课堂的"应用实践"分为迥然不同的两个阶段。这种单向的、权威性的关系深深地渗透在教育研究与教育实践的关系之中。可以说，同英海尔德（B. Inhelder）一起，在晚年的皮亚杰门下学习的哈佛大学教育心理学家达克沃思（E. Duckworth）描述了如下的插曲，清晰地揭示了它的弊端。

那是达克沃思在波士顿郊外推进算术学力的诊断和补习教育实践时候的事情。一位被班主任说成是"智能程度不能测定"黑人少年，被带到她的办公室要求诊断。达克沃思吩咐这位少年，把长度不同的棒按照"从大到小排列"或是"从小到大排列"，借以诊断"数量守恒"认知的发展。然而，这位少年在听指令之前，就把一束棒捏在手里，说"我有好主意"，把棒摆成山形或是菱形，快活地、自由自在地变形。这个男孩的智能之所以"不能测定"，是由于这位孩子的"想像力"超越了教师约束的框架。

以这次体验为契机，达克沃思深刻地反思了自己所学到的皮亚杰的发展阶段理论与教育实践的关系。把皮亚杰的发展阶段理论生硬地搬用于儿童的现实的这种方法论，是根本错误的。她反思道，要使得从皮亚杰那里学到的东西在现实的实践中发挥作用，不是生吞活剥地搬用皮亚杰的理论于实践之中，而是应当要求以皮亚杰研究的视点来研究儿童的发展。即便直接学习皮亚杰的建构主义的达克沃思，也没有真正在建构主义中认识理论与实践的关系。这个插曲说明，理论（研究）与实践（应用）二阶段的层级化区分，在现代的教育研究和教育实践的关系之中是如何深刻地渗透。

三、理论与实践的三种关系：
对"技术理性"的批判

教育心理学的理论性研究与教育实践的实践性研究，应当如何重建呢？

关于教育的理论与实践之关系，可以大体分三种加以认识。第一，把教育实践作为"科学原理和技术的合理运用"加以认识的立场（theory into practice）。现代的"技术理性"（technical rationality）或是特尔敏（S. Toulmin）所指出的"工具理性"（instrumental rationality）的意识形态，构成了基于"科学技术的合理运用"的理论与实践的关系。第二，是渗透于大量教育学家的教学研究的立场，寻求"基于实践的典型化的理论建构"（theory through practice）的立场。这种立场假定"优秀的教学"隐含了一定的原理与法则，要求通过教学实践的"典型化"作业抽出其原理与法则。第三种立场，把教育实践视为内化理论的外化，研究创造教育实践的教师与儿童活动中内在地发挥作用的"理论"（theory in pracitce）。在这种立场中，理论与实践不是独立的领域，所有实践都是作为"理论性实践"加以研究的。下面，试比较、检讨这三种立场，进一步考察教育理论与教育实践的关系。

技术理性

首先，把教育实践作为基于"科学原理和技术的合理运用"的技术实践的立场，在三种立场中是最现代主义的，它在教育心理学研究与教育实践关系中起着主导样式的作用。不仅制约教育实践与教育心理学的关系，阶层秩序（hierarchy）把科学分为"基础"和"应用"或是"母学问"与"子学问"，其末端是"实践"或"实习"的学问，就是以这种"技术理性"原理作为基础的。它所倡导的先是"基础"，然后是"应用"，最后是"实习"这样一种专家教育的计划，也是以这种

"技术理性"作为基础的。"科学原理和技术的合理运用即实践"这一理论与实践的关系，是以学问与实践之间的阶层关系及其制度为基础的。

倘若从更微观的视点来探讨，这种立场是在活动中思维优先、实践中理论优先的主张中实现的。

作为活动中思维优先、实践中理论优先的主张常常被引用的一节，是希腊哲学与政治哲学家阿伦特（H. Arendt）的"步进规则"（stepping rule）。阿伦特把觉悟并反省性地思考活动的方法称之为"止步思考"（stop and think）。阿伦特是在海德格尔（M. Heidegger）门下学习的哲学家，受纳粹迫害的流亡美国的犹太人。可以说，对于专制主义的批判在这个"步进规则"中也有所投影。她的这个"步进规则"揭示了从活动之中一度抽身，从活动之外审视、反思、深入思考活动的重要性。思维应当先于活动、控制活动。

但是同时，这个"步进规则"凸现了"理论"的确立及其限度。正如阿伦特指出的，"理论"（theory）这个概念在古希腊意味着"观照"（theoria），表示"观察者"（theatei = inspector）的观点。阿伦特说，思维是立于活动之"外"的，立于"外"的"思维"正是"理论"的本质。可以说，活动中思维优先、实践中理论优先的主张，其前提就是，"停止"活动、立于状态之"外"去"发现"这一"理论即观照"的优先性。进一步可以说，这种"理论即观照"的智慧行为，产生"知识"，使得以"眺望"为语源的现代的"科学"（science）得以确立。不过，在这里"理论"所拥有的难题也同时表现出来。这些难题就是：所谓活动之"外"，究竟在哪里？立于"外"的"理论"的主体究竟是谁？

对于阿伦特的"步进规则"，批判"技术理性"、主张"反省性思维"的舍恩（D. Schon）把它批判为"无家可归"（homeless）的逻辑。活动之"外"不是特定，只能是在其"外"进行思考的主体也不是特定的"步进规则"，只能是"无家可归"的思维。

试从教育实践与教育心理学的关系上考察这个问题，倘若把教育心理学处于教育实践之"外"，把这种"外"的思维作为教育心理学家的共同体来定位，确实，阿伦特所指出的"步进规则"是成立的。但是，只要是局限于这个逻辑，教育心理学家就不能处在教育实践之"内"。因为，"理论即观照"正是处于实践状态之"外"，才能发挥其本领。反之，参与教育实践的教师也不能建构"理论"。这是因为，处于实践内部的教师不可能立于实践之"外"进行纯粹的思维。教师可能的"理论"创造不是建构，而是应用和运用。教师与其说是参与"实践"（practice），不如说是参与"实施"（implementation）。

实践的典型化

不同于第一个旨在"理论的实践化"（theory into practice）立场，寻求第二个"实践的典型化的理论"（theory through practice）的立场，是一种更加尊重教育实践者的创造性与主体性、摸索教育实践与教育心理学关系的立场。不过，这种追求，带来了丰硕的成果么？

基于"实践的典型化的理论"与其说是教育心理学研究者，不如说是教育学的研究者所追求的。这是一种"优秀教学的典型化（概括化）"的研究。这种研究正如"优秀教学"或是"实践的典型化"所表达的那样，含有对于实证主义价值中立的科学的批判，其特征是明言规范性研究，标榜实现特定价值的技术普遍化的追求。通过"优秀教学的典型化"所抽象出来的"技术"与其说是系统性的技术和工艺技术，宁可说是"炼金术的技术"。亦即，要求处于"科学"与"实践"中间的"技术知识"。

"实践的典型化"或是"实践的理论化"这个方略，确实，表现了教师研究的一种样式。教师们通过自己与别人的经验的典型化、概括化，构成基于自身实践的话语与逻辑。而这种话语与逻辑导致了改革教学的运动："优秀的教学"技术不是属于哪一个名家的，而是作为人人共享的技术加以概括化的。事实上，"基于实践的典型化的理论"的建构，是作为教育实践的运动、作为组织的方略发展起来的。

对于这种形态，有如下三种批判。第一，特定的教育价值人人共享的时候，这种形态是有效的，但所谓"优秀教学（实践）的教育价值"是多样多元的时候，其有效性就值得怀疑了。这种形态，排除了批判性地、反思式地检讨何谓"优秀教学"的视点，抽去了推敲概括化原理和技术的稳妥性的内在逻辑。

第二，这种形态在现实的实践中的推广，归根结蒂，将产生出"理论的实践化"（theory into practice）的关系。例如，基于"优秀教学的典型化"，寻求教学理论的概括化的代表人物是斋藤喜博，斋藤的教学论拥有同第一种形态中的概括化与正统化的原理、技术和计划同等甚至更大的控制力，影响着教师们的实践。

第三，把特定的"优秀实践"特权化，剥夺了教师实践的"多样性"（variety）与"独特性"（singularity）。这一点，也恰恰是同第一种形态一样的。这种"优秀实践"的特权化甚至带来了对于教育实践的日常性的感悟也被麻醉的结果。在日本，教育实践是10万多名教师50多万课堂里夜以继日的日常行为。然而，寻求"教育实践的典型化"的研究者，却不关注这种日常性，倾向于以其尖端部分的实践为焦点，谋求特定标准之下教育技术的概括化。寻求"实践的典型化"的研究，甚至用组织"运动"的办法来改进教育实践的方略作为前提。而这种"运动"具有这样的倾向：并不是尊重每一个具体实践的差异去寻求多样化，而是在多样的教育实践中发现共性，将教师的工作划一化。可以说，这些形态都是"实践的典型化"的方略，源于以特定的规范为基础的，一般性、普遍性的理论追求。

实践之中的理论

不同于第一种"理论的实践化"（theory into practice）、第二种"实践的典型化"（theory through practice），可以在教育理论之于教育实践的关系上，提出第三种形态，这就是"实践之中的理论"（theory in practice）。这种立场的特征在于，作为教师和儿童内化的"理论"产物认识教育的实践。从这个立场出发，一切的活动都是活动主体所内化的理论的实现，一切的实践都是理论性实践。因此，这个立场的研究者旨在"活动科学"（action science），寻求"实践性认识论"（practical epistemology）的建构。

我们要留意的是，在以"实践中的理论"为对象的研究中，"理论"本身的概念需要重新界定。正如第一种形态说明所述，"理论"（theory）的本义是"观照"（theoria），意味着来自"外部"的审视。根据这种本义，"实践中的理论"这种表述不能不说是一种自相矛盾的表述。起码不同于历来的"理论"概念。第三种形态的理论，是在活动中内隐的发挥作用的理论，是在实践内部发挥作用的理论。

杜威主义的哲学家舍恩把这种实践认识论的立场谓之"活动科学"，提示我们需要研究依据活动过程"活用理论"（theory in use）的状态。实践性认识论的实践与理论的关系，其核心课题是实践主体的"反思性实践"（reflective）的认识。在第一种"技术合理性"的立场的理论与实践的关系中，只能是实践主体与操作对象的"一元性实践"（one loop practice），但在实践性认识论立场的实践与理论的关系中，实践主体与对象的关系及其实践，和对于实践的主体内省这一"双重关系"（two loop practice），构成了实践。基于实践认识论立场的理论不是从外部控制实践，而是在内部发挥作用的。

舍恩把实践内部发挥作用的理论重新界定为"框架"（frame）。这种"框架"表现为双重样式。即表征实践问题的"修辞学框架"（rhetorical frame）和构成问题解决活动的"活动性框架"（action frame）。就教育实践而言，"修辞学框架"表现为这样一种思考过程：教师以怎样的话语设计教学、展开教学、反思教学。"活动性框架"则表现为这样一种活动过程：教师在教学中是如何行动的。"修辞学框架"由教师的话语与对话构成，"活动性框架"则是发挥教师文化、学校制度和教育习俗等"文化元认知"的功能。实践性认识论就是研究"修辞学框架"和"活性动框架"这两种架构的，基于反思性实践的探究，归根结蒂无非是一种"框架性反思"（frame reflection）。

以"框架性反思"为核心的实践性认识论，要求基于创造性经验的审察与判断的能力。因此，按照亚里士多德的划分，第一种立场是科学的源流"理论即观照"的传统，第二种立场是传承了基于制作学的"技术知识"的传统。探究"实践中的理论"的第三种立场却不同，它继承了"睿智"——伦理与审美的审察与判断的知识——的传统。

把教育理论作为教师内化的架构来认识的逻辑，在 20 世纪 80 年代以来，构筑了教育心理学与教育实践的新关系。其代表性研究就是以斯坦福大学的舒尔曼（Lee，Shulman）为中心展开的教师的知识与思维的研究。舒尔曼是师从芝加哥大学杜威主义的教育哲学家、生物学家施瓦布（J. J. Schwab）的教育心理学家，在推进发现学习的研究和医学教育课程的研究方面富于经验。

舒尔曼提出了教学研究范式的转换，他批判了以行为主义心理学为基础分析教学的"过程—产出"研究（process-product research），无视"3C"——"内容"（content）、"认知"（cognition）、"背景"（context）。舒尔曼设定，教学研究的中心是"教师的知识"（teacher knowledge）。尤其是，重视"教育内容"的认知，把关联到"教育内容"构成教材，展开教学的"设定教学后所构成的教育内容的知识"（pedagogical content knowledge），视为教师专业化的核心。可以说，所谓"设定教学后所构成的教育内容的知识"，就是例示教育内容、组织儿童的学习、发现某种教育内容同其他教育内容的关系的"教师的知识"；就是把"教育内容"（content knowledge）根据"教学论推论"（pedagogical reasoning）所翻译的知识。

正如"3C"所强调的，舒尔曼的研究是以认知心理学的发展为基础的。自那时以来，活跃地展开了聚焦教师的知识与思维的教育心理学的研究，展开了分析课堂的复杂语脉中教师与儿童的问题解决过程的研究（M. Lampert）、聚焦教师信念——深层地制约教师行动的信念——的研究

（P. Peterson）、以 叙 事 （narrative） 方 式 表 达 教 师 经 验 的 研 究
（J. Clandinin），等等。可以说，所有这些研究都是根据教师实践，去阐明
舒尔曼提示的"内隐于实践的理论"（theory in practice）功能的一种
尝试。

四、"实践之中的理论"的三种状态

活动性框架

下面，进一步来探讨聚焦"实践之中的理论"（theory in practice）
的教育实践研究的可能性。舍恩从两个维度提出"实践性认识论"的
框架。一是表征实践问题的"修辞学框架"（rhetorical frame），二是在
实践活动中发挥作用的"活动性框架"（action frame）。

舍恩区分"修辞学框架"和"活动性框架"是重要的。教师尽管
以演绎"认可多样的解释"作为教育的信条，但在现实的教学中，却
（不得不）展开"求惟一的正解"的活动。这似乎是一种普遍的现象。
以"反对体罚"作为信条的教师却意外地行使体罚的案例也多。教师
的实践不仅取决于他所运用的话语与对话，也取决于制约教师实践的制
度性现实和教师内在的、默然地受困的教师文化，以及教师自身的深层
的潜意识。"框架性反思"不仅要针对教师意识化了的活动，亦即语言
化的思维与活动的"修辞学框架"，而且必须针对在无意识的活动、制
度化的活动和习惯性的活动中起作用的"活动性框架"。当我们研究教
师的成长过程时，要认识"修辞学框架"和"活动性框架"各自的变
化，同时，两种框架的落差也准备了新的实践和成长的契机并且成为它
们的推进力。

我从三个维度考察了教育实践中发挥作用的"框架"。除了舍恩提
示的"修辞学框架"和"活动性框架"之外，加上了构成教育环境的
"情境性框架"（situational frame）。这种"情境性框架"是构成课堂的

时间与空间的"框架"。前面两个是教师内在的"框架",而"情境性框架"是存在于教师外部、制约教师实践的"框架"。在教师的实践中,课时表、校舍、教室的分配,班主任制度和研修制度,等等,都是在教师外部制约教育状态的种种要素,这些方面的改革也形成了广义的教育实践的一部分。实际上,改变课堂里的课桌椅的配置比改变教材本身更具意义,是许多教师所经验到的。

对于把课堂的时间与空间那样的"情境性框架"称为"框架",不少教师一定会感到抵触。这是因为,所谓"框架"乃是一种"理论",把"情境"视为"理论"难免感到奇怪。然而,无论教室配置、校舍建筑、课时表、研修制度,在所有这些里面都隐含着"理论"。审察这种隐蔽的"理论",正是创造新的教育实践。例如,一位教师把课堂的时间表述为均质地、单向地流动的"混凝土的灌渠般的时间",按照"游移不定的流水般的时间"或是"积雪般的时间"来组织教学实践;另一位教师把课时表的"钟表的时间"安排成柔软的"橡胶般的时间"来展开教学实践;再一位教师则把课堂转换成"私塾般的草席间"来组织教学实践。在这些重建学习的场所和时间的实践中,"情境性框架"的审察具有决定性意义。

上面,我们从"修辞学框架"、"活动性框架"、"情境性框架"三个维度认识了内隐地制约教育实践的理论,那么,教育心理学是怎样介入教育实践的改革的呢?亦即,对于这三个维度的框架"重建"(reframing),教育心理学可以作出哪些贡献呢?

心理变化引起行动变化

在"修辞学框架"中,教育心理学家的责任及其应当践约的作用是极大的。教育实践是通过设计、履行、反思、评论其实践的话语及其修辞来建构的。而这种教育实践内在的许多话语和修辞,是依存于教育心理学的话语的。"学力"、"能力"、"智力"、"发展"、"兴趣"、"关心"、"欲望"、"态度"、"情感"、"认知"、"活动"、"行为"、"情境"、"知识"、"概念"、"思维"、"性格"、"人格"、"适应"、"动机"、"测验"、"测定"、"评价"等等，大凡牵涉教育实践的所有核心概念，都不仅仅是借助心理学的话语来建构的。"教育目标"、"教学计划"、"沟通"、"评价"等等，构成教育技能的大半修辞，是跟心理学话语起呼应作用的。

无论从哪一个角度切入都会引出一连串的大问题。例如，"发展阶段"这个术语是在教师的教材编制中频频出现的术语。这个术语的运用本身已经隐含了若干前提。亦即，诸如所谓学习是独立的发展阶段，它的阶段是独立于教育内容、教育关系、课堂情境而受生理学因素决定的；教育内容是"由易（基础、基本）到难"构成层级的，等等。所有这些前提是何等荒唐，只要根据心理学的最新研究检讨一下就可以明了。然而，这个"发展阶段"的术语，至今还在支配着教师的观念，而"基础、基本"的术语则简直成为教育的核心性术语。

立足于"科学系统"和"发展阶段"两个标准编制教材的原理，早在明治二十年代（19世纪80年代）的赫尔巴特主义教学论中就已经出现，其后反反复复出现在教学理论之中，成为当今教师的常识。不过，探讨古今的资料，却找不到根据这两个标准实际地编制教材的事实。就是说，"教材编制标准"中的"发展阶段"这一心理学观念，不过是作为事后说明某种教材为什么放在该年级的修辞而已，并没有产生出根据这两个标准编制教材的实践。也可以说，"发展阶段"这一心理学概念在教师的实践中，发挥着使现行教材正统化的作用；发挥着消解教师自身编制和再编制教材的能力的作用。

"发展阶段"这一心理学观念也是同教育内容分阶段地、系统地构成这一观念配套的。这种教育内容的阶段性系统观念是以"基础、基本"的观念为基础的。如果说，"发展阶段"这一前提的常识是可疑的，那么，"基础、基本"的观念也是极其荒谬的。因此，"基础、基本"的概念混乱不堪乃是理所当然的。然而，大半的教师对于"基础、基本"深信不疑，他们至今束缚于这样一种观念：以为所有的教育内容就像汽车驾驶教练所的计划那样，能够从"基础"到"发展"，分阶段地加以组织，而且这是最有教育效果的。

"发展阶段"的观念还导致这样一种教师的常识：每一个儿童的能力差异在"发展阶段"中可以表现出来。然而，倘若根据现代心理学加以探讨这个心理学的常识，不能不说，这是一个荒诞的认识。"发展阶段"、"发展可能性"的表现，取决于该儿童跟教师和同学结成怎样的关系，取决于通过哪些教材和环境学习，是流动变化的。特定儿童的"发展阶段"、"发展可能性"取决于这些课堂中人际关系、工具、环境系数，而不是作为单独的个人天赋特性的一种表现。仅从这一点而言，教师的常识是受制于历来的个人主义心理学的话语，颠三倒四的。

即便探讨教师所拥有的"发展阶段"的概念和修辞，心理学的问题也是层出不穷的。这样，"修辞学框架"的探讨，要求从心理学层面检验并"重建"（reframing）束缚着教师的话语与思维的"修辞学框架"的话语性实践。

审察与反思

在"活动性框架"中，可以用两个层面的问题加以浓缩与表达。一是控制教师活动的个人的潜意识，二是控制教师活动的学校的常规和教师文化。它们都是教育心理学的重要研究对象，是解构束缚教师的话语性实践的必要领域。

教师的活动受制于无意识的信念与"精神创伤"（trauma），这是无需赘述的。教师往往采取有悖于言说的行为。这个事实表明，有别于"修辞学框架"的控制原理在制约教师的活动。而且可以说，这种默然的框架发挥着"修辞学框架"以外的功能。

例如，以数学教师为例。教师的数学观（数学是怎样一种学科的观念）、学习观、儿童观，对于教学的影响甚大。无论指导技术如何出色，如何激情燃烧，这位教师倘若缺乏数学观，那就只能在课堂里展开贫乏的数学活动。正如近年来的熟练研究所显示的，熟练者，在他的专业领域里使其特有的思维方法得以发挥。谓之数学观的教师对于数学的信念，显然在无意识地控制着教师的活动。同样，许多研究指出，那些曾经体验过在威逼性话语情境下学习的教师，或者在正答主义情境下学习的教师，他们在课堂里只能重复着基于该种学习观和儿童观的活动。无意识地控制着教师个人信念和精神创伤的"活动框架"的存在及其功能，乃是明明白白的。

另一方面，学校的常规和教师文化也在教师的"活动性框架"中强烈地起作用。由"起立，敬礼"开始的课堂教学、同步教学的方式、特定的对话结构所组织的教学环节、评价测验等等学校的常规和教师文化，作为教师的"活动性框架"在起作用。这种元文化性框架，超越了教育心理学的框架，以教育学、教育社会学的框架控制着教师的活动，不过，教授、学习、沟通、评价等等教育心理学的框架也在相应地发挥作用。

环境的重建

"情境性框架"是在课堂的时间、空间和环境中发挥作用的框架。过细分割的课时表、单向的阶段性的课程、黑板和整齐划一的课桌椅、教科书中心的教材、机械的学习环境等等所象征的学校和课堂的状态，从物质层面和符号层面控制着教师和儿童的活动。这种"状态"尽管是一种物质构成，但各自带有象征性涵义，发挥着在政治层面、社会层面控制教师和儿童活动的作用。这种象征性功能的框架就是"情境性框架"。

可以说，"情境性框架"是默然地组合了教育学、社会学、政治学、心理学等的框架而构成的。零乱地配置的课桌椅是视学习为个人主义心理学的产物；单向的阶段性展开的课程、教科书中心的教材、评价测验的泛滥，是行为主义学习心理学的产物；过细分割的课时表和校务分工的组织，是基于劳务管理和经营理论的工业心理学的产物。

这些"情境性框架"发挥着从"元文化"层面控制教师活动的功能，把这种功能还原为教师外部的物质条件是错误的。例如，一些教师撤去讲坛、讲台，把个人学习用的机械置换成合作学习用的机械，他们不仅洞察隐含于物质环境之中的"情境性框架"，而且批判构成这种框架的心理学、社会学、教育学、政治学。

五、田野作业的课题

参与教学创造的心理学家以什么方式展开何种研究为妥呢？这种努力已经开始。不满于从课堂之外遥控教学实践的"技术理性"的一些心理学家，投身于课堂之中，开始集中精力参与观察课堂事件的田野作业。可以说，在行为主义心理学式微的今日，推进课堂教学研究和学习研究的许多教育心理学家，不管其频度和密度有多大差别，但都发现了借助参与观察从事田野研究的活路。可以说，如今参与观察的田野研究，作为教育心理学的一种研究方式，已经获得了生存权。

不过，围绕参与观察的田野作业，产生了种种的混乱也是事实。最大的混乱是，把参与观察的田野作业等同于历来的教育心理学的实验、调查和观察；案例研究的妥当性在历来的实证主义的范畴之中加以讨论；参与观察与田野作业的方法被心理学化。

参与观察的方法原本是摆脱了已有学科、超越了具体学习情境的一种方法而形成的，拥有社会学、心理学等特定学科所没有的性质。正因为如此，才能形成文化人类学、民族学方法论之类的跨领域的思考。然而，今日却有人主张文化人类学、民族学方法论是固有学科，开始出现自我封闭。同时，参与观察的田野作业方法，无论在社会学或是心理学中，这种方法丧失了原本具有的"越境性"，表现出沦为具体学科的一种手法的倾向。

参与观察的方法是长期滞留于特定的地域，集中地调查和探究特定的"一种"文化、社会现象的方法。参与观察是以"一个"为对象的"个性叙事学"的方法。重要的一点是，它同所谓的实证主义科学标榜的"定律学"的方法，无论在哲学或是话语上都是不同的。

然而，教育心理学领域里运用的参与观察，往往缺乏"越境性"与"综合性"，大多仅仅改变了在历来学科的框架内探讨课题的方法而已。或者，大多以历来量化研究中的实证主义标准，来主张该研究的妥当性与一般性。正如在多次的田野作业中引出概括化的大结论那样，作为阐明"一个"的"特异性"（singularity）的"个性叙事学"的研究来看，基于不充分的调查做出结论的研究为数不少。反之，仅仅过细地叙述"一个"对象，在关键的理论探究和概念化中仅仅常识性的事实得到确认的研究也不少。

另一个问题是，田野作业的研究跟教师日常实施的实践性探究相脱节的问题。教育研究者、教育心理学家没有构筑起作为参与教育实践的当事者共同拥有责任关系的问题。

考察这个问题的前提是，从事田野作业的教育心理学家的责任并不在于对教师和教育实践进行指导。教师和研究者的关系是对等的，不是单向的教与被教的关系，而同时应当追求相互学习的关系。应当说，当研究者和教师一旦进入"指导与被指导"关系的时候，就已经回归到"技术理性"的框架之中了。

应当记住，正如教师的责任在于教育实践的创造那样，教育心理学家的责任就在于理论性探究与话语性实践。不管如何长期地进行访问、调查，教育学家和教育心理学家不能对儿童的学习和教师的实践负起直接的责任。教育学家和教育心理学家的责任在于，通过课堂事件的学习和教师经验的学习，推进自己的理论性探究和话语性实践。正如教师的实践"现场"是课堂那样，教育学家和教育心理学家的实践"现场"是大学和学会。

从叙述并理解课堂事件的活动这一点说，从事田野作业的教育心理学家承担着同教师同等的课题——在课堂里创造教育实践。不过，在表达这种研究成果的话语与文体中，要求教育心理学家在叙述的概念和修辞中超越教师的自觉的、反思的态度。

基于田野作业的大原则就是人们常说的追求"厚实的叙事"

（C. Geerrts）。田野作业的方法论意义就是致力于"厚实的叙事"亦不过言。不过，所谓"厚实的叙事"是怎样一种描述呢？

文本间性

我根据如下三个要件思考"厚实的叙事"。第一，是"文本间性"（intertextuality）。我们作为对象的文本是课堂的事件。课堂事件不是先天地作为文本存在的东西，而是通过用话语来表现该事件才作为文本呈现在眼前的。文本的创作与批判在课堂研究中是同时进行的。况且，课堂事件并不是真空地带生成的，也不是作为孤立的事件生成的。课堂事件是现代日本社会与文化的缩影，拥有同教师背景、儿童背景、课堂背景、教材背景这种多元和多层的文本群的关系。

"厚实的叙事"借助这种文本所内隐的、复杂地交织在一起的文本群为对象是可能的。这种叙事，相当于在若干隐蔽的拼图玩具的交叉点上套用一个准确的词汇那样的作业。一个一个被选择出来的词汇，产生出同若干拼图玩具的图案的关联显示出课堂事件涵义的多义性。在这种作业中所要问的，已经不是狭窄的教育心理学的方法与手法，而是洞察课堂事件的涵义的研究者的视点、思想和教养的准确性。课堂事件所要求的叙事的"综合性"，必须在这种"文本间性"之中加以理解。不管儿童和教师的"成长"与"背景"的信息如何叙述，这种叙事倘若不获得"文本间性"，亦即不揭示课堂事件的内在关联、不揭示多种多样的背景结构，那是毫无意义的，是不可能导致"厚实的叙事"的。

问题的多重性

第二，在课堂田野作业中探讨的问题的多重性。像教育实践那样复杂的领域中产生的问题，既不能像数学问题那样集中到能够明确判断正误的一种解答，也不是以一种解答就能自我完结的问题。在一个问题中有着层出不穷的正解，一个问题的解决，为该问题背后更大问题的出现提供了准备。叙述教育实践的作业，介入"没有完结的故事"，无非就是叙述这种故事。尽管如此，一个案例的叙事，要求一个完整的段落也是事实。

我是从三个层面认识田野作业所面临的问题的。其一，是"现实提出的问题"，在课堂中教师和儿童直面的活生生的问题。在这个"现实提出的问题"中，现实性的"解决"（solution）亦即实践性解决与之对应。其二，要求理论性解决的作为"论题"的问题。"论题"是以"现实提出的问题"为基础而形成的，它的解决是理论层面所追求的问题。可以说，研究者叙述的案例研究，就是以这个"问题"为中心主题加以叙述的。其三，"谁也解决不了的难题"。教育的实践性问题是包含了谁也解决不了的深刻而重要的问题才成立的。

在这种田野作业中直面的"问题"（problem）、"论题"（issue）、"难题"（aporia）三个问题之中，论文叙述中作为对象的是"论题"的问题。倘若不设定"论题"，并以"论题"为中心有意识地叙述，就不能展开焦点明确的说服力强的叙述。例如，尽管说田野作业的笔记，倘若其目的在"论题"中不聚焦，就不可能结出研究的果实。

这样，以事件为中心展开叙述，针对"问题"、聚焦"论题"的论文，可以说，具备了作为田野作业的论文的体裁。这种考察一旦包含了洞察"难题"（aporia）而展开，那么，就可能实现更深层次的"厚实的叙事"。教育实践中教师和儿童直面的问题，是拥有"问题—论题—难题"（problem-issue-aporia）的多重性的问题，要求应对这种多重性的"厚实的叙事"。

叙事的用语

"厚实的叙事"的第三个要件，是叙事概念的用语体系。研究者的田野作业所提出的论文，跟教师提出的报告一样就可以了吧。如果要揭示它们之间的差异，那么，论文的叙述中所使用的概念术语体系是有意识地运用的。一般的研究论文中所使用的概念术语体系要求确凿性，同样，田野作业的报告中叙事话语成为关键的概念术语体系，也必须重视其确凿性。从事田野作业的研究者，必须丰富叙述的对象——课堂事件——的文学性话语，同时，讨论论题的关键概念，也必须在人文社会科学中不断地精致化。

厚实的叙事的叙述，不仅提供了丰富教育心理学的"命题话语"——在以往的"定律学"领域经过锤炼——的基础，而且通过"个性叙事学"的方法，用"故事话语"开拓了教育心理学的新领域。这种新的话语性实践，也许已经为甚至摆脱"教育心理学"的名称准备了道路。这是教育心理学的"越境"，是研究教育实践的跨领域的心理学的话语性实践。教育实践这种对象，即便跨越了这种危险，也是富于挑战性的、富于魅力的对象。

六、走向行动研究

基于参与观察的田野作业大致有两类。一种是观察、叙述课堂事件，揭示其文化涵义的民族学与社会政治的民族学方法论。可以说，一般实施的田野研究大半是这种"观察、叙述、概念化"的研究。在通常的田野作业中，教育心理学家是调查者、观察者，是不屑于参与实践的。

田野研究的另一种方法就是行动研究。在通常的田野研究中，是立足于尽可能地不介入教师的实践的立场，来观察、叙述课堂事件，展开课堂教学研究的。在行动研究中采用的方法是，研究者本身同教师合作，参与教学的改进与课程的改革，这种参与和变革过程本身，作为研究的对象（Elliott，1991）。

行动研究的方法，是 20 世纪 40 年代研究集团心理学的勒温（K. Lewin）倡导的方法，它开发了把人们的意识得以民主化的过程作为集团的社会过程来探讨的方法论。勒温是根据个人的生活空间——"场"（field）在一定时间单位中的变化，从拓扑学构成要素的角度分析活动、展开研究的知名心理学家。勒温的心理学隐含了一个难点，即它的核心概念——"场"的结构，难以从拓扑学角度做出还原并加以说明。不过，却开拓了参照"场——生活空间"的变化，来探讨个人"活动"的力学变化的、作为"社会科学"的心理学的"公道"。在这一点上，是有其重要的意义的（K. Lewin，1951）。勒温晚年开拓的方法是行动研究。勒温用行动研究的方法，标榜作为"活动科学"（action science）的心理学，寻求民主主义的实践主体——心理学家——的作用（Argyris & Schon，1974）。

我摸索了两种田野研究，近年来，以行动研究为中心展开研究。教育实践是一种错综复杂的活动。要从事教育实践的探讨，研究者自身也得转换角色，作为同教师合作的一名实践者的身份，参与教学的改革和课程的改革。在教育实践的探讨中，从观察者立场出发看到的世界跟不站在实践者立场就看不到的世界，是大不相同的。行动研究如何发展，目前尚有诸多未知数，但要求研究者投身于实践的情境之中，创造新的知识。我们应当同众多年轻的研究者一起奋斗，才能开创这个局面。下面，谈谈推进行动研究的若干基本问题。

推进行动研究的研究者，同实践者共享活动的课题与情境。在一般的参与观察中，原则上是，研究者尽管置身于情境之中，但观察对象的视点在活动主体之外，不参与实践过程。它追求这样一种境界：从事参与观察的研究者不断地充当"局外人"（Stranger），把即便自己在情境中产生了某种影响也不介入，视为理想化的状态，进行观察、叙述、概念化。但是，推进行动研究的研究者，积极地肯定自己参与"场"的事实，观察、记录包容了这种参与事实的"活动"与"场"的变化过程。亦即，在课堂研究、学校研究中，研究者对教师的诊断、合作和帮助的活动，乃至研究者本身的变化也构成研究对象的一部分。

研究者的作用

在这里，也许会产生两个疑问。其一，推进行动研究的研究者和教师的关系，跟上面否定的单向指导教师实践的研究者与教师的关系，亦即，基于"技术理性"原理的理论与实践的关系有什么不同。其二，研究者推进的行动研究跟教师成为主体进行的实践性探究有什么不同。

先说第一个疑问。可以指出两者是不同的。从理论上指导教师的历来的研究者推进的是"理论用于实践"（theory into practice），而推进行动研究的研究者则是构筑同教师的合作关系，探讨、创造"实践中的理论"（theory in practice）。推进行动研究的研究者，尊重教师追求的课题与方向，协助实践的改革，在学习教师的实践和课堂事件的同时，通过教师得以发挥作用的"实践中的理论"同自己的理论的交流，进行检讨和探讨。即便研究者的参与之中包含了对教师的指导作用，但验证这种指导性建议的效度与信度不是目的，其目的在于研究，通过同教师的合作所实现的学校和课堂变化的过程本身；在于探讨，通过研究者的建议，教师的思维和实践发生了怎样的变化，学校和课堂发生了怎样的变化。

可以说，把包括了研究者的诊断在内的教师的实践过程，作为创造性、能动性的过程来进行研究，正是行动研究的方法。

关于第二个疑问，必须确认教育心理学家的行动研究和教师的实践性探究的异同点。首先，可以说，教育心理学家进行的行动研究，同教师寻求实践改革而进行的实践性探究，同样都是探讨实践性认识，在这一点上，基本上是共同拥有同样的过程。在具体案例的研究中，教师在实践中进行的反省性思维，教育心理学家也以参与实践的方式展开。推进行动研究的研究者是教师实践性思维的伙伴。但是，两者的思维性质与目的是不同的。教师的实践性探究是以发展实践为目的，而教育心理学家的行动研究是同教师合作，一起介入"实践中的理论"的创造，归根结蒂，旨在理论本身的发展，承担着创造心理学理论的目的。不管如何积极，这里面存在一个界限，即，不能也不应当把教师承担的课堂责任转嫁给研究者。研究者承担的核心责任在课堂教学之外。

研究风格

推进行动研究的教育心理学家有必要开拓新的研究风格：自己也来执教，在教学创造中研究教学的风格。或者，自己也参与学校的运作，在推进改革的过程中研究教学的风格。作为先驱性的尝试，有数学教育研究者马格达林·兰珀特（Magdalene Lampert）和社会科教育研究者苏珊·威尔逊（Suzan Wilson）等人，上午由小学教师执教，下午由大学教师执教，彼此相互交流展开的实践性研究。这跟临床医学的研究者在医院和大学的往还中推进研究一样。学科教育学的研究和教学研究倘若不在研究方式中内化这种作为实践者的态度，是不能产生丰硕的成果的。

行动研究的开拓，需要从根本上重新审视教育心理学的研究模式。教育心理学家参与实践，倘若不像一般参与观察那样，停留于实践的事实"是什么"（being）的言说，也是可能停留于旧有的教育心理学框架之内的；倘若对教师包含了"应当如何"（ought to be）的言说，那么，就有必要和责任在自己的实践中验证这种言说的效度与信度。

然而，迄今为止，尽管众多教育学家和教育心理学家超越了参与观察的范畴，踏进行动研究的领域，但在这些研究者之中亲自执教、致力于创造教学的研究者却是凤毛麟角。不仅如此，缺乏创造教学经验的研究者，却在单向地指导着拥有丰富教学经验的教师。——这种颠倒的关系依然在重复地再生产着。"演讲"、"讲评"之类的粗鲁的关系，至今仍然是沟通大学的研究者与中小学教师的粗大的管道。

从常识来看，就可以理解这种怪诞，没有教育实践经验的研究者帮助、指导拥有丰富教育经验的教师以"教学的技法"（art，artistry），这种颠倒关系，带来了行动研究的错误的推广。我们必须重新认识这样一个事实：承担这种粗暴关系的研究者即便在学术研究方面也是低劣的，造成了寻求权威而空泛指导的教师在实践性学识上的低劣。推进行动研究的研究者必须构筑起同教师平等的关系，设定活动的核心目的是从教师的实践和课堂事件中得到学习。倘若研究者没有亲身执教、创造实践的觉悟，就应当在参与观察和作用方面限定其研究活动。同时，倘若没有作为"实践中的理论"创造者而自负的教师，就不应当简单化地构筑同研究者的合作关系。

从心理学走向超越

最后，还要谈及最大的一个问题。行动研究的发展将导致打破活动（实践）与研究（理论）的界限的探究。现代科学和教育把活动（实践）与研究（理论）划分为两个领域，把承担者划分为教师和研究者。勒温倡导的"活动科学"（action science）隐含了打破这种现代科学与教育之框架的契机。

基于行动研究的研究，一个重要特点就是：一方面，要保持立足于历来的教育心理学、教育社会学和教育学的作为经验科学的表征方式；另一方面，又要推进超越了现代科学的话语与范畴的探究。基于行动研究的见识，之所以像随笔和故事那样方式丰富地得到表现，而不善于学术性研究杂志的正统论述方式，绝不是由于它的认识拙劣，基于不及历来的教育科学的方法论，而是因为，行动研究获得了现代科学的话语和逻辑难以表现的探究。例如，以第一人称反思并叙述经验的表达方式，在经验心理学会的杂志上也许可以认可吧？丰富的表现基于现代研究所探究的"实践性见识"（practical wisdom）的话语，也许可以按照现代的学会刊物共享的审查标准去评价其效度和信度吧？行动研究的方法论之所以一直不成熟，是由于这种实践性探究方法超越了现代经验科学的方法。

关于这个大问题，本章不可能再多谈了。这里仅想归纳作为投身行动研究的研究者目前能够做到的两点。第一，寻求超越历来的教育心理学。在教育心理学中应当探讨的大半课题，是超越了学科界限的。这一点，大概不会有人否定吧。而教育实践要求复杂语脉中的错综复杂问题的解决。越是深入教育实践的内部，教育心理学就越是承担着跨领域的使命。惟有推进跨领域化，才能使自身作为新的学科获得新生。行动研究无论探讨什么课题，都将是推进教育心理学的跨领域化的研究。第二，提炼行动研究作为教育的实践性探究的方法，形成创造教育实践的专家共同体。教育实践是话语性实践，以推进这种创造的专家的对话共同体的形成为基础，就能够推进话语与实践的发展。这种对话共同体，是以创造教育实践的主体——教师，和基于行动研究参与实践之创造的教育研究者的合作关系为基础构成的，发挥着积累、发展教育实践之见识的作用。许多网络正在发挥这种专家共同体的作用。能够成为整合并发展这些形形色色网络之推进力的新型研究，正是我们所要求的。行动研究是在教师和研究者的合作之中推进共创教育实践的专家共同体。

【补论】教育心理学的超心理学

以上的论述，是根据本人在日本教育心理学会的两次大会（第 38 届大会，筑波大学 1969 年；第 39 届大会，广岛大学 1997 年）中两个研讨会（"把握学校实践——何谓实践性研究"，"教师和学生状态的研究——来自课堂的教育心理学理论的构筑"）的两个报告（《教师的实践性思维中的心理学探索》、《学习的行动研究——方法论考察》），归纳、加工而成的一篇论文。

这两次研讨会都盛况空前。在这种热气腾腾之中，我不能不留下某种复杂的印象。一方面，大会邀请非会员的我，积极地接受我对于脱离教育实践的研究的批判，这是大会显示的姿态，使人们对于教育心理学的变革抱有希望。但是，另一方面，与会者力图发现教育实践与心理学的结合点的这种意识过剩，坦率地说，令我哑口无言。不仅我参加的研讨会，而且两次大会的大半研讨会，都被探究教育心理学的实践有效性的内容所覆盖了。这种实用性的短路，不能不令人惊讶。实际上，除了两次大会之外，我还承担若干研讨会的"指定讨论者"的角色。除了数人的报告和发言之外，并没有令人感到课堂现实的厚重与深度；并没有令人信服地传递在课堂的场所里必然发生的现实的发现与审察。

教育心理学家走出实验室来到课堂，原本是自身的学问面临解体危机的行为；是作为同教育现实斗争的主体，重新定位自身的革命性行为。然而，这种潜藏的强烈的主张，在报告和发言中却几乎感受不到。倒是可以说，令人感到，一方面表明对于教育心理学的粗陋的有效性持有疑问，另一方面，又在反复地唠叨着一种作为"心理学主义"不可动摇的信念，亦即，只要"母学科"——心理学——产生不同于现行心理学的变化，一切问题都能迎刃而解。我对于教育社会学家的"社会学主义"也有同样的抵触感，痛感有必要作为自身的课题推进教育心理学的历史研究。

拜读五位教授的评论（佐伯胖等，1998），可以确认，我在研讨会上感到的抵触感，在教育心理学家中是同样存在的。正如守屋淳、山田要子、佐藤公治各位教授所指出的，我是区分了"教育心理学"与"心理学"的概念来论述的。这是因为，存在所谓"母学科"与"子学科"之间的"基础"与"应用"的关系；"教育心理学"是作为心理学的一个分支抽出来的，只要"教育心理学"的范畴清晰，就应当弃旧图新，转型为"教育研究"本身。但是，我并不主张回归心理学，或是心理学的复兴，或是心理学的再生产。恰恰相反，我认为，19 世纪从哲学中分离出来而确立的实证主义、自然科学的心理学，已经寿终正寝。对于教育心理学家主张超越心理学，也是出于这个旨趣。

例如，无论心理学、社会学，教师和儿童的固有名刚一登场，便丧失了"一般性"和"普遍性"。固有名登场的现象是文学（故事）的对象，不是科学的对象——这是心理学和社会学的立场。不过，用固有名叙述的所谓"教育实践"，只能是抽象的虚构。至少，心理学和社会学作为处置用固有名表征的教育实践的科学是不能成立的。

但是，同时我并不认为，把"理论性知识"（科学知识）置换为"实践性知识"（临床知识），排除法则定理学的"命题性认识"，通过个性叙事法的"故事性认识"的特权化，可以应对这种事态。这种理解，无视教育的心理学首先是作为制度加以组织的现实，也无视了"实践性知识"（立场知识）和"故事性认识"的话语与修辞，通通是受"理论性知识"——"命题性认识"所制约的现实。把"实践"与"理论"、"科学"与"临床"、"命题"与"故事"二元对立地处置的思维本身，原本是19世纪近代科学的产物。无论是浅田所说的"以第一人称的话语"作为出发点，山田所说的实现"文化人类学和社会学等跨学科领域的田野作业和同实践性方法论之间的灵活对话"，佐藤所说的转换"反思的方式"，或是守屋所说的立足于"实践"同教师共享"愿景"和"祈祷"，这里叙述的言说化的话语和修辞，终究不过是现行心理学的克隆和再生产，解决不了任何问题。从迄今为止教育心理学的研究看来，决不能说这是杞人忧天吧。

在我看来，五位教授的评论的前提——"教育实践"与"心理学"的关系，似乎被限定在过分直接的行为维度上的两者的关系了。丸野俊一指出的"关于实践的元认知"，是更广义的解读所需要的。虽说是课堂中教师与儿童的活动并非在真空地带展开的。况且，心理学的理论所体现的场合，也不是封闭在教师与儿童活动的内部的。心理学理论的具体功能，既有制约教师与儿童身体与话语的语词与言说这一元实践性智慧的功能；也有制约课堂空间和时间的元情境认知的功能；也有制约学校的课程与组织的文化性的、制度性智慧的功能。心理学的话语、言说、装置所渗透的就是课堂的实践，教师和儿童也不可能从这种实践中摆脱出来。我们能够实现的是，同借助心理学所构成的现实的斗争，是超越心理学主义化的教育实践的心理学话语的实践。

头等需要的是对于教育学和心理学概念的批判精神，是彻底的怀疑态度。回顾教育心理学的历史，是心理学束缚教育实践并加以制度化的历史，这种历史，我们有可能重新书写，有可能通过同这种制度性的束缚进行抗争，重新界定教育实践。我们痛感，有必要从詹姆士（W. James）、杜威（J. Dewey）、皮亚杰（J. Piaget）、维果茨基（L. Vygotsky）、瓦龙（H. Wallon）、勒温（K. Lewin）、布鲁纳（J. S. Bruner）等等直面教育实践，致力于重建教育实践的心理学家的轨迹中得到学习。正如佐藤指出的，在日本，城户幡太郎的"教育心理学"概念是富于启示的。我本人首先把教育心理学的历史研究作为我今后研究的课题加以设定。硕士论文是《城户幡太郎的教育技术论》，作为"以教育实践为对象的科学"构想了"教育心理学即教育科学"的城户幡太郎的框架至今仍然构成我的理论框架的一部分。

不过，推进教育实践的创造与批判的心理学的话语性实践，采取怎样一种方式为妥呢？关于这一点，只能在我自身的话语性实践——行动研究的案例研究中表达出来。在本章的写作中我犹豫的是这样一些问题："教育实践与心理学"的关系在理论探讨的论文中应当提示么？在行动研究的具体案例的叙事中应当提示么？我想，在本章中，只能在前者中表达，挑战后者的课题只能留待以后的机会了。这种话语性的实践本身，就是对于本章中未能充分展开的五位教授的评论和读者的回答。

参考文献

Arendt, H. , 1978 *The life of the mind*, *Vol. l. Thinking*, Secker & Warburg.

Argyris, C. & Schön, D. , 1974 *Theory in practice*：*Increasing professional effectivenees*, Jossey-Bass Publishers.

Dewey, J. , 1904 The relation of theory to practice in education, *The third yearbook of the National Society for the Study of Education*, The University of Chicago Press, pp. 9-30.

Duckworth, E. , 1987 "*The having of wonderful ideas*" *and other essays* on teaching and learning, Teachers College Press.

Elliott, J. ,1991 *Action research for educational change*, Open University Press.

稲垣忠彦、一九六六"明治教授理論史研究——公教育教授定型の形成"評論社（増補版）一九九七年。

James, W. , 1899 *Talks to teachers on psychology and to students on some of life's ideals*, Henry Holt.

Langer, E. ,1997 *The power of mindful learning*, Addison-Wesley.

Levin, K. ,1951 *Field theory in social science*：*Selected theoretical papers*, Harper & Brothers,（猪俣佐登留訳、一九六二"社会科学における場の理論〔増補〕"誠心書房）

佐伯胖・宮崎清孝・佐藤学・石黒広昭"心理学と教育実践の間で"東京大学出版会、一九九八年所収のゃまだようて、丸野俊一、守屋淳、浅田匡、佐藤公治各氏のコメント。

佐藤学、一九九六'実践的探究としての教育学——技術的合理性に対する批判の系譜, "教育学研究"第六三卷三号、日本教育学会、六六—七三ページ(佐藤学、一九九七"教師というアポリア——反省的実践へ"世織書房、一三九——五六ページに再録)。

Schön, D., 1983 *The reflective Practitioner*: *How professionals think in action*, Basic Book.

Schön, D. & Rein, M., 1994 *Frame reflection*: *Toward the resolution of interactable controversies*, Basic Books.

Schwab, J., 1969 *The practical*: *A language for curriculum*, School Review. 78(1), pp. 1-24.

Shulman, L., 1986 The paradigms and research programs in the study of teaching, In M. Wittrock(Ed.), *Handbook of research on teaching*, 3rd ed. Macmillan.

Shulman, L., 1987 *Knowlege and teaching*: *Foundation for the new reform*, Harvard Educational Review, 57(1), pp. 1-22.

12 历史认识与心理学

一、引　言

历史认识和数量、语言、道德和自然的认识一样，是教育与发展的核心内容之一。然而，在心理学领域研究历史认识及其发展的文献却意外地少。在学科教育心理学中，社会科的研究比数学、国语、理科等的研究明显地少，历史教育心理学的研究近乎空白。

关于历史认识心理学的缺失，并不是日本独特的现象。无论从美国教育学会的"教与学"分会每10年编纂的《教学研究手册》（第3版，Wittrock 主编，1986），还是从"课程研究"分会编纂的《课程研究手册》（第1版，Jackson 主编，1992）来看，在评论社会科研究论文的篇章中有关历史认识的心理学研究很难看到。惟一的是美国心理学会第15分会编纂的《教育心理学手册》（第3版，Berliner 和 Calfee 主编，1996）中设有"历史的学与教的心理学"的专章，阐述（1）本世纪前半叶美国心理学者所显示的对于历史教育的关注，（2）英国基于皮亚杰心理学的对于历史教育的关注，（3）目前美国心理学研究概况。关于当前的研究，仅仅介绍了从认知心理学的角度研究历史教学中教师知识与儿童认识之关系的教育学研究。近年来，关于历史心理学的有冲击力的研究开始出现（Leinhardt，1994；Leinhardt eds.，1994），有望在今后得到发展。

但是，为什么心理学没有以历史认识这一心理过程作为对象加以研究呢？如果说，历史认识心理学这个领域本身令人产生抵触感，那么，这种抵触感究竟从何而来的呢？倘若研究历史认识的心理学是能够存在的，那么，这种心理学的创造又从何着手呢？为了逼近这些问题，本章讨论：（1）心理学中的时间（过去、现在、未来）观念的历史轨迹，（2）文化、社会与历史的心理学的发展，（3）识记与回忆的心理学，（4）生命史心理学的发展。

二、心理学中的时间观念

心理学是怎样认识人们体验的"时间"的呢？这个问题，心理学在构成历史的时间认识中，引出了这样一个根本问题：如何同哲学分离，同历史学如何划清界限？

在从 19 世纪末直至今日的"时间"概念的发展中，设定如下三个坐标轴恐怕没有异议吧。第一，时间是均质性的，还是非均质性的？第二，时间的意识是要素的连接，还是意识流？第三，经验中的时间的推进，是可逆的，还是不可逆的呢？（S. Kern，1983）

时间的均质性起源于 1687 年牛顿（I. Newton）定义的"绝对数学时间"。这种时间概念在康德的《纯粹理性批判》中被纳入经验主体的内部，作为构成主观之基础的普遍时间传承下来，可以说，这种普遍的、均质的时间正是近代科学得以形成，实验的、科学的心理学得以形成的基础。它的象征性的事件就是，1879 年冯特（W. Wundt）在莱比锡大学开设心理学实验室，作为构想生理心理学的基础作业，运用了节拍器和时钟，反复地测定知觉持续的单位时间。

以这种均质性为特征的客观的、数学的时间，是实验心理学区别于其他人文社会科学的最大指标。例如，心理学的时间和社会学的时间在质上是迥然不同的，可以明确地区分。在迪尔凯姆（E. Durkheim）的社会学中，"时间"不是数学时间，是作为社会生活中的"集团行动的节律"来定义的。在《宗教生活的原初形态》（1912）中，迪尔凯姆阐述了年、周、月、日等的起源在于祝祭和祭仪的周期，并就构成社会形态的"一般时间"与个人体验的"私人时间"的差异与关系展开了研究。作为心理学和社会学研究对象的人类的经验，在这种时间概念上是泾渭分明的。

不过，心理学家的一切并不都是以时间的均质性为前提的。研究临床心理学和实验心理学隔阂问题的珍妮特（P. Janet），着眼于精神病患者体验的时间的歪曲，指出体验恐怖的患者感到数日胜数年，丧失了过去、现在、未来的关系的事实。珍妮特认识到，实验心理学作为前提的时间的均质性，跟临床心理学研究的心理体验的时间是不同质的。

在19世纪心理学的确立过程中，形成了两种不同的谱系：把数学的、线性的时间视为要素的集合的谱系，和视为意识流的谱系。

时间意识中的要素主义的谱系正如19世纪末开发的电影由一个个镜头的静止画面的集合构成动画那样，把时间意识分割成一个个知觉的要素然后又加以统整来说明。这种要素主义的时间意识可以从赫尔巴特的联结心理学中看到，尔后，就成为贯穿在冯德以生理学为基础确立实验心理学的方法中的时间意识。这种特征，正如静止画面的比喻所明确的，在于把时间还原为空间来表现这一点上。在要素主义中，抓住了作为瞬间的感觉空间的心理动作，而渗透于这种感觉的时间的连续性和多重性被置之度外。

这种要素主义的时间意识，在20世纪初，在心理学中遭到詹姆士（W. James），在哲学中遭到贝格森（H. Bergson）的严峻批判。表征詹姆士心理学的"意识流"这个术语，在1884年的论文中已经出现了"思想流"的术语，在《心理学基础》（1890）中被提炼成"意识流"的概念，运用"河川水流"的比喻来下定义。赫尔巴特的联结心理学中的要素主义严厉批判道：伴随着浪涛与漩涡的"意识流"，不过是用几杯"表象"的水桶盛水来说明罢了。另一方面，贝格森也主张时间的连续性，他说，"绝对认识"是通过在"直觉"这一持续的时间中体验到的自我所获得的意识。

"意识流"的概念打破了单向地和线性地认识过去、现在、未来的时间意识，或是打破了把时间还原为空间的认知框架。在日常意识之中，无论过去、未来，在现在中不都是同时并行地体验着么？——这种认识为"意识流"的概念提供了准备。典型地体现这种"意识流"的，是爱尔兰小说家詹姆斯·乔伊斯（J. Joyce）的《尤利西斯》（1922）。这本小说的主人公们不中断台词的"意识流"是这样构成的：在现在中编织了若干过去，甚至在未来中也编织了现在的话语。这种"意识流"使得叙述"此时此地"的一次性的文学得以确立。

这种时间的同时性与多重性的意识，得到媒体发展的支撑。伊利诺伊大学历史学家克恩（S. Kern）在《时空文化：1880—1918 年》（1983）中，以 1912 年 4 月 14 日发生的泰坦尼克号沉没事件为例，说明复数时间却形成同步认识。这个事件是介入了无线和电话之类的新技术，同步地报道新闻，使得全球的人同步地、共同地感到悲哀的第一个事件。遥远的事件在同步的、交错的时空中形成，打破了单向的、线性的时间意识，形成了新的时间意识。

确实，复数时间构成合而为一时间的同时性的意识，在 1912 年以后一举地扩大了。把遥远的场所和时间编织在一个现在的法国诗人阿普里纳尔（G. Apollinaire）的诗歌——《地带》的创作是 1912 年，俄罗斯作曲家斯特拉温斯基（I. F. Stravinskii）同时交错了三种声调的《春之祭典》的作曲是 1913 年。据说，乔伊斯小说中的时间启发了电影中的蒙太奇手法。美国电影导演格里菲思（D. W. Grifith）在电影《国民的创生》中运用蒙太奇手法是在 1915 年。

时间的不可逆性也是 20 世纪 10 年代隐含的课题。作为过去的终结的现在、现在的终结的未来这一单向地、自动地起作用的时间意识，卷起了汽车比赛之类高速的狂潮，同时，促成了心理学中以"活动性"

与"预测"为关键概念的行为主义心理学。

单向的、自律的、自动的时间，形成了以均质的时间组织劳动，以科学技术控制劳动过程的产业社会的时间意识。描述由于机械而自动化的人类的悲哀的美国电影演员兼导演卓别林（C. S. Chaplin）的《摩登时代》不愧是表达"现代时间"的杰作。这种单向时间的直截了当的表现，在1913年福特（H. Ford）的底特律的海兰特·巴克工场里出现的流水作业得以现实化。以均质的劳动作业时间单位组织生产工程的方法，借助泰罗在1883年倡导的"科学管理"的理论而得到了准备。1911年，理论上完善了这种泰罗制，奠定了流水作业的基础。

对于这种趋势做出敏感反应的心理学，是华生倡导的行为主义心理学。华生1912年在哥伦比亚大学做了题为《行为主义心目中的心理学》的演讲，排除心理学中的内省，宣言旨在"活动"的"预测"和"控制"的"行为主义"。华生之所以从心理学的对象中排除了人类的内省，限定在可能观察的动物行为中的"刺激"与"反应"，是直面建构主义心理学的挑战。实际上，华生断言，从康德哲学中得不到任何东西，毫无用场的是杜威的哲学。

时间的不可逆性，另一方面，以进化论为基础，促成了联结个体发生与系统发生的发生心理学。达尔文确立了这样一个假说：过去的痕迹全在现在的机体器官中刻印下来，在个体发生中，从过去到现在的生物学史可以井然地发现。这种发现，在黑格尔的"个体发生复演系统发生"这一有名的"复演说"中得到传承，形成了进步主义的思想与发展的理论。在这种影响下，产生了德国赫尔巴特派的"文化史阶段说"（对应于日耳曼民族的文化史，把历史和文学教材分学年排列的理论），和美国霍尔（G. S. Hall）的发生心理学。作为对抗"复演说"的发展心理学，指出个体发生和系统发生的相互独立性和形式性的并行关系的是沃纳（H. Werner）的发展理论，这是众所周知的。在沃纳看来，从未分化的总体到分节化、分化的发展过程，奠定了从进化论派生出来的进步主义框架的基础。基于进步主义的发生心理学的认识得到皮亚杰和维果茨基的继承。大凡发展心理学的理论根底之中，有着使进化论——世间的一切都是过去的原因和痕迹的产物——得以形成的历史主义的时间观念。

进化论提供的时间意识，使得纠缠着记忆与忘却的多样的理论得以形成。19 世纪末，布莱伊亚（E. Bleuler）通过对歇斯底里患者的研究发现了"精神创伤"（trauma）的存在。里波（T. R. Ribot）发现了忘却这一病理是从现在到过去逆行的现象。这种记忆与忘却的心理学通过弗洛伊德（S. Freud）的精神分析而得以精致化，幼儿期的体验是显著的，也受到弗洛伊德的重视。在他的梦析中，所谓"梦"无非就是"前史阶段"（0 岁至 3 岁）的体验的残留物——"无意识"所发现的东西。过去的痕迹作为体验的残留物积蓄在"无意识"之中，它在人的整个生涯中反反复复地作为心灵修复的体验而发现。——弗洛伊德的这种时间意识，跟达尔文进化论中的时间意识——过去的痕迹刻印在器官之中，它是可以井然地发现的——拥有类似的结构。

重新审视作为心理学的前提的均质时间、绝对时间、时间的同时性、时间的不可逆性的，是爱因斯坦（A. Einstein）的相对论。在爱因斯坦看来，观察者与客体处于相对运动的状态之中，从观察者看到的客体事件的时间绝对性是不成立的，空间坐标与时间坐标是随着观察者与客体的相对运动而发生变化的。然而，心理学家和社会学家直至晚近几年，尽管意识到普遍的、不可逆的"一般时间"（物理的、数学的时间）与主观、可逆的"私人时间"（主观意识的时间）之间的差异，但是，却没有像爱因斯坦那样，对于"一般时间"本身的普遍性和不可逆性提出疑问。在心理学中，只是在最近才对时间经验的绝对同时性提出疑问，揭示了时间相对性。例如，波珀（E. Pöppel）的《意识中的时间》（1985）把内省性意识的信息处理的界限跟爱因斯坦的特殊相对论做出类比，论及这个问题。正如波珀所说，心理学作为前提的两个事件间的同时性，只是在两个事件存在于同一个运动系统的场合才能成立，像人类的心理那样复杂的系统构成的主观意识中的时间，只能是相对时间。

如前所述，从 19 世纪末至 20 世纪形成的心理学，就其立足的时间概念的特征看来，可以用均质性、要素主义、连续性、同时性、不可逆性、绝对性等范畴来体现其性质。

那么，研究历史认识的心理学，是如何发展起来的呢？晚年（1900年以后的 20 年）冯特致力于土著人的文化研究，以"语言"、"艺术"、"神话与宗教"、"社会"、"法律"、"文化与历史"为主题，著有 10 卷本的《民族心理学》，这是众所周知的。在冯特看来，研究不锁定他人存在的一般人类精神作用的心理学是以生理学为基础的实验心理学的领域，而锁定他人存在的个人社会生活的精神作用，是研究人类的心理产物——文化与历史——的民族心理学的领域。心理学就其出发点说，是由作为实验心理学的生理心理学，和作为历史心理学的民族心理学两个领域构成的。

然而，实验心理学取得了长足的发展，民族心理学的传承却裹足不前。文化和历史心理学的少数继承者，是作为精神科学构想历史、伦理、文学与艺术的心理学的狄尔泰（W. Dilthey）。狄尔泰倡导"个性叙事"的心理学，这种心理学是在神学的目的意义上去"理解"人类表现的文化经验的意蕴的。不过，即便是狄尔泰的历史与文化的心理学，也只是停留于哲学的思索与构想，并没有对历史与文化的内涵作出具体的阐述。

历史地探讨上述心理学中的"时间"与"历史"的处理方式，是推动历史、文化、社会的心理学前进的基础。然而遗憾的是，日本关于心理学的历史研究，目前除了古典的著作今田惠的《心理学史》（1962）和城户幡太郎的《心理学问题史》（1968）之外，只有波多野谊余夫、山下恒男的《教育心理学的社会史》（1987）了。

三、文化・社会・历史的心理学

以历史认识为对象的心理学在 20 世纪 80 年代以来，出现了新的发展的萌芽。这就是基于重新评价维果茨基心理学的社会文化心理学的发展，接受文化人类学影响的民俗心理学。

对于维果茨基心理学的关注，始于20世纪50年代末，由于赫鲁晓夫批判斯大林而实现了维果茨基著作的重印。推进这种复兴的是学习苏俄心理学的社会文化与历史研究的美国和日本的心理学家们。美国和日本的心理学家、教育学家，在1962年，同时率先翻译了维果茨基的《思维与语言》，持续地介绍了列昂节夫（A. N. Leontiev）、鲁利亚（A. R. Luria）等传承维果茨基谱系的苏俄心理学。

不过，值得注意的是，倘若比较一下日本和美国的心理学家的维果茨基研究，显示了若干迥然不同的性质。

第一，日本引进维果茨基心理学，是作为对于杜威的经验认识论的批判加以推进的。而在美国，则是作为对于行为科学的批判引进的。作为跟杜威共通的基于"工具性思维"与"社会性沟通"的发展理论受到注目。第二，日本的引进，是作为巴甫洛夫（I. P. Pavlov）指出的探讨高级精神功能的发展理论——决定论（存在决定意识）——的立场上推进的，而美国的引进，是作为抵抗行为科学的反映论和决定论，站在建构主义（主体建构现实及其认识）的立场上展开的。第三，在日本，是以个人思维的发展作为单位的心理学引进的，在美国，是作为社会地构成以语言为媒体的工具性活动与沟通的理论，旨在克服心理学的个人主义而引进的。此外，在美国还关注对于维果茨基的语言的符号论研究，在日本却缺乏这种关注。

之所以造成上述的差异，是由于日本基于经验主义教育的批判而引进维果茨基心理学，并且呼应"学科内容现代化"的要求的。以柴田义松翻译《思维与语言》（1962）为起点的维果茨基一连串著作的翻译与介绍，从国际上看也是先驱性的，推广的规模也是划时代的。在美国，同年也翻译、出版了《思维与语言》。在美国的波及，只限于以布鲁纳（J. S. Bruner）为中心的积极关注维果茨基、鲁利亚心理学的心理学家。20世纪70年代中期以来，在美国是出于寻求社会文化心理学而一举扩大了对于维果茨基的关注时期，而在日本，却是"学科内容的现代化"终结，对于维果茨基的关注衰退的时期。对于维果茨基的关注在日本重新掀起高潮，是受欧美高涨的维果茨基研究所触发的 20 世纪 80 年代中期以后的事。

在这种日美的不平衡现象的基础上，20 世纪 80 年代以来，日本也以重新评价维果茨基为轴心，开拓了亦可称之为文化心理学和历史认识的心理学的崭新的研究领域。在美国，关注以鲁利亚著作为中心的心理学历史主义，科尔（M. Cole）和莱夫（J. Lave）等人的文化人类学研究，或是对于沃奇（J. V. Wertch）等人的精神发展的社会文化性格的语言符号论的研究，和卡兹顿（C. B. Cazdon）等人的社会语言学研究，是复兴维果茨基心理学的推进力。相反，在日本成为维果茨基心理学的推进力的是，推进教育心理学范式转换的认知心理学家。

因此，日本的对于维果茨基心理学的重新评价，主要是围绕"情境认知"的关注展开的。主张"情境认知"的人们，批判皮亚杰为代表的表象主义，主张认知过程不是大脑独立实现的过程，而是以工具为媒体通过同环境的不断的交互作用得以实现的。知识隐含于情境之中，认知的过程是通过行为学习同环境的"连续的同步系统"的过程（上野，1991）。这种理解，提供了比较研究的视野：把学校中形成的认知文化特质跟日常生活实践中所形成的认知加以对比的研究。正如无藤隆翻译拉弗的《日常生活中的知识》（原题为《实践中的知识》，1988）的标题所示，"情境认知"实现了聚焦日常生活中起作用的知识的心理学研究。

这样看来，近年的维果茨基心理学的研究，显示了不同于 20 世纪 60 年代至 70 年代的维果茨基研究。其标志就是对于"最近发展区"的理解。从 20 世纪 60 年代至 70 年代，"最近发展区"表达了"教"对于"发展"的主导性，是作为促进教育内容系统化的理论受到关注的。但在近年的研究中，"最近发展区"的概念表达了"学"对于"发展"的主导性，发展起社会建构的学习理论：以语言为工具进行媒介的学习的活动性及其学习乃是一种社会建构。这种转换，过去译为"教学"的"Обчение"，意味着"教＝学"，就其本意来说，把它理解为意味着"学习"来得妥当。

不过，另一方面，关于学科内容及其教学过程，近年的维果茨基研究并没有产生以往那样的影响。这是应当指出的。在社会建构主义之中复活的维果茨基心理学，作为组织学科内容与学习过程的实践性理论，至今尚不完善。近年来维果茨基的研究尽管扩大了研究历史认识的条件，这是以往的心理学所没有的，但依据历史教育实践的研究尚未着手。以历史的、民族学的语脉作为基础重新审视人类心理活动的民俗心理学（J. S. Bruner），在日本的研究中也有所进展，期待它发展为历史认识的心理学。

四、识记与回忆的心理学

历史认识的心理学的一个发展，可以在识记与回忆的研究中追溯。近年来，识记与回忆的心理学活跃起来，这些研究有一个共同点，不是把识记视为电脑数据那样的信息集积，而是通过识记的行为进行创作。电脑的识记不过是输入信息的"回忆"（recall），而人的识记是作为"再认"（recognition）的创作。

作为"再认的科学"的识记研究，用神经进化论的理论来阐明免疫的分子结构的生理医学诺贝尔奖金获得者阿德尔曼（G. M. Adelman）提供了准备。阿德尔曼立足于进化论提出了这样的理论：主体对于环境的适应不是预先提供了信息而产生的，而是由于淘汰的结果而产生的。进化和免疫是由于机体的"再认系统"事后生成的。以这种"再认系统"为模型，对于识记的心理作用及其过程的关注提高了。

人们的识记，可以划分为若干种类，诸如事件的识记、意义的识记、步骤的识记、命题的识记等等。它们的特征是模糊性。识记以可塑性为特征，是根据现在的环境和需要做出的回忆，赋予前后关系以脉络和涵义，加以创作的。在这种识记的创作过程中起决定性作用的是回忆这一心理作用。

滨田寿男的《自白之研究——审讯者与被审讯者的心理构图》（1992）指出了作为事件之回忆的再认心理学的重要性。该书研究了由于招供造成的冤罪事件发生的过程，揭示了作用于这种过程的无言的暴力和歧视的实态；同时阐明了招供这一事件的回忆，乃是审讯者与被审讯者共同制作的过程。这个事实表明，每一个个体的历史真实得以形成，其前提就是使这种真实能够真实的共同体的存在。

产生冤罪的目击者的证词也是同样。《现代精神》第 350 号设"目击者证词"特集，讨论处于法律学和心理学边界的证词心理学、招供心理学、审判心理学的问题。特集于是讨论了，事件的回忆是在特定的系统中进行的，情境依存性极强，是事件议论场中作为共同生成来实现的（佐藤达哉等，1996）。

自白和证词心理学的基础，是识记心理学、回忆心理学的研究。编辑《回忆的原野——现在中的过去》（1996）的佐佐木正人叙述道，自己的回忆研究的进展是受到内瑟（U. Neisser）的《观察到的回忆》与米德尔顿（D. Middleton）及爱德华（D. Edwards）的《集团回忆》的影响，从识记研究走向回忆研究的。通过上述滨田等人的自白与招供的研究，借助田野作业甚至可以分析到回忆的故事的地点。佐佐木还通过航海案例的分析，说"回忆就是诞生"。他概括地说，回忆乃是遵循独创性，将过去的自我与现在的自我双重化之后所实现的过去事件的层层剥笋的探索行为，是伺机诞生、发展、死灭和复活的探索行为（佐佐木正人，1996）。

如果说，回忆是个人的识记话语，那么，历史就是共同体的识记话语。而作为共同体的识记话语的历史，是作为个体的活生生的识记深深地刻印下来的。佐佐木编的《回忆的原野》中高木光太郎的"精神准备的恢复"，就是挑战以这种共同体的识记——历史作为对象的回忆心理学的论文。高木例举克劳德·莱兹曼（Claude Lanzmann）执导的回忆犹太人大屠杀题材的法国纪录片《证词：犹太人大屠杀》（Shoah），认为值得注意的是这部影片以彻底的反回忆的方法构成的（高木光太郎，1996）。既然大屠杀是抹杀目击者的事件，那么，大屠杀的历史只能用拒绝故事的方法来呈现，这就是莱兹曼所洞察的大屠杀回忆的本质。事实上，尽管影片《证词：犹太人大屠杀》是以种族灭绝为主题的纪录片，但尸体和死者的声音一概不出现。在《证词：犹太人大屠杀》中，莱兹曼在大屠杀的场所会晤证言者，通过再现过去一样的行为，细腻地记录了证言者的亲身经历所生成的事件的回忆。借助这种方法，《证词：犹太人大屠杀》有可能向我们展示难以言传的大屠杀的现实。《证词：犹太人大屠杀》所提示的方法是一种面对消逝的事件，以个人亲历事件的回忆来再现战争这一共同体记忆的方法。

五、生活经历的心理学

历史认识与心理学的另一个结点是在生涯发展的研究中开拓的，在历史学、社会学、文化人类学的边界领域形成了生涯心理学、生命周期心理学、生活经历心理学。关于生命发展各阶段直面的发展课题的心理学，霍尔（G. S. Hall）的心理学研究是一个出发点。他著有《青年期》、《老年期》等心理学著作。20 世纪 50 年代艾里克森（E. H. Erikson）的心理社会与心理历史的发展研究，和哈维格斯特（R. J. Havighurst）的发展课题研究，奠定了该领域研究的基础。

这个领域的研究成果，可举日本广岛大学与克拉克大学 20 年合作研究基础上写成的，山本多喜司、瓦普纳编的《人生转变的发展心理学》（1991）。该书把"人生转变"作为关键词，着眼于每一个生命阶段里的发展面貌与环境的转变，来检讨 20 年间的发展研究成果——通过总体论、系统论的研究，探讨构成发展课题的环境及其在该环境中实现的机体的发展。

另外，也许可以称之为民俗心理学，还展开了从发展心理学的范畴探讨儿童养育的历史传统、民俗传统的研究。小鸠秀夫的《探寻育婴的传统》（1989）就是其代表性的成果。小鸠检讨描述人间轮回转生的佛教寺院的《十界图》和民间传承的种种养生训，阐述了日本从近世到明治初期，育婴的观念与技法实现了怎样的文化演进。

小鸠的研究开拓了生涯发展心理的历史学、民俗学研究，正因为以往的心理学研究缺乏对于历史与民俗的充分关注，这是一个今后能够期待发展的领域。特别是生涯研究和生活经历研究的方法，在发展心理学和教育心理学中也是值得关注的。

生涯研究起源于埃尔德（G. H. Jr. Elder）的《经济大萧条时代的孩子们》。埃尔德以儿童时代经历过经济大萧条的一群人（同龄集团）为对象，实施了历经数十年的追踪调查，研究了经济大萧条这一历史事件形成了怎样的人生态度。

在日本的生涯研究，以森冈清美为核心展开了家庭社会学领域的研究，在教育研究中积累了稻垣忠彦、寺崎昌男、松平信久编的《教师的一生——教师生涯中的昭和史》（1988）。我也参与了该研究。这个研究动用详尽的询问调查资料，揭示了昭和六年长野师范毕业的一帮人通过无数的历史事件，是如何形成作为教师的自我意识和专业能力的。同样的研究，有参与上述课题研究的山崎准二，独自通过静冈大学教育学院历届毕业生的生涯研究，描述了战后教师意识的变化（山崎准二，1994年）。此外，高井良健一通过案例研究，描述了中年期教师职业认同感的危机（高井良健一，1994）。

关于历史认识的生涯发展的调查研究也是重要的课题。社会科教育研究者村井淳志、历史教育实践者安井俊夫等人从事的学生追踪调查，探讨了初中历史教学中形成的历史概念与涵义的结构，给学生尔后对于历史的关注与观念产生何种影响（村井淳志，1996）。这种研究，从方法论上说，需要进一步提炼。但从生涯发展的视点探讨历史认识的学习经验的涵义，这种挑战是值得肯定的，是应当作为心理学研究的对象加以设定的。

六、课题与展望

由上可见，历史认识完全作为心理学研究的对象，即便在心理学领域这么广泛涉猎、如此细分化的现在，也仍然是不充分的。特别是关于教学过程中历史认识的研究，关于历史学科学习过程的研究，至少应当提高到跟其他学科心理学相匹敌的水准。

正如秋田喜代美在她的概述科学认识与社会认识的学习与教育的认知心理学成果的论文中所指出的，历史与社会的认识不是像自然认识那样可观察的认识，而是基于时间轴和空间轴的关系的表象。认识主体介入对象的内部，处置的是同价值与伦理结合、难以再现的现象，在这一点上，是迥然不同于自然认识的心理学研究的（秋田喜代美，1996）。在社会科教育领域中，探讨社会关系与社会认识之发展的心理学研究，可以列举弗思（H. G. Furth）以皮亚杰理论为基础调查了儿童的社会认识的研究（1980），田丸敏高调查儿童的具体呼声、探讨社会表象的发展的研究（1993），等等。关于儿童历史认识的心理学研究至今仍然是一个空白。这是因为，历史认识的心理学只有在冲破了历来的自然科学中得以正统化的心理学框架之后，才能形成。

当然，这并不是说，借助以往的心理学的框架和方法不可能进行任何的历史教学的研究。美国心理学会的《教育心理学手册》（1996）设有"历史的学与教"专章，报告20世纪80年代中期"认知革命"以来，关于时间观念的历史认识、构成历史认识之背景的知识、叙事式地构成历史的能力，和历史学家编纂历史的思维过程的心理学研究获得了进展。作为密切联系教学的研究，威尔逊（S. M. Wilson）与瓦因伯克（S. S. Wineburg）关于教师知识的研究引人注目。威尔逊等人的历史教育的研究是以斯坦福大学的舒尔曼（L. S. Shulman）提出的"设定了教学的教材的知识"（pedagogical content knowledge）为基础的。该研究揭示，历史教师的"设定了教学的教材的知识"，作为历史表象在案例、比喻、类推、叙事、例示等方式中发挥作用；在教学过程的教师决策中发挥作用；作为教育内容（历史形象与历史概念）和儿童认识相结合的媒介在发挥作用（S. S. Wineburg）。

最后应当指出的是，心理学的研究必须更积极地探讨牵涉历史认识的主题。一般认为，心理学是超越政治的、价值不明的研究，但在工业社会、消费社会和"优才制度"（meritocracy）的形成中，心理学作为核心推进力作出了贡献；即便在战争中，心理学也有胜于其他学科的历史。倒是应当提出这样一个问题：心理学如何为维护和平作出贡献。对于历史的批判性思考，在教育过程中是如何形成的呢？儿童是如何感同身受地得到战争的回忆这一共同体的回忆的呢？向往狭隘的民族主义和排他的好战性的战争的心性，在每个人的历史认识中是怎样出现的呢？我想，在担忧战争的记忆空洞化的现在，这些课题应当成为一个重要的研究主题。

历史认识的心理学，要求心理学对于当然的时间概念、识记和回忆的机制，作出自觉的反思和批判。我期待着这个领域的研究今后能够获得进展，在实现心理学的跨学科化的进程中为教育的实践与历史的创造作出贡献。

参考文献

秋田喜代美、一九九六'科学的認識・社会的認識の学習と教育'大村彰道編"教育心理学 I．発達と学習指導の心理学"東京大学出版会、六三—八八ページ。

Bruner, J., 1996 *The culture of education*, Cambridge：Harvard University Press.

福島真人編、一九九五"身体の構築学——社会的学習過程としての身体技法"ひつじ書房。

Furth, H. G., 1980 *The world of grown-ups*：*Children's conceptions of society*, New York：Elsevier North Holland, Inc.（加藤泰彦・北川歳昭編訳、一九八八"ピアジエ理論と子どもの世界——子どもが理解する大人の社会"北大路書房）

浜田寿美男、一九九二"自白の研究——取調べる者と取調べられる者の心的構図"三一書房。

波多野誼余夫・山下恒男、一九八七"教育心理学の社会史——あの戦争をはさんで"有斐閣。

今田恵、一九六二"心理学史"岩波書店。

稲垣忠彦・寺﨑昌男・松平信久編、一九八八"教師のライフコース——昭和史を教師として生きて"東京大学出版会。

Kern, S. , 1983 *The culture of time and space*：*1880—1918*, Cambridge：Harvard University Press. (浅野敏夫訳、一九九三"時間の文化史——時間と空間の文化：一八八〇—一九一八年"法政大学出版会)

城戸幡太郎、一九六八"心理学問題史"岩波書店。

小嶋秀夫、一九八九"子育ての伝統を訪ねて"新曜社。

Lave, J. & Wenger, E. , 1991 *Situated learning*：*Legitimate peripheral participation*, New York：Cambridge University Press. (佐伯胖訳、一九九三"状況に埋め込まれた学習——正統的周辺参加"産業図書)

Leinhardt, G. , 1994 *History*：*A time to be mindful*, In G. Leinhardt, I. L. Beck & C. Stainton (Eds.), *Teaching and learning in history*, Hillsdale NJ：Lawrence Erlbaum Associates, pp. 209–255.

Leinhardt, G. , Stainton, C. , Virji, S. M. & Odoroff, E. , 1994 *Learning to reason in history*：*Mindlessness to mindfulness*, In M. Carretero & J. Voss (Eds.), *Cognitive and instructional processes in history and the social sciences*, Hillsdale, NJ：Lawrence Erlbaum Associates.

茂呂雄二、一九九一'対話としての知・行爲としての知——認知科学におけるヴィゴツキーとバフチンのアプローチの今日的な意味'"現代思想"一九(六)、一〇四——一一三ページ。

村井淳志、一九九六"学力から意味へ"草土文化社。

Pöppel, E. , 1985 *Grenzen des BewuBtsein*：*Uber Wirklichkeit und Welterfahrung*, Stuttgart：Deutsche Verlags-Anstalt GmbH. (田山忠行・尾形敬次訳、一九九五"意識のなかの時間"岩波書店)

佐伯胖、一九九三'訳者あとがき——LPPと教育の間で'前掲、J・レイヴ・E・ウエンガー、佐伯胖訳"状況に埋め込まれた学習——正統的周辺参加"産業図書、一八三——一九一ページ。

佐々木正人編、一九九六"想起のフイールド——現在のなかの過去"新曜社。

佐藤学、一九九五'学びの対話的実践へ'佐伯胖・藤田英典・佐藤学編"学びへの誘い"シリーズ学びと文化1、東京大学出版会、四九—九一ページ。

佐藤達哉・渡部保夫・仲真紀子・黒沢香・菅原郁夫、一九九六'法律学と心理

学にとつての証言'菅原郁夫・佐藤達哉編"現代のエスプリ三五〇：目撃者の証言"至文堂、八一三七ページ。

田島信元、一九九六'ヴイゴツキー——認識の社会的構成論の展開'浜田寿美男編"別冊発達二〇：発達の理論"ミネルヴア書房、七四一九四ページ。

高木光太郎、一九九六'身構えの回復'佐々木正人編"想起のフイールド——現在のなかの過去"新曜社、二一九一二四〇ページ。

高井良健一、一九九四'教職生活における中年期の危機——ライフヒストリー法を中心に'"東京大学教育学部紀要"三四、三二三一三三一ページ。

高取憲一郎、一九八七"心理学のルネサンス——ヴイゴツキー理論の展開"京都：法政出版。

田丸敏高、一九九三"子どもの発達と社会認識"京都：法政出版。

上野直樹、一九九一'状況的認知'日本児童研究所編"児童心理学の進歩(一九九一年版)"Vol. 30、金子書房、二八三一三一五ページ。

ヴイゴツキー L. S.,1934(柴田義松訳、一九六二"思考と言語"明治図書)

Wertsch, J. V, 1991 *Voices of the mind*：*A sociocultural approach to mediated action*, Cambridge：Harvard University Press.(田島信元・佐藤公治・茂呂雄二・上村佳世子訳、一九九五"心の声——媒介された行爲への社会文化的アプローチ"福村出版)

Wineburg, S. S.,1996 *The psychology of learning and teaching history*, In D. Berliner & R. Calfee(Eds.), *Handbook of educational psychology*, New York：Macmillan, pp. 423–436.

山本多喜司・ワツプナー・S編著、一九九一"人生移行の発達心理学"北大路書房。

山崎準二、一九九四'教師のライフコースと成長——卒業生追跡調査を通して'稲垣忠彦・久冨善之編"日本の教師文化"東京大学出版会、二二三一二四七ページ。

13 公众与教育

——战后民主主义与杜威

在语言学上对立地界定"私"（private）同"公"（official）不是没有意义的。所谓私的个人，是被"剥夺"（deprived）了"公的立场"（public position）的个人。

——John Dewey，*The Public and Its Problems*，1927

一、战后的日本社会与杜威

战后的日本社会，重振标榜民主主义的市民社会，发展起以平等权利和自由市场为基础的大众社会。战后初期的改革，瓦解了保留象征天皇制的军事权力，确立了国民主权的宪法，实现了人人按照自由意志参与社会的民主主义。另一方面，战后一连串的改革也为均质化的权力空间和自由市场提供了准备，构成了人人自由自在地寻求各自生活的大众社会。农田改革等一连串的战后政策，解放了每个人的积蓄和消费的欲望，产生了企业社会和消费社会，这种权力的均质化和私人欲望的解放，创造了大众社会的基础。

表征战后社会特征的两个概念——"民主主义"与"大众社会"，

却没有获得预期的和谐关系。国民主权的"民主主义"原本就是隐含着容易沦为"愚民政治"危险的制度。日本的议会制民主主义，从大正期的普通选举制度以来，以从地方名门望族之中选拔贤人的封建遗制为基础发挥着作用，战后的平等化和均质化使这种选拔名门望族的机制瓦解了。而以大众社会为基础的私人空间与私人欲望的扩大，则适应都市化和工业化的步伐，促进了共同体的解体，带来了支撑"民主主义"的公共空间丧失的事态。

当然，在推进战后改革的人们引进"国民主权"，讴歌"基本人权"的阶段里，对于迎合利己主义的大众社会的形成导致了民主主义的危机，并非全然没有料到。正是由于察知了这种危机，教育改革才处于战后改革的核心地位。民主主义的社会是以拥护民主主义、参与社会的主体的形成（教育）与尊重个人自由、尊严的法制规范的形成（伦理）作为它的生命线的。确实，众多的人反复强调了民主主义的生命线中有"教育"与"伦理"。然而，在工业主义、民族主义之下，政治伦理腐败，基于教育的官僚控制的国家管理与围绕应试的私人竞争及私人欲望的膨胀，使得形成民主政治之主体的教育的公共功能面临危机。

近年来，对于杜威的关注再度高涨，这跟经历了这种战后 50 年的日本社会现状不是无缘的。杜威正是终身探索促进民主主义之实现的教育与伦理意义，洞察公共性和共同体的解体将导致民主主义危机的思想家。特别是对于处在两次世界大战夹缝之间忧虑民主主义与和平的杜威说来，"公众"（public）与"共同体"（community）的复兴是他的哲学的核心问题。然而，在战后日本教育学界的杜威教育思想吸收中，构成杜威政治思想之核心的"公众"、"共同体"、"伦理"的概念不是缺失了么？

二、"公众"与"共同体"的缺失

直截了当地说，战后日本接受杜威的教育思想是借助信奉传统的自由主义的人们推进的。所谓"传统的自由主义"是指对抗国家专制权力、主张个人自由的自由主义；是以自律的个人为主体构想市民社会的19世纪的自由主义思想。然而杜威认为，传统的自由主义的"自由放任主义"思想乃是"民主主义危机"的元凶。这一点，人们几乎没有认识到。

无论在日本还是美国，往往把杜威视为类似卢梭、立足于"自然法"谱系的思想家。但杜威自身并不是以"人性即人类的自然本性"为基础寻求"个人"的。在杜威看来，无论"个人"（individual）还是"社会"（society）都是互为媒介地构成的，不是源于"自然"与"自然法"的概念。杜威批判了把"个人"视为现成的"心理学假说"，主张"个人的权利" "并不是先于社会关系的政治组织而存在的"（LW11，6-7）。同时，杜威也批判以为借助个人自由地追求自己的生活就能达成"社会进步"的"经济学假说"，强调"自由"和"权利"是基于"政治"和"伦理"的社会关系的产物，是相对而言的（LW 7，331）。他说，"在个人事态（the individual）与社会事态（the social）之间没有什么矛盾"（LW 7，324），"惟有在社会集体中'个人'（person）才拥有发展'个性'（individuality）的机会"（MW 15，176）。特定的"个人"构成特定的"社会"（人际关系），特定的"社会"构成特定的"个人"——这就是杜威对于"个人"与"社会"的认识。个人本身已是社会的存在。

杜威作为"自然"赋予基础的，既非"个人"，亦非"社会"，而在于"共同体"（community）。这一点非常重要。杜威批判专制主义，强调作为"个人"（individuality）表现的个人自由，但这种"个性"并不是作为内在于个人的心理学属性来认识的，而是意味着个人参与"共同体"的社会样式的独特性与多样性的概念。

因此，杜威的"自由"与"平等"并不是杰弗逊（T. J. Efferson）为代表的传统的自由主义所主张的"天赋权利"。"平等"不是天赋的权利，而是靠每个人的社会贡献达成的"共同体"活动的"产物"。基于"个人主义"的自由也不过是停留于传统的自由主义所强调的从政治、经济、文化的制约与压迫下获得的自由，但其实，自由应当意味着作为"共同体"的有力的一员行使"自由而充分地参与"活动的自由（LW 11，25）。正是"共同体"提供了"个人"与"社会"的基础，提供了人们生活之基础的本源性的自然。

构成杜威思想核心的"民主主义"也是以"共同体"为基础构成的。"民主主义"的概念在传统的自由主义中理解为"作为统治形态的政治民主主义"这一狭窄意义，杜威的"民主主义"则是"作为思想的民主主义"，是贯穿整个"生活方式"（a way of living）的概念。"民主主义"也可以说是"共同体生活本身的思想"（LW 2，328）。而实现这种"民主主义"的方法，就是教育。

战后日本的教育学，由于是在传统的自由主义的基础上吸收杜威教育思想的，所以，杜威所强调的"共同体"的意义并没有得到充分的评价，无视了杜威把"民主主义"视为"参与""共同体"来界定的框架。人们耳熟能详的《学校与社会》（宫原诚一译，岩波文库）也把"共同体"（community）译成"社会"，原文中分别使用的"共同体"与"社会"（society）的差异，在翻译成日本语的过程中同一化了。

在吸收杜威教育思想中的"共同体"的丧失，也带来了杜威在"民主主义"与"共同体"的界面上设定的"公共性"（public-mindedness），或是"公众"概念的丧失。杜威强烈感到"公共性"的危机感，是在20世纪20年代中期以后。基于都市化、产业化的个人主义的扩大，引起了对于公共事务熟视无睹事态的危机意识。可以说是对于奥尔特嘎（J. Ortega）和理斯曼（D. Riesman）提出的"大众社会"的病理问题的最早反应。杜威以拥护"公共性"（public-mindedness）为主题，著有《公众及其问题》（*The Public and Its Problems*）一书。该书具有回答里普曼（W. Lippmann）某些论断的性质。主宰进步主义杂志《新自由主义》的里普曼在题为《公众的亡灵》（*The Phantom Public*）一书中论述"无知的、不可教的大众"时，提出了"民主主义的神秘诡辩"、"教育不过是对不完全的民主主义的修复措施"之类的批判性论断。杜威对这种批判作出了回答。作为一种讽刺描述了"大众社会"（mass society）中民主主义危机的里普曼的议论，发展成许多知识分子和批判家卷入的一场大论战。杜威尽管在这个漩涡中一贯处于孤立状态，但他旗帜鲜明地批判了"陈腐的个人主义"，这种个人主义把自律的个人界定为自我满足与私人聚财的主体；主张基于科学、伦理与教育的"新兴的个人主义"和"公众"的可能性。

探索信奉"公众"的可能性、复兴"公众"的方略，是克服民主主义危机的核心课题。杜威指出了由于都市化与工业化而在传统的共同体濒临崩溃的状态中"公众"作为"大众"行动的状态。里普曼以"大众"之名表现的对于"公众"现实的危机感，杜威也是有的。杜威从三个层面揭示了"公众的问题"。一是"近视的公众"（narrow public），二是"散漫的公众"（diffused public），三是"冷漠的公众"（distracted public）。追求各自的自我中心利益的被狭隘组织分割的"公众"已经不是"公"的存在。作为细分化了的利益集团成员而散漫的"公众"也已经不是"公"的存在。痴迷于私人爱好和兴趣、对于社会和政治公共事务漠不关心的"公众"也已经不是"公"的存在。杜威把这种公共性的危机表达为"沟通"的危机。他呼吁，随着媒体的改进，要建立起人人关注公共事务的制度，同时，建立起"公众"作为社会探究的主体，共享"根本原理即民主主义原理"的新的"共同体"。他说，这种新的"共同体"意味着替代地缘性、血缘性共同体的"共同体"。"大众社会"本身必须重建这种新的"共同体"。杜威说，"'伟大的社会'（Great Society）应当成为'伟大的共同体'（Great Community）"。

在《公众及其问题》中，杜威拥护两种意义上的"公众"。一是不同于加剧私事化的传统自由主义的"公众"。原子论地认识每一个人的传统自由主义的个人主义，随着大众社会的出现，导致了主动地参与政治的"公众"（市民）的解体。跟意识到民主政治是绝对的生命线的古希腊的城邦国家，和新体制更新旧体制的市民革命的时代不同，在大众社会里，倘若不持之以恒地建构以多样的课题为中心、组织参与与合作、基于"共同的信念"（common faith）的"共同体"，那么，人们就容易孤立，解体成原子；"公众"只能归于灭亡，民主主义濒临危机。在探讨复兴"公众"的方略的过程中，可以说，杜威与传统自由主义明确地划清了界限，开始探索超越市民社会界限的新的思想原理。

二是不同于政治实践中熟练专家与技术官僚控制的"公众"。大众社会是以不信任大众的政治能力作为基础的，从而产生出由形形色色的熟练专家与技术官僚控制的社会。政治家、官僚、知识分子、评论家、记者垄断了政治权力。确信科学的效用的杜威，肯定了熟练专家与技术官僚所固有的作用。但他断言，民主政治是以"公众"的存在和"公众"的活动为前提的制度，"单靠政治精英是维护不了民主主义的"。

由此出发，杜威阐述了在共享公共事务的媒体和日常生活中，"面对面沟通"的重要性。作为共享关爱、共享活动、共享知识、共享伦理的"社会行为"（social action）的沟通正是催生"共同体"、催生"民主主义"的基础。教育，承担着催生"共同体"、催生"民主主义"的核心使命。

三、构成"公众"的成分

如何来理解战后日本教育学中吸收杜威思想的过程中，"公众"的概念、"公共性"的概念几乎被置之度外的状态呢？可以毫不夸张地说，杜威的本领在于"公共性哲学"。尽管这样，战后日本的教育学为什么不吸纳杜威的"公众"概念与"公共性哲学"呢？我想，这里面，似乎投射了不能还原为传统自由主义的日本特有的思想问题——"公共性"的意识和思想的不成熟这一个棘手的问题。

在日本，"公"的概念传统上并不是不存在。把"公"视为"公家"、把"私"视为"内务"的意识，至少在室町时代就已经深入人心了。"市庭"（市场）的"庭"意味着多样的人聚会的"公共空间"。称之为"苦界、公界"的公共圈也在中世纪在市场周边形成了。这是众所周知的事实。不过，近代国家形成以来，人们主动地构成的公共圈和公共性的思想，直至今日依未成熟。明治以来，冠以"公"的领域就是国家管理的场所，并没有意识到它是一个人们交流、共享多样文化的空间。在战后情况也是同样。当"公"成为问题的时候，正如"公共保障"、"公共投资"、"公共教育"等等的术语所暗示的那样，主体不断地在国家一侧，并没有意识到"公众"成为主体构成的领域。

这种"公众"的缺失，在日本经济高速发展时期，与生产主义、民主主义交织在一起，导致了基于大量消费时代到来的大众社会的扩大，加剧了人们意识的私事化、政治冷漠和政治伦理、教育伦理的荒废。正因为此，我们应当着眼于杜威的"公众"的意义。战后的教育学由于一直对杜威的"公众"基础上的"共同体"持消极态度，"公共性哲学"全然没有得到介绍。这样，杜威的教育学在战后的日本只能局限于传统自由主义的范畴之内。

这个问题进而导致了杜威探讨"公众"与"共同体"的如下难题，这就是构成"公众"之基础、"民主主义"之母胎、"个人"与"社会"之基础的"共同体"的"信念"（faith）的问题。在近代以前的社会里，构成"共同体"的"信念"，不用说是宗教。把共同体对于上帝的信仰作为共同的情结加以构成，以教会为中心加以组织。杜威探讨的是替代这种宗教与信仰的构成"共同体"的新的"信念"的问题。

杜威的回答在题为《共同的信念》（A Common Faith）的小册子中表达出来了。在这本小册子中，杜威主张区分"宗教"（religion）与

"宗教性"（religious），把"宗教性"从"宗教"中剥离出来，构成新的共同体的"信念"作为哲学问题来设定，在这里，可以说是探讨杜威的超越了近代市民社会思想的场所。

杜威的"宗教"与"宗教性"的分割，类似于斯宾诺莎（B. Spinoza）的立场。杜威是从这样一个事实出发的："宗教经验"是跟"科学经验"、"劳动经验"、"艺术经验"、"伦理经验"、"政治经验"同等重要的人类经验。"宗教经验"是科学的"知识"不能达到的了解自己、渴望并探究法则的人类经验之一，构成社会生活中重要的构成要素。不过，杜威拒绝超越地界定"上帝"的存在，拒绝超自然地、非科学地说明"宗教经验"，对于以特定的宗教为中心的现实的宗教和教会持批判态度。祈祷和信仰之类的非合理经验也应当合理地加以思考。事实上，在杜威看来，"善"（good）比"上帝"（God）具有更重要的价值。这样，杜威探索的方法是，他把特定宗教、特定教义、特定教会中具体化的东西概括为"宗教"，从中剥离出"宗教性"。

所谓超越"宗教"的"宗教性"，可以说，就是对于人类与社会之进步的祈祷般的信仰。作为"宗教性"的"信念"，杜威运用带来人类经验的解放与协调的"想像力"（imagination）与"知性"（intelligence）的概念来说明，摸索作为替代宗教的"想像力"与"知性"。遗憾的是，杜威并没有具体地说明为这种"信念"——作为包容并超越现有科学、宗教与伦理来寻求的"宗教性"的"信念"——提供新的基础的"知性"，具体地说是怎样一种智慧活动。杜威所说明的是，"宗教性"的"信念"的必要性，是对这种信念的存在的信赖。

这种"信念"是联结"民主主义"与"共同体"的关键概念。杜威界定"民主主义"的概念是"受人类的可能性这一'生存活动的信念'（working faith）所控制的生活方式"（LW 14，226）。给人一种有着比政治概念更广涵义的印象。基于对人类可能性的信赖的"民主主义"，它本身就是一种"生存活动的信念"。而所谓"民主主义"就是表征"参与""共同体"的方式。杜威寻求的"共同体"，意味着以

"民主主义"这一"信念"为核心的人们自由参与的、合作的、建构的社会。

四、课题与展望

战后日本教育学吸收的杜威思想，就是在对于杜威在两次大战之间探讨的中心课题之一——无论"公众"的概念，还是"公共性哲学"的概念——理解不透的背景下实现的。然而，当我们回顾高速经济发展期以后的日本社会的变化，特别是大众社会的出现与私事化的社会意识与教育意识形成的时候，杜威的"公众"的概念和"公共性哲学"的概念没有受到充分的关注，是令人懊悔的事。对于"公共性危机"的理智的关注，经历哈贝马斯（J. Habermas）的《公共性的结构转换》，终于在教育学领域扎下根来。倘若考虑到战后教育的"公共性危机"渗透于大众社会的事态，那么，杜威的超越了将近50年的岁月的《公众及其问题》，不是仍然具有重要的意义么！

以民主主义的"信念"作为核心，催生"共同体"、重建"公共性"的课题在20世纪80年代以来，显得更加重要。新保守主义和新自由主义的教育政策所推进的教育改革的主流，正在朝公共教育从国家管理转向市场控制的路线迈进。只要强化这个方向，支撑教育与教学的公共圈的人们的联结与共同体就会愈益解体，加快教育意识的私事化步伐，使学校这一公共空间解体，乃至加剧民主主义的危机。杜威提示的"公众"概念与"公共性哲学"概念，为现今的日本提出了一个切实的问题。

正如杜威所洞察的，包括教育在内的公共圈是由拥护与发展民主主义作为自己使命的知识分子构成的，是由寻求民主主义之实现、参与多样的共同体的市民所维持和发展的。从这个视点看，杜威的一连串的论文，为我们提示了重新探讨今日的教育危机与教育改革之课题的逻辑。

参考文献

本論においてEW，MW，LWなどの記号で示したデューイの文献は、以下のもの
を意味している。

Jo Ann Boydston（ed.），*The Works of John Dewey*，Southern Illinois University Press，
1969−1990.

EW　*The Early Works*（5 vols.），1882−1898.

MW　*The Middle Works*（15 vols.），1899−1924.

LW　*The Later Works*（17 vols.），1925−1953.

なお、文中で‘LW12,231’と示した記号は、*The Later Worhs*の一二卷の二三一ペー
ジを示している。

14 性别与课程

我赞成"女性"这个概念，它无非是指"妇女半边天"的涵义。

——朱利安·克里斯特维：《辩护》，1977

一、引言：性别特征与近代教育

学校是在剥夺了性别特征的均质空间中生产，并再生产着性别的装置。这种中性化（去性别特征），是现代学校得以制度化的两种意识形态的产物。一是构成民族国家的国民教育的意识形态。二是基于启蒙观念的人类主义的意识形态。近代的学校是作为统整男女性别为均质的"国民"、抽象为普遍的"人类"的装置而组织起来的。而且，这种性别特征的中性化，由于以父权家长制的家庭关系作为教育关系的规范，而推进着性别的再生产。如果说，这种欺骗性是学校中性别差异的结构，那么可以说，这种中性化的功能本身就是学校这一制度所隐含的性别歧视的核心问题。

近代学校的形成原本就是同性别歧视密切相关的。可以说，近代学校是在民族国家与父权家长制这两个权力装置的结节点上形成的。父权家长制的教育转型为民族国家的教育的逻辑，可以从诸如裴斯泰洛齐的"教育爱"的话语中发现典型。在裴斯泰洛齐看来，教育是一种"术"，这种"术"，一方面在母（家庭）养育子女所隐含的"自然"概念中加以理念化，另一方面则是受到控制母的"自然"的父（国家）的理性所规范。一方面，把基于葛笃德（母）的"自然"的慈爱的教育作为"教育爱"加以理想化，另一方面，基于裴斯泰洛齐自身（父）的"探究"（理性）的启蒙教育也作为"教育爱"加以理念化。通过这两者的统一，构成培植"国民"这一中性主体的"教育爱"。这种以父权家长制为模型的"教育爱"，正是耶稣教中成熟的近代教育的情感基础。顺便提一句，率先倡导义务教育的是宗教改革的创始者路德（M. Luther），他也是立足女性原罪的教义，主张性别分工与父权家长制的彻头彻尾的性别歧视者。

　　另一方面，构成近代教育思想之核心的启蒙主义也基于"普遍人类"（人类主义）的理念化，形成了性别再生产的正统框架。把启蒙主义发展到革命思想的卢梭在他的《爱弥儿》中，也摆脱不了这种框架。幼儿期的爱弥儿被抽象化，描述为"儿童"这一中性的存在。不过，到了青年期的爱弥儿，苏菲这一女性的教育作为中心主题浮现出来。"普遍人类"的人权中男女同一性的认识，把性别这个社会性差异的问题主题化了。这种男女同一化与差异化同时展开的局面，卢梭在苏菲的教育中表现为明显的双重性：一方面讴歌人类作为"种"的"平等"；另一方面又彻底地论述基于"性别"的教育的差异。只要考虑到性别差异，所谓生存于社会中的爱弥儿（男）的教育与生存于家庭中的苏菲（女）的教育，无论在内容上、方法上，都必须是迥然不同的。

　　不过，在现实中制度化了的近代学校，由于"国民"与"市民"这两个中性化的表象，起着隐蔽性别的作用。这种"国民"与"市民"中的普遍化，可以说是"男性的普遍化"，而不是"女性的普遍化"。为近代的公共教育作出了准备的葛笃德的教育与苏菲的教育，究竟在何方？

　　促进这种近代教育制度化的两个核心概念——"国民"与"市民"，都交织着双重的作用：一方面是隐蔽了基于性别差异的观念划一化的性别，另一方面是凸现了基于社会与家庭的性别角色分工的性别。况且，一方面缩小性别差异，另一方面又扩大性别差异。这在近代教育中构成了共犯关系。例如，泰亚克（D. Tyack）指出的在倡导男女同校的美国高中出现男子足球和女子拉拉队的事实，一针见血地揭示了这种共犯关系。由于男女共学，不能丧失"男子气"的危惧产生了课外的足球；在赛场支撑、鼓励"男子气"而作为"女人味"的表现，产生了女子拉拉队（D. Tyack and E. Hansot，1990）。这种男女划一化和差异化的共犯关系，在学校教育中随处可见。

　　教育研究中女性主义的发展，参照斯通（L. Stone）的研究史概述，可以提出如下四个谱系的分类（L. Stone，1994）。第一潮流是"普遍主义"（universalism）谱系。在这种立场上，无论生物学层面还是文化层面男女原本是同等的，性别被视为否定男女平等的历史与社会的产物。而且，旨在建构无论男女都作为"普遍人类"以合理的理性结合的平等社会。亦即在男性中心构筑的社会里女性平等地参与的运动，亦即追求男女平权。

　　第二潮流是"分离主义"（separatism）谱系。男女是平等的，却是不同的。性别差异被视为历史与社会的产物。在这种立场上，男性是生存于公家的、生产性的、社会生活领域中的存在，而女性是生存于私家的、再生产性的、家庭生活领域中的存在。问题在于如何解决在这两种领域中前者优先、后者从属的性别差异。谋求社会结构——如何提升女性生活领域的价值，创造男性优位生活——的改革。

　　第三潮流是"本质主义"（essentialism）谱系。这种立场是在上述两种谱系的交叉点上形成的。性别被视为历史的、社会的产物，男女之间的本质性差异是俨然存在的。认为男性与女性之间的差异是不可移易的本质。通过性别中的本质性差异的认识，组织社会平等化的运动，以求得男女性别的社会平等。

第四潮流是"特殊主义"（particularism）谱系。这种立场是通过对上述三种立场持批判态度，特别是对"普遍主义"和"要素主义"持批判态度而形成的。这种立场认为，平等的基础不在于"女人"、"男人"和"人类"的划一性，而是要寻求每一个人的差异。每一个人存在的多样性正是平等原理所要求的基础。因此，从这种立场出发，围绕着女性生活方式的多样性和独特性如何受到尊重，特别是少数民族女性和第三世界女性生存于边缘领域的女性身份的政治实践，成为研究的主题。通过隐含在每一个女人的意识与无意识之中的个人生活的苦恼与矛盾的性别认识，寻求作为一般"男人"、一般"女人"和一般"人"划一化范畴的解体，解构构成性别的话语。"个人的事件是政治性的"（personal is political）这一激进女权主义的宣言，很好地说明了这种立场。

上述四种谱系形成了复杂的论争，但重要的是，它们都表现了"性别"这个主题的多样的侧面。例如，第一谱系是早期女性主义运动的主流，是女性参与权的获得等女性人权的扩大与实现社会就业的主要推进力。这种谱系的意义至今仍未失色。只要市民权层面的男女差别俨然存在，这种谱系的运动与实践就会持续地推进。事实上，日本教育中的大半女权主义运动，可以说至今仍然是在第一谱系中得以主题化的。

日本教育中的女性主义是如何封闭于第一谱系的框架的呢？现实中实践化了的对于女性的举措，如实地说明了这个问题。在以往10年间，渗透于学校现场的对于女性的举措，是男女共修家政科；是把"父兄"称之为"监护者"的措施；是男女混合的座位表的推广。称之为"性别自由"的这些一连串举措，其中一些也呈现出戏剧化的面貌。例如，若干县、市的教育委员会推进的将男女性别一律称呼为"小×"，可以说带有抹杀一切差异的专制主义的色彩。

不用说，在现实生活中不会有"女人之前是人类"。倒是可以说，谁都不能不或作为男人或作为女人生存，这就是现实的生活。况且，今日教育中的女性主义的问题，正如拒食症、不良交际、酒精依赖症所象征的那样，已经扩大到人道主义和普遍人权范畴之外的问题。女性主义教育直面的课题，绝不仅仅限于"性别自由"（gender free）的教育框架之内，而是应当发展为"性别敏感"　（gender sensitive）的教育（B. Houston，1985）。

"性别自由"的教育所欠缺的是性别特征的教育，是关于性别内在的功能的教育。在第一谱系中，无论葛笃德的教育还是苏菲的教育，作为"性别角色分工"的适例被一扫而空，而只是剥夺了性别特征的、划一化的一般"人"的教育了。不过，标榜"性别敏感"的第二、第三、第四女性主义谱系，凸现了教育与性别的更深刻的联系。

作为伦理主体重新界定女性的诺丁斯（N. Noddings），和主张女性的生命周期的吉利根（C. Gilligan）等"本质主义"的女性主义者们，开拓了"性别敏感"的教育研究。这些"本质主义"的女性主义者们所关注的是，弗洛伊德（S. Freud）的"力比多"、"恋母情结"之类的概念以及这些概念所隐含的性别歧视成为批判的对象。

例如，吉利根在她的女性主义教育学的代表作《另一种声音》（*In a Different Voice*，1977）中，着眼于女性的从属于男性中心生命周期的隐蔽的声音，主张女性发展的固有伦理与独特的生命周期的存在。对于弗洛伊德主义的性别歧视的批判乃是女性主义推进者们共同的特征。吉利根的贡献就在于，她对于教育理论的基础之一——发展阶段的男性中心主义展开了根本性的批判。吉利根批判性地探讨了艾里克森（E. H. Erikson）的生命周期理论和科尔伯格（L. Kohlberg）的道德发展阶段论，表明这些理论跟弗洛伊德的"力比多"阶段论与皮亚杰的心理发展理论如出一辙。倘若考虑到这一点，她所提出的问题的重大性，是可以想像的（C. Gilligan，1979）。

另一方面，诺丁斯的《女性与罪恶》（*Women and Evil*，1989）及《学会关心》（*Caring*，1984）指出了女性游离于伦理主体之外被异化的问题，以女性的关系性自我概念、对话性话语方式、学会关心的实践为基础，探讨了基于女性原理的伦理学与道德教育的可能性。诺丁斯的伦理，试图立足于女性主义伦理学，斩断基督教世界的"女性与罪恶"——从源于夏娃（Eve）原罪的康德的建构主义伦理学到弗洛伊德的性别歧视——的锁链。

"性别敏感"的教育研究，基于乔德洛（N. Chodorow）的弗洛伊德精神分析批判，通过亲子关系中性别形成过程的研究，克服了"本质主义"的局限，得到了进一步的发展。在"本质主义"的克服中起决定性影响的，是朱利安·克里斯特维（J. Kristeva）的《中国的妇女们》（1974）。克里斯特维认为，尽管拥有母系社会传统的中国至今仍然存在儒教的父权家长制家庭的男性支配，但从再生产关系与象征关系中"女性"和"男性"之间差异的模糊性这一点看来，以女性的母性为基础，是有可能解构性别的。

立足于乔德洛与克里斯特维的"本质主义"批判，格鲁梅特（M. Grumet）的《苦涩的乳汁》（*Bitter Milk*，1988）开拓了女性主义教育学的新天地。格鲁梅特遵循现象学与精神分析的概念，重新界定了在母婴关系中的养育关系转换为学校师生关系中的教育关系的过程里发挥作用的性别功能，探讨了以女性主义伦理解构课程所内隐的性别歧视的可能性。

由上看来，"性别敏感"的教育研究不同于"性别自由"的研究，它寻求基于性别特征的平等，显示了从根本上审视内隐于教育实践的性别功能的发展。日本的教育学和教育实践中的女性主义的发展，目前仍然集中于"性别自由"思潮的框架之中，期望今后沿着"性别敏感"的潮流发展。

二、课　　程

教育中的性别问题最具体地表现在课程领域。课程，作为学习经验具体地组织教育内容，通过其编制、实施和评价的过程，生产和再生产着性别。

课程的过程是由若干二元对立的概念——"主动性与被动性"、"理智性与情感性"、"积极性与消极性"——构成的领域。在这二元对立的构图中基于性别的性别歧视根深蒂固。

实际上，大量的研究描述了女性活动的陈规陋习。这些研究指出，女性往往有顺应外部的标准与权威从事活动的倾向，有顾及他人的见解与情感从事活动的倾向，亦即与其矫正并变革自身所处的情境，宁可进入该情境内部获得认识的倾向。贝伦克（M. Belensky）等人调查了135名大学生和主妇的学习，抽出了女性"理解方式"的五个特征："基于沉默的理解"、"被动式理解"、"基于主观信念的理解"、"步骤性理解"、"基于语脉的理解"（M. Belensky，1986）。

但是，在课程领域中更本质的问题是学校教育的日常过程中性别被再生产的问题。这种论断是引进再生产理论的教育研究者们发展的，她们展开了在课堂中确立"抵抗"性别再生产的女性的"主导权"的实践。

格鲁梅特尖锐地探讨了课程中性别再生产的内在过程。她在《概念、矛盾、课程》（1988）中，描述了女性的养育与教育的直接经验反映在组织公共教育的话语与实践的课程形式之中的过程里所产生的矛盾，解剖了学校教育中性别再生产的机制。格鲁梅特作为研究之基础的，就是教育实践话语化之前的"身份认识"，也可以说是庞蒂（M. Ponty）所说的"主观认知的身份认识"。刻印在女性身份中的有关养育与教育的知识，同学校的课程中所构成的教育话语之间，存在巨大的隔阂。格鲁梅特说，在这种隔阂中，存在着性别得以再生产的认识论问题和政治问题。"课程"这一装置及其话语，成为隐蔽教育中的性别的深刻问题的"避难所"。

例如，母亲的养育与教师的教育之间的决定性差异，格鲁梅特认为是"触摸的有无"。在母子关系中通过直接性的身体的相互触摸，构筑共生的关系，儿童和母亲之间的相互主观性的世界得以建构。在母婴关系中"触摸"比语言的沟通更为重要。而在师生关系中，教师却是

"警察"，替代"触摸"的"语言"和"视线"构成了师生之间的权威性、权力性关系。教师的"视线"和"语言"不同于寻求相互主观的"亲密性"的母婴关系，产生出基于对象化的疏远，发挥着把眼前的儿童定位于"他人的孩子"的"视线"和"语言"的作用。小学的女性教师是明显地经验着这种隔阂的典型。上课铃声一响，女性教师把儿童从亲密的、具体的存在逼到抽象的、疏远的存在；从流动的家庭时间逼到支离破碎地分割的学校的课时；从追求家庭式的温情脉脉的关系逼到学校里被动的、被束缚于课桌椅的欲望。这种过程，正是女性成长为教师的过程；是母亲将子女拜托给学校的过程；是母亲把子女奉献给男性中心的企业社会的过程。

格鲁梅特进一步指出，参与学校教育这一"公共世界"在女性与儿童中起着"弃母"的政治过程的作用。

例如，课程所体现的"概念"（concept）原本起源于拉丁语的"孕育意义"（conciperesemina），意味着男性"播种"，女性怀孕、生产、养育这一再生产过程。况且，这种"认知"不同于纯粹理性，而是以人与人之间的相互主体性关系为基础而形成的。构成课程中的文化再生产的"概念"和"认知"的认识论范畴从语源学上说，是以母婴关系为基础的。正如乔德洛指出的，这种母婴关系中的身份认识，不是以"父性"中的间接的、抽象的、操作对象的关系，而是以"母性"中直接的、具体的、共生的关系为基础的。

然而，学校的课程基于"父性"所象征的"公共世界"的"现实原则"，支配、控制着男孩、女孩。这是一种性别的再生产。女孩尽管维持着在男孩身上受压抑的直觉性、情感性的身份关系，但外在的对象被幼时的情感性经验所替代之后，嬗变为恋母情结期的客观性关系。学校的官僚机构是跟父权家长制的结构同型的。教育委员会的席位和校长的席位，被男性占据。女性则在课堂里照料儿童。学校的课程也是以父性原理为基础组织起来的。以工厂的生产性和企业的效率性为模型的课程组织、以因果关系合理地控制过程与结果的教与学、个人之间业绩的竞争与等级评价等等，男性优位的企业社会形成了学校课程的基本框架。

不过，格鲁梅特既不主张学校从"企业"模型转换为"家庭"模型，也不主张学校中的教育关系从父子关系转换为母子关系。在这一点上，她对于20世纪70年代以对抗文化为基础展开的开放学校运动的批判是一针见血的。开放学校运动，是把生产性、合理性、竞争原理、权威关系等父性原理支配的学校教育，重建为基于创造性、关系性、共生关系、灵活性等母性原理的改革运动。不过，格鲁梅特说道，这种从男性原理向女性原理的转换，并没有使得学校教育中的父权家长制的结构得到丝毫的转换。这是因为，替代企业和工厂中男性的过重劳动与竞争引进学校的是，封闭于家庭之中的女性的、毫无变化的、机械反复的惰性生活。

格鲁梅特主张的是，基于批判理论的课程概念的"重建"。课程，是把儿童从家庭送到社会，亦即从"私人生活"送到"公共生活"的一种"对照"（compare）。在这种对照中，女性（儿童和教师）体验着某些"矛盾"。这是一种基于母性的"私人生活"与基于父性而组织的"公共生活"之间的决裂。为什么在女性参与"公共生活"的学校教育中必须"弃母"呢？格鲁梅特着眼于考察这种"矛盾"是由二元对立的范畴——男性化与女性化、主体与客体、外在与内在、现实与梦想、思考与身份、科学与诗学、确凿性与混沌性，等等——构成的。创造出击破这种二元对立关系的话语与实践，正是斗争的课题。把女性承担的生育与教育这一再生产的工作，作为文化与社会的存续与创造的核心活动来振兴，就是克服学校教育中性别这一"矛盾"的核心方略。

三、关　心

在课程领域，格鲁梅特从女性主义政治学出发展开研究，而诺丁斯则是从女权主义伦理学出发推进研究的。诺丁斯的核心概念是"关心"。"关心"的概念是米尔顿·迈耶洛夫（Milton Mayeroff）考察的，吉利根的《另一种声音》（1982）通过批判探讨艾里克森的生命周期而提出的促进女性道德发展的核心概念。诺丁斯的"关心"（caring）概念，传承了这些传统，但更具囊括性和本源性。诺丁斯以母婴关系中最自然的姿态出现的学会关心为基础，反思源自康德的伦理学的规范主义与建构主义，要求从根本上审视教育关系与学校课程。

"关心"（care）这一术语涵义广泛，诸如"发现"、"挂念"、"顾虑"、"中意"、"惦记"、"关照"、"照料"、"喜欢"、"爱"、"指望"、"顺从"、"希望"等等。作为形容词的"关心"意味着"聚精会神"、"费心"、"煞费苦心"、"无微不至"、"珍惜"、"慎重"等等。可以说，"关心"（care）是一种表达对于对象操心，怜恤，养育照料的人与人、人与生物、人与物体之间关系的术语。而"关心"（caring）中的"关心"（care）拥有这样的特征：关心主体与被关心对象之间的关系，要求关心主体率先立足于被关心对象的苦衷和脆弱，应对被关心对象的关系。

诺丁斯着眼于学会关心中的应答性人际关系的伦理。诺丁斯说，学校的道德教育历来是以两方面的内容为中心组织起来的，这就是在资本主义为基础的基督教教义与个人主义的意识形态之下，"基于自我牺牲的慈善"和"基于决心、野心和竞争的成功"。康德的建构主义道德概念，就是以这种赞美"自我控制"与"作为牺牲"的教育意识形态及其道德教育作为理论基础的。诺丁斯对抗这种道德概念，把"学会关心"作为伦理学的核心概念。

诺丁斯伦理学的第一个特征，就在于"关心论伦理学"。康德伦理学中的道德，意味着规则和义务之类的原理构成的活动。关心论伦理学则把一切有关爱心、操心的活动视为伦理活动。康德伦理学中的行为者是以道德原理控制、评价自身活动的，而关心论伦理学的行为者，主要关心的是同他人的关系。不仅考虑在同他人的关系中发生了什么，而且关心行为者和他人是如何感受、应答这种关系的。再有，康德伦理学旨在形成自律的个人的主体，关心论伦理学则以创造出同他人共同成长的关系作为核心目的。

诺丁斯区分了"自然性关心"和"伦理性关心"，在教育关系与社会关系中应当追求的是"伦理性关心"（关心论伦理学），这种伦理学尽管起源于母婴关系中体现出来的"自然性关心"，但却是作为更普遍一般、更囊括的概念加以界定的。"关心"（caring）是应对对象需求的操心行为。"关注"（engrossment）就是关心的本质。因此，关心是在"关心者"（one caring）与"被关心者"（the cared for）的关系之中形成的。两者构成应答性的关系，在母婴关系中母亲用关爱应答幼儿的需要，幼儿以微笑回应这种关爱。在成人之间致力于寻求相互关爱的交互性应答关系。无论采取何种形态，关心都是由"应答"（response）与"责任=应答能力"（responsibility）结合而成的关系。

诺丁斯指出，基于关心的道德教育包含了四个组成部分："榜样"、"对话"、"实践"、"证实"。"榜样"是指教师以自身行为作为典范，向学生提示关心伦理。"对话"是"关心论伦理学"的本质要素，要求教师与学生、学生与学生之间通过"对话"，创造"基于关心的沟通"。"实践"，顾名思义，是指组织关心的实践。而"证实"，就像教堂里进行的忏悔那样，表明自己的伦理信念态度，教师拥有信念证实学生实现自己的希望。

诺丁斯批判以人文教养为中心组织的学校教育是精英主义，提出以关心为中心主题内容重建课程。诺丁斯倡导的课程构想了六个领域："关心自己"，"关心身边最亲近的人"，"关心自己不熟悉的人及疏远的人"，"关心动物、植物与地球"，"关心人造世界"（工具与技术），"关心知识"（艺术与学术）。"关心自己"的领域指的是，首先要维护自己的身体健康，了解生老病死的涵义，学会宗教生活、职业生活、闲暇生活的方式。"关心身边最亲近的人"的领域指在恋人、夫妻、亲子、友人、同事、近邻的关系中学会关爱他人、照料他人的知识与技术。以密切的关系构筑社会。"关心自己不熟悉的人及疏远的人"的领域指，认识基于不同人权、阶级、性别的生活和意识的差异和多样的文化、社会，学会不同人们之间相互关爱、共同生存的生活方式。"关心动物、植物与地球"的领域指，学会保护身边的自然和拯救地球免于环境破坏的方法。"关心人造世界"（工具与技术）的领域指，学会人类发明的工具、技术、机械的维护和保管的方法。最后，"关心知识"（艺术与学术）的领域指，尊重并培育数学、科学、历史、文学、美学、伦理学等等的文化。"关心"就是这样一种不仅以人和生物为对象，而且意味着尊重和培育人造物——技术、学术和艺术的概念。

四、再生产的身份

在"性别敏感"的课程研究中凸现出来的是人与人、人与生物、人与事物之间关系中生存的女性的身份；是迄今从事这样一种工作——为男性的生产、竞争和控制过程所逼迫的谓之"无酬的劳动"（shadow work）的再生产工作——的女性的身份。再生产的女性的身份，不同于男性生产的身份——构成操作并控制事物与人的劳动过程，而是在生儿育女、照料他人，在自然与社会的循环中间维系着共同体的关系之中生存的身份。"性别敏感"的女权主义教育学批判这种以经济原理和男性原理支配的生产中心的社会，为转型为以生育、教育、医疗、福利、消费等的再生产过程为中心的社会提供准备。"性别敏感"的研究之所以把"母性"作为纯粹女权主义的基本原理，就是因为"母性"正是再生产的身份拥有的最自然、最原初的表现。

不过，在生产的男性身份与再生产的女性身份的夹缝之间，存在若干冲突。性别的政治学在起作用。由于性别的角色分工所产生的割裂的两种身份的差异之中，围绕性别认同的政治，可以说，正是性别的本质。

在围绕性别认同的差异政治学的研究方面，后本质主义的女性主义批判与后殖民主义的批判之间形成的一种类似，是耐人寻味的现象。后殖民主义的批判理论表明，它是针对殖民主义的一种斗争，经历了三个阶段发展起来。第一阶段是学习宗主国文化、以宗主国的话语与逻辑构成对抗言说的阶段。这个阶段里的文化认同感，不是以本民族的文化，而是以同化于宗主国文化作为基础的。第二阶段是批判宗主国文化、以本民族文化作为基础形成对抗文化的。在这个阶段里，一连串的二元对立图式与民族文化的要素主义出现了。西方的与东方的、国家与民族、无产阶级与资产阶级、男性与女性、理性与感性、分析与整体等等，这些一连串的表象是在二元对立的图式中再生产的，构成了宗主国文化与本民族文化的要素主义，差异政治学凸显出来了。不过，有一点是重要的，即这种本民族中心的本质主义与一连串的二元对立图式，在后殖民主义状态中发挥着这样一种功能：同宗主国的殖民地政策构成共犯关系，弥补并强化权力支配的结构。文化认同的本质主义受到批判，本民族文化与宗主国文化之间个人的认同感错综复杂，因此，寻求新的、自立的、多元文化的政治性实践，正在得到组织。

女性主义的本质主义批判，也批判了妄图以自然主义说明性别与性别特征的态度，亦即妄图从生理学事实出发派生女性这一存在的社会、文化涵义的态度。看来似乎以自然为基础、拥有实体的性别，是特定的历史与社会所产生的一种表象，无非是人们作为一种相信并驱使这种表象的认同感所构成的。

围绕性别的斗争策略，同后殖民主义批判的三种战略如出一辙。女性在男性中心的社会里被放逐、被边缘化为"他者"的地位，立足男性文化而殖民地化。第一阶段的战略是作为男性社会里以男性的话语参与的斗争。第二阶段的战略是确立自身性别的认同，倾向于作为女性个性的本质化乃是理所当然的。问题在于旨在克服要素主义的第三阶段的战略。

克服本质主义并不是否定"女性"这个范畴。为了推进旨在克服本质主义的女性主义政治实践，作为操作性的本质主义需要依据"女性"这一范畴。正如克里斯特维所主张的，女权主义需要把"女性"

这一范畴作为政治工具来运用，而且必须展开解构"女性"这一术语的划一性的斗争。应当说，立足于性别差异是必然的、不变的这个前提的女性主义思想，比之把一切文化视为普遍的、默认男性中心主义的正统化地位的人道主义思想更胜一筹。这种确认，在今日普遍人道主义构成统治文化的教育领域的理论与实践中，特别重要。

从前，教师是一种容许放弃女性味、舍弃家庭的职业。况且教师的作用在文化殖民地化中是显著的。正如男性教师的比率高是殖民地化国家的特征，越是文化殖民地化的国家女性教师的性别个性越是中性化。

不管有没有殖民地化的历史，女性教师的性别认同本身，原本围绕着教师的权威问题处于复杂的危机之中，这一点也是重要的。帕嘎诺（A. Pagano）的着眼点是，同"权威"（authority）拥有同一语源的"著者"（author）这个词汇，意味着在某些表象中赋予某些存在的"技法"（art）；原本意味着父生子的技法（A. Pagano，1988）。借助语言强制特定表现的父权，是构成教师权威的基础。女性教师不过是停留于期求这种权威的状态罢了。

正如格鲁梅特指出的，女性教师与儿童之间的关系，是以女性教师体验的母婴关系为背景成立的。可以说，女性与儿童的关系是以词汇习得之前的共生关系为基础成立的。不过，以语言为媒介，构筑同学生之间的权威关系的女性教师，在课堂这一家庭里充当父权家长的代理。通过父权的话语，行使家长代理，丧失了作为女性的个性。倘若承认这一点，那么，女性教师教育他人儿童的行为，应当由什么来支撑呢？以他人的儿童为对象却不采用属于父权话语的话语。——这种女性教师哪里能够培养出来呢？

这个问题，不能不令人浮现出如下两层意义上的教师女性的身份。一是再生产的身份，二是由于这种再生产的身份而受支配、受压迫、受苦受累，因而产生出焦虑、烦恼、欢欣和快乐的身份（J. Butler）。女性教师的身份，就是这样不得不每时每刻跟从属于再生产的意识形态展开斗争的具体的场所。

参考文献

Belensky, M. , Clinchy B. , Goldberger N. , and Tarule J. , *Women's Ways of Knowing*, Basic Books, 1986.

Butler, Judith, *Bodies That Matter*: *On the Discursive Limits of "Sex"*, Routledge, 1933.

Chodorow, Nancy, *The Reproduction of Mothering*, University of California Press, 1978. (大塚光子・大内智子訳"母親業の再生産──性差別の心理・社会的基盤"新曜社、一九八一年)

Gilligan, Carol, *Women's Place in Mans's Life Cycle*, Harvard Educational Review, 49:4, 1979, pp. 431-446.

Grumet, Madeline, *Bitter Milk*: *Women and Teaching*, University of Massachusetts Press, 1988.

Houston, Barbara, *Gender Freedom and the Subtleties of Sexist Education*, Educational Theory, 35: 4, 1985, pp. 359-370.

Noddings, Nel. , *Caring*, University of California Press, 1984.

Noddings, Nel. , *Women and Evil*, University of California Press, 1989.

Noddings, Nel. , *The Challenge to Care in Schools*: *An Alternative Approach to Education*, Teachers College Press, 1992.

Pagano, Jo Anne, Teaching Women, *Educational Theory*, 39: 3, 1988, pp. 321-340.

Stone, Linda(ed.), *The Education Feminism Reader*, Falmer Press, 1994.

Tyack, David and Hansot, Elizabeth, *Learning Together*: *A History of Coeducation in American Schools*, Yale University Press, 1990.

15 赠与、再分配、交换
的教育关系
　——交往的经济构造

　　何谓善，何谓福，是不必从远处寻觅的。它就存在于我们
享受的和平之中；存在于为公劳动与为私劳动的交叉律动之
中；也存在于我们所积累、所分配的财富之中；还存在于教育
所带来的相互尊重和互酬的宽容之中。

　　　　　　　　——马塞尔·莫斯（M. Mauss）：《赠与论》，1923

　　倘若容许市场机制成为人类命运及其自然环境的惟一主
宰，不，即便仅仅在购买力的数量和用途方面容许其成为主
宰，社会亦将破坏殆尽。……在处置人类劳动力的场合，这个
系统就将成为处置贴有劳动力标签的，作为肉体的、心理的、
道德的实在的"人类"。文化制度这个保护层一旦被剥去，人
类就会造成赤裸裸地暴露于社会的结局，迅即归于灭绝。人
类，将成为邪恶、堕落、犯罪、饥饿之类急遽的社会混乱的牺
牲者。自然，将被分解成单独的元素，近邻和风景被损毁；江
河被污染；军事安全受威胁；食物、原料的生产力遭破坏。最

后，基于市场的购买力管理，将使得企业周期性地遭到破产。……倘若社会的人性、自然性实体同企业组织一起，得不到这种"恶魔之磨盘"的保护，那么，无论怎样的社会，也经受不了哪怕瞬间的那种裸露的虚拟系统的影响。

——卡尔·波兰尼（K. Polanyi）：《大转换》，1944

一、问题的构图

冷战构造的崩溃，是新自由主义的胜利，市场经济的胜利。但是，是什么对于什么的胜利呢？它是"自由"的胜利，这是毫无疑问的。然而，"自由市场"的胜利，从另一方面看，不是为帝国主义普遍化的破灭准备了起点么？可口可乐如今不是美帝国主义的象征，而是普遍帝国主义的象征。从这个意义上说，市场经济这个"恶魔之磨盘"（波兰尼），使得20世纪70年代凯恩斯主义的福利国家的理想崩溃，使得20世纪80年代的社会主义的崩溃。这些体制通通是国家有计划地控制市场的社会，这是极具象征意义的。况且，冷战构造的崩溃意味着富克亚马（F. Fukuyama）所说的"历史的终结"。不过，富克亚马把新自由主义置于"自由主义、民主主义"的延长线上，以"无终结的积累"为特征，在这一点上，更具有象征意义（F. Fukuyama，1992）。这是因为，既然商品化的自然资源与人类的劳动是有限的，那么，资本的"无终结的积累"无非就是向着顾名思义的"历史的终结"挺进。

新自由主义的特征在于经济与政治距离的极大化；在于政治空间消解于市场空间。从政治上主导新自由主义的新保守主义，正如吉登斯（A. Giddens）近年的著作所指出的，倒不是以"保守"与"保存"，而是以"攻击"与"破坏"为特征的（A. Giddens，1994）。"保守"（conservation）的政治意义在于"保存"，但新保守主义除了保存民族主义与父权家长制的伦理与公认的宗教之外，借助同技术科学纠集在一起的"恶魔之磨盘"（自由市场），瓦解福利国家，破坏公共制度，瓦解人际共同体的纽带，破坏人与自然之间的和谐关系。

立足于新自由主义和新保守主义的教育改革，企图在教育的公共领域引进市场原理，强化了大众教育意识的私事化，出现了国家教育行政管理的学校的公共领域解体的危机。20 世纪 80 年代以来，以英国、美国、日本三国为首的教育改革是在引进市场原理的基础上作为公共教育的重建来展开的。正如择校制度的探讨、课程中自由选择的扩大、教育服务的多样化、教育产业的膨胀、公共教育的缩减化与民间活力的引进、学校教育的电脑空间化等等所见，促进了学校制度基于市场原理的控制、教育服务的商品化与学校市场化，在过去 10 多年来的发达国家各国的教育改革的主要潮流，大半是在基于自律的市场的教育服务的商品化和自由竞争的基础上推进的。

围绕这种教育与市场的关系问题，通过教育改革的政治学分析、教育改革的社会学研究和教育意识形态的批判，进行了探讨。我本人也通过日美教育改革的批判性分析，探讨了拥护和重建教育公共性的方略（佐藤学，1995，1996a，1996b）。围绕教育与市场的问题，不仅是凸显在教育改革与教育改革的动向中的现象，而且不都是深深地渗透于日常教育活动或是教育关系中的现象么？当我们把教育与市场的问题作为教育实践的课题，特别是作为重建教育沟通的多层结构的课题来设定的时候，需要进行更加原理性的考察。

本文是探究构成教育交往的经济构造的一种尝试。在教育交往的关系中，不也同经济交往一样，隐含着如下种种的关系么？这就是，个人之间或是共同体之间彼此赠与礼物、交流好意的"赠与"（gift）［或者"互酬"（reciprocity）］的关系；特定的共同体或是社会把财富集中于中央权力的基础上，分摊给成员的"再分配"（redistribution）关系；积累和消费这些财富的"家政经济"（economy）的关系；市场中以货币为媒介互通商品的"交换"（exchange）关系。本文的课题就是，通过描述各自关系的特征，进行教育交往的经济分析并揭示其多层性。

本课题的研究方法是，以马塞尔·莫斯的《赠与论》（1923）、卡尔·波兰尼的《大转换》（1944）、皮亚松等编著的《经济文明史》（1957）和《经济与文明》（1966）为线索，试图阐述经济交往的三种关系（隐喻）——赠与（互酬）关系、再分配关系、交换（市场）关系。进而在"学力与货币"隐喻层面，探讨教育交往关系的形成。然后，通过构成晚近 10 年间的政治思想研究的论争点的自由主义批判的再考，考察教育沟通中市场原理的功能。这种探讨，就其问题的性质而言，只能限于假说性构造的试论性的提示，为教育与市场问题提供一些应对的方略而已。

二、赠与的教育关系

正如斯特劳斯（L Strauss）指出的，莫斯（M. Mauss）的一连串人类学的社会学研究，对于我们统整地认识人类的文化行为，该是富于启示力的思索（L. Strauss，1968）。作为迪尔凯姆（E. Durkheim）的外甥，作为迪尔凯姆的继承者而活跃的莫斯是独特的社会主义者。他通过未开化部族的巫术、宗教性仪式的仪态的详尽描述，构想了致力于重建近代市民社会的市场经济及其个人主义人际关系的人类学社会学。高度评价《赠与论》功绩的斯特劳斯，通过批判其核心概念之一的"风俗"（同视为寓于所赠与的"物"中的上帝沟通的神秘的灵魂纽带）的主观解说，而指出了其理论的局限性，但也清晰地揭示了今日社会生活与人类关系中得到继承的互酬关系。这个意义，不管如何强调，亦不过分。

莫斯着眼于未开化社会中交换与契约关系乃是在谓之"宴会"的宗教仪式和婚礼仪式的气派的送礼与还礼的关系之中形成的这一点，描述了围绕这种送礼与还礼的"赠与"的契约性、经济性关系及其"（整体的）社会现象"之中，一切种类的制度同时一举地表现出来的面貌。在未开化社会的"宴会"中，交换的不是财产、财富、土地、资产等经济上有用的物品，而是好意、礼遇、仪式、服务作业、妇女、舞蹈和祭礼等等。在这里，以互惠为本质的赠与关系构成了经济交换的基础（M. Mauss，1923）。

莫斯在揭示这种赠与中的人（共同体）与人（共同体）之间的"契约、交换"关系的同时，在巫师与巫婆作为经纪人，向上帝与死者的灵魂不惜奉献祭品的人（共同体）与上帝或是死者之间的"契约、交换"关系之中，发现了另一种赠与关系。人（共同体）从海洋、山脉、原野所享受的一切物体，都是上帝和死者的所有物，作为对于上帝与死者的还礼的"祭品"这一赠与所缔结的"契约"是实现自然与人（共同体）之间幸福的、协调的"交换"。而以这种宗教的、巫术的样式完成的"交换"中，莫斯看到了"交换"物本身之中的"一种纽带"，他把这种"纽带"界定为神秘的、灵魂的"风俗"这一想像性表象。前文说过，斯特劳斯批判了这种"风俗"的非实在性与主观性解说，以及交换中的自己与他者的对称性关系认识的欠缺。

斯特劳斯的批判隐含更重大的启示。对于莫斯的《赠与论》，斯特劳斯主张"风俗"所表现的"不是交换的最终局面"。赠与关系是综合、融合在交换这一人际关系之中的。赠与、接受、还礼的阶段既是不能分割的，最终也没有必要综合在"风俗"之中。这是斯特劳斯的又一个批判。

这种批判是典型地体现斯特劳斯的建构主义之所在，不仅如此，也是令人思考未开化社会的"交换"与市场社会的"交换"的差异之所在。确实，正如斯特劳斯所说，在未开化社会中，个人融化在"共同体"的"构造"之中，个人存在与事物存在也依据各自的位置受未开化社会"构造"的制约。未开化社会的事物与人的"交换"关系，顾名思义，就是开化社会的"构造"本身。

不过，在从"风俗"到"货币"推移的市场社会里，嵌入"交换"的人与事物、人与人的纽带的"构造"是不能全盘断裂的。共同体中的事物与人的关系"构造"与一体化的以"象征性符号"为媒介的"交换"，通过"货币"这个"观念"（物神论），把一切事物、财富、土地和劳动力通通都转化为"商品"了。即便割断了一切的关系，只要跟"货币"结合，就能参与市场的交换（社会）；解体"构造"、联结"货币"的"商品"得以集散的市场交换的社会就能形成。因此，在斯特劳斯指出的"构造"解体的社会里，需要再一次审视莫斯的《赠与论》。

《赠与论》的启示是多方面的。但莫斯的核心意图在于，引出以"赠与"为基础形成的有关"（整体的）社会现象"的"道德上的结论"、"经济社会上的结论"和"经济上的结论"。可以说，通过在社会关系中发现慷慨地赠与及其还礼所带来的好意所缔结的关系，莫斯从个人的生命、健康、教育、家庭、福利的关爱关系出发，劳资雇用契约和不动产的借贷契约、商品的买卖契约等等的契约关系，乃至社会保障、互助组织、工会组织、职业团体、救济组织等等社会关系之中，发现了通过公共空间——形成尊重彼此互惠的、集体团结责任感——的构成所具有的潜在基础。

在教育或是福利或是医疗的领域之中，莫斯指出的"赠与"关系似乎也没有丧失意义。正如从"善"（good）与"财"（goods）、"所有"（property）与"适切性"（propriety）的语源连续性来看，在未开化社会里，这一对一对概念属于同样的范畴，正如物物交换、财富共享一样，好意得到交换、善得以共享。"文化财富"也同物质财富一样，同属一个范畴。"善"也好，"文化财富"也好，都跟财产同样，作为文化的仪态传承延续下来。

莫斯在"巫术论"中探讨了基于科学的近代技术的原型也是以未开化社会的巫术作为基础的。祈祷神佛保佑而矫治之术发展为医术，旨在习得神力的炼金技成为化学与物理的基础，这是众所周知的。

教育之术也不例外。"教育"（education）是近代的概念，作为文化习得的"学习"（learning）的原初状态，一方面，是在日常进行的劳动、祈祷、矫治和关爱的身体技法的传承与习得之中实现的，另一方面教育之术是通过成人式、婚礼仪式等宗教性、巫术性仪式实现的。这种传统，看看犹太教、基督教、伊斯兰教、儒教、佛教等宗教的修道院、修炼场和道场等等形成学校原型的历史就可以明了。教授术是对于上帝的"赠与"关系中的"契约、交换"为原型形成的，例如，我们可以看到，奥古斯丁（A. Augustinus）在他的《辩论术》中论述教师的语言归根结蒂是跟"上帝的语言"一体化的。通过祈祷把身心奉献给上帝的赠与关系，教师能够获得并表达上帝的语言——教授的语言，这就是奥古斯丁的教育论。从这种对于上帝的赠与关系出发，教师直至今日，仍然在发挥着成人式礼仪中"祭司"（initiator）的作用。

三、互酬、再分配、交换的关系

紧接着"赠与"关系，再讨论"再分配"关系与"交换"关系。传承莫斯《赠与论》的人类学社会学的传统，探讨"互酬"、"再分配"与"交换"三种经济活动，作为寻求非市场社会的可能性的经济人类学的业绩——波兰尼的一连串著作——是著名的。所谓"互酬"（reciprocity）是对于赠与的一种还礼构成共同体之规则的经济活动；所谓"再分配"（redistribution）是指向中央集权捐献财富然后再进行分配的经济活动；所谓"交换"（exchange）是指以货币为媒介进行商品交换的经济活动。

波兰尼的意图在于，表明他对于亚当·斯密（A. Smith）以来的经济学视"交换"起源于个人的利己欲望的质疑，把经济学概念扩充到一切人类的物质代谢，探讨了市场经济相对化和批判、控制市场经济的逻辑。在波兰尼看来，通过"看不见的手"展开自律运动的所谓市场经济，是挺进法西斯主义、经济危机、人性解体和环境破坏的"恶魔之磨盘"；通过获得破坏支撑市场经济的自由主义的自由，人类必须开拓在社会内部控制"市场"的"非市场社会"的道路（K. Polanyi, 1944）。

波兰尼借助两种双重作业展开这种主张。一是理论性作业。它把

"经济性"这个涵义区分为"实体性涵义"与"形式性涵义",排除经济学原理主张的构成市场经济的逻辑——"形式性涵义",限定"实体性涵义"——人类的经济活动(物质代谢即交换)的制度性过程。这样,"经济"的概念就超越了"市场",扩大到"互酬即赠与关系"、"再分配"、"家政"、"交换即市场"等等几乎人类活动的全域。波兰尼提示的所谓"经济",可以理解为,人类与自然、人类与人类之间缔结的交往与交换的一切,用日本语说,就是"营生"这一"循环作用"(circulation)的一切。

二是经济人类学的实证性作业。波兰尼研究了"自我调节的市场"形成之前的前近代社会里,"互酬"、"再分配"、"家政"、"交换"的关系是如何形成的,探讨了"非市场社会"(即在市场不能自律的社会里受控制的社会)的可能性。例如,在关于18世纪非洲前文字社会的黑人王国达荷美(Dahomey)的研究中,波兰尼描述了市场经济的"交换"形成的构造——在国内地方市场作为赠与与相互扶助的关系发挥作用的"互酬"占核心地位。其次,以"家政"的蓄财为基础向国家与共同体捐献,然后分配给成员的"再分配"发挥作用,维系王国的经济、政治秩序。最后,在同这个国家邻接的存在于外部的市场,是以一般货币为媒介的奴隶买卖这一市场经济的"交换"(K. Polanyi,1966)。

在这个达荷美王国的"互酬"、"再分配"、"家政"、"交换"的构造中,可以用波兰尼的走向"非市场社会"的理想来表达。同时,在这里,存在着回归前近代未市场化的社会的志向,也是事实。波兰尼对于以利己的个人主义来统辖经济、货币万能的市场社会的人类主义的愤怒,支撑着他的这种时代错误(anachronism)。

不过,尽管可以指出若干局限性,波兰尼谓之"实体涵义"的人类的经济活动的多样性和综合性,亦即,市场的"交换"不熟悉的"互酬"、"再分配"、"家政"的关系至今仍然广泛存在,宁可说,有必要确认发挥社会生活所必须的功能。

人们在现实中起作用的"交往"与"交换"的"实体性"关系,

既不是经济学家们所想定的限定于市场经济来认识"市场"的，也不是一切均作为合乎目的的、合理的活动来组织的。人与自然、人与人直接地交往、沟通的情境中，宁可说，"再分配"、"家政"这一"市场交换"的外部关系起着巨大的作用。在这里，巫术性的、宗教性的、伦理性的、政治性的、美学性的动机与欲望，构成了"交往"与"交换"的基础，以共同体纽带作为基础，实现着共同的"财"与"善"的创造与再生产（K. Polanyi and Peason，1957）。

波兰尼寻求把"市场"控制的社会转换为"非市场社会"的未来，然而，我们宁可从这样一种必要的前提出发，即，即便在市场的"交换"关系支配的现代社会里，借助"互酬"、"再分配"、"家政"、"交换"的重叠的"交往"与"交换"，构成了社会这一事实，以及在这种重叠的"交往"与"交换"中，恢复跟自然的赠与关系，复兴人们的共同体纽带。

"互酬"、"再分配"至今仍然是支配性的领域，可举教育、医疗和福利。这些领域都是以公共性为其特征。它的制度、理论与技术作为"再分配"的系统形成，在实践中，以"互酬"（赠与与互惠）关系为基础。无论医疗、教育和福利，在近代社会以前都是和劳动、祈祷、休闲、谋生一体化地起作用的。至今流传于民间医疗的"矫治"就传承了这个传统，在现代医院这一装置中也刻印着它的痕迹。"医院"（hospital）这一词汇含有"接待"的涵义，这个词汇的链接，体现了中世纪的医院——修道院所附设的"矫治"与"祈祷"一体化地展开的历史。"治疗"至少在200年前，一直在推行基于"矫治"与"祈祷"的作为"死亡与再生"的冠礼。

学校的形成也是同样。专业的教师教育学生的关系起源于公元前5世纪的希腊城邦国家，学校的起源也可以追溯到公元前的古希腊城邦国家。城邦国家中的学校的普及，意味着构成了文化作为"财"的形式，意味着这种"财"的"再分配"系统的形成。使文化中"财"的形成，与"再分配"系统的构成得以现实化的，是文字的普及，是书面文字文化的形成。在古希腊，文字得到一般普及，是柏拉图（Platon）诞生的公元前2世纪前后。文字的普及，形成了脱离口承文化的"书写文化"，同时，构成了把这种"书写文化"作为"财"进行"再分配"的学校这一制度。我们能够认识到伊利奇（I. Illich）所指出的论断：无论"应当受教育的人"（homo educandus）的形成，还是"文书的识字能力"（clerical literacy）与"外行的识字能力"（Lay Literacy）的分裂，都是基于文字的"书写文化"的形成，都是"学校"这一"再分配"制度形成的结果。

"学校"这一"书写文化"的"再分配"制度，一度随着古希腊的没落而衰落。到了12世纪，由于修道院教育与学校的普及而得以再生。进而在16世纪以后，由于印刷术的普及带来了学校和大学扩充，为近代学校制度的建立奠定了基础。在这里，印刷术这一媒体革命使得大量"文化财"的生产与流通有了可能，促进着这种"再分配"。率先构想近代学校的夸美纽斯（Comenius）的《大教学论》（1657）把教授术比喻成印刷术，称为"教刷术"（didacographia）。近代的学校是"书写文化"的"印刷机"，是作为"再分配"的媒体构想的。

况且，在这种"再分配"之中隐含着"互酬"（赠与与互惠）关系。夸美纽斯的学校构想，是基督教王国建设这一宗教革命的一环，是以对于上帝的契约为前提的。可以说，对于上帝与自然的"互酬"关系的期求是贯穿他的学校构想的一根红线，亦不过言。以这种"互酬"为基础的教育关系得到夸美纽斯以后的实践家们的传承。他们从"社会契约"中寻求"再分配"的理论基础，为学校教育近代的发展与制度化作出了贡献。教会的学校是把同上帝的契约、基于《教义问答》的教学，作为基本教育内容的。在国民教育制度化之前普及的民众学校里不存在学费，对于教育服务的"赠与"，相应地支付木柴和谷物作为"还礼"。就像裴斯泰洛齐的学校那样，许多学校把父权家长制家庭的"家政"作为经营的基础，把基于"教育爱"的"互酬"作为师生关系之基本。以这种"家政"和"互酬"为基础的父权家长制的"教育爱"

的关系，在国家权力掌握了文化"再分配"主导权的国民教育体制的学校中，也沿袭下来了。

不过，作为国民教育制度现实化的近代学校，一方面，通过文化"再分配"的中心与周边的布局，建设民族国家，同时，在另一方面，通过推进"文化财"、"人才"的甄别与层级化，内化"市场"的逻辑。"学力"，就是把学校再生产的劳动力作为"人才"，作为向劳动力市场推介的一种货币而创造的观念。

这样，学校作为一种"再分配"体制，发挥着把"文化财"加以层级化、序列化的同时，把"人才"也加以层级化、序列化的功能。这就是作为"社会移动"（social mobility）装置的学校的功能，这种装置中的"学力"的市场竞争，在诸如包括日本在内的亚洲各国组织大众的自由竞争达成国家急遽现代化的国家里，这种作用更加激烈。在这种体制中，教育是一种投资和消费。教育服务成为一种商品，准备并提供多样的服务，触发教育消费者的自由选择，这是活跃教育市场的前提。作为构成民族国家的文化"再分配"装置而形成的近代学校，把劳动力"市场"与教育服务"市场"融合在一起，成为劳动力的再生产与阶级、阶层间社会移动的装置。近代的学校是这样四种功能与意识形态的复合的产物：民族国家的构筑（国家主义即再分配）；工业社会的建设（工业主义即劳动力的再分配与市场）；社会移动与阶层、阶级的分化（市场主义即教育服务市场）；公共空间与共同体的构筑（民主主义即互酬）。可以肯定，无论哪种学校都难免这种复合性和重层性。

新保守主义与新自由主义的教育改革，以上述四种功能中的市场主义为枢纽谋求现代学校的结构转换。一面坚持国家主义的意识形态，一面最大限度地缩小福利国家那样的"再分配"功能，与其说是瞄准后工业主义社会，发挥劳动力再生产的功能，不如说是促进教育消费（投资）者的自由选择，推进教育服务的商品化与市场竞争。这就是今日学校改革的特征。择校自由、创设特色学校、课程多样化、扩大选修科目、推进个别化教育等等，通通是把以往国家管理的学校教育的公共领域，转型为基于市场原理控制的一种改革。不是学校内部的"市场"，而是以学校外部的"市场"为基础组织、达成教育改革的欲望。这种"市场"的逻辑所解体的是，教育的公共空间，是共同体的纽带，是作为赠与形成的"互酬"的教育关系。

从外部控制学校的"市场"，相当于波兰尼所说的"自我调节的市场"。波兰尼担忧，在社会外部自律地运作的"自我调节的市场"作为"恶魔之磨盘"将打破人际关系、走向法西斯主义和经济危机；他探讨了过渡到在社会内部控制"市场"的"非市场社会"的可能性。根据这种类推，我们应当探索把学校外部的"市场"转型为从学校内部控制学校的可能性。

在这里，我们必须再一次检讨波兰尼的逻辑的局限性。经济学家岩井克人揭穿了波兰尼设定的"自我调节的市场"这一概念本身是虚构的。波兰尼为了研究"经济"的"实体性涵义"（市场交换以外的经济活动）而排除的"经济"的"形式性涵义"（关于市场经济的逻辑）存在巨大的陷阱。波兰尼作为批判性对象的亚当·斯密的"看不见的手"的观念是波兰尼自身捕捉的。岩井说，"所谓一切的东西都商品化，一切的价格都自由分权地决定的经济，即便人们的货币持有可能的总需要与总供给之间出现些微的不均衡，也会引发超级通货膨胀与经济危机之类的累积性不均衡过程，带来极其不稳定的，不，极其非合理的性质"。他得出结论说，"市场经济绝不是完全自我调节的"。无论怎样自律的市场，都交织着社会的、历史的关系（岩井克人，1985）。

因此，倘若要探讨教育与市场的关系，就得着眼于构成教育交往与交换的经济过程的重层性。在教育交往与交换的过程中，作为赠与关系的"互酬"的过程和向共同体（社会）捐献并作为分配的"再分配"的过程与商品的自由选择的"市场"交换过程，是重层地组织的。正是这种复合的、重层的过程，构成了教育的交往。

四、学力：货币的隐喻

尽管如此，为什么人们在论述教育的话语中，对于贯穿教育过程的市场原理没有认识呢？或者说，与此相反，为什么把市场视为万能的教育改革的逻辑，迄今为止没有捕捉到人们的欲望呢？而如果认为，这种"非市场社会"的梦想不过是一种时代错误的话，那么，教育的非市场化的战略又在何处寻觅呢？

极好地表达教育的日常经验处于市场空间的中央的，恐怕就是"学力"的观念了。这是因为，我们把"学力"完全跟"财力"等量齐观了。这不仅仅是单纯地意识到而已，"学力"在现实社会里发挥着拥有某种"财力"的功能，发挥着某某"交换"某某的媒介的功能。"学力"是市场经济的概念。在这种连小学一年级学生都能直觉地认识到的"学力"谋略之中，可以看出教育与市场的内在关联的结节。"学力"，难道不是教育这个市场中的一种货币么？首先，让我根据经济学框架，试以货币的隐喻来阐述一下"学力"的观念。

第一，"学力"与货币同样，是一种"评价标准"。正如货币作为"评价标准"量化地比较与"估价"多样的、异质的产品、资源和服务而赋予价值那样，"学力"也发挥着同样的功能：以一定的均质的尺度，量化地比较与"估价"多样的学习中个性化的、多样的、异质的经验结果，然后赋予价值。以往曾经给"学力"尝试过种种的定义，不管下怎样的定义，这种概念的本质性的现实意义，在于要求以均等的尺度测定并量化地作出比较的作为"评价标准"的功能。

第二，"学力"与货币同样，是一种"交换手段"。货币是获得了谁也不会拒绝的这一前提的惟一的商品。借助货币，即便在供需关系上，物的种类与欲望不一致，也可能以货币为媒介进行间接交换。货币，一举扩大了物物交换中只能偶然成立的"交换"关系，并合理地普遍化了。同样,"学力"这一种"交换手段",在考试市场与劳动力市场中也可能进行同货币一样的间接交换。"学力"在应试与雇用的场合未必能够一致的这种征用者的需求与应聘者的能力之间的关系,在"间接交换"中得以普遍化、合理化。

第三,"学力"与货币同样,是一种"储蓄手段"。货币,是储蓄本身成为欲望的惟一的商品。这种"储蓄"的欲望,不是把"交换"这一经济活动作为现时现刻的欲望的满足,而是要求导致计划性、合理性活动。还有,它不仅给这种经济活动带来需求与空间的广度,而且带来时间的连续性与持续性。再者,这种"储蓄"的欲望,是以投资这一经济活动为基础的。同样,"学力"也是储蓄本身成为欲望的惟一的教育概念。"学力"是与教育经验的一次性相对立的概念,要求计划性、合理性、效率性、持续性的努力。对于这种"学力"的"储蓄"的欲望,在成为投资的教育之基础这一点上,可以说,显示出货币与商品两种面貌。

最后,"学力"与货币同样,它自身作为观念的产物的"想像性表象",构成"假想现实"的社会。在这里,人与物、人与人、欲望与对象、欲望与欲望的关系通通是以"货币"(学力)为中心,处于悬空和颠倒状态。"货币"(学力)产生欲望,"货币"(学力)产生人与物、人与人的关系。

在市场社会里,谓之"货币"的一张纸片、一个钱币和金卡等等,什么价值也没有的物体作为"资本"展开自我增殖运动,打碎该价值之外的一切价值。跟这种货币经济的恶魔的魔力同样,谓之"学力"的纸片的测验、成绩单和学历档案等等,用其自身没有任何意义的数字来加以评价,展开作为"资本"的幻想的自我增殖,把该价值以外的一切视为无意义的东西。

这样,"学力"这个概念是内隐于教育交往与交换的市场经济的产物,正因为如此,"学力"与"货币"才显示出异性双胞胎那样的类似性。在确认了这个事实的基础上,我们来进一步考察如下两个问题。第一个问题，批判性地探讨一个理论前提——教育交往与交换的过程受市场经济的逻辑控制。把市场经济视为万能的人们是从这样一种前提出发的：存在着市场的"交换"得以现实化的自律的、合理的、道德的个人。这个前提，必须从教育学立场出发批判性地作出检讨。第二个问题，本文反复强调，正如莫斯和波兰尼所洞察的，人类的经济活动的形成，从总体看来，不限于以货币为媒介的市场的"交换"，其根底里，融合了包括基于"赠与"的共同体的"互酬"，和以"家政"为基础的"再分配"。现实的经济活动是复杂的、多层的。倘若从总体看教育活动，那么，这种复杂性和多层性就更加清晰了。例如，我本人是从尽可能拒绝使用"学力"这一概念的立场来展开教育学研究的。使市场经济的"交换"关系相对化并与之抗衡的实践与探究是能够存在的，我们必须探索这种可能性。

五、一个神话：自律的、合理的个人

自律的、合理的、道德的个人被视为市场经济的前提，这一点，许多人都已经指出了。这个问题的起源，可以从诸如频频引用的亚当·斯密的《国富论》中看到这样一段论述：

> （每个人）一般说来，既没有促进公共利益的追求，也不知道自己能够促进多少公共利益。——他仅仅是在单纯地求取自己的利益的同时，谋求实现被一只看不见的手所引导的、跟自己的意图无关的（公共利益）这一目的。
>
> ——亚当·斯密：《国富论》，第四篇第二章

从这里描述的对于以利己的个人欲望为基础的经济学人类观的反叛出发，波兰尼把"自我调节的市场"（"看不见的手"控制的市场）描述为"恶魔之磨盘"。瞄准"非市场社会"的探究。这一点，前文已经

提到。不过，这里的问题是，构成这种市场社会的自律的、合理的个人这个前提，与个人的私人目的性活动借助"看不见的手""促进公共利益"这一乐观的、理想主义的社会观。

这个问题，过去 20 年间，在政治哲学领域里，在"自由主义"还是"共同体主义"的论争中作出了探讨（Avinere & de-Shalit，1992；Paul，Miller & Paul，1996）。

自由主义的政治哲学，设定了康德的《实践理性批判》中典型地描述的自律的、合理的主体，从公平的立场揭示了"自由"、"正义"、"权利"、"平等"、"最大多数利益"等普遍构成的理念，构筑了这样一种理论——把尊重他人的基本利益的同时，追求自己的利益的自律的、道德的个人，作为社会构成单位。谓之共同体主义的人们对于这种理论前提，作出了若干严峻的批判。

试概括共同体主义对于自由主义的批判要点。首先，是对于自由主义设定的道德主体的非现实性与抽象性的批判，对于其道德理念被特定的立场普遍化的批判。在共同体主义看来，人们遵从的"善"的概念，主要作为共同体规范渗透在人们所归属的共同体生活之中。政治的、道德的主体因而与其说是"普遍性"（universal）的主体，不如说是"情境性"（situated）的主体、"特异性"（singular）的主体。从这种共同体的情境性的立场出发，共同体主义主张"善"优越于自由主义主张的"权利"，主张"共同体的纽带"优越于自由主义标榜的"个人自由"。

例如，共同体主义的代表性思想家马克泰尔（A. Macintyre）在《无美德的时代》（*After Virtue*，1981）引用亚里士多德《尼各马可伦理学》的"法律制定者们把友爱高于正义作为重要目标"，阐述了同"思考"这一"道德"相结合的"智慧"的重要性。主张不同于自由主义的个人主义世界的政治共同体传统的复兴。马克泰尔指出，（人们追求生命、自由、幸福之际不应当受到妨碍的）意义上的"权利"这个概念，是 18 世纪的产物，在中世纪终结之前，这些话语均不存在。在日本，直至 19 世纪尚不存在。他接着说：

（"权利"这个概念直至 18 世纪在任何语言中都不存在）由此
看来，不能归结为（不存在自然权或是人权），不过，可以归结为
（有了这种权利但谁也知道不了）。于是，由此至少产生若干疑问，
如今没有必要剥夺回答这种疑问的勇气。因为，真实是昭然若揭
的。亦即，这种权利是不存在的，相信这种权利，就无异于相信魔
女和独角兽一般。（A. Macintyre：《无美德的时代》）

当马克泰尔说，"自然权或是人权是一种'虚构'（fictions）"的
时候，当然，并不是否定构成"权利"之内核的"生命"、"自由"、
"幸福"等等。问题在于，把这些作为"权利"加以普遍化而构成近代
的"虚构"的逻辑。"是什么"和"应当怎样"是两个领域的问题。可
以判罪为：把"是什么"作为"逻辑性真理"，把"应当怎样"作为
"道德妥当性"加以普遍化的思维方式。构成自由主义政治哲学的逻
辑，亦即自律的、合理的个人的目的性活动这个神话，是通过这种一连
串的"虚构"概念的创作而构筑的（A. Macintyre，1981）。——这就是
他对于自由主义的批判。

跟马克泰尔同样，以亚里士多德描绘的城邦国家作为政治哲学的原
型的泰勒（C. Taylor）也批判道，自由主义思想是把个人权利置于共同
体伦理之上，以手段性、工具性概念来掌握社会的结果，沦为"原子
论"。同时，主张立足于"共同体意识"（sense of community），去解构
自由主义标榜的旨在实现"自由社会"的普遍化的"自由"概念。泰
勒说，马克泰尔的以共同体的"共同善"为前提的思想是批判性的，
是基本拥护近代自由的价值的。但在"共同体的纽带"优先于"个人
权利"这一点上，可以说，跟共同体主义的立场如出一辙（C. Taylor，
1996）。

共同体主义的这一连串批判，是针对美国政治哲学家约翰·罗尔斯

（John Rowles）的《正义论》（1971）、美国政治哲学家罗伯特·诺吉克（Robert Nozik）的《无政府主义状态、国家、乌托邦》（1974）、美国政治哲学家罗纳德·德沃金（Ronald Dworkin）的《自由共同体》（1984）等的自由主义主张提出来的。他们的自由主义，是以对于"再分配"体制的归属意识和"再分配"规则的获得，或是基于"市场经济"自由选择与公平竞争、经济平等为前提而形成的。对于这种前提，共同体主义展开了对于缺失自由主义现实感的理想主义的批判，指出把贫困和不幸的责任归咎于当事人的理论的局限性。再者，批判了游离于经验的特权化的自律的主体概念及其所带来的个人主义病理。尽管论及自由主义的交往与交换的逻辑中，均质化、普遍化的空间中的"再分配"与"交换"（市场）的关系，但拥有固有名称的个人之间发挥作用的"互酬"（赠与）关系被舍弃了，缺失了构成每个人的特异经验的共同体纽带。

六、关注教育交往的多层构造

本文试图提示，从教育与市场这个主题出发，教育交往的过程是以经济构造为基础形成的，它本身是作为一种经济过程实现的。围绕教育与市场或是教育与经济的讨论，不同于把"经济"设定在教育过程外部的倾向，需要克服其狭隘性和片面性、解剖更内在的关联的讨论。

最后，我想指出通过这种备忘录作业痛感的问题，作为今后探究的课题。首先，重新认识教育交往的复杂性、多层性的重要性。在以往教育学的讨论中，由于没有研究和考察教育过程内隐的经济构造，本文提示的无论以"赠与"关系作为规范的师生的"互酬"关系，还是作为"再分配"过程实现的师生关系，乃至以"市场"的"交换"为模型的师生关系，都作为同一的过程，单层面地加以认识了。但是，正如本文所提示的，在教育过程中，交织着"交往"与"交换"的样式中拥有的异质性的关系。这种复杂性、多层性构成了教育实践的社会的、经济的、政治的、伦理的过程。认识这种复杂性、多层性，在基于市场原理的教育控制正在渗透的现今，将为我们解构教育实践提供基础。

第二，阐明教育交往的经济学独特性的课题。不同于一般的经济活动，教育中的经济过程拥有这样的性质：它与其说是"交换"的过程，不如说是以"赠与"作为基本过程展开的。在教师完成教育实践的日常意识中一般体验到的，与其说是求得某种抵押的"交换"关系，不如说是慷慨地"赠与"的关系，亦即不求好意的交换以外的抵押的"互酬"关系。以这种"赠与"为基本的"互酬"的师生关系，可以说，构成了教育的公共空间的基础。然而，在自由主义教育思想中却缺乏这种认识。

第三，正如关于"学力"与"货币"的隐喻分析所示，教育与市场的结合，尽管以往几乎没有讨论过，但同教育概念与课堂教学面貌的改变密切相关。可以说，正是这种密切的关系，今日市场原理的引进才给教育以恶魔般的破坏力。批判性地探讨这种关系的作业，本文不过是一个开端，还需要同学校改革的实践连动，持续地展开探讨。当我们想到"资本"的巨大增殖力时，不能不令人想到对抗它的实践的软弱性。无论"市场"还是"资本"，都是人类的观念创作的"假想现实"。揭发教育的市场控制的谋略本身尽管不能导致正在进行的教育改革的转换，但至少可以为我们准备批判、抵抗和对抗的逻辑。这是毫无疑问的。

第四，本文未能触及的一个问题，是在市场原理渗透于教育的同时，对师生的暴力问题需要加以研究。市场原理构成的社会，是以自律的、自我完善的个人（能干的人）作为前提的。一方面，个人的自由选择扩大了，另一方面，排斥丧失自由的大量的流浪民，诱发身份危机，带来了暴力的激增。例如，苏联的解体，使得匈牙利经济学家海克（F. Hyek）理想化的市场社会得以出现，5 年间犯罪率增加 5 倍，青少年犯罪则达到 15 倍之多。这种情形，在市场原理急速渗透的美国也是同样，特别是青少年犯罪激增愈益严重，以往 5 年间死于枪杀者超过越南战争战死的美军总数。自由主义与共同体主义的论争也需要对囊括了这种儿童、青年流浪者与暴力的危机现象问题的探讨。

第五，上述的作业，自然而然地，不能不伴生一种解构的作业，亦即以自由主义为母体诞生、发展的教育学本身的解构。以自由主义、民主主义作为规范的现代教育学，通过教育与市场问题的主题化，也许是借助新保守主义的转向而苟延残喘，或是沉醉于往昔的荣光不得不解体自身吧。可以说，教育学本身已被置于"恶魔之磨盘"之中。"教育"与"民主"两者，有必要根据新的教育交往的创造性实践加以解构和重建。

参考文献

Avineri, Shlomo & de-Shalit, Avnes (Eds.) , 1992 *Communitarianism and Individualism.* Oxford University Press.

Fukuyama, Francis, 1992 *The End of Histotry and the East Man*, Hamilton.

Giddens, Anthony, 1994 *Beyond Left and Right*: *The Future of Radical Politics*, Stanford University Press.

岩井克人"ヴエニスの商人の資本論"筑摩書房、一九八五年。

イリッチ・I(一九九一)"生きる思想"桜井直文監訳、藤原書店、一九九一年。

レヴィ=ストロース・C(一九六八)'マルセル・モース論文集への序文'モース・M"社会学と人類学1"有地亨・伊藤昌司・山口俊夫訳、弘文堂、一九七三年所収。

MacIntyre, Alasdair,1981 *After Virtue:A Study of Moral Theory.* ("美徳なき時代"篠崎栄訳、みすず書房、一九九三年)

モース・M(一九二三)'贈与論=太古の社会における交換の諸類型と契機'モース・M"社会学と人類学1"有地亨・伊藤昌司・山口俊夫訳、弘文堂、一九七三年所収。

Paul, Frankel, Miller, Fred& Paul, Jeffey(Eds.) , 1996 *The Communitarian Challenge to Liberalism*, Cambridge University Press.

ポランニー・K(一九四四)"大転換=市場社会の形成と崩壊"吉沢英成・野口建彦・長尾史郎・杉村芳美訳、車洋経済新報社、一九七五年。

ポランニー・K(一九五七)"経済の文明史"玉野井芳郎・平野健一郎訳、日本経済新聞社、一九七五年。

ポランニー・K(一九六六)"経済と文明"栗本慎一郎・端信行訳、サイマ ル出版会、一九七五年。

佐藤学(一九九五)'国家・市場・カリキュラム──米・英・日の万華鏡'"戦後五〇年と教育学──日本教育学会第五四回大会シンポジウム記録"東京都立大学教育学研究室、一二九─一四〇ページ。

佐藤学(一九九六 a)'学びの場としての学校──現代学校のディスクール'佐伯胖・藤田英典・佐藤学編'シリーズ学びと文化(6)'"学び合う共同体"東京大学出版会、五三─一〇一ページ。

佐藤学(一九九六 b)'学校改革はどこまできたか'"世界"岩波書店、一九九六年五月号、一〇六─一一五ページ。

Taylor, Charles, 1985 *Atomism*, In Charles Taylor, *Philosophy and Human Sciences*: *Philosophical Papers*, Cambridge University Press.

テイラー・C(一九九六)'多元主義・承認・ヘーグレ'"思想"岩波書店、一九九六年七月号、四─二七ページ。

第四编

构筑学习的共同体

16 逃避学习的儿童

一、渲染的危机与忽略的实态

先入为主的"儿童危机"

日本的儿童发生了巨大变异。

迄今为止，杂志和电视台以人们关注的事件作为中心连篇累牍地报道了儿童的变化："恶作剧"、"逃学"、"班级崩溃"、"少年犯罪"等等，层出不穷。确实，这些现象令人触目惊心。这里面任何一种现象都需要引起我们的重视。

例如，由于"恶作剧"引发的自杀不过是青少年自杀的1%。当然，"恶作剧"引发的自杀这一现象本身是深刻的，决不应当轻视。但是，必须注意的是，在大肆渲染的"恶作剧"自杀的背后，却忽略了逼使99%青少年自杀的苦恼。

可以说，关于"逃学"的报道，关于"班级崩溃"的报道，也是同样情形。"逃学"儿童的数目年年上升，目前已经突破13万。不过，仅仅凭着这一事实，就断言日本的整个学校已经瘫痪，学校教育完全陷入了窘境，这些议论是错误的。日本的学校存在这样那样的问题，这是事实。不过，正如 1988 年总务厅的调查所表明的，93％的小学生、92％的初中生回答"学校生活是快乐的"，也是事实。"逃学"的数字虽说是增加了，只不过占学龄儿童总数的 1％，其中八成发生在初中。

顺便说一句，13 万人的"逃学"标准是"每学年缺席 30 天以上"。在美国的学校里，即便每年休学 30 天，也可以得"全勤奖"。在美国的学校看来，正像成人每年有 30 天的带薪假期那样，儿童每年休学 30 天也是允许的。一天也不许偷懒，应当上学——这是日本学校的死板的教条，也许需要加以探讨。

不管怎样，我们必须了解，每年 30 天以上不上学的儿童仅占学龄儿童总数的 1％的国家，在世界上是罕见的。"逃学"儿童增加这个事实本身是严重的，但即便这样，日本学校的上学率处于世界的最优水准，这也是事实。

把"逃学"儿童上学的"自由学校"视为理想学校教育的风潮，也是一种片面的观点。必须认识到，日本所谓的"自由学校"是同美国的"自由学校"大相径庭的。

日本的"自由学校"或是"家庭学校"是一种私塾。但美国的"自由学校"和"家庭学校"却是有名望的"学校"，就是说，它们是私立学校的一部分，可以习得拥有教员资格证书的教师所定的课程。因此，倘若富裕的家长不投入巨额资金去雇用同学校相匹敌的教师，或是得不到赞助者的巨额基金，"家庭学校"和"自由学校"是开办不了的。从 20 世纪 80 年代中期起，美国许多州开办了"家庭学校"。按照规定，其家长的教育税可以用做"家庭学校"的一部分管理经费。由于这个措施，在"自由学校"上学的儿童高达 50 万人。这是因为，家长们设立"家庭学校"（私学的一种形态），为自己的子女投入了庞大的资金。日本的"自由学校"和"家庭学校"无论如何不是美国语境上的超越私塾的语意。对此，我们必须有一个正确的认识。

况且，在"逃学"的儿童中就读日本式"自由学校"的学生只不过是极小的一部分，大半"逃学"的儿童都有着极其特殊的、复杂的困惑。不如不用"逃学"去概括，改用"长期缺席"这一种中性的说法为妥。应当说，看到电视和书籍中威风凛凛地表现自我的儿童而作出的一般"逃学"图景的描述，不过是实态的一部分，是片面的认识。

观察现象的眼光

关于"班级崩溃"也必须有正确的认识。

曾几何时，以"班级崩溃"为题的书籍充塞于书店。那时，我受某杂志编辑部的委托，要我阅读有代表性的 10 本书籍并写出书评。读完 10 本书，令我吃惊的是，竟然没有一位作者亲身去"班级崩溃"的课堂观察过，而是全凭大众媒体的"传闻"执笔写成的。这是违背作者伦理、违背出版伦理的做法，是不能允许的。教育的"危机"在于商业炒作。报道"班级崩溃"的电视台也是一样，当时每周有几家电视台跟我联系，想采用我录制的"班级崩溃"的录像。当然，我一概回绝了。结果，尽管许多电视台播出了"班级崩溃"的特别报道，但没有一个节目是取材自"班级崩溃"的课堂的。全是远离了现实的课堂，根据"传闻"报道的。教育的"危机"，获得了高视听率。

当然，"班级崩溃"这一现象本身是事实。不过，"班级崩溃"并没有在日本各地发生。

"班级崩溃"频频发生的地域是大城市的郊外和地方城市的新兴住宅区。发生"班级崩溃"的学校有其特点。校长不负责任，把全部责任推给班主任的学校、推给每一个教师的学校，往往发生"班级崩溃"。在"班级崩溃"之前，教员室已经崩溃了。在"班级崩溃"的学校里的教师也有特点："班级崩溃"是在执著于旧式的班级管理的年长教师的课堂里发生的。

人际关系不良、情绪不稳定的儿童增加，许多教师感到难以管理班级，这是事实。不过，"班级崩溃"是在特定的地域、特定的学校、特定的课堂里发生的，不能称做学校的普遍现象，这也是事实。

顺便说说，以为"班级崩溃"是"公立学校的危机"，加剧了以大城市为中心的私立小学的应试竞争，那是错误的认识。其实，私立学校"班级崩溃"的现象比公立学校更甚。

在公立学校，只要有一间教室发生了"班级崩溃"，那就是大问题了。但在私立学校的场合，即令半数的课堂处于"班级崩溃"状态，也是被掩盖着的。这是因为，私立学校面对出生率低而生源稀少的现状，处于惨淡经营状态。一旦评估落榜，将不得不关门大吉。近年来，我接受了许多苦于"班级崩溃"的学校的委托，其中多数是私立学校，它们的境况比公立学校糟多了。为什么在私立小学高年级与初中频频发生"班级崩溃"呢？我想，这是需要各位读者一道来思考的问题。

关于少年犯罪也必须有正确的认识。

少年犯罪的"凶恶化"成为社会问题，基于严惩主义的《少年法》已经作了修订。不过，日本是发达国家中少年犯罪不断减少的少有的国家之一。凶恶的、病理性的、猎奇式的杀人事件刺痛了人们的心，这也是事实。但毕竟是少数的案件。少年杀人犯已经减少到高峰时的四分之一以下（占少年犯罪总数的0.1%以下），这就是事实。从整个少年犯罪看，贪占和盗窃占85%，而且贪占的大半属自行车的擅自占用。公共伦理的衰退是可悲的事实。不过，从少年犯罪的总体看，并没有"凶恶化"，这个事实是必须认识的。

就是说，变化的不仅是儿童，而且有成人看待儿童的眼光。自从神户的连续杀伤儿童事件以来，整个成人社会对于儿童变得不宽容了，整个日本社会对于儿童的言行产生了集体歇斯底里。"这些家伙怎么搞的！"——由于成人社会的这种不宽容和歇斯底里，《少年法》被修订了，大肆宣扬服务活动义务化，还在探讨对义务教育阶段反抗教师的儿童给以"停学"处分的举措。可以说，成人社会正在暴露出幼稚性。

然而，敌视儿童的社会是没有未来的。正因为是严峻的时代，才呼唤成人拥有倾听儿童的呼声、激励每一个儿童的胸襟。

二、危机的实态：逃避"学习"

儿童学习时间剧减

如果说，"恃强凌弱"、"逃学"、"班级崩溃"、"少年违法"不是儿童危机的核心，那么，危机的核心在哪里呢？大众媒体沸沸扬扬渲染的"危机"是虚张声势的"危机"。不过是1%左右的学龄儿童的"危机"。恰恰相反，至少袭击七成至八成儿童的深刻危机是存在的，那就是逃避"学习"。

如果说，日本的儿童是世界上最怠惰的，许多人一定会感到惊异。几乎所有的人都承认，"日本的儿童学习用功，疲于奔命"，"日本的儿童苦于应试，困于私塾"。几乎人人相信，日本的儿童在学习时间上比世界上其他国家的儿童多得多。有人提议，近年的教育政策应以"日本的儿童疲于应试，失去了宽松"为前提。不过，这种实态是20多年前的情形，同今日儿童的实态相去甚远。

确实，存在疲于课业、困于私塾的儿童，这是事实。不过，这个数字只限于极小部分。大半儿童到了小学高年级前后，都拒绝"学习"、逃避"学习"了。如今，日本儿童的学习时间沦为世界最低谷的地步了，这就是事实。

让我来提示一下表明逃避"学习"的调查结果。校外学习时间的国际比较是显示这种现象的一个指标。

我是在20世纪90年代初发现逃避"学习"这种现象的。日本总务厅所作的美、韩、日三国儿童（7—15岁，即小学一年级至初中三年级）的生活比较调查（1990）表明了这种现象。

从该调查了解到的儿童家庭学习时间来看，三分之二的韩国儿童每天在2—3小时之间，三分之二的美国儿童每天在1—2小时之间，而三分之二的日本儿童每天在1小时范围内。也许有人反问，日本的儿童不是要上私塾吗？私塾并非全体学生都上，也不是每天都上。所以，平均每天每人的时间可换算成 30 分钟，即便加上这 30 分钟，日本儿童的课外学习时间也只有韩国儿童的三分之一，美国儿童的二分之一左右。应当说，既比不上应试竞争甚于日本的韩国的三分之一左右，也比不上以不学习著称的美国儿童的二分之一左右。这是着实令人吃惊的现实。明治以来素以热心攻读、勤勉用功著称的日本人，究竟到哪里去了？

日本的儿童逃避"学习"，课外学习时间已经沦为世界最低谷的地步了。1995 年 IEA（国际教育成就评价协会）实施的"第三届国际数学、理科教育调查"的报告确认了这一调查的事实。

该调查报告显示，初中二年级的课外学习时间世界平均为 3 小时，而日本初中二年级的课外学习时间（含私塾）为 2.3 小时。在可比的 39 国中居第 30 位（日本国立教育研究所：《初中数学教育、理科教育的国际比较——第三届国际数学、理科教育调查报告》，1997）。

事态还要严峻得多。从近年来都道府县和市、镇、村的教育委员会调查结果来看，实际情形要糟得多。我收集到的最近的调查结果也是这样，初中二年级学生的课外学习时间在 1 小时以下者占三分之二。不能不说，比 IEA 调查的平均 2—3 小时，情形更严重。

IEA 归纳了 1995 年以后种种的调查结果，显示出的一般趋势是：逃避"学习"的儿童从小学高年级始，小学高年级男生热心学习与讨厌学习者也是三七开。重要的是，从小学高年级至初中三年级，逃避"学习"的儿童年年激增。大多数儿童随着高中应试的临近，逃避"学习"的现象愈加突出。

从男女生比例看，女生逃避"学习"者是从高年级开始的。但包括高中在内，事态是严重的。一旦逃学了女生就不再返读，这是高中教师熟知的现实。事实上，从 IEA 的调查结果看，日本是发达国家中罕见的男女学力（学业成绩）差别趋于扩大的国家之一。

日益加剧的逃避"学习"

早就有人提出，初高中生的逃避"学习"是源于求知欲的衰退。

阅读书籍的减少是显示这一状况的指标之一。每日新闻社从 1955 年开始，每年都以小学四年级至高中三年级的一万多名学生为对象，实施"学校阅读调查"。近年的结果一直在改写最坏的记录。在调查开始之初的 1955 年，初中生的阅读册数是月平均 3 册以上，而今日 60％ 的初中生月平均只读 1 册。到了高三，70％ 以上的学生每月 1 册书也不读。小学生的阅读册数并无多大变化，但初、高中生的"远离活字"是令人目瞪口呆的。如果说，学校的使命在于引导儿童走向书籍的世界，那么，可以毫不夸张地说，今日的学校教育已经有辱这种使命了。

近年来，逃避"学习"的现象愈益加速。例如，从东京都生活文化局每 3 年实施的《大城市中小学生生活价值观之调查》中看初中二年级学生的生活状态，1992 年，27％ 的学生回答家庭学习时间为零。这个数值暗示大城市中小学生逃避"学习"的真相。其实，广岛县教育工会 1997 年实施的调查结果也表明了人口集中地区的逃避"学习"现象的显著性。

东京都生活文化局的调查也表明了逃避"学习"的进展极快。1998 年的调查结果是 43％ 的初中二年级学生家庭学习时间为零，仅仅 6 年间，初中二年级学生完全不从事家庭学习的时间从 27％ 激增为 43％。反之，在家庭学习 3 小时以上的学生，6 年间从 14％ 减至 5％。"家庭学习"加上"私塾学习"的时间平均数，也从 66 分钟减至 56 分钟。这种变异在不到 5 年的时间里就遍及全日本各地。

逃避"学习"的急遽蔓延，在 1999 年实施的 IEA 调查（1995 年的追踪调查）结果中也表现出来。日本初中二年级学生的校外学习时间同 4 年前的调查结果比较，在 1 小时以下、1 至 3 小时、3 至 5 小时、5 小时以上的选择项分别下降将近 10 个百分点。另外，4 人中有 1 人在校外完全不学习数学。

该追踪调查表明了这种急遽变异的结果。在可比的 38 个国家中，可以说日本初中二年级学生的校外学习时间是最少的。日本的儿童如今是世界上最懒于学习的儿童。

三、学力低下的真相

"学力低下"问题的背景

围绕"学力低下"问题的讨论近年来活跃起来。其导火线是西村和雄（京都大学经济学部教授）和户濑信之（庆应义塾大学经济学部教授）所作的大学生数学学力调查（1998）。"尖子大学生10人中有2人不会小学程度的分数运算"。——这种冲击性的结果引起了担心"学力低下"的大学人士和市民的强烈关注。

不过，西村和户濑的调查需要理解为直接显示了大学升学考试、科目数的削减和高中"选修中心课程"的弊害。

在稀少考生的争夺中，各大学削减了应试科目。其结果导致私立大学文科系考生只有两成选择理科和数学作为考试科目；反之，理科系考生只有两成选考社会科科目，这是实际情形。

加剧这种倾向的是第14届中央教育审议会的咨询报告（1992）发表以来的高中课程的多样化，如今只有理科设置了13门选修科目，其中两门科目为必选。学力的内涵由于学生的选修而产生偏差是理所当然的现象。而且，同"选修中心课程"相对应，考试中心的升学考试也从18门激增为31门。这就产生了考试选考的科目愈益限于局部的弊端。结果，产生了未充分学好数学却升入经济学部的学生，没有学好物理却升入工学部的学生，没有学好生物却升入医学部的学生，等等，大学上课的前提瓦解了。从这个意义上说，大学生的"学力问题"与其说是"学力低下"，不如说是"学力偏差"或是"教养解体"更为贴切。

不过，大学生的"学力低下"状态正在扩大也是事实。一个缘由是大学的大众化。大学、专科的升学率在20世纪70年代以后，一直徘徊于35%前后，但在1986年再度上升，到了1998年达到48%（男生47%，女生49%）。况且，大学升学考试除部分名牌大学之外，从大学选择考生的时代转向考生选择大学的时代。即便未经应试也能够升入大学的状况正在扩大。

"学力低下"问题凸显的另一个原因是文部省的教育政策。尤其是2002年（高中2003年）开始实施新的《学习指导要领》。由于学校完全实施周五日制而削减了课时，加上小学、初中的教学内容也削减了三成，高中课程除"保健体育"之外，所有学科以选修为主。以数学为例，高中毕业制度正在过渡到只要取得两个学分（1学年每周两节的数学课），就可以毕业。这么低下的学力能够维持新生代的教养水准吗？文部省打着"松绑"招牌推进的罗曼蒂克的改革，使大学人士抱有危机感乃是理所当然的。

学力的高度与内涵

然而，小学、初中的"学力"究竟处于何等程度的低下呢？要回答这个问题是困难的。

在过去30年间，文部省每当修订《学习指导要领》时总要削减教学内容。考虑到这个背景，似乎可以说，"学力低下"乃是必然现象。其实，证明小学、初中生"学力低下"的调查结果并不存在。由于未能实施同一问题的长期的、系统的调查，难以了解究竟在哪些内容上发生了怎样的变化。既然不存在有说服力的调查结果，就不能把"学力低下"视为既定事实。

了解"学力"实态的有代表性的调查有两个。一是前述的IEA实施的"第三届国际数学、理科教育调查"（1995），二是文部省实施的《学校课程实施状况》的调查（1985、1996）。让我们从其结果确认一下学力的实态。

先来看看以初中二年级学生为对象实施的"第三届国际数学、理科教育调查"的结果，数学、理科的成绩均为41个国家中的第三名（数学——第一名新加坡、第二名韩国，理科——第一名新加坡、第二名捷克）。同第一、二届一样，显示了好成绩。再看1996年文部省实施的以小学五、六年级，初中一、二、三年级约 8 万名学生为对象，调查 5 门主要学科（小学 4 门）的掌握程度的《学校课程实施状况调查》，小学五、六年级各门学科的掌握率为 65%—80%，初中一、二、三年级各门学科的掌握率为 46%—75%。初中生的社会科和理科的掌握率低，教学内容只理解了一半。尽管存在问题，但文部省依然把这个结果评为"大体良好"。

不过，问题在于学力的内涵。仔细地探讨"第三届国际数学、理科教育调查"，日本初中生在计算题和识记等基础知识方面取得了好成绩，但在创造性思维和思考"科学本质"问题、"环境问题"方面却低于世界平均水准。显示出这样的特点：在识记事实和公式之类有关基础内容的方面扎实，但在创造性思维、多元思维和推理思维方面显得薄弱。这种倾向不是日本独家的特点，但面对 21 世纪社会要求高度复合智慧能力的形势，可以说，这是值得忧虑的事态。

根据《学校课程实施状况调查》，日本学生在有关计算和事实的识记、公式的运用方面取得了高分，但在需要创造性思维和问题解决思考与表达力的问题上，正答率剧减。

例如，在初中理科中，让学生描述根据一枝圆珠笔和影子求解太阳光线与地面之间角度的方法，和预测随着时间的推移影子将发生什么变化的课题，或是社会科中解读图表的涵义、语文科中表达自己思想的问题，等等，正答率平均在 10% 左右。一旦碰到发现"涵义"与"关系"，表达"自己思想"的课题，许多儿童显得无能为力。在以基本技能为中心、死记硬背的 19 世纪型学力中是优秀的，但在需要更多创造性思维与高层知识的 21 世纪型学力中，可以说是大大落后的。

这种结果，给了文部省及推进教育改革的人士以冲击性的影响。这是因为，将近 10 年来，文部省一直在倡导以"兴趣、爱好、态度"为轴心的"新学力观"，促进"教师意识改革"，推进旨在变革传统的灌输型教学的改革。这些调查结果表明，理应追求创造性思维与个性表达能力的改革，在变化迅猛的儿童面前显得软弱无力了。

愈演愈烈的"讨厌学科"

有更严峻的调查结果。"第三届国际数学、理科教育调查"（1995）包含了这样的调查项目：初中生对于学科教材抱有怎样的意识与感情——喜欢还是讨厌数学、理科，学习数学、理科的意义与乐趣何在，等等。

从对学科好恶项的回答来看，在41个国家中，日本仅次于捷克，捷克以"讨厌"和"非常讨厌"数学者居多。而日本"讨厌"和"非常讨厌"理科者则比任何国家都多。

除了"讨厌理科"居世界第一之外，调查他们对学科的看法，结果也是严峻的。在数学和理科是"生活中最重要的"和"将来想从事运用科学的工作"项目中，或是在探寻科学教养的意识和学习科学的意义与乐趣的项目中，日本的初中生都只有世界最低的意识水准。

"讨厌理科"的现实在此后进一步恶化了。1999年12月，文部省和国立教育研究所发表了以全国初二学生约5000人为对象，于同年2月实施的"第三届国际数学、理科教育调查——第二阶段调查（追踪调查）"的中期报告。报告表明，同4年前相比，同一问题的正答率几乎没有什么变化，但对于数学和理科的认识越来越恶化。

调查是分4个选择项——"非常喜欢"、"喜欢"、"讨厌"、"非常讨厌"——设问的。结果，从1995年至1999年对数学"非常喜欢"的比率为10%—8%、"喜欢"的比率为43%—39%、"讨厌"的比率为36%—38%、"非常讨厌"的比率为11%—14%。"非常喜欢"、"喜欢"的比率合计从53%减为47%。仅仅在4年里，下降了6%。理科方面下降幅度不明显，但也显示出恶化的倾向："非常喜欢"的比率为12%—11%、"喜欢"的比率为44%—43%、"讨厌"的比率为34%—35%、"非常讨厌"的比率为10%—11%。

再从1995年和1999年对于"数学学习"的调查结果看，显示出急遽恶化的趋势：觉得"快乐"的比率为46%—38%、"无聊"的比率为

35%—42%、"生活中重要"的比率为 71%—62%、"将来想从事运用科学的工作"的比率为 24%—18%。同样，"理科学习"也是这样：觉得"快乐"的比率为 53%—50%、"无聊"的比率为 33%—36%、"生活中重要"的比率为 48%—39%、"将来想从事运用科学的工作"的比率为 20%—19%。这些项目在 4 年前的调查中都是 41 国中最坏的结果，现今有过之而无不及。

尽管"讨厌数学"、"讨厌理科"，或是结果丧失了"学习数学的意义"、"学习科学的意义"，但是，也许会有这样的见解：保持世界第三位学力的事实并没有变化。不过，小学阶段和初中阶段的良好成绩是否反映了日后的科学素养，是值得探讨的。关于这一点，也必须正视严重的事态。

1996 年经济合作与发展组织（OECD）以 14 国（日本、加拿大、美国、秘鲁、英国、丹麦、法国、德国、希腊、爱尔兰、意大利、荷兰、葡萄牙、西班牙）普通公民为对象进行"科学知识"和"对于科学技术的关注"的调查结果表明，日本普通公民在"科学的高深知识"和"一般科学知识"方面排在了葡萄牙后面，在 14 国中居第 13 位。"关注科学技术的公民"、"对于科学技术有兴趣的公民"的比率处于最末的第 14 位。

在小学、初中阶段居世界第 3 位的"学力"，并没有成为公民的素养，在长大成人的过程中完全剥夺了。普通公民的科学素养在发达国家中处于最末位，这就是日本学力的实态。

儿童中蔓延的虚无主义

在逃避"学习"的现象背后，还有一个重要问题，这就是扩大了阶层差别，再生产着阶层差别。

在经济资本中富者愈富、贫者愈贫的趋势，20 世纪 80 年代中期以来愈加突出，这是众所周知的。在文化资本中也产生了同样的现象。所谓"文化资本"是指所积累的教育文化能力，就像家庭拥有的资本那样，亦即，高学力的人们愈益属于高学历家庭的子女，低学力的人们愈益属于低学历家庭的子女，这种趋势愈益突出了。

教育社会学家蒎谷刚彦以 11 所高中的二年级学生为对象实施调查，从 1979 年至 1997 年他们的课外学习时间，大学毕业的母亲的子女从 123 分钟减为 106 分钟，短大、高专毕业的母亲的子女从 125 分钟减为 85 分钟，而高中毕业的母亲的子女从 103 分钟减为 64 分钟，初中毕业的母亲的子女从 87 分钟减为 27 分钟。这个数据表明，逃避"学习"的现象越是在文化资本贫乏的家庭里越是突出。这样，家庭文化资本的差距进一步扩大了。

21 世纪是"学习的时代"，更是"终身学习的时代"。这些话语隐含了显示 21 世纪社会前景的乐天的期望。不过，大半的儿童却过着逆时代而动的生活。一年更甚一年地被排挤在学习社会之外。这就是现实。由此产生的是对于学习的虚无主义与愤世嫉俗。

"读书无用"，"何必学习，反正人生不会变化，社会不会变化"。——这是一种虚无主义。"用功读书无聊透顶"，"学习毫无意义"，"自己是笨蛋，读书太迂腐"，"任何内容的知识与文化都同自己无关"，"世界将会怎样，谁能知晓"。——这是一种犬儒主义。所有这些，究竟是如何产生的呢？为什么会产生？为什么如此众多的儿童会深深地沉湎于其中呢?!

四、"勉强"时代告终：东亚型教育的终结

教育现代化的一个世纪

众所周知，日本的儿童曾经是世界上最用功的。世界第一用功的日本儿童为什么会沦落为世界第一不用功的儿童呢？我想，解开这个谜底的关键在于日本教育的现代化。

日本教育的现代化在 20 世纪 70 年代末迎来了高峰。在近代学校制

度发端的 1872 年（明治五年），当初不满 10% 的义务教育就学率超过了 90%，那是在日俄战争之后的 1890 年前后。进入 20 世纪以后，中等教育与高等教育的就学率上升。战后的教育民主化带来了初中的义务化，高中和大学、短大的升学率上升。经过高速发展期，到了 1980 年，高中升学率达 94%，大学、短大的升学率达 37%。在 2000 年的今日，高中升学率达 97%，大学、短大的升学率达 49%。大学、短大的升学率在 20 世纪 70 年代末迎来了第一个高峰之后，由于高中毕业生就业难，又出现了新的高峰。

这就是说，日本学校的就学率和升学率自 1870 年以来一直攀升，到 1980 年前后达到了顶峰。而 20 世纪 80 年代欧洲各国的后期中等教育（全日制）升学率约 70%、高等教育升学率约 20% 以下。美国的大学升学率超过日本，但由于高中辍学率超过 20%，所以，日本的实质性就学率和升学率，到了 20 世纪 60 年代凌驾于欧美各国之上。欧美各国历经两至三个世纪才得以实现的教育现代化，日本用了不到一个世纪的时日就实现了。

急速的现代化与竞争原理

这种急速的教育现代化，是包括日本在内的亚洲各国各地区，诸如中国台湾、中国香港、新加坡、韩国、朝鲜、中国大陆的特征。这种急速的现代化在台湾地区和韩国更为激荡，不到 50 年的时日就实现了同日本并驾齐驱的就学率和升学率。这种东亚型的教育现代化，具有如下几个特征。

第一个特征是"压缩式的现代化"。令欧美各国惊叹的急速的现代化是以东亚特有的方式实现的。东亚各国超越身份、阶级的差别，保障所有国民受教育的机会，提高了基于教育形式的"社会移动"的流动性，一举推进了国民的统整与工业化。"社会移动"的流动性是"压缩式的现代化"的最大推进力。通过就学，人们可以获得比父母辈更高的教育经验，移向比父母辈更高的社会地位。凭借这种欲望与活力的激励，使得东亚各国有可能推进急速的现代化。

"压缩式的现代化"借助战后的经济发展获得了急遽的进展。在冷战结构的世界里，除东亚各国，不论发达国家还是发展中国家，资本主义国家还是社会主义国家，所有国家 GNP 的增长率是 4%—5%。但在东亚各国，凭借基于质高价低的劳动力的工业化和独特的贸易保护政策，GNP 的增长率达到了 7%—10% 的急速工业化。

这种急速的工业化，由于冷战结构的崩溃和伴随而来的亚洲金融风暴，到了 20 世纪 90 年代，遭遇到深刻的经济危机。在冷战结构下实现了令人惊异的发展。即便现今，中国由于改革开放政策，仍然维持着近 10% 的 GNP 增长率，在"压缩式现代化"的道路上高歌猛进。"压缩式现代化"这一东亚型现代化的终结与破绽，是观察当今东亚各国教育危机的一个重要因素。

东亚型教育现代化的第二个特征在于应试竞争的教育。推动"压缩式现代化"的"社会移动"的流动性，在另一方面，带来了过激的竞争。例如，像日本那样的高中应试竞争在欧美各国是不存在的。美国、加拿大、英国、澳大利亚和新西兰等英语国家的高中是同初中连接的综合制中学，不经入学考试即可升入地区的学校。像法国、德国那样的欧洲国家，分普通中学、职业中学和综合制中学，凭学业成绩决定升学顺序，这种选择不是竞争而是基于每个学生的成就度作出的。不像日本那样普通中学凭成绩加以排序。

即便是东亚国家中的韩国，在朴正熙总统时代也冷却了过热化的应试竞争，废除高中入学考试，以推进"平等化"，私塾和预备学校也是被法律禁止的。当时，汉城八成的初中生都有由于过度用功而生病的体验。汉城劳动者收入的三分之一都流向私塾和预备学校，其过热情形可想而知。不过，即便废除了高中入学考试，法律上禁止私塾和预备学校，应试竞争的激化并未得到抑制。普通高中的全体学生在所读高中自修和补习至晚上 10 点接受应试指导，即便晚 10 时过后，上法律禁止的私塾和预备学校者也为数不少。

在中国的台湾，20世纪80年代后半期，职业高中被废除，实施综合制高中。不过，这种改革是应对投考大学的学生增长的。在欧洲，尽管朝综合制中学改制，以缓和竞争的压力与歧视，但由于未废除升学考试，高中的应试竞争仍然激化。

这样，包括日本在内的东亚国家的教育是以竞争为主要动机推进的。由于应试竞争，教育中的民主主义原理也被扭曲了。在东亚各国，所谓"教育自由"是"竞争的自由"，所谓"教育权利"是参与竞争的权利，所谓"教育平等"是竞争机会的平等。

工业主义的教育

东亚型教育现代化的第三个特征在于同工业主义化的亲和。基于竞争原理的"压缩式的现代化"是同工业主义社会的急遽发展并行的。急速的工业化形成了少数的知识精英与大多数的简单劳动者这一金字塔形的劳动市场。这种金字塔形的劳动市场是同基于应试竞争的金字塔形学校结构（学历社会的结构）相合拍的。在20世纪60年代的日本，初中毕业的劳动者被称为"金蛋"，大量的初中毕业劳动者从农村涌入城市。20世纪70年代以后，"金蛋"移向高中毕业的劳动者，大规模地实施了职业高中的多样化。教育的"压缩式现代化"以急遽发展的工业化为基础展开了。以急遽的工业化为基础的教育的"压缩式现代化"在东亚各国的学校教育中带来了高度的效益与效率。国际学力调查中所显示的东亚各国学力水准的高度，就是源于这种高度的生产率与效率性。1995年IEA实施的"第三届国际数学、理科教育调查"中"数学"排名第一位的是新加坡，第二位是韩国，第三位就是日本。调查并未涉及的中国台湾和香港的学力水准也是知名的。在中国大陆，落后的农村地区的教育水准尚处于低水准，但城市地区的学力水准之高也是广为人知的。

东亚各国的学校所推进的，是划一地、有效地传递断裂的知识，组织个人之间的竞争，牢牢地习得既定知识的教育。强调生产率与效率性，追求的是实现大量生产的大工业系统的学校教育。学校的经济效率性也是东亚型教育的特征。40 人以上的儿童挤得满满的教室，如今只限于地球的一角——东亚各国，亦非过言。甚至可以说，至今存在黑板、讲台和课桌，儿童面向黑板排排坐的教室景观、教师以教科书为中心施教的景观，如今在地球上的大半国家都已送进了博物馆，但在东亚各国依然故我。

国家主义与公共教育

东亚型教育现代化的第四个特征在于中央集权的官僚主义控制。东亚各国无一不是凭借国家强有力的控制而实现"压缩式现代化"的。在东亚型教育中教育部的教育政策在学校制度的整顿与扩充上起着决定性的作用。学校是国家体制的终端机构，教师是国家政策的忠实执行者。即便在日本，从中央教育审议会咨询报告（1971）所标榜的学校制度的整顿与扩充计划可见，国家的中央集权的官僚主义式的划一的教育政策乃是教育改革的主要推动力。

东亚型教育现代化的第五个特征在于强烈的国家主义。在东亚各国，产业与教育的压缩式成长是以"现代化"、"殖民地化"和"国家主义"三个要素作为推进力的。可以说，包括日本在内的东亚各国的教育"现代化"是欧美文化的"殖民地化"。"现代化即殖民地化"是现代化后发国家——东亚各国的宿命。

战前的日本教育之所以维护了国家主权，并不是由于回避了"殖民地化"，而是由于自觉地、积极地推进了"殖民地化"。倘若抵制了欧美文化的殖民地化，国家主权就可能被剥夺而陷入殖民地化。"现代化即殖民地化"的结构在美国的"文化殖民地化"持续的战后仍然保留下来。

寻求民族国家建设的教育"现代化"，借助"文化殖民地化"加以推进乃是一种绝对的矛盾。倘若达成了产业化与教育的现代化，便不能不推进欧美的科学技术与社会思想的"文化殖民地化"；而愈是推进"文化殖民地化"，作为国民统一之基础的"国家意识形态"就不能不面临解体的危机。

为了克服这种教育现代化所包含的绝对矛盾，东亚各国倾注精力，建设立足于强烈的国家意识的"国民教育"。这是借助"国家主义"作为"现代化"之推进力，推进"文化殖民地化"的一种技巧。在东亚各国中"现代化"、"殖民地化"和"国家主义"是作为推进急遽普及与成长的教育中的三个要素发挥作用的。

国家主义的功能至今没有什么变化。例如，近年日本的教育提出了"心灵教育"、"生存教育"的口号，但无论是"心灵教育"还是"生存教育"都是不可能翻译成外国语的日本语。这些口号即便翻译成英语，对于海外人士来说，为什么会成为教育改革的口号，恐怕是全然不会理会的。最重要的是，无论是"心灵教育"还是"生存教育"对于每个日本人说来，是不可能说明的"潮流的语言"。可以说，确认这些口号的本义是默默地理解"实施日本人的教育"这一国家主义。这样，东亚各国教育中的"国家主义"是"现代化即殖民地化"的主要推进力，但不容忽略的是，这种强烈的"国家主义"却也成为给教育带来混沌与迷惘的主要原因。

东亚型教育现代化的第六个特征是公共教育的未成熟。在东亚各国，教育的目的在于国家的繁荣，同时也要求通过竞争实现个人的社会移动。国家主义与利己式的个人竞争乃是东亚型教育的"压缩式现代化"的两个轮子。在这种结构中丧失的是教育的公共性，为什么这么说呢？这是因为，公共圈原本就是作为国家与个人之间的中间地带——"社会圈"（society），尤其是以人们相互帮助、彼此合作的"合作社会"（assoctiation）为基础成立的。

在教育的目的分裂为国家与个人两极的日本，合作社会并未成熟，也阻碍了对于教育的公共意识的成熟。在日语中"公学"可以解读为"公家"和"政府"两层涵义。可以说，"公家"的涵义未成熟，却被"政府"所汲取了。这就是日本公共教育的真貌。正如日本战前"灭私奉公"，战后"灭公奉私"支配着教师那样，"公"与"私"分裂为两极，对立地加以处置，这也是日本教育的特征。

教育的公共性为国家所吸纳，公共教育从个人主义、利己主义的角度加以理解——这个特征不限于日本，也是东亚其他国家的一个特征。

东亚型教育体制的破绽

拥有上述特征的东亚型教育的"压缩式现代化"在日本迎来终结的时代，乃是 1980 年前后。

东亚型教育是以产业与教育的急遽扩充与发展为前提，有效地发挥功能的体制。这种教育体制在产业化与教育的急遽现代化处于停滞的阶段显出了破绽。事实上，教育危机的现象开始披露于报端，每日由电视台播放，是在 1980 年前后。三重县的尾鹫中学的校内暴力事件（1980）是其发端。在这个事件之后，校内暴力席卷全日本的中学以及其他教育危机的报道也接踵而至。班级崩溃趋于明朗化是在 20 世纪 90 年代中期以后。这个现象也是 1980 年前后开始的教育危机的进一步恶化。

可以这样认识：逃避"学习"也是由于东亚型教育的"压缩式现代化"的终结及其破绽而产生的现象。

其实，在"压缩式现代化"急遽进展时代的日本教育中，对于学校与教师的依赖度是世界之冠；学生的学习热情、学习时间和学力水准也是世界之冠，这是众所周知的事实。在推进"压缩式现代化"的过程中大半儿童受惠于学校教育，能够获得比父母更高的学力，更高的社会地位。在这种背景下，最大限度地发挥了学习的积极性与努力。现在，世界第一的课外学习时间最长的国家是哥伦比亚（初中二年级学生6 小时），课外学习时间第二长的国家是新加坡（初中二年级学生 5 小时）。这些国家近年来 GNP 的增长率异常高，是教育现代化与工业化齐头并进的国家。以往的日本曾经处于同样的情形。

不过，"压缩式现代化"一旦终结，它的破绽便暴露无遗了。大半儿童如今不能依靠学校教育获得高于父母的学历与社会地位，学校已经沦为少数"胜者"、多数"败者"分裂的装置了。对于多数儿童来说，学校变成了体验失败与挫折的场所。

由于这种转变，无论是对于学校与教师的信赖度，还是学习的积极性与努力，日本都从世界之冠的高峰一落千丈，沦为世界最低谷了。"勉强"的时代终结了。

五、社会的变化与教育改革的失败

后产业社会与青年劳动市场

逃避"学习"，以产业主义社会向后产业主义社会的过渡为契机，更加激化了。

产业主义社会是以汽车、住宅、家用电器等的物质生产与流通为中心构成的社会，后产业主义社会则是迈向提供知识、信息与人际服务而形成主要市场的社会。其实，在 21 世纪的社会里，市场规模最大的是信息产业，其次是以老人福利为中心的银色产业，第三位是教育文化产业。这种变化带来了劳动市场的巨大变化。

产业主义的社会形成了以少数知识精英为顶端、多数简单劳动者为底边的金字塔形的市场。不过，在后产业主义社会里，对简单劳动者的需求剧减，具备高度复合智能的劳动者市场扩大，金字塔形的底边崩溃了，转向包含了顶部在内的灯笼形劳动市场。

日本从产业主义社会向后产业主义社会的过渡，在全球一体化的背景下已超越了美国的速度进展。可以说，企业的结构改革与 IT 革命就是这样一种趋势的表现。更为深刻的问题是，在向后产业主义社会的过渡中，青年劳动市场解体了，这种变化是急遽的。

1992 年市场需求的高中毕业生数是 164 万，到了 1998 年，剧减至 37 万。仅仅在 7 年里，高中毕业者的劳动市场实际上已削减了八成。工厂迁移海外，制造业需求的劳动力剧减。此外，采用高中毕业者的金融流通部门的需求人数减少，加之采用数的减少而高学历化，青年劳动力市场土崩瓦解。

事态是严峻的。据 1999 年 1 月发表的文部省和劳动省的调查结果，高中毕业者的就职率预定为 41%，即令 1999 年末的时段也停留于 71%。况且，该年度已就业的高中毕业生的半数在一年以内便离职了，无望再就业。大量"自由职业者"的出现不是由于青年就业意识和伦理道德的衰退，而是由于青年劳动市场的崩溃而引起的。2000 年春高中毕业者之中希望就业者 27 万人，其中 12 万人尚无就业的门路。

后产业主义社会另一方面又是依存于存在兼职打工的社会。青年劳动力（16—19 岁）的失业率超过 10%。15 岁至 34 岁的打工族人数激增，到 1999 年度达 254 万人。据说，"自由职业者"数超过了 200 万人。

当然，全球一体化造成的向后产业主义社会的过渡是发达国家共同的现象。青年劳动市场的解体也不是日本独有的现象。16—19 岁一代的失业率，美国 14.6%，加拿大 20%，澳大利亚 20.9%，日本 10.9%，法国无统计，德国 8.3%。除德国外，所有其他国家都显示出比其他年龄层更为严重的状况。

这样，由于全球一体化与向后产业主义社会的过渡，发达国家的青年劳动市场解体了。在日本由于东亚型现代化的破绽和泡沫经济的崩溃以及亚洲金融风暴的冲击，解体势头更加急速。

崩溃的家庭

政府错误的经济政策与政治上的无策使得儿童与青年的未来黯然失色。儿童和青年一代背负着巨额的国家财政赤字：640 兆亿日元，平均每人超过了 600 万日元。这不仅剥夺了儿童和青年通过就业参与社会的机会，而且背负着高龄化社会的负担，乃至背负着返还巨额国家财政赤字的义务。应当说，直面这一现实，儿童和青年丧失了对于未来的希望，丧失了学习的意义，丧失了学习的积极性，乃是理所当然的。

此外，正如许多教师所指出的，逃避"学习"的背后还有家庭崩溃这一重要因素。不仅是逃避"学习"，还有校内暴力、恃强凌弱、逃学、闷居在家、班级崩溃、少年犯罪等危机现象，都是以大城市郊外的学校和地方城市的新兴住宅区的学校为舞台频频发生的。20世纪80年代以前的教育危机的基地是以大城市的贫民窟为舞台发生的，而90年代的教育危机毋宁说是以城市的中产阶级为基础的。显然，在它的背后有着个人主义的中产阶级的生活破绽和家庭的崩溃。"封闭的养育"、"封闭的课堂"所象征的大城市郊外的学校和地方城市的新兴住宅区的学校的崩溃，构成了今日教育危机的背景。

尤其是家庭的崩溃极其严重。1999年的离婚数超过23万对，打破了过去的最高记录。同该年的结婚数76万对相比，可见其规模之大。

尤其是拥有学龄期子女夫妇的离婚率急遽上升。离婚率（每千人的离婚对数）2.0，未达美国的4.3（1996），但同德国的2.1、法国的1.9不相上下。10年前的日本同天主教戒律严格的意大利并列，是世界知名的离婚件数少的国家。但如今沦为世界有数的离婚最多的国家。中产阶级是经济低迷、结构改革的首当其冲者，在密集的大城市郊外和地方城市的新兴住宅区的学校里，由于父母离婚、住房贷款而产生的精神焦虑和经济贫困的儿童数在增加。

此外，在逃避"学习"、班级崩溃的背后加上家庭崩溃，家长的态度发生了变化。近年来，热心早期教育的家庭的子女从小学高年级至初中拒绝"学习"、逃避"学习"的案例在增加。越是热衷于"早期教育"和"应试"的家庭的儿童，一旦成绩下滑，便早早地显出绝望的倾向。到了小学高年级，子女方面也同家长的利己态度对峙，逃避"学习"的势头愈加不可收拾。因此，跟权威人士的预测相反，在私立小学和私立初中，不能上课的班级崩溃的状况比公立学校更甚。在称为"垫底校"的高中，有名的私立幼儿园和私立小学毕业生呈增加的趋势。

新保守主义与新自由主义的教育政策

逃避"学习"现象的恶化是一连串教育政策的失败。20世纪80年代中期以后，教育改革是根据执著于国家主义与家长制道德的新保守主义以及市场原理为基础，推进公共教育精简化与民营化的新自由主义政策来推进的。

新保守主义和新自由主义的教育政策是英国的撒切尔、美国的里根和布什所进行的改革，在 20 世纪 80 年代普及于各国，但在欧美国家已显露破绽。新保守主义和新自由主义的教育改革在经济资本和文化资本两者中间产生出少数的"胜者"和多数的"败者"。其结果招致少年犯罪案件激增，导致了社会保险和医疗福利制度的破绽。显然，它无论在社会秩序还是财政支出上都不是有效的政策。

例如，美国倡导"小政府"积极推进自由主义改革的是加利福尼亚州，结果造成了阶级、阶层和种族歧视的扩大，少年犯罪激增。监狱的支出预算超过了高等教育的费用。具有讽刺意味的是，实现了视为"小政府"之典型的"警察国家"把庞大的税金投入了监狱。

然而，包括日本在内的东亚各国至今仍然执著于新保守主义与新自由主义的教育改革，未能越雷池一步。更有甚者，比欧美国家更醉心于新保守主义与新自由主义的改革，乃是日本、韩国、中国台湾等东亚国家或地区的特征。这就是东亚型"压缩式现代化"的终结与破绽的内幕。

在日本的教育改革中，新保守主义的教育政策体现在森喜朗首相的私人咨询机构——"教育改革国民会议"的一连串建议中。这些建议强调国家主义，强调家庭教育，倡导"服务活动义务化"。

另一方面，新自由主义的教育政策可以见之于小渊首相的私人咨询机构——"21 世纪的日本"构想恳谈会提出的一连串改革提案中。该恳谈会倡导经济同友会的"合校论"和义务教育三日制，将公立学校的功能限定在现行功能的三分之一以便实施民营化。

文部省推进的初高中一贯制、择校自由和选修中心的课程是以新自由主义的逻辑——"自我选择"与"自我责任"为前提的。东京都品川区和日野市及足立区引进的择校自由化，是新自由主义改革的具体化。

推进基于市场竞争——教育消费者的自由选择——的学校统整与改革。

新自由主义的教育改革所推进的无责任的改革把教育行政和学校职责缩小到最低限度，而把儿童、家长和教师的"自我责任"扩大到最大限度。在新自由主义改革中公共的责任被偷换成私人的责任。学校中派生出来的恃强凌弱事件被偷换成对当事者个人的"精神关怀"，由心理咨询人员加以处置。

教育危机现象尽管是公共性的、制度上的、组织上的问题，却通通被私事化、个人化，还原为当事者的"自我选择"与"自我责任"了。

新《学习指导要领》带来了什么?

新《学习指导要领》（小学、初中 2002 年实施，高中 2003 年实施）沿袭了标榜"小政府"的新自由主义改革路线。小学和初中阶段削减三成的教育内容，高中阶段除"保健体育"之外，规定所有学科均以"选修为主"。

新《学习指导要领》的实施存在着加速逃避"学习"的危险。

首先必须指出的一点是，削减三成教育内容和"基础学力"中心的教育是同发达国家的教育改革背道而驰的。近几十年来，发达国家都在提高教育内容的水准，推进实现优质教育的改革。传统教育内容的水准质量低下，不能应对复杂知识和多元知识所建构的后产业主义社会，产生出大量的青年失业者。然而，日本的教育改革却在以往 30 年间降低了教育内容的水准，重复着质量低劣的改革。实际上，每一次《学习指导要领》的修订都在削减教育内容、降低水准，儿童愈益跟不上教学进度，这就是真实。新《学习指导要领》由于削减了三成教育内容，势必导致教育水准的进一步下滑。

这场改革的推进力是倡导"宽松"的文部省的浪漫主义。他们认为，"日本的儿童在学习中疲于奔命，丧失了'宽松'"，"必须从应试学习的重压下解放儿童"。——这就是文部省推进浪漫主义改革的要害。然而，在逃避"学习"之风甚嚣尘上的今日，所谓"埋头读书、疲于奔命，丧失了'宽松'"，不过是 20 年前日本儿童的情形。现实的大多数儿童的面貌是，越是临近应试，逃避"学习"的现象越是严重。

"从应试学习的重压下解放儿童"的说法也是一种无稽之谈。在以往 30 年间，断然地实施了《学习指导要领》和教科书内容的削减，而大学升学考试和高中入学考试的水准并没有变化，其结果，在公立学校教授的内容和应试中所要求的内容之间产生了落差。在这个落差中间，报考私立学校的应试竞争激化，私塾和预备学校之类的应试产业作为落差产业得以普及，这就是实态。

文部省为了"从应试学习的重压下解放儿童"，降低教育内容的水准，实施"从偏重学力到重视档案袋"的改革，却导致了"应试"低龄化、应试竞争激化和应试产业的发达。这是必须正视的事实。

教育内容是怎样削减的？

新《学习指导要领》中削减三成的教育内容将进一步助长逃避"学习"的现象。"广而浅"地教授大量网罗性知识的东亚型教育必须转型为"少而深"地学习的教育。这是毫无疑问的。然而，新《学习指导要领》并不谋求从"广而浅"转型为"少而深"的教育，将传统的"广而浅"的内容削减了三成。

这种削减可以采取两种办法。一是削除高学年和高学校阶段出现的内容，二是削除被视为"难"的内容。

削减三成教育内容的本质性问题在于这种削减方法。无论哪一个国家的课程都是伴随学年的递进不断地反复深化学科的内容加以编制的，谓之"螺旋型课程"。这是旨在不断翻新内容的创造性学习的基础。然而，这次的修订由于削减了高学年和高学校阶段的内容，课程的螺旋型结构被瓦解了，改变成了所有内容仅学一次的"累积型"结构，蜕变为凭借死记硬背简单内容加以习得的学习。

例如，小学四年级算术的图形面积只教到三角形和平行四边形，梯形和多角形面积不教。然而，教学中儿童最感兴趣的是梯形面积，可以琢磨多样的解法、交流多样的思维方式。而且重要的是，许多儿童通过梯形面积的学习，可以领会三角形面积为"底×高÷2"。通过多角形面积的学习，既可以学习从复杂的图形分割成三角形求得面积，也可以学习所有空间都能够用三角形来分解和组合。内容一旦削减就难以理解了。必须注意的一点是，往往削减了内容却丧失了各种知识的关联，更加难以理解。

除了"保健体育"之外，所有学科均为"选修"为主的高中新《学习指导要领》的修订也是极其粗暴的。发达国家高中的课程正在推进减少选修科目、增加必修科目的改革。在要求复杂知识和多元知识的后工业主义的信息化社会里，即令以片断的知识和基础获得了就业的机会，但也不可能参与市民社会。

21世纪是终身学习的时代。它要求直至高中阶段的教育内容都应作为基础教养，保障所有学生终身持续地学习和发展。

班级规模是怎样设定的？

逃避"学习"的现象在旧态依然的落后于时代的课堂教学中得到助长。40名学生的班级这一现实是东亚的"压缩式现代化"的遗物。德国普及了29人以下的课堂教学。美国，正如总统竞选演说中所示的，实现18人以下的班级是政策性的课题。

其实，世界的课堂教学在这数十年间发生了巨变。无论发达国家还是发展中国家，基本的模式是20名左右的学生以小组方式围坐在一起完成"合作学习"（collaborative learning）。教科书也成了配角。以主题为中心采用多样资料进行学习的方式，正在成为主流。这种变化不仅在小学，也在初高中进行。像大学的"习明纳"那样的探究式、合作式学习正在成为现实。

不变革落后于时代的课堂教学，逃避"学习"的现象就将是不可避免的。小学由于人口出生减少，每个班级的儿童数平均减少到20名。不过，东京、大阪、京都、神奈川、兵库等城市地区的小学，至今每个班级的平均儿童数仍在 35 名左右。

初中和高中的状况更加严重。据前述的"第三届国际数学、理科教育调查"（1995），在世界 41 个国家的初中教育中在 30 名以下的教室里学习的学生达 73%，而日本的初中生 96% 以上是在 31 名以上的教室里学习的。这种条件只要不改变，要保障儿童从事符合于 21 世纪的学习，那是不可能的。

尽管如此，文部省明言，"不打算变更 40 名规模的班级"。文部省的方针是，增加教师定额，采取"少人数指导"和"分层指导"的措施，作为改进班级定额的替代方策。但是，这两个方策隐含着危险。

首先是"少人数指导"，文部省的方针是在教师定额的框架下雇用临时教师，实现"少人数指导"。据说，倘若采用 1 名教师的定额框架，就可以雇用 4—5 名临时教师。实际上，许多县已经出现了重新雇用退职校长、灵活运用临时教师的动向。任何一个都道府县都有特权重新雇用退职校长，但由于近年来地方行政的财政拮据和政务公开的进展，这种特权性举措不得不废除。应当说，这是毫无道理的"少人数指导"。

这项措施的另一个危险是采用了定额框架内的临时教师的雇用，这将成为将来整个学校组织结构改革的准备。在定额框架内雇用临时教师，为基于财政拮据的大幅度削减教员作好了准备。应当说，在义务教育周三日制之类的公共教育精简化的叫卖声中，这种危险是极其现实的。

借助"分层教学"能够提高学力吗？

文部省应对"学力低下"的另一个对策就是引进"分层教学"。不过，凭借"分层教学"应对低学力的做法，在以往无论日本或是美国都是多得不可胜数的。然而，除了扩大学力的落差之外，未有任何别的成果，这个事实是必须承认的。其实，借助"分层教学"缩小学力落差的有说服力的实验结果或是调查报告是极少的。这样，如今世界许多国家的学校处于废除"分层教学"的趋势，而在热衷于课堂教学组织的改革，将不同能力和兴趣的儿童混合在一起相互学习。

　　例如，有名六年级学生尚不识小学三年级水准的汉字，根据"分层教学"让这名学生按照三年级的教科书有序地练习汉字，这种教学会有效果吗？回答是否定的。假定他习得了三年级生甚至四年级生应掌握的汉字，那么，在习得五年级生的汉字时，三年级生、四年级生的汉字也往往会忘得一干二净。宁可说，这名学生所必要的是保障其接触汉字的经验，丰富其用汉字表达的经验。通过接触更多的汉字和表达的经验，这名学生到了初中一、二年级时，就能够几乎完全地习得小学六年级程度的汉字了。就是说，基础性的知识技能，越是基础性者，越是可以通过经验进行功能性学习。

　　可举同样的例子。在我最近造访的定时制高中和所谓的"垫底校"高中里，要求数学教师诊断入学时学生的学力，准备了典型地显示小学和初中各个年级算术、数学水平的运算题，以调查高中入学时学生的学力水准。被测者几乎都是在小学、初中时"全差"的入学者。他们能够保持多高程度的学力呢？

　　结果不出我的预料，推翻了大半教师以为"小学三、四年级程度"的预测。称为"垫底校"的高中入学者的大半，除数人能解小学六年级程度的计算题之外，几乎全部正答三年级计算题的正答率为10%左右。重要的是，这些学生几乎都是在各个年级中不懂算术或数学的学生。也就是说，随着接触高年级的内容，在此以前的学习内容可以得到修补、得到恢复、得到理解。

　　我们还可以举出许多旁证说明同样的事理。例如，学习"分数运算"而不懂分数涵义的儿童在学了"比例"之后，能够清楚地理解分数的涵义。

　　这样，知识与技能的习得与其说是展开阶段性学习有效，不如说展开功能性学习有效。我想指出的一点是，"分层教学"存在着使低学力儿童强制于低学力水准的巨大危险。

六、从"勉强"到"学习"

"勉强"与"学习"

要克服逃避"学习"的现象，就得谋求从"勉强"到"学习"的转型。前文称逃避"学习"，其实，说逃避"勉强"来得贴切。拒绝"勉强"、厌恶"勉强"的儿童通过教学改革，也会在课堂教学中表现出渴望学习、潜心学习的姿态。这是在许多课堂里可以碰见的现象。正如在第四节里阐述的，"勉强"时代已经告终，我们需要的是谋求从"勉强"到"学习"的转型。

尽管如此，日语中的"勉强"这个词汇是意味深长的。在"勉强"这个词汇中，原本不包含"学习"的涵义。在汉语中有"勉强"一词，翻开辞书可见，它主要有两层涵义：（1）使人做他不愿意的事；（2）能力不够还尽力做。日本在明治二十年代（19世纪80年代）在"学习"的涵义中渗透"勉强"之前，也是上述两种涵义。"勉强"一词意味着"学习"恐怕是在明治二十年代以后。在崇尚欧美文化的明治时代学校的教学和旨在"应试"的学习中无疑渗透了"勉强"这个词的涵义。这种"勉强"在不知不觉之间成了理所当然。我想，这正是以"勉强"为表征的日本的学校文化。

如今儿童们大量地逃避这种"勉强"，他们再也不会返回"勉强"的世界了。无论是支撑"勉强"文化的东亚型的"压缩式现代化"，或是同"勉强"文化相应的惟求效率的产业主义社会，都不会从儿童们的足下消逝。然而，只要不去谋求从"勉强"到"学习"的转型，儿童们只能永远停留于"勉强"文化的残渣之中，丧失学习的意义，丧失合作学习的伙伴，丧失支撑学习的教师，丧失自我，处于彷徨状态。

"勉强"与"学习"的差异何在？许多人一定会回答："勉强是强制"，"学习是自主钻研"。不过，这种回答不能不说是过分简单、过分表面。过去日本的儿童是"自主"地从事"勉强"的，在"学习"中即便"强制"也有诸多价值。从前，在一所市民大学的讲座中让学员自由地写出"勉强与学习的差异何在"，其中的答案有许多可取之处。某学员写道："勉强是不断地告知终结"，"学习是不断地准备开始"。这是"出色"的回答。另一名学员写道："勉强是向前、向前"，"学习是反复回味"，这也是可圈可点的回答。

正如这些回答所显示的，我们不管怎么混沌，还是能够开始有意识地分清"勉强"与"学习"的界限。同"勉强"的文化决裂，通过探寻"何谓学习"，我们就能够踏出从"勉强"向"学习"的转型一步。

我以为，"勉强"与"学习"的差异在于有无"沟通与对话"。"勉强"是既不同任何人沟通也不同任何人对话。而"学习"则是同事物、人物、事件的沟通与对话的活动，是同他人的思考与情感沟通与对话的活动，是同自身的沟通与对话的活动。

所谓"学习"，我的界定是，借助同物质世界的沟通与对话（形成世界）、借助同他人的沟通与对话（形成朋友）、借助同自身的沟通与对话（形成自我），三位一体地实现"意义与关系的重建"的永恒的过程。

这个定义也是同旧体字"學"字的结构相通的。"學"字上部的中间是两个"乂"，意味着彼此交会。上面的"乂"是同祖先之灵交会，亦即意味着同学术、艺术、文化的交会。而下面的"乂"意味着朋友之间的交会。没有交会便没有学习。"學"字上部的"𦥑"和"ヨ"意味着关照、引导儿童交会的成人的双手。不关注儿童交会的教师（成人）的地方便不会有学习。而"學"这个字，是由意味着建筑物之下的中心配以"子"构成的，是如实地表达了21世纪的学校理想模式的字体。现行的"学"字的上部"⺌"，无论成人、儿童都朝着随意的方向而不会交会。可以说，这里面存在着学习不能形成的巨大问题。

三个课题

为了实践课堂教学中的从"勉强"到"学习"的转型，我提请教师们实现下述三个具体课题。

第一个课题，实现同"事物、人物、事件"的沟通与对话——"活动性学习"。

从前的"勉强"是立足于教科书、黑板、笔记本的"座学"，是脑的突触的连接。不跟任何事物沟通、不跟任何人物对话，专听教师的讲述、埋头阅读黑板和教科书加以理解和记忆，这就是"勉强"。

借助"课堂"习得教科书知识的"勉强"可以用柏拉图描绘的"洞穴的神话"作比喻。正像洞穴的囚犯把洞穴壁上的映像误认为现象那样，习得教科书和黑板上映出的知识的儿童，并不是学到了现实世界的知识，不过是把教科书和黑板上映出的知识之影作为信息习得罢了。为着克服这种障碍，就得在课堂教学中实施"活动性学习"，这是以工具、素材和人为媒介的学习活动。

第二个课题，实现同他人对话的"合作性学习"。

"勉强"的第二特征在于无需他人的个人主义学习。"勉强"中的个人主义渗透于人们日常意识的深处。例如，一般以为，不借助任何人的帮助能够独立完成就是好的学习。可以说，注重"自学自习"、"自力解决"、"自我决策"也是"勉强"的个人主义文化渗透于日常意识之中的结果。当今展开的教育改革也把"自己学习、自己思考"视为21世纪的学习，但"自学自习"的方式是同私塾和藩校背道而驰的学习方式，不是21世纪应当追求的学习。

在从前的"勉强"中，把求得别人帮助的学习视为依赖别人的学习而加以否定。确实，应当避免自始至终依赖别人的学习，但把自主和依赖作为势不两立的认识是错误的。其实，今日儿童的危机现象就在于既不自立也不依赖。自立的儿童能够依赖，能够依赖的儿童就能够自立。在学习中尽管自立应当优先于依赖，但更应当重视的是在课堂教学中实现相互依存、相互自立的"合作性学习"。

如果说，21世纪的社会是各式各样的人们相互尊重彼此的差异求得共生的社会，那么，就应当求得相互学习的关系：毫不吝惜地贡献自己的见解，虚怀若谷地吸纳他人的见解。实现个体与个体之间的彼此碰撞的"合作性学习"，将推进从"勉强"到"学习"的转型。

第三个课题，摆脱"习得并积累知识技能"的"勉强"，实现表达并共享知识技能的"学习"。

专注于习得并积累知识技能的"勉强"，可以说，就是巴西教育学家保罗·弗莱雷（P. Freire）所指出的"储蓄概念"（banking concept）的教育。

其实在任何国家受压迫人们的教育意识都受这种"储蓄概念"所束缚：在"何时有用"的思绪下专注于熟练和背诵。阶级和阶层越低，学业成绩越糟，"储蓄概念"越是强烈渗透。不过，只要受制于"储蓄概念"，儿童们即便想摆脱"勉强"转向"学习"，也是不可能摆脱低学力状态，实现创造性学习的。

像弗莱雷所主张的那样，我们必须实现从"勉强"到"学习"的转型；实现从习得、积累知识技能，向以发言和作品表达自己的观念同伙伴共享的"反思性学习"的转型。

同虚无主义作斗争

最后，我想谈谈引发逃避"学习"的虚无主义问题。

逃避"学习"的根源在于对事物、他人与事件的漠不关心。可以说，"与己无关"的思想正是学习中的虚无主义本身。在世界上哪里发生了战争？哪个国家在哪些方面蹂躏了人权？生态环境是如何恶化的？儿童的悲剧为什么一再重演？倘若以为"事不关己，高高挂起"，那么，就什么也无需知道，什么也不必学习了。可以说，在困境之中逼迫大量儿童逃避"学习"，是渗透于我们成人社会中的虚无主义和对未来的虚无主义在儿童世界的反映。

儿童们的逃避"学习"是探测日本社会未来危机的信号。希望本书的读者能够认识到，在儿童中迅速蔓延的逃避"学习"现象，是隐含着何等重大的历史问题，又是为何在复杂的社会混乱中产生的。这是同日本社会未来的展望息息相关的事态，它的解决绝非易事。

　　不过，许多教师构筑着以学习为中心的课堂的实践告诉我们，逃避"学习"的儿童们并未丧失"学习"的渴望。

　　当我们成人同逃避"学习"的儿童拥有共同的视线，矫正被"勉强"所束缚的自己的学习，同儿童们携手开拓学习的世界时，我们就一定能够克服笼罩社会与教育的虚无主义与犬儒主义，开创启动未来之学习的斗争。逃避"学习"的儿童们是我们共同战斗的同志。

17 新型公共圈的缔造

——作为学习共同体的学校

一、何谓学校的危机？

近年教育改革的政策已经聚焦到一个方向。其特征是以"自由选择"为基础的学校教育的"多样化"；基于"基础、基本"的重视教育内容的"精简化"；基于"中等教育学校"的教育制度的双轨化；"精神教育"的家庭教育的复兴与学校、社区的合作。这一连串的政策，表现出如下的特征：基于教育的私事化的公共教育的精简化，从基于行政权力的控制到市场原理控制的过渡，教养的解体，教育机会均等原则的削弱，国家主义与父权家长制家庭的拥护，等等，贯穿了基于新保守主义与新自由主义意识形态的学校改革路线的推进。这些政策，并没有超越自我完善的英才相互竞争的框架，也带来了新的国家主义、市场万能主义与父权家长制所构成的教育关系再生产的功能。

应当说，学校的"危机"之一，就在于这种新保守主义与新自由主义的政策，就在于教育公共圈的破坏。而且，加剧这种危机的是中产阶级人士的危机意识，即把向上移动视为"平等"的惟一概念，把私人选择视为惟一的"自由"概念来认识的危机意识。

那么，在这种改革中所产生的学校危机是什么呢？我根据历史的考察认识到，学校是由三根支柱——"民主主义"（democracy）、"传承教养"（literacy）和"共同体"（community）——组成的。学校的"危机"所隐含的事件，可以从"民主主义"、"传承教养"、"共同体"三个维度重新加以界定。进一步说，这三根支柱也是构成"教育公共圈"的三个要素。

这三根支柱的衰退，明显地表现在如下的现象之中：1. 教育舆论的专制主义；2. 文化资本的阶级、阶层的扩大；3. 应试竞争的低龄化与教育意识的私事化；4. 学校管理的官僚主义支配；5. 体罚与校内暴力的扩大；6. 学习意义的丧失；7. 对于事物与他人漠不关心；8. 共同教养的解体；9. 知识权威的衰退；10. 基于伦理规范的相对主义化的犬儒主义；11. 自闭与孤立；12. 对于公共事件漠不关心；13. 教师公共使命的丧失；14. 家庭与社区教育功能的衰退；15. 校内同僚意识的衰退。所有这些，都是儿童、教师、家长、市民共同直面的"学校的危机"，这些危机的克服，正是学校改革的课题。

二、两种体制的崩溃

学校的危机性现象有地区差异。濒临上述危机的许多学校，是大都市郊外的学校，都市中心部的学校，地方城市及其郊外的学校。当您造访日本地方小规模的学校，您会发现，这些学校拥有良好的人际关系与学习环境，取得了出色的教育成果，其中不少学校可以称得上是世界屈指可数的。不过，校内暴力、逃学、少年犯罪的发生率在城市郊外的学校也相当高。

"郊外"是典型的"市民社会"。因为，这是一个隐名的个人在均质的权力空间里，基于人权的契约关系从事日常生活，在以市场为基础的交往与自由竞争中营生的场所。况且，"郊外"也是战后日本人梦寐以求的体现中产阶级生活方式的一个场所。这种城市郊外是学校危机多发地带。人们的孤独与孤立、隐蔽的暴力与歧视、借人权之名的权力斗争、中产阶级的虚无主义、家庭崩溃等等，带来学校教育的种种困难。这种事实启示我们，学校改革不能如同往常那样按照市民社会的逻辑（自由主义）进行，而应当超越市民社会的逻辑展开。

另一方面，从教育方式看来，依靠同步"学习"激烈竞争的传统的传递方式已经百孔千疮，寻求借助事物与他人媒介的"活动性、合作性、反思性学习"的对话型方式正在形成新的活力。总之，可以说，以班干部的"自治"方式和"自主性"、"主体性"为前提的集体主义管理方式，面临诸多危机。

学校与课堂的危机典型地表现在"日本型体制"的崩溃上：20世纪20年代自由教育实验学校的创办，20世纪30年代在战时总动员体制下公立学校普及的"自主性"、"主体性"、"合作自治"、"合作管理"等为特征的管理方式的解体。具有象征性的是，手冢岸卫在20世纪20年代作为袖珍"国体"组织的"班级王国"，如今濒临"班级崩溃"的危机。

学校管理的"日本型体制"也面临解体的危机。校长和教师以"大和精神"团结起来的学校集团，重视集体的协调胜于个人创造性的学校管理，立足于合作自治的集体管理，以及基于分工组织的专制主义的管理，等等，但如今，却加剧了同事之间的倾轧激化，导致事无巨细的杂务主义，助长了教师的孤独与孤立。

"日本型体制"还带来了官僚主义的弊端。教育委员会干部和教育中心职员、教务主任等中层管理职位在近40年间大量增加。如今，小学和初中的男性教师40岁前后便离开课堂退职的状况相当普遍。近来教育改革标榜的"生存能力"、"留有余地"之类跟平日奋斗于课堂之中的教师的话语是格格不入的，这些语言之所以在教师之中蔓延，其根子在于官僚主义的实际。

三、缔造公共圈的构想力

当我们展望 21 世纪是"共生的社会"之际，确实必须有基于新的价值观支撑（sustainable）的社会与学校的构想力。这种价值观就是："责任"先于"权利"、"共存"先于"竞争"、"享受"先于"所有"、"团结"先于"自由"、"异质"先于"划一"、"尊严"先于"救赎"。

"民主主义"、"传承教养"和"共同体"在 21 世纪的社会里，将仍然是支撑学校大厦的三根支柱。被决策步骤的合理性所贬斥的"民主主义"必须重新界定为，维护每个人的尊严、保障学校生活与社会生活中"生活方式"多样性的概念。以往在"所有"的竞争中起作用的"教养"，必须重新界定为，通过"享受"教养，构成人际之间的牢固的纽带。以往集中于民族国家与父权家长制的"共同体"概念，必须重新界定为，从"同一性"概念中解放出来，交织着共享每个人的差异的"走向理想与未来的意志"的人际纽带。所谓学校的再生，就是"民主主义"的再生，就是"教养（传承）"的再生，就是"共同体"的再生。

回头来看看，所谓"好学校"是怎样一种学校呢？没有"问题"的学校就是"好学校"吗？没有危机的学校就是好学校吗？不是这样的吧。在没有"问题"的地方，在没有危险的地方，作为公共圈的学校所寻求的学习也罢，舆论也罢，都不可能生动活泼地展开。所谓"好学校"，应当是在儿童、教师和家长之间，不断出现问题，并且致力于实现解决问题的种种尝试。

每一个人的尊严得到维护，意见的冲突和论争也得到尊重。我们即便彼此伤了和气，也能通过开诚布公地交流和批评自己的工作与学习的活动，在学校和课堂里构筑起相互学习的关系。在学校内部构筑文化与教育公共圈的学校，我称之为"学习共同体"。作为"学习共同体"的学校，不仅是儿童相互学习的场所，也是教师相互学习的场所，家长和市民相互学习的场所。

　　作为"学习共同体"的学校，是借助一系列具体的工作得以实现的：以学习为中心的教学的创造、教师之间"同事性"（collegiality）的构筑、基于家长与市民的学习网络的构筑、地方教育行政援助学校的体制的构筑。以学校为主体的改革，总是存在一些的。冠以这些固有名称的一个个具体的学校改革的实践，为我们从"教育公共圈"的高度来建设未来的学校，提供了准备。

18 改变教室的空间

一、引人入胜的空间

66 平方米的教室发生了变化。饶有兴趣的尝试之一，就是东京都港区立神应小学的苅宿俊文先生的图工教室——"像样作坊"，来访的人都被这个引人入胜的空间的魅力吸引住了。

首先，在这间教室里没有黑板。黑板由四个镶嵌素色的"窗"所覆盖。不仅是"窗"，而且犬牙交错排列的课桌、课桌上面装饰的插花、教室里随处摆放盆花、栽种的观叶植物，以及从教室的天花板用线吊着的、在教室的"天空"中舞动的木制活动雕刻——一群鸟儿、画有"天空"与"街道"的彩绘等等，整个教室被装点得五彩缤纷。仔细观察一下，教室里连时钟也没有。在教室的一角放着陈设品时钟，不过，它的指针却一直指着一个时间。在走廊里挂着古董店里看到的那种旧时钟，指着时刻，但这个小型糖果式的时钟指示的却是不准的时刻。

再仔细观察一下教室，以覆盖黑板的"窗"为中心，破损的镜子、旧式的水壶、枯萎的花瓣、玩偶箱、生锈的锅，等等，形形色色的道具与物件，就像舞台上的道具间，应有尽有。大凡教室里见不到的东西，在这间"像样作坊"里酿造出不可思议的气氛。在这间教室隔壁的准备室里并排放着几台电脑，构成了"学步作坊"的另一个空间，这是一间用电脑进行"画画"的场所。

"像样作坊"是今年春天诞生的。这个春天，苅宿先生从班主任转任为图工教师。他得到在美术学院深造的学生的帮助，设计了"不像教室的教室"，致力于建构新型的学习空间。这是一所儿童数逐渐减少的学校。教室多，与其等着合并，倒不如毅然地改造一番。——出于这种奇妙的挑战，得到花店老板的帮助，他给教室送来了大量的观叶植物和插花。观叶植物和插花一旦摆上，教室就像沙龙一般焕然一新了。听到消息的毕业生们也纷纷前来助阵。每当苅宿先生担任六年级班主任的时候，就会同儿童们一起创作描述这间教室里实际发生的故事的戏剧，在这个舞台里所使用过的布景和小道具也会用来装饰教室。"破损的镜子"、"玩偶箱"、"枯萎的花瓣"、"不动的时钟"等等，它们是记录着戏剧的回忆片段的纪念碑。改造了的教室，充满着"像自己那样地生存"的愿望，故取名为"像样作坊"。

二、依傍时间和场所

"光阴似箭"。我同苅宿先生合著出版的书中，有一节描述了对他的教室的印象。一位女孩（小学六年级生）在苅宿先生的办公桌上发现并读到这份书稿后，给我寄来了一封信。信中说道：

> "我想，踏入这间教室的人，除了'像自己那样地生存'之外，在'回顾'、'联系'、'关注'等的词汇中'意味着什么'呢？不过，在这一个个的词汇中是充满了重要涵义的。苅宿先生向我提了'像自己那样地生存'这样一个问题。靠先生和朋友的帮助，我在不断地追寻问题的答案，自己能够像自己那样地生存下去吧。如果来这个苅宿班级的时候，看到每一个人度过的光阴之后，都说有'光阴似箭'的感觉，那该多高兴！"

这位少女出色地表现了不同于支配学校课业的克洛诺斯时间（量化的时间＝时钟的时间）——学习者亲身感悟到的凯洛斯时间（质性时间＝身份的时间）。儿童活生生地体验到的时间自然不是"学校"这一制度所构成的均质的、单向的、不可逆的时间。学习者内心所体验到的时间，是停滞地、漂浮地、湍急地、曲折地流淌的时间；是回溯过去、放飞未来、再回归现今的循环往复的时间。

苅宿先生在教室空间的构成中，准备了这种学习者内心穿梭往还的时间。直至去年，在他的教室里，提示了这种用因特网连接的记录世界各地时间的时钟。作为电脑教育的实践家而知名的苅宿先生，不断地意识到改造教室的空间构成，使之成为全然忘却了身份、场所和时间的电脑空间。

去年，在他的教室里，走廊一侧是配备了电脑的数字空间，窗子一侧是配备有工具和手工制品的空间。例如，有饲养"阿克阿霜"热带鱼的电脑软件，从商店里买来仿真的热带鱼，准备了水槽，调节水温、氧气量和水质，模拟热带鱼的饲养。而在对墙的窗边设置水槽，饲养真正的热带鱼。这个水槽的热带鱼一旦生病，儿童们就走向走廊一侧的电脑，观察以精密的数据编制的"阿克阿霜"热带鱼，试验用药的种类与分量，用于水槽中活的热带鱼的治疗。这是虚拟的世界与现实的世界的往还。而且，这间教室还有这样的情趣：在教室后面设置了不给氧气和饲料、不换水的水槽。在绿色的混浊的水槽中大量的鳉鱼繁育了几代。

苅宿先生说，他响应我的倡导，想在教室里培育"学习共同体"。那么，如何准备这个前提呢？人们借助重建空间获得焕发自己的时间，借助焕发自己的时间唤醒自己的身心，借助身心的唤醒编织自己的话语，借助自己的话语获得人际纽带。"空间"→"时间"→"身心"→"话语"→"纽带"，以个人为基轴迈向共同体的道路，就隐含在苅宿先生的教室的实践之中。

三、从住所到学舍

"我来了，"——每周造访一次的"像样作坊"（图工室），儿童们口口声声地打着招呼走进教室来。这个"我来了"的招呼，不仅仅是来上正规的图工课的儿童们发出的。在下课时间大量的儿童招呼"我来了"，出入于隔壁的电脑教室，每天，以毕业生为主有几名志愿服务者招呼着"我来了"。放学后，毕业生中的初中生和高中生，在"我来了"声中来访。顾名思义，该是"临时客栈"的这间特别教室，为什么会成为他们的"住所"，成为"学习共同体"的呢？易言之，通常的教室，尽管是一天的大半时间在此消磨的场所，为什么不合儿童们的口味，而对其敬而远之呢？

日本学校建筑的特征在于无机的空间。就像医院和监狱那样，是体验不到色彩、触感和体温的无机的空间，可以说，这就是学校建筑的最大特征了。然而，当初并不是那样的，至少在明治初年的摹仿西式的学校是精心构思的建筑物。利用寺院和民房的许多学校也绝不是令人感到无机的空虚与冷漠的建筑。正因为这样，明治初年的学校不仅是儿童相互学习的场所，而且是社区的人们来阅读报纸的公共空间，或是自由民权运动的中心舞台。不过，这种幸运的历史极其短暂。明治六（1873）年，文部省发布《小学校建设图》，设定了跟今日的学校一脉相通的无机的空间。明治十四（1881）年的《学校集会取缔规则》颁布以后，禁止社区的人们利用学校。明治三十年代，教室的宽度和走廊的位置等等，规定全国一律。排斥"虚饰"，"质朴坚牢"是学校建筑的第一要件。

教室空间的这种无机性是同效率一边倒的功能主义与学生管理的权力性密切相关的。以黑板与讲台为中心，单向地、整齐划一地排列的课桌椅，象征着这种效率一边倒的功能主义与学生管理的权力性。这种无机性与权力性，从木造校舍到钢筋混凝土校舍过渡的高速经济发展期，大幅度加剧。可以说，在近年的开放学校建筑中也沿袭了。事实上，如今成为主导性的学校建筑的许多开放学校，出现了像大企业的办公室那样的教室，在这种空间里，个人主义式地组织起来的学习，不少场合，无非是传统的机械训练的复活，助长了竞争主义而已。

苅宿先生设计的"像样作坊"，就是打破这种教室的无机性与权力性的一种尝试。例如，"黑板"用"窗"来覆盖的设计，就是从教室里排除中心的挑战。黑板一旦消失，中心就遍布教室的每一个角落了。事实上，苅宿先生的课是随机应变的。随着他的位置的移动，教室的中心也复杂地移动，而随着中心点的移动，儿童们的关系也发生微妙变化。这种微妙关系的变化，带来了儿童们学习的充实。

在教室的一个个角落里配置的九张台子，赋予教室空间以独特的意义。试观察一下进入这间"像样作坊"的儿童们，就像同学之间的关系淡薄、容易发生问题行为的班级那样，在台子旁的一边整齐地排列。在这种班级里"划一"形式的"民主主义"起着摆脱冲突和对立，明哲保身的安全的伪装的作用。然而，大半的儿童们喜欢"呆兒"，喜欢"换座位"。打着招呼"我来了"的大半儿童们，在冥冥之中会找到"呆兒"坐下。这就构筑了以大量的"呆兒"为中心的学习关系。这一张张犬牙交错地排列的台子的配置，为儿童们准备了发现自己的住所、舒畅地探寻伙伴和老师之间的关系的构造。

像沙龙般的"像样作坊"和与教室门的通路连接起来的电脑室，也产生着儿童们多层的关系。时而在"像样作坊"里进行绘画的表达活动，时而在电脑的显示屏上从事"画画"和"制图"。这两个教室构成了两个世界。手工的世界与人造的世界、现实的世界与虚拟的世界、模拟的世界与数字的世界、集体活动的世界与个人活动的世界、对话的世界与沉默的世界，等等。儿童们往来于两种不同的空间，通过这种往来，发现自己、发现伙伴，完成学习。这种往来与其说是水平性往来的活动，不如说是漩涡状的往还。产生出这样一种动力性关系：手工的表达活动，重建基于电脑的表达活动；而基于电脑的表达活动，重建手工的表达活动。

　　反过来说，倘若从以教育的功能为中心展开的构想出发，那么，学校建筑就会成为调动不了教师和儿童能动性的无机的空间。这样，难道无需转换思路吗？学校，首先是儿童和教师一起栖息的场所。在这种一切栖息的关系之中，学习才得以成立。这不就是教育这一活动么！更积极地说，倘若不是儿童与教师一起栖息的场所，那么，无论学习还是教育，都不能成立。倘若是儿童与教师一起栖息的场所，那么，无论怎样的场所与空间，学习和教育都能够生动活泼地形成。苅宿先生"像样作坊"所表现出的挑战，为我们提供了这种愿景。

19　学校建筑的评价轴

——从教育学的立场出发

一、引　　言

以往造访大量的学校，从事教室的田野作业，然而，印象深刻的学校建筑一片空白。许多学校尽管处于社区的中心位置，而且是社区中最显眼的建筑物之一，然而却是一种无机的、生硬的、缺乏色彩的，全然丧失了人文情怀、象征意义和探究气息的虚无的空间（近年来，在学校建筑中也有施以独特的设计和装饰、主张象征性的追求，但大多数游离于社区的景观和传统之外，未能一气呵成）。

明治中期以后，日本的学校建筑旨在"质朴坚牢"，是剥夺了象征性，作为"无机性"的学校组织起来的。这种"无机性"在战后教育的"功能主义"之下更加猖獗，产生出无肌肤感的、丧失独特的风格与个性的混凝土建筑的学校。20 世纪 80 年代以来，作为社会问题化的儿童暴力行为、学业荒废与窒息状态，不是跟无机的学校无缘的。

"功能主义"这个特征在开放学校的学校建筑中同样存在。甚至可以说，它是"功能主义"更加猖獗的场所。令人可笑的是，开放学校的建筑空间也被异化了，成为加剧机械训练的学习、师生的活动更加受到显而易见的日常管理和细微潜在的规则所制约的空间。

如何设定超越"功能主义"的学校建筑的概念，可以设计怎样的具体的建筑呢？我对于下山田小学校的竞赛及其评价所期待的，就是这个问题。作为学校建筑的挑战，我尝试作出了一系列的评价：埼玉县的笠原小学校（象设计集团，1982 年）、千叶县的打濑小学校（空棘鱼活化石，1995 年）、宫城县的白石小学校（芦原太郎，北上恒设计企业共同体，1996 年）等等。在地区个性和建筑思想方面都是多种多样的，在如下几点上，为我们今后的学校建筑提供了启示。

1. 叩问"所谓学校是怎样一种场所"。

2. "一起栖息"在"教学"的基础中处于何等位置。

3. 活动的"广度"与"深度"的建构（内部空间与外部空间的融洽、活动空间的求心性与远心性、直线与曲线等等）。

4. 空间的"柔软性"受到尊重（倘若开放空间也固定地设计，就会"封闭"）。

5. 社区共同体加以设计（作为公共空间的学校，作为"学习共同体"的学校）。

对于下山田小学校设计的评价，也想从五个视点作出评价。

二、五个评价轴的基本视点

下面，立足于上述的前提，叙述一下五个评价轴的基本视点。在研究协议会上，根据这五个评价轴，就山田小学校竞赛作品的案例，作了一些评论。

1. 学校的概念

"所谓学校是怎样一种场所"的问题，是儿童、教师、家长、市民共同的问题。不过，对于这个问题尝试作出回答的学校建筑却极其罕见。

大半的学校是根据现存学校的功能加以建筑的，所以，没有提出"所谓学校是怎样一种场所"的问题。

倘若学校（在现在的活动中）是连接"过去传统"与"未来创造"的场所，那么，建筑本身就是连接成人的学校记忆与教育传统，同时对未来抱有某种期待的建筑。

不过，另一方面，明示了"学校是这样的场所"的解答的建筑也不好。这种建筑许多是设计者的独断，是迎合儿童的建筑，是以珍奇的外观引人注目的建筑。

真诚地叩问"所谓学校是怎样一种场所"的设计者的足迹，可能向人们发出种种的提问。

在思考学校的概念时重要的是要认识到，学校空间是"公共空间"，是拥有"公共性"的空间。学校是一个"村"（镇），是多样的儿童们和成人们在这里相互交往，一道学习、成长的场所。

2. "一起栖息"的场所

学校建筑的最大问题在于"功能主义"，这一点已经阐述。学校的功能、教育的功能一旦纯化地追求，就会不可避免地成为无机的空间。

学校空间以教育功能为中心构成，即便这是当然的，但它的教育功能（教与学）也是借助学校这个场所里师生"栖息"与"交往"的关系，才能实现其功能的。

然而，现今许多学校的建筑成为缺乏"栖息"与"交往"考虑的建筑，缺乏人发现同自己的接点、产生人际交往、创造某种东西的"场所"的"结构"。

作为师生"栖息"与"交往"的场所来考虑学校空间，就得随处准备多义的、模糊的场所，或是引人入胜的场所。

就拿走廊来看，是北侧还是南侧、是路还是阳台、是直线还是曲线，其空间的功能是千差万别的。从这个视点出发，来探讨一下教室与开放空间，特别教室的构成，职员室与会议室的构成，走廊与里院，校园的构成，等等。

3. 活动的"广度"与"深度"

学校这一场所占地宽阔，但从每一个儿童和教师的活动范围来看，却意外地封闭。活动的片段化与孤立化，是师生共同的问题。

为了提供师生活动的广度与深度，在建筑上就得准备内部空间与外部空间的"衔接性"，活动空间的"求心性"与"远心性"的保障，基于小型共同体的学校空间的"多层性"。

具体地说，空间与空间边界的"衔接性"、教室（职员室）与其他空间的有机关联（求心性与远心性）等等如何构成，再者，不是分成要素（教室）与整体（职员室、图书室等）的构成，而是要关注生成中观领域（学年，或是低中高）儿童与教师的"公共性"的空间。

还有，希望添加中等规模（百名左右）的集会和课堂教学能够使用的空间。"衔接性"、"求心性与远心性"、"多层性"不仅是每一个构成要素配置的问题，而且也是第一点所述的评价学校空间整体概念的基本范畴。

4. 教室的"柔软性"

应征竞赛的作品几乎都有开放教室的设计，这是可以预料的。但倘若开放教室也刻板化的话，就"封闭"起来了，要留意"功能主义"的干扰。教室在空间上开放是重要的，现今普及的开放学校的建筑，包含了诸多问题，这也是事实。首先不是"开放"还是"封闭"的应对，而是构成"公共性"的问题。丧失了"求心性"的教室也很多。

既能够开放又能够封闭的拥有"柔软性"的教室是理想的。假定开放教室是基本的，那么，都得保障师生在学年阶段中的"公共性"的空间构成。进一步说，在今日状态下，开放教室的意义无论对于儿童还是教师都是重要的。

教师开放教室、和同事合作管理教室与学校，以及构筑教师一起成长为专家的"同事性"关系，正是今日学校改革的核心课题。

教师的活动空间构成也是学校建筑评价的重要基准。教室是活动的据点吗？职员室是活动的据点吗？——这些都是根本的问题。我希望，小学里的教室除了作为活动的据点之外，还要组织教师之间的交往，提高"同事性"的空间构成。例如，不能像欧美学校的工作人员室那样，作为"休息"的场所来准备研修室和会议室么！

在教室里，素材、材质和色彩也得考虑。教室作为活动空间，舒适是第一位的。与其冷冰冰的、杂乱无序的空间，不如把教室装饰成为犹如软绵绵的布料那样的具有柔软质地的素材、材质的触感与色彩的教育空间。

现今体育馆的建筑对于音响的考虑欠周，作为举办集会、展览会和音乐会的场所问题很多。如果说，礼堂的建筑不合适的话，体育馆应以多目的利用为前提进行设计与施工。

5. 与社区的沟通

首先，要求同景观社区的沟通。期望有能够宁静地表达社区的自然、风土、文化、历史等联系的建筑物；期望提供这样形象的建筑物：在这种建筑物里的学习是同社区的文化与历史连接的，也是同社区外的世界连接的。作为社区的开放性，要探讨建设社区"学习共同体"中心的可能性。应当展望，未来的学校不仅是儿童相互学习的场所，是教师们相互学习的场所，也是家长和市民相互学习的场所。

可以预测，不仅体育馆和校园向社区开放，而且将来图书馆、特别教室（家政科室、音乐室、图工室、视听教室、理科教室等）和会议室也可以为社区的人们所利用。

为了建设居民感到亲近的学校，围墙怎么办，校园怎么开，传达室怎么开，校园内的接待室怎么开等等，都是问题。

三、对于今后的期待

学校建筑的改进是学校改革的中心领域之一。迫切地期望今后能够持续地进行建筑家与教育工作者的合作研究。特别期望如下课题作为研究的中心议题。

1. 学校建筑的案例研究

学校教育工作者、建筑家、建筑学研究人员和教育学家，今后需要以学校建筑的具体案例为中心持续地展开研究。没有具体作品的评价积累，要设定"评价标准"是危险的。

在案例研究中，需要调查学校建筑会产生怎样的师生与家长的活动与合作。学校的建筑，通过人们在这种建筑物中活动的状态来展开评价是妥当的。

2. 学校改革的案例

可以料想，今后学校的建筑不可能全部推倒重来，大量的学校是改建工程的问题。在改建中，预算和条件的制约也很大，也有基于学校当事者的儿童、教师和市民的参与实现改建的条件问题。作为"学校创造"、"学校改革"的一环，期待学校改建的研究。

3. 关于学校建筑的教育行政的研究

特别是，教育委员会如何选定和接受设计者与施工者，需要明确实态与问题所在。只要迎合社区业者的陈规陋习不打破，那么，这次竞赛中出现的创造性的学校建筑就不可能产生。需要阐述实态和做出建议。

20 教育·春夏秋冬

春

入学式的场景

提起春天，就会联想到入学式。烂漫的樱花和簇新的书包编织的风景，是学校的即景诗之一。晚近的趋势是，父亲也每每到场，而且大抵带着摄像机。不过，我奇怪地发现，数年前广为流行的"匹卡匹卡的一年级生"这一商业广告的语言。大凡经验过入学式的家长和教师，对于这个广告语言大概不会没有一点印象吧。

"匹卡匹卡的一年级生"，确实是富有冲击力的语言。商品充斥时代的一年级生，新式的书包、新品的学习机、新品的西服、新品的鞋子等等，以一切新品演出入学式，该是不辱此类商品的光彩的。

然而，这个"匹卡匹卡"的语言，也表达了倾心于子女成长的家长们喜悦的眼神。不过，倘是那样，"匹卡匹卡"这一语感酿成的金属质的光泽是什么呢？从前家长们让自己一年级生的子女感受到的所谓"耀眼"，难道不是疼爱地、细细地打量着那隐约可见的亮光么？

那是35年前的事了。我也有过穿着"匹卡匹卡"的衣裳参加入学式的体验。然而，我记得的却是对于学校的恐怖感。不仅是我，而且在入学式进行到高潮时，旁边的一名男孩小便失禁哭起来了，被这个哭声所煽动，另外几名同学也都哭起来。至于我，尽管没有失禁，但校长先生反复唠叨的"振作起来"的话语，使我完全失去了自信。几经大病的折磨，好不容易才迎来了入学式。所以，在"匹卡匹卡"的内里，其实不过是隐隐约约的灯光处于摇曳的状态罢了。

我想，倘若没有在这种飘拂不定的灯光里发现"亮点"——我们的班主任立田老师，我在学校里肯定已经是几度失禁了，我的整个人生将是另外一种情景。入学式正值新绿的季节。一个个一年级新生，灿烂无瑕，胜似樱花，简直跟水灵灵的新枝嫩叶相映成趣。

因此，在这个季节里造访学校的时节，总希望老师们能让我直接地触摸这些鲜嫩的绿叶，零距离地感触儿童的脸庞。触摸绿叶与感触儿童的脸庞，都同样地给人一种冰清玉洁的感觉。我希望，我们的教师在自己的话语里和自己的体态语言中，珍视这种肌肤感，并且以这种脉脉温情，同儿童交流，与儿童对话。

一年级新生的"亮点"，不在于衣衫笔挺的"匹卡匹卡"，而在于其亮点之中所隐含的、伸向不可名状的未知世界的青枝绿叶的光泽。

像竹子般柔韧

竹林，在5月的晴空里沙沙作响。当我面对着这一情境时，我联想到，我们的儿童教育应当时时刻刻置于这样的情境之中。5月5日之所以定为"儿童节"，大概就是由于这种神清气爽的时节与儿童的形象交相辉映的缘故吧。开宗明义地宣称"儿童作为一个人受到尊重"的《儿童宪章》的制定，不就是45年前（1951）的5月5日么！

提起5月的晴空，一般总会浮现出鲤鱼旗的印象。不过，就我而言，最强烈的乃是节节伸展的竹林所闪现的绿莹莹的光泽，给我带来了儿童节的气氛里那种爽快的色彩。

然而，以往的教育给以人的印象是，绝不是青竹，而是老松。这是因为，青竹与老松相比，前者即便悠然自得，依然纠缠着轻柔与稚嫩；而后者，却表现出魁伟和坚忍，使人感到崇高的威严，乃至成熟而带来的厚重感。

事实上，我在某初中的教室里，听过老师引用"松树之根穿破岩石生长"的某主题歌来激励学生的一番话语。松树比之青竹得到了更巧妙地应用的，不只是日本"寿司"的话语。不过，当您眺望柔韧的青竹成片伫立的姿态，就不能不想到以松树为模型的日本教育的扭曲。全身覆盖着厚厚的躯壳，张扬着威风凛凛的僵硬的躯干，简直是迂腐至极。与青竹的随意、轻柔、纤细的动作，形成了极大的反差。

我曾经碰到某小学一位老师以竹子为例，教育儿童"柔韧地生长"的重要性的场面。确实是至理名言。让我介绍一下。

"我们要重视竹子那样的柔韧性。竹子乍看似乎柔弱，但耐得住暴雪与狂风，胜过松树。松树看起来何等挺拔伟岸，但一旦受到积雪的重压，便脆弱地折断了。然而竹子却不然，它能舒缓柔韧的树枝，轻松自如地卸去看来无法承受的厚重的积雪，若无其事地让风轻轻地吹动着。在竹子的这种柔韧性里潜藏着一个秘密，那就是，牢牢地扎根在看不见的地下的根系。我想，这种根系，就人类来说，相当于教养和智慧。在这个教室里，让我们大家一齐来探讨一下这种柔韧性吧！"

确实，竹子的根系在地表中柔韧而强劲。5月竹林的风景，引导着我们走向这种柔韧的教育世界。

夏

教师的"暑假"

在暑假的日历里，总纠缠着某种奇妙的意识。大半的教师都会提醒学生说："光阴似箭，日月如梭。所以，暑假要有计划地过。"然而，"有计划"地过暑假，就难说是"休假"了！"光阴似箭"，也只能说是致力于"有计划"地过暑假的悲惨结果。

出乎意料的是，把"休假"当做"休假"是一件难事。我也在"拖泥带水"之中感受到那样的罪恶感。然而，我感到愕然的是，这种"拖泥带水"的意识实际上也是"该做些什么"的强迫观念所引发的逃避现象。把"休假"当做"休假"来过的儿童简直是天才。

不过，不像美国的教师在暑假没有工资，日本的教师从严格的意义上说，是没有暑假的，是带括弧的"暑假"。俱乐部活动的指导、游泳池指导，或是社区体育活动、少年团的指导和研修等等，总而言之，教师的"暑假"是忙碌的。

这种"暑假"由于不是"休假"的"休假"，所以，更加拖泥带水，心猿意马。

"休假"原本是在"盘活制度的时间"里创造间歇，以便确保"活用自己的时间"。在"休假"中，"盘活制度的时间"和"活用自己的时间"融合为一，是一种有意识的"休假"，然而却一头雾水。"拖泥带水"乃是必然的。

我介绍一下几年前的一个插曲。美国一所小学的名校长，以崭新的理念推进创造性的教育而出名。他的秘诀是，每天午休一小时，去学校近处的树林里散步；每月两天，离镇子去山庄休息。他说，从繁忙的工作中脱身，恢复精神之后，工作起来更有活力。创造性活动需要这种调节自身身心的通道。

"暑假"，该是消除疲惫、养精蓄锐的时光。教师这一职业，同样是需要把"活用自己的时间"视为"盘活制度的时间"的职业。

当然，在制度的时间里，需要锤炼智慧，活用自己的时间。一个重要的前提就是，切切实实感受到"活用自己的时间"。在这个"暑假"里，让我们发起挑战，钻研把"休假"当做"休假"的智慧与技能吧。否则，只能在9月1日，不得不像没有完成暑假作业的学生那样，怀着罪恶感站立在讲台上。

空地的回忆

对于孩提时期的游戏的回忆，几乎布满以空地为中心的景色。每当放学和夕阳西下的时候，在街道的空地、河流的岸边和山脚下的旷野里，快乐地进行着各种各样的游戏。我记得，夏令将至之时，背着美丽的夕阳，拖着长长的尾巴，踏着自己的身影，充满尽情地游玩的幸福感，踏上回家的路。

如今是一种怀旧了。尽管如此，在空地里，那种有别于学校与家庭的生活的冲击是刻骨铭心的。不仅是业余棒球队、玻璃球、水雷舰长之类的集体游戏和游泳、钓鱼等等，还有在空旷地里偷偷向初中生讨教驾驶摩托的技术。一到初夏，嚼着野果子，爬上树枝去捕白眼鸟。白眼鸟的叫声动听，可以高价卖出，赚些小钱。除了捕鸟之外，还去河里抓河蟹出卖，或者钓鱼，赚点零用钱。空地，也是从年长的朋友那里学会种种技能和智慧的场所。

听听那些经历过战后初期的混乱并在高速经济发展时期的夹缝里度过孩提时代的同时代人们忆谈往事，围绕空地的回忆是五花八门的。空地里杂草丛生的光景，是同一贫如洗时代的儿童的心情相协调的。

电视普及之后，在空地里游戏的儿童陡然减少。在美军带来的美国杂草在空地里茂盛地生长、蚕食了狗尾草的 20 世纪 60 年代中期，以空地为中心的儿童生活，销声匿迹了。

儿童从空地消失之后，在街道里创建了公园。这种公园和小巷替代了空地，成为游戏的舞台。后来怎样了呢？有一阵子，我们在空地里展开的游戏在公园和小巷里继续进行。但到了 20 世纪 70 年代末，儿童也从公园和小巷里消失了。儿童的共同体遭到了毁灭。自那时至今，已经是 15 个年头了。如今儿童的集体，只存在着在成人指导下扮演成人角色的少年棒球和少年足球。

随着学校实行每周五日上课制，社区和家庭的"教育力"成为关注的话题。不过，为了儿童作为儿童那样的生存，所需要的也许不是社区和家庭的"教育力"。空地的回忆也不过是我们这一代人的幸福的怀旧而已。要恢复已经远去的空地的魅力是不可能的了。即便如此，能够使现代的儿童真正地过儿童般生活的"空地"，必须在某处构筑。探索这个课题，是我们成人的责任。

秋

运动会素描

秋天的即景诗——运动会，是日本中小学富于特色的一种例行活动。它可以追溯到明治二十年（1887）前后。从当时的史料看，尽管跟"联合运动会"的形态有些差异，但在"全员体操"、"拔河"、"赛跑"、"团体竞赛（夺红旗）"、"年级游戏"等项目中，也采取"红队"与"白队"对抗战的形式，午餐与家长一起吃盒饭、结束时作为参与奖发给"点心"和"铅笔"之类，这种沿袭了将近百年，依然原封不动地保存下来的形式，着实令人惊异。

当然，形式与项目即便跟以往一样，其涵义不会是一样。过去，"拔河"是一种祈祷五谷丰收、占卜收成的传统例行活动，而"红队"与"白队"对抗的"赛跑"、"团体竞赛"则是模拟战争体验的一种军队教育。实际上，我记得在明治期的史料中，有"全军"以"小队"入场，以"小兵士"的"散兵"结束的记录。不过，这些涵义随着日本的战败而灰飞烟灭了。

那么，为什么如今日本的中小学如此热衷于运动会呢？现今运动会的样式和项目，具有怎样的涵义呢？可以说，破解这个谜底，是我们无穷地回味运动会的方法。

试观察一下运动会，如今的学校和儿童是处在怎样一种社会的视野之中呢？这里会有意外的发现。

例如，同样是赛跑，过去是以"取胜"为中心，如今是关注"竞赛"过程本身。即便是"团体比赛",如今的重点已不在"取胜",而在于"合作"。况且,这种"竞赛"和"合作"受到来自临场的家长们温暖的激励所支撑,只要全员"努力"了,也一齐受到称赞,虽败犹荣。这确实是一条象征着战后民主主义的风景线。

从赛跑儿童的角度来看竞技,战前和战后的运动会有什么不同呢? 甚至可以设想,儿童们总是处在成人们的声援和激励的包围之中,拼命地跑完全程。

介绍一个别开生面的运动会。

在战后不久的 1945 年 9 月,三重县的山村小学的青年校长西山文男,面对全体教师的辞呈,设想并展开了"新日本建设·全村爆笑大运动会"。全校、全村"爆笑"战争的愚蠢和败战的虚无,使之成为新教育的起始点的豪爽无比的运动会。

战后 50 年了,现今的社会与教育处在阴霾之中。演出驱散黑压压乌云的"爆笑大运动会"的学校,去何处寻觅呢?

读书之秋

"读书之秋"这个词汇,在以往,潜藏着引导人们走向活字迷宫的魔力。但晚近,这个词汇已经急速地丧失了魔力。按照出版界人士的说法,"秋天始销"而"终年难销"的局面在持续。近年来的书籍市场,从专业书籍到文艺书籍都处于冷却状态。

"离弃活字",在中小学生身上也极其突出。

《每日新闻》从 1955 年起,以小学四年级以上、高中三年级以下 1 万多名学生为对象,持续地进行"学校读书调查"。其结果是,不读书者的比例年年刷新记录。据 1994 年的调查,初中生 51%、高中生 61%,每月一册书也不读。高中二、三年级 4 人中有 3 人,就男生来说,实际上 80% 的学生每月一本课外书也不读。

从月平均册数看,跟小学生(6.4 册)、初中生(1.7 册)、高中生(1.3 册)相比,也许情况没有多大变化,但即便是小学生,每月一册也不读的儿童数，同 10 年前（8%）相比，增加了 0.5 倍（12%），刷新了记录。

随着年级的递升，"离弃活字"在加剧。到了高中三年级，4 人中有 3 人每月一册书也不读，这是令人啼笑皆非的事实。

因为，学校原本就是因承担着引导每一个人走向文字文化的使命而成立的一种制度。

一味地感叹现实是无济于事的。我想指出的是，当"离弃活字"凸显为问题之际不容忽略的两点。其一是，不读书的现象，成人比儿童更甚。特别是教师离弃书籍的现象严重。这也是滑稽的现象，正因为教师原本是通晓书籍世界的人，才称得上是教师，社会才认可"教"这一威仪的工作。然而，现今的教师却生存在有别于书籍的另类世界。儿童随着年级的递升而愈益离弃书籍，乃是理所当然的。

另一个谬误是，"因为忙，而不能读书"的托词。"读书之秋"这个词汇确实跟"秋夜漫长"相关，"读书"与"闲暇"总是休戚相关地谈论的。不过，在现实中，大半读书爱好者是大忙人。

我的朋友们每月阅读 100 册（其中外文图书 20 册）左右的书籍，他们无一不是忙忙碌碌的人。率直地说，大凡闲人皆不读书。"读书之秋"这个词汇之所以令人感到滑稽，缘由也许就在于此。

我想，现代人的读书感，似乎总是远离闲暇才能感受到的。

冬

煤球炉之火

在冬天教室的记忆中，总是伴随着炉子冒着缕缕蒸气的声响和暖洋洋的感觉。就我在孩提时代的炉子来说，那是一个形状滑稽的铸件——煤球炉。当我们看到，在教室的一角被隔开，一根铁皮管跟窗框上的烟筒连接的时候，预示着冬天已经来临了。

煤球炉一旦进入教室，教室里的气氛和关系也发生了微妙的变化，真是不可思议。煤球炉往往放在靠近讲台的位置，而不是教室的中央。这样，教室整天的生活，就围绕着这个中心展开。从大水壶里冒出的蒸气、棚架上挂满的饭盒，使得教室变得多彩多姿。大家围着炉子，聆听着老师讲述娓娓动听的故事，充满着幸福感。如今这种教室的回忆依然历历在目。

轮班看管炉子是最高的乐趣。跟现今的取热器煤油炉不同，煤球的量哪怕多一点点，靠近炉子席位的儿童也会大汗淋漓；煤球一旦过少，则会在什么时候熄火，于是，就得取些引火用的报纸来重新点火。在上课的进程之中倾听炉子的声响，不时添加煤球，这是炉子管理员的特权。管理员沐浴着班友对于这种特权的羡慕的目光，全身心地体味着有别于上课的生活的快乐。煤球炉，为我们提供了不同于划一呆板的课时的波澜起伏的时间。

煤球炉在教室里的消失，始于何时呢？在教室里搁置取热器煤油炉，尽管也有缕缕蒸气的声响，但这种声响不同于往昔煤球炉的那种声响。我们所丧失的，是起伏不定的"火"的时间，是这种"火"所带来的人际关系。那么，您的教室里的取暖器的"火"，至今依然在燃烧吗？

周而复始的季节

长年来造访学校所想到的一点是，无论儿童的生活还是教师的生活都丧失了季节感。在日常生活的经验中，不同季节的微妙的情趣总是同独特的情绪交织在一道的，而在学校生活的经验中却不可思议地感受不到这种季节的情趣。只有入学式和毕业式是一种例外，能够唤起我们交织着春天到了的情感。然而，这两个例行活动乃是学校生活的入口和出口，这是滑稽可笑的。

最近，我从一位老师口中听到了象征季节丧失的话语。这位老师打电话给朋友说起"因为现在是第二学期……"的时候，吃惊地说，

"嗨，教师，整整一年，就这样一学期、二学期、三学期地度过"。这样说来，即便从衣装来说，在教师的生活感觉中不也是感受不到季节的情趣么？

丧失了季节的感觉，更严重的将会如何？这是一位"鞠躬尽瘁"而离职了的教师的话。这位老师一天早上，"一不小心骨折"，不能到校上课，不得已过了两年的疗养生活。他最先感到自己的精神得以恢复的是报告春天来了的草木的色彩和春风的感觉。"多少年来没有季节的感觉了"。这是决意离职的他的话语。

确实，学校与季节的相关度是很差的。学校生活是"向前向前"式地以线性时间来组织的，排除反复与循环，创造着新生事物的自觉的活动。而季节却不同，它是以"周而复始"为本质的，在循环的意识之中，体验着同样的反复之中的微妙变化。学校的时间是受"下一步怎样？"这一单向的、线性式意识的支配，而季节的时间则以"如何感受现在、激活现在"这一混沌的、以整体的身体感受的意识来感受的。如果说，学校的时间是用时钟来控制和表现，那么，季节的时间则是在风景的色彩中得以控制与表现的。这样说来，许多回味新任之日的教师手记是交织着季节的风景来叙述的，而资深教师的实践记录和手记之中却并没有印刻着季节的风情。这是为什么呢？

两年来，以"教育·春夏秋冬"为题写下了连载 8 回的文字。这是因为，我觉得有必要探寻一下学校里"季节"与"风景"得以恢复的线索。从孩提时代开始，就是把教室的窗外季节的逐渐变化，作为风景来表现的。然而，教室之中的季节的感情与色彩都丝毫没有感受到，总感到非常别扭。这种别扭感，在专攻教育学、观摩多少课堂教学的过程之中越发强烈了。

试试看，让我们在学校生活的切身感受之中，激活一下季节的风景吧。我想，这种亲身经历所编织出的经验，使我们得以准备更温馨地培育学生的时间与空间。这是肯定无疑的。

21 儿童的时间

赫尔曼（L. Hellman）的《儿童的时间》在百老汇上演的 20 世纪 30 年代，美国处于这样一个时代，即利特·多比寄宿学校那样的小型学校靠寻求新型社会的女性教师们大量建设的时代。

这个故事是以 19 世纪苏格兰的学校所发生的事件作为直接的素材写成的。同时，描绘出阻挡通过教育走上社会的年轻女性的形象及其前程的社会偏见。在这一点上，它真实地描述了赫尔曼所生活的年代里美国女性的悲剧，历久弥新。

跨越 60 年的岁月，这个故事不能不使我们重新拷问自己所生存的"现今"。这是因为，这个故事恐怕为我们精致地铺陈了人生切实的、普遍的课题——虚伪与真实、谣言与偏见、妒忌与荒诞，以及性的深渊。而且不仅如此，我们借助这个戏剧，肯定可以重新发现像卡伦、玛莎、迪尔伏特夫人所体验的那种生活在"儿童时间"中的自己。

这个戏剧是被梅艾利这一"儿童"的谣言所播弄的悲剧性故事，请好好观看。

我们不是可以听到生活在"儿童"世界的人们的赞歌么！

它，描绘了从 20 世纪 10 年代到 30 年代，像卡伦、玛莎那样追求新型教育的女性教师们实现"儿童中心教育"之梦；在美国各地创办了大量小学。

据说为数不少，估计在 200 所以上。从这些学校的记录看，正如这个故事所表现的，集中了对于这些推迟结婚、投身教育的女性教师的不可言状的偏见与非难，也可以看出把这种女性教育视为危险的倾向。

补充一点历史的事实。在这些学校之中，彻底地倡导儿童中心教育、发挥教育改革之核心作用的学校创办者是同性恋，她的恋人是女性工会的创始者之一。

她们，是儿童中心教育的创始者，也是女性主义的创始者。

《儿童的时间》就是以这种历史为背景写成的。

不过，把《儿童的时间》理解成对于同性恋的偏见与压抑的故事，是片面的。

这个戏剧的题目是《儿童的时间》。玛莎的台词说得好："我们已经没有明天了。我们，瞧！在模仿着儿童的游戏。""我们必须那样捏造，捏造没有明天的世界里的话语。"从这个意义上说，这就是以"儿童的时间"为主题的故事。

"儿童的时间"这个题目，确实是意味深长的。因为，这个故事从头至尾都必须说"儿童的时间"。

卡伦和玛莎相信儿童，热衷于追求与儿童共生的教育。然而，这两位教师却一直受到梅艾利这样一个刁钻儿童的谣言与策略的播弄，终于走向毁灭。

回顾故事梗概，这两位教师和周边的成人都被卷进了梅艾利这一个问题儿童的"儿童的时间"的悲剧之中，果真如此吗？

这个故事的精彩之处就在于，它极其巧妙地表达了"儿童"与"成人"二元关系的颠倒的世界。

刁钻的梅艾利，正如迪尔伏特夫人多次看穿的那样，这不是生活在"成人"世界里的儿童么？

我想，在这个故事中，生活在"成人"中的儿童、生活在儿童中的"成人"，和生活在"儿童"中的儿童，都一一登场了。在故事中，究竟是谁、在哪里，激活着"儿童的时间"呢？

激活"儿童的时间"隐含着哪些危险与可能性呢？

从这个视点看来，在这个毁灭的悲剧之中，我们也许可以找到一线光明。

对于激活"现今"的我们（亦即激活"儿童"的我们）来说，我想，这个故事是精彩的、鲜活的。

22 阅读10册教育书籍

现今，教育处于巨大的转折点。何谓"教育"？为了思考这个根本的问题，我选读了10册指南性质的教育书籍。

教育的话语，归根结底是隐含了"人教人是可能的吗？"这一根本性的问题才得以成立的，这是饶有趣味的。柏拉图的《美诺篇》，在同美诺的对话中描述了苏格拉底对于这个问题的探讨，提示了"教"这一行为的难题。

苏格拉底首先提出"知识是可教的吗"这个问题，然后，给仆人教授面积为8的正方形的制图问题，表演给美诺看。显示出"教"这一行为无非是教授者同学习者一起"回忆"共同拥有的真实。

这是被称为"美诺悖论"的事实。人不会探求已经知晓的东西，但是，同时也不会探求人不知晓的东西。所谓"教"，是指依据学习者的"回忆"，引起学习与探究。

接着，苏格拉底针对美诺提出的"德是可教的吗"这个问题，通过假设的方法提供答案：假如"德"是"知识"的话，那么是可教的；假如"德"不是"知识"，则是不可教的。不过，"德"未必就是"知识"。它应当包涵知善与行善两个层次，从而揭示道德教育的可能性不过是一种虚构。因为，教育是建立在教授者与学习者的关系之上的行为，而能够教"德"的人，亦即认识"德"且躬行这种道德实践的人是不存在的。既然没有可教者，那么，"教德"是不可能的。

《美诺篇》是以"何谓德"作为主题的书籍。在这里所论述的，是教育行为到底是否可能的问题，是人教人这一行为的悖论与难题。这是因为，人教人这一行为得以成立，是由于有学习者的探究学习行为。这种探究学习行为是在教授者与学习者的交往与对话之中实现的。

不过，正如苏格拉底尖锐地洞察到的，迄今为止的教育，受到诡辩学家把"教"的行为视为万能的逻辑所支配。论述并实践教育的人们，难道不需要重温一下《美诺篇》的问题，直面"教"这一行为的难题么！

一、阅读所生成的"自我"与"历史"

寻求教育再生的希望，只能寄托在学习的更生上。然而，所谓"学习"，究竟是怎样一种活动呢？论述这个问题的第一本著作，就是 12 世纪 20 年代圣·维克多学派的休（Hugh，1096？—1141）所著的《学习论》。

通常，教育学的历史是从 17 世纪夸美纽斯的《大教学论》开始叙述的，然而，教学论的前提倘若是学习论的确立，那么，难道不应当从 12 世纪的休的《学习论》（1123—1124）作为起点开始叙述吗？这本著作的意义何等巨大！

关于它的意义，伊利奇的《在教科书的葡萄园里》有详尽的论述。正如伊利奇所强调的，休所说的学习，就是基于阅读的"知识探究"，是回归"整体性"的"矫治"的修炼。

《学习论》的副标题是阅读论，是人类史上第一本学习论。休把"学习"界定为基于阅读的"冥想之旅"。这个定义是以休所主管的圣·维克多学派修道院的《圣经》的默读为基础的。这一点是重要的。因为，借助默读，作者（上帝）的声音成为读者内心的声音，并从这种内化了的他者的声音产生出"自己"的观念。

从这种"解读"到"冥想"的过程所产生的一种整合的内心的声音，休称之为"历史"（history），作为语源的"历史"形成了。借助默读，"学习"、"自我"与"历史"同时形成了。从这个意义上说，它的意义无论怎么强调也是不过分的。

在休的学习论中，学习的最大要件是"谦恭"（modestia），"谦恭"是指待人接物中的体贴入微的技法。"谦恭"（modestia）是"谦逊"（modesty）和"体态"（mode）的语源，"学习"是在体态中表现出来的。

共享"知识"与"体态"的学习者的共同体及其所共享的学习的方式，谓之"修炼"。今日"修炼"这个词汇兼有"学问"和"体格训练"的双重涵义，就是源于这个历史。

二、清除了"学校气味"的学校

今日的学校制度是在 19 世纪中叶作为近代公民国家的构成要素确立起来的，而 20 世纪是教育的世纪。我们处于这个世纪末的转折点。让我们翻开 20 世纪初宣告教育理想的两本书籍吧。

一本是 1900 年出版的爱伦·凯（E. K. S. Key）的《儿童的世纪》，另一本是 1899 年出版的约翰·杜威（J. Dewey）的《学校与社会》。前者是以个人主义为基础的家庭教育，后者是以共同体主义为基础的学校教育作为 20 世纪教育的轴心设定的。尽管存在这种差异，但两者都同样设想 20 世纪是借助教育开发"人类的自然"的世纪，描述了借助儿童中心的教育实现民主主义社会的理想。

爱伦·凯的《儿童的世纪》宣告"20 世纪是儿童的世纪"，这是众所周知的。不过，它的魅力却在于她是把女性的解放与儿童的教育视为同一个问题来论述的。

例如，该书从"儿童选择父母的权利"开始写起，其内容以性爱作为第一要义，主张以恋爱为本义的结婚与同居。在这里，渗透着标榜"基于爱的自然淘汰"的优生学进化论。此外，她的以女性主义为基础展望整个教育的解放的阐述，至今仍然充满着新鲜感。

在爱伦·凯看来，保障儿童的自由与权利的教育理想，与保护母性、尊重女性自由的社会理想是相一致的；而新的家庭教育与新的学校教育的创造，是与扩大女性的母性与人权的新的结婚生活与同居生活的实现相一致的。

阅读《儿童的世纪》可以使我们重新认识到，20 世纪的教育是如何从近代公民国家与家长制家庭这两个权力装置出发，以解放儿童为中心话题展开议论的。该书之所以严厉地批判了对于儿童的溺爱与体罚，力陈和平教育的意义，就是因为，正是溺爱与体罚是家长制家庭的管理与暴力的象征，正如战争是作为暴力装置的国家的象征。

爱伦·凯要求建立共同尊重儿童与成人的人格尊严和精神自由的家庭与学校，宣告以家长制为模式的制度化的国家机构——学校——的解体。她说，学校的惟一目的是即便没有学校也能创建进步的社会。事实上，《儿童的世纪》所倡导的"新型学校"，是铲除了"学校气味"的"家庭学校"。

杜威的《学校与社会》也是以儿童中心的逻辑，标新立异地倡导20 世纪教育改革的方向的专著。该书是杜威在 1896 年芝加哥大学创设的实验学校的报告书。不同于爱伦·凯，杜威并不要求学校成为"新型家庭"。杜威所要求于学校的，是"新型社会"，是培育"民主主义胚胎"的"新型共同体"。

要描绘这本薄薄的著作所提示的"未来学校"的形象，并非难事。杜威倡导的学校生活，是与家庭生活、工业社会的生产劳动、大学等的专业机构的学术探讨，乃至社区文化活动联系在一起的。他提示了借助儿童的个性化、探究式的表现活动，培育实现民主主义社会的个人与共同体的学校的理想模式。

杜威学校是一种似曾相识的学校，一种同 19 世纪中叶形成的公共教育制度的学校似是而非的学校。学校的重心不再是黑板、粉笔和教科书，而是作业台、工具和创造性活动。以权威主义与形式主义为特征的一切的"学校气味"均被铲除，儿童的创造性、探究性、表现性的活动被组织在课程之中。

这个小型实验的革命性意义也是显而易见的：仅仅 8 年便告毁灭的该校的实验，作为学校改革的强有力的模式，时至今日，依然活力四射。

确实，正如爱伦·凯所预测的那样，20 世纪是教育的世纪。学校教育不仅在人们的生活中生根开花，而且迎来了终身学习的时代，整个社会都在学校化。

不过，装点 20 世纪开篇的《儿童的世纪》与《学校与社会》两本著作所提出的课题，仍然将是 21 世纪的课题。如何来理解这整整一个世纪的空白呢？

三、从儿童的丧失到儿童的再发现

众所周知，近代的教育是基于人们对儿童的新的认识而形成的。可以说，把儿童作为儿童加以言说的出现，使近代教育与近代教育学得以诞生。

不过，在近代的教育之中，儿童被视为单向操作的教育对象而使得作为教育之对象而抽出的"儿童"抽象化了，这样，就导致了作为个性存在的活生生的儿童的丧失。近代的教育难道不是这样一种状态吗？

森田伸子的《课本的儿童》与尼尔·朴斯特曼（N. Postman）的《儿童已不复存在》，让我们思索这种近代的儿童的发现与丧失的悖论。

近代儿童的发现，正如其鼻祖卢梭在《爱弥儿》中所典型地表现的那样，是"儿童"的抽象化。通过这种抽象化，开拓"儿童"未来的教育话语与实践才得以形成。

森田清晰地描绘出，把教育的对象——"儿童"加以抽象化的视线，使得成人的"我"分裂和解体的情景：作为教育对象被片面地议论的儿童，与片面地议论儿童导致自身解体的成人。如何摆脱这种魔方般的束缚呢？该书揭示了产生窒息的、自闭的当今教育状况的根源性问题所在。

不仅是对于"儿童"的视线的摇摆与解体，"儿童"存在本身也处在毁灭之中。尼尔·朴斯特曼的《儿童已不复存在》是一本好书，它为我们敲响了警钟：随着大众媒体与信息化社会的出现，"儿童"正处于毁灭的危机。

朴斯特曼说，随着印刷术的发明，爆炸性地普及的识字产生了需要教育的"儿童期"。如今这种"儿童期"，由于"成人的秘密"通过大众媒体暴露在儿童眼前，而面临毁灭的危机。毋庸赘言，现代儿童不能作为儿童生存的现实是随处可见的现象。近代社会是以"儿童的发现"为特征的，同时，也是以"儿童的丧失"为特征的。

不仅是儿童的丧失在进行之中，而且，儿童成为成人的学习过程本身，也被纳入了阶级、阶层的文化差异得以扩大和再生产的经济体制之中。威利斯（P. Willis）的《海滨城的浑小子们》是解剖这种文化再生产机制的名著。该书揭示了这样一种反论式的机制：一群对抗学校文化的坏蛋儿童是如何反抗学校的权力与教师的权威，并且通过形成这种反抗文化，加入到工人阶级下层队伍之中的。

这些形形色色的难题，成为教育研究与教育实践的新的课题。如何才能重新发现各具个性的、独特的存在——"儿童"呢？亦即，儿童与成人的相互学习关系，借助怎样的话语与实践才能实现呢？如何着手，才能使得一味地同化、歧视、排斥的学校转换为异质的人共存、共生、共学的共同体呢？

许多人作出了果敢的挑战。在这里，不妨举出如下著作：津守真《保育者的视野》，佐伯胖、滕田英典、佐藤学编著的"学习与文化丛书之六"《相互学习的共同体》。

津守的《保育者的视野》，是他作为发展心理学家和从事残疾儿童教育的教师的保育实践的记录与研究笔记。在这里所叙述的保育者与儿童之间关系和对于儿童学习的考察，准备了成人与儿童相互学习的新关系；津守以充满自身体验的活生生的话语描述教育这一活动的阐述，为我们准备了探讨教育实践的新的修辞。

《相互学习的共同体》则以更准确的话语解读了学校教育的迷惘，有助于我们探索学校未来的前景。该书批判性地琢磨了晚近 30 年间学校改革的话语，同时论述了作为"学习共同体"的学校的使命、机构和网络。

23 构筑共生的关系

——超越现代的市民社会与教育

如何谋求从竞争的教育转型为共生的教育？同"共生"这个词汇的流行正相反，当我们拷问这些问题——这种转换是借助什么来准备的，如何转换，转换什么——的时候，不能不直面现实的危机。"共生"的潮流不能不同"大家一起"的整体主义联系在一道。这就是我国的现状。让我来介绍一下探讨这个主题的一本书：最首悟的《星子活着》（世织书房，1998）。最首先生在该书中以自己的身患多种残疾的女儿的 20 年作为参照系加以设定，以锐利的、娓娓动听的笔触为我们描述了共生的教育的梗概。

最首先生在"序"中设问道："人在面向共同体的时候，他的自发意识，亦即所谓缩小自由、产生责任观念的内发性义务，究竟是什么呢？这个问题一直沉闷地纠缠着我。我得益于作为自己女儿（也可以说是自然人）的星子这个受助者，展开了这项作业。"

小星子生下来时就患有唐氏综合症。由于先天性白内障，10 岁时就失明了。至今还不会说话。到 20 岁还是囫囵吞枣地进食，用奶瓶喝茶。除了听听莫扎特和中岛みゆき等的 CD 之外，其余一概拒绝。她，作为"自然人"而超然地生存着。

最首先生进一步说道，全盘地接纳小星子，仅就这一点也超越了我的想像的世界。不妨把小星子的存在作为"亮点"来反衬教育与社会的状态。这种思考是非常柔性的。最首先生通过"踉踉跄跄"地徘徊于母子关系"场"之外的父亲的精神格斗，撩开了虚假"平等"的面纱，也打破了培养其成为某种人的教育的概念。以每一个人都是个性的存在而"生存"作为一个原点，探讨构筑共生的桥梁。日日夜夜的思索，同小星子的日日夜夜一样，是犹豫不决和反反复复的持续。这种平和的犹豫不决和反反复复，正是从根本上拷问教育与社会的一种方法论。

《星子活着》的标题说明了这一切。通过小星子这一存在的反衬，我们视为理所当然的社会与教育被彻底颠倒了。例如，小星子拒绝当今的教育，小星子也是市民社会所拒绝的"自然人"。所谓小星子的"权利"意味着什么呢？小星子拒绝现代社会的能力主义，拒绝以竞争与歧视组织起来的市民社会。生存于母子关系"场"的小星子这一存在，雄辩地揭示了社会与教育的扭曲。

小星子微笑的"场"并不封闭在家庭关系之中。通过普通学校孩子们的供餐，小星子什么都吃。无论在同爱育养护学校的"鲁莽者也是有趣的人"交际的"场"里，还是在"集团"——旨在建立有残疾人自由地相互交流的城镇——的人们聚会的"场"里，形成了产生小星子微笑的磁场。这些"场"，可以说是共生社会的胚芽。以小星子作为"受助者"，最首先生确立了建构多样的人走向自由地共生的"场"的逻辑。

各地出现的爱育养护学校，近 10 年来也是我本人每年数度造访、取经的学校。正如最首先生所述，在爱育养护学校里，成人与儿童各自生存而又"仅仅感到松散"的关系产生了；"一个巨大的有机体"缓慢地形成了。超越了太多绝望的苦恼，然而却日复一日地平和地度过，正是在这种"平平和和"的重复之中，儿童们"无忧无虑"，成人们也得到"解放"的幸福的"场"产生了。"自然地微笑，眼泪也会出来"。

最首先生把这种在"平平和和"之中生存的人们的喜怒哀乐，同她的另一个活动"场"——"水俣生活学校"——里生存的人们的生活方式交织在一道叙述了。

探讨一下该书的精髓所在。最首先生通过回味小星子"活着"的意义，达到了"出生不由人"的认识境界。对于我这个人存在于这个人世间，我这个人是无从选择、无能为力的。我作为我，没有任何的责任。这种"不由人"正是人的自由的基础，通过认识这种自由，人们开始选择和自立。这种"选择"产生"责任"，甚至这种"责任"，既然对于人的存在本身不负"责任"，谁也负不了"责任"。

在这里，隐含着颠覆现代社会——基于能力与财产的"自由"拥有的社会——的逻辑。最首先生说，"天赋人权说"难道不是颠倒了产生资本主义私有制观念的逻辑么！"权利"原本并不归结为个人欲望的满足。人生来就拥有"无限的自由"，并且借助"选择"的行为而产生"责任"，个人并不拥有"权利"。他说，个人所承担的是，积累基于"选择"的"责任"的"内发性义务"。当这种"内发性义务"投射到他者身上时，从社会的侧面说，就形成了"权利"。看看小星子吧。她决不主张自己的权利。她什么也不主张，在这里，小星子只是通过自身的存在，自身的权利以更加纯粹的形式投射于社会。把投射于社会的、模糊地消解了的"责任"作为个人的"内发性义务"来接纳；而把个人所拥有的"权利"还给社会。——没有这种颠倒的实现，共生社会不过是一纸空文而已。

"星子活着"这一信息，引导我们走向在关系上并不消解每一个人的存在的教育。借用最首先生的话来说是"存在优先于关系"。用我的话来说是"个人尊严优先于矫治"。人作为各自独特的存在，记录着天生的独特的轨迹，是"以一个独特的人生存于世间的"。在这种独自的"人"的多样性和特异性之中，每一个人都是不可替代的、平等的存在。

然而，今日的教育无视每一个人的存在的尊严，一如既往地驱使儿童走向"私有"和"竞争"的社会。我们需要排除一下"儿童"这个集体名词，以"星子"这一固有名词来重新探讨每一个人存在的意义了。我们每日接触到的儿童，即便也像小星子那样并非能言善辩，也是拥有着太多的难以言状的对话的存在。首先，认定作为其存在的处境的"不由人"，从设身处地地理解儿童的"不懂事"开始。最首先生从存在出发的反衬的方略，肯定可以为我们展示洞悉现代教育与现代社会的视野。

　　该书给我带来了以开辟教育之未来的意志来探讨教育的"勇气"。解开错综复杂的教育难题的关键，正如小星子和最首夫妇的活动那样，在平静的、持续的"场"里所产生的关系链中，业已准备好了。

24 从个体的伫立到学习的共同体

一、他者的丧失

兴趣盎然地拜读了近藤真先生的信函。5 个月之前，我造访过近藤先生家，在他高雅的书斋里，一起凭借初中生的短歌（由 31 个假名组成的和歌），探讨表达者的语言。这件信函就是那场对话（近藤真，佐藤学，教育电视《未来潮流》，1997 年 10 月 4 日播出）的续篇。

我一直以为，近藤先生工作的魅力就在于他凭借初中生的现实感进行语言教育。近藤先生以有感于今日中学生丧失他者的状况而展开《徒然草》的教学为例，论及"学习共同体"的话题，更令我似醉如痴。

而且，近藤先生对于中学生"伙伴之外皆风景"的形容，简直妙不可言。在电车中，"老妪"们面对褐发女高中生，"单向地感到乘客同伴之缘"，而女高中生则把"老妪"们视为一种"风景"加以情景描写。这种反差，作为当今年长者与青少年之间代沟的象征，引人注目。

确实，今日的女高中生们在"老妪"看来，简直是生存于不可知的另一个世界。即便"老妪"们以同伴情缘感觉到微妙的一体感，女高中生却会嫌恶那种一体感，也不会觉察到"老妪"们的失意。这是因为，女高中生们不过是拥有"目中无人"的机制的"风景"之一。

接着的情景也被我看到了。女高中生们感觉到"老妪"们的视线时，做出"老妪在目不转睛地盯着呢"的应对，于是"老妪"们说，"如今这般年轻的女孩子呀"。这次是轮到女高中生们成为"风景"之一了，真是"半斤八两"呢。

就是说，"老妪"们一开始就不存在"他者"。"伙伴之外皆风景"的关系处置，并不是从一开始就有的。两者的差异是，女高中生们一开始就把"老妪"们视为一种"风景"，而"老妪"们却在被对方拒绝之后，相信作为"风景"之前的一体感。于是，终究给教师的工作带来了极其困难的、微妙的问题。

二、教师的现实的姿态

去年，在大学院的课堂讨论中。以"教师如何对待最近儿童的变化"作为主题，对教师们作了采访。第一个问题是，"您感到如今的儿童有什么变化吗？倘若有，有哪些变化？"大约半数的教师回答说，"没感到有什么变化，一如既往。"研究生们问不下去了，困惑不解。

当然，没感到儿童变化的教师是没有的。我本人打听下来，当这些教师说"如今的儿童……"时，似乎是放弃了作为教师的责任，回答说，"不谈儿童的变化"。越是不谈儿童的变化，越是不能展开吻合儿童现实的实践，就越是尴尬。因为一旦谈了儿童的变化，就会面临放弃教育责任的陷阱。这种双重束缚的状况，正是教师应对儿童变化的现实的姿态。尽管如此，以"儿童的变化"为借口，放弃作为教师之责任的教师，是相当多的。

我想，近藤先生的报告为我们提示了破解这种双重束缚的线索，有两点是特别突出的。其一是，近藤先生对于自习中各自零散地行动的学生的"愤怒的话语"。其二是，在《徒然草》的公开教学中默默地醉心于作业的学生们的"沉默"。我想，这种"沉默"也是在冲破双重束缚。在这两个场面中，切断"目中无人"关系的实实在在的"情结"在学生中产生了，这种"情结"的产生，跟上述的"老妪们"与教师的状态，有着天壤之别。

近藤先生信函的旨趣在于，在课堂里不抱着像上述女高中生那样的"同伴情缘"、视"他者"为"风景"的初中生面前，如何构筑"学习共同体"。我想，近藤先生已经有了答案，无需赘述了。从"风景"化的课堂出发，只有学生才能发出的"话语"一旦出现，在那里就会产生实实在在的"情结"。在课堂里产生这种话语的困难，正是本质性的问题。

日本的教师长期以来凭借"老妪"们那样的关系充分地经营课堂。这是因为，在课堂里没有不可知的他者，课堂从一开始就是以"同伴情缘"结合而成的。从这个意义上说，"自习"的话题是饶有趣味的现象。因为，在以往的课堂里，"自习"之所以秩序井然地进行，即便没有教师的介入，课堂乃是以"同伴情缘"维系的"共同体"。近藤先生清楚地认识到，日本的学校经营与班级经营，从一开始就巧妙地利用了师生作为"共同体"确立起来的意识。在日本的学校里，通过褐发女高中生的出现，终于进入了新的阶段。存在他人，出现多元文化的课堂问世了。因此，我以为，近藤先生给学生们说的"非伙伴者共同生存的智慧"这一话语，对于"学习共同体"的探讨来说，是至理名言。

三、"学习共同体"再考

毋须再说，我并不认为以"同伴情缘"结成的课堂的"共同体"是"学习共同体"。不过，我的"学习共同体"的主张，尽管再三强调了不能混同于"集体的形成"或是混同于"班级的形成"，但其间的差异，许多教师依然理解不了。趁着这个好机会，这里，让我们来确认一下我所强调的"学习共同体"与"班级集体"之间的差异。

第一，"学习共同体"是通过针对"同一性"的格斗而实现的尊重"差异"的共同体。借用见田宗介的说法，不是"珊瑚般的共同体"，而是"交响乐般的共同体"。音色、音阶都不同的乐器发挥其差异，和谐地发出音响的表象，正是我的"学习共同体"的表象。以往课堂的"共同体"旨在寻求"同一性"，这是不必赘述的。要求所有学生对于同样的内容达到同样的理解与达成度，原本是教师的恶癖之一。

为什么"同一性"不行呢？这是因为，在"同一性"要求之下即便"读书"了，"学习"也不能成立。"学习"，只能浸润于"差异"之中才能成立。在"差异"之中重新编织营生的意义与关系，才是"学习"的本质所在。

以往信奉"共同体主义"的教师强调"同一性"，反之，信奉"个人主义"的教师只强调"差异"。这两者都剥夺了形成"学习"的基础。我所要求的"共同体"，是"一切的差异哟，万岁"的"共同体"；是在尊重"差异"、浸润于"差异"（也是产生歧视的场所）的"学习"实践之中才能出现的"共同体"。

第二，"学习共同体"不同于"生活共同体"，它是跟随学习的课题在一间课堂里多元地、多层地产生的共同体（共同体情结）。作为"生活共同体"的课堂是不断地寻求共同关系的"共同体"。不错，以"地缘"，以那种"同伴情缘"结成的课堂的"共同体"，就是这种"生活共同体"。

顾名思义，"学习共同体"是通过"学习"而构筑的"情结"。我认为，这种"情结"是跟学习的课题和学习的内容不可分割地生成的。如同通过共享共读《徒然草》课文的"学习"，在近藤先生的课堂里，产生了由学生的类似于"隐士"的感性互动与古典文学所结成的阅读的共同体那样，在数学（科学）的学习中产生数学（科学）对话的共同体，在音乐与美术中产生表现者的共同体。当然，通过这些种种领域的多样的学习，在课堂里将会形成"学习者的共同体"。我想，这种"学习者的共同体"是结果，总之，可以产生课堂里多元的、多层的相互学习关系。近藤先生说，在"课题研究"的追求中，"学习共同体"在"瞬间"形成，且随着"课题研究"的终结而归于湮灭。这个论断我是完全赞同的。

当然，倘若在"学习共同体"的基础之中有着稳定的"生活共同体"，那么，"学习共同体"也能够稳定地获得发展。在这一点上，近藤先生报告的"自习"与"研究性教学"两种学生的样子是耐人寻味的。确实，诚如他所指出的，中学校体育联盟大会结束以后，在"学生回归班级"的三年级第二学期，欺凌现象也不复存在的"学习共同体"，形成起来了。不过，同时我想强调的是，"生活共同体"与"学习共同体"是不同性质的东西。"生活共同体"形成了，"学习共同体"未必形成。

第三，"学习共同体"是超越了课堂同新的生活方式与社会原理相通的共同体。今后的社会必须一方面作为每一个个体自立的社会，另一方面又必须是彼此尊重各自的差异相互学习而生存的社会。近藤先生和我之所以忧虑"伙伴之外皆风景"的初中生和高中生，就是源自对于个人之间越来越分裂，在弱肉强食的竞争原理的浸透之中，他们自身也被卷进了这个漩涡的中心这一状况感到义愤。这种义愤使我们把探讨不至于像"老妪"们那样"单向式"的思路当作责无旁贷的责任。于是，我们成人的生活方式的问题逆转了，"学习共同体"的追求并不停留于课堂，也是包括我们成人在内的新的生活方式的追求。

前面说过，作为我自身研究的主题是跟上述的"同一性"作斗争，另一个主题则是同"市民社会这一压抑装置"进行斗争。往往可以听到这种批判：在日本，"市民社会"也未能充分地形成，为什么把它当做斗争的靶子、抨击的对象呢？然而，在我看来，我们当今生存的时代，这种市民社会已经来临。似乎偏离了主题，我想稍微触及一下这个问题。

四、发现固有名词

近两年来，我一直关注部落歧视与民族歧视的问题。每个月，我都会造访存在这些问题的各地的学校，帮助教师的实践。在这个过程中我感悟到的是"市民社会"即歧视的装置。我发现每一个儿童的尊严受到"市民社会"压抑的事实。我想，我们今日的状况是，倘若不用"太郎"、"次郎"（不是一般地说"人"）这些固有名词来称呼的话，是什么问题也解决不了的。

例如，即便造访偏僻落后的部落地区，也会发现如今的儿童尽管由于住在"文化住宅"里能够升入高中了，却处于歧视再生产的状态之中。倘若是从前，住房狭窄往往造成亲子之间的激烈冲突，而现在，儿童也有单独的居室了，使他们与歧视的历史和部落的文化处于被切断、被悬空的状态。一旦有什么问题发生，教师即便想伸出援手，也横挡着人权、个人隐私和亲权的侵害之类的障碍。

在那个"酒鬼蔷薇圣斗"少年事件中①，也痛感市民社会提供的抽象的"人权"这一种障碍。就这个少年而言，我是切望公布他的名字并由社会来检验其反社会行为的。然而，《少年法》这一装置压抑其声音公之于众，在维护个人隐私和人权的幌子下，他以拼死的决心记录的《声明》被视为精神异常的产物而作废。这种压抑儿童声音的做法，如今到处都在发生。似乎是在维护人权和个人隐私，其实，不过是拒绝、压抑儿童的诉求罢了。

重读卢梭的《爱弥儿》，我们可以发现，近代是"儿童"发现的时代，也是"具体的活生生的儿童"丧失的时代。爱弥儿是谁的孩子？

---

① 1997年初夏，年仅15岁的神户少年接连虐杀一名男孩、一名女孩，杀伤一名女孩，并将被杀男孩的头颅割下，放在学校的门上。随后，他以"酒鬼蔷薇圣斗"的古怪名字写好一份《罪行声明》塞进头颅的嘴里，接着又把该《声明》邮寄报社。该《声明》表达了他对日本义务教育制度的厌恶与愤恨，并对日本社会发起挑战。这一事件震惊了日本社会，对日本教育界特别是《少年法》的修订产生了重大影响。——译注

具有怎样的性格与感情？这一切都没有写出来。爱弥儿拥有具体的人格是在青年期。就是说，正是由于创作（发现）了并不存在的"抽象的儿童"，卢梭才构想了市民社会，重新思考了公共教育思想的前提。不过，重要的是，卢梭在晚年也终于认识到，"市民社会"不过是"竞争与歧视"的装置而已。

这就是说，"酒鬼蔷薇圣斗"少年不是"患有精神异常的疾病的少年"，他终究是以"酒鬼蔷薇圣斗"的面貌出现在我们面前的。如今，在我们面前"酒鬼蔷薇圣斗"消失了，这个事实本身意味着，围剿那般事件的一切，通通被压抑、被抹消了。如今的成人们即便是同"抽象的儿童"接触，也不想同冠以具体的固有名词的儿童交往。对于这种现象，不能不令人愤慨。"酒鬼蔷薇圣斗"的消失还意味着不准您那样想："市民社会"这一安全装置是阻碍这种交往，把竞争、歧视和排斥加以正统化的装置。

那么，超越了"市民社会"的社会怎样来描述呢？在这个问题上，我无话可说。因为，谁也没有准备好这个答案。尽管谁也没有准备好答案，但至少朝着超越"市民社会"的方向前进一步，哪怕是半步，目前所提出的大半教育问题就能解决。

已经是离题万里，开无轨电车了。倘若追问"学习共同体"是怎么一回事，我是想尽力地超越"市民社会"来阐述一些问题……

当前我们能够做到的是发现固有名词的儿童，追问"我"这个教师同拥有固有名词的儿童之间的关系。无论是褐发女高中生还是那车中的"老妪"，倘若彼此用"固有名词"来称呼，那么，事态将是迥然不同的。

在近藤先生的报告中指出了同样的问题，他写到"学校中未经界定的时间"的重要性。这是因为，在那里，无论儿童还是教师都以第一人称行动，以固有名词出现。不过，要创造出以"课时"为基础的学校是不可能的。

今后，我想同近藤先生一起探讨这样的学校："学校是探求值得学习的场所。人世间值得学习的东西太多，所以，值得生存于这个世界。与其一个人学习，不如大家一道学习，更有乐趣。"

在 5 个月之前，由于旨在为电视台制作节目，不可能畅所欲言地交谈。从佐世保、从近藤的住宅，以及从近藤的学校，直接感悟到值得学习的东西太多了。今年我一定会再次造访。那么，就让我们接着这件信函，细细地交谈下去吧。

25 走向学校的再生

——余音绕梁，创意未来

一、余音绕梁

§献给您

佐藤学 作词/三善晃 作曲

> 阳光缕缕射进庭院，
> 风儿阵阵舞动不息。
> 乘着阵阵风儿，
> 我想捎去——
> 一丝话语，一腔期待。
> 献给您，远在他乡
> 英姿勃发的您。
>
> 晚霞红红洒满街市，
> 河水潺潺流淌不息。

乘着潺潺水流，

我想捎去——

一声呼唤，一首歌曲。

献给您，远在彼岸

英姿勃发的您。

朝霞层层浸染山峦，

人儿虔诚祈祷不息。

乘着默默祈祷，

我想捎去——

一段历史，一片未来。

献给您，远在天涯

英姿勃发的您。

    1997 年 10 月 5 日，由新泻县小千谷小学 950 名儿童、50 名教师、200 名家长和市民大合唱的多幕剧《学校的创生》的序曲，在市民体育馆雄壮地飞扬开来。这是小千谷小学创立 130 周年纪念的创作剧的开始，博得了满场市民雷鸣般的掌声。

    小千谷小学创始于明治元年（1868）10 月 1 日。小千谷的绸布商山本比吕伎倾注私财与精力，旨在救济由于 1867 年爆发的"戊辰内战"而被逼流浪生活的旧长冈藩的儿童们，他开设"振德馆"，两度递呈《建议书》，终获柏崎县厅的认可。那是年号从"庆应"到"明治"转折的 1867 年 10 月 1 日。当时新政府的法令是，坚定根绝"贼徒之子"的方针，不得保护旧长冈藩的子弟。丧妻失子的山本以拼死的决心，为救济徘徊于小千谷町流浪的儿童们而奔走呼号，创设了日本第一所公立学校。我根据这段史料，着手编写描述这个伟业的剧本，由三善晃作曲与编曲的合唱曲组成了多幕剧。

    该剧从现代 4 名儿童在流经小千谷町中心的信浓河河岸上，在风声和河水水流的声响之中听到"儿童之声"开始。风声和水流声传递亡灵的声音，旨在折射历史的真实。

在两份《建议书》中洋溢的山本比吕伎的公共教育思想是极其先锋的思想。山本倡导在"维新"之后的"下意上达"的社会里，以选举选出乡镇和国家机关人员作为前提，必须创设人人能够接受"天授五伦"教养的学校；倡导"教育的方法，决不能急功近利，重要的是引领、安抚、明辨，润物细无声地在每一个儿童身上培育'天理'"。"重在谨慎而宽容"，是山本自然主义教育思想的口号。

在这个由于丝绸与纺织同京都和江户的文化交流频繁的小千谷町成长起来的山本，具有高深的国学、神道、汉学的素养。他兼收并蓄这些学术的智慧，形成了卢梭那样的自然主义的公共教育思想。这种公共教育思想，得到他的私财，以及新泻县中部最大的资本家、同样是绸布商人西胁吉郎右卫门（诗人西胁顺三郎的曾祖父）的捐款的支撑，从而创办了日本教育史上第一所公立学校。

作为救济与保护儿童的公共领域的公立学校诞生的历史，也是意义深远的。日本的公共教育思想与制度，在模仿欧美学制自上而下得到普及的 5 年之前，是借助民间人士的力量来组织的。

这样诞生的"小千谷校·振德馆"，当时迎来了山田爱之助作为校长。他原本是反对戊辰战争而隐居山林的旧长冈藩的藩校崇德馆的首席教师。山本比吕伎本人也作为"事务员"担当教师的工作。开设之初，是一所规模极小的寄宿制学校，6 岁至 12 岁的学生总共 13 名。不过，该校在 1 年之后，由于国家和县厅财政拮据，归还给山本，町上的人们为了维系学校，倾注了无私的奉献。在多幕剧中，呵护这些儿童的人们的团结，是在三善晃的《唱歌的四季》中用 1200 人的《晚霞远去》和《雪花飘舞》的大合唱来表现的。特别是《晚霞远去》的大合唱，在多重声的重叠与反复之中，染红了整个市民体育馆，使参观者心潮澎湃。这是一首高难度的歌曲。小学一年级生也参与歌唱，他们一个个脸颊像晚霞般红彤彤的。童声合唱犹如大珠小珠落玉盘，美妙至极。我和三善晃被深深地感动了，热泪盈眶。

该剧在这样的场面——描述明治六年"小千谷校·振德馆"改组为《学制》的学校"小千谷小学校"，同时，山本比吕伎抵制《学制》而辞职——中，达到了高潮。山本抵制《学制》的学校一味翻译教科书，组织洋学一边倒的内容；抵制《学制》的学校组织考试和竞争，惟求"出人头地"。在这个多幕剧中，场面与场面衔接的四处地方，组合了打击大大小小的鼓和木桶的演奏。在高潮场面，鼓和木桶的骚动般的打击乐，犹如从无底的深渊迸发出千年积雪般累积的潜意识的情感，产生出滚滚波涛的情感起伏的效果。

然后，台词的合白以拥有 356 名（其中女子 92 名）的明治七年小千谷小学的儿童和教师站立的舞台为背景，现代的 4 名儿童重新登场，诉说着"我们能够从水流的声响中听见许许多多的声响"，"我们能够从风动的声响中听见许许多多的声响"，"我们能够从一种声响中听见许许多多的声响"，"我们能够从一首歌曲中听见许许多多的歌曲"。于是，多幕剧在台词的合白和结尾的终曲——《学校赞》的大合唱中落下了帷幕。

§学校赞

佐藤学 作词/三善晃 作曲

朝阳清澈洗苍穹，

山峦笑与朵云飞。

幼小的生命里，如今升腾着活力，

升腾着丝丝苏醒的话语：

殚智竭力，小千谷的朋友哟，

在这儿求学，一起论议。

谦恭的心地宽广无比，

化作徐徐清风，穿越长空万里。

凝视夕阳挥洒河面，

感悟人间脉脉温情。

幼小的心胸里，如今充满着希冀，

充满着丝丝苏醒的话语：

相亲相爱，小千谷的朋友哟，

在这儿求学，一起嬉戏。

谦恭的心地深长无比，

化作条条江河，簇拥苍茫大地。

寻觅启明的星座，

体味成长的欢欣。

幼小的身躯里，如今燃烧着激情，

燃烧着丝丝苏醒的话语：

共享欢乐，小千谷的朋友哟，

在这儿求学，一起歌咏。

谦恭的心地淳厚无比，

化作声声呐喊，开创未来愿景。

二、与家长、市民一起建设的学校

　　造访小千谷小学已经是第三个年头了。每年造访，一直协助以平泽宪一校长为核心的"监护者参与的学校建设"。一般的学校以"公开教学"的方式接纳家长观摩课堂教学，而这所小千谷小学则是让家长也作为教师的助教参与儿童的教育。这所学校自从引进该方式以来，每月展开一两次"参与学习"的活动，每次有八成以上的家长跟教师一起展开挑战教学创造的实践。

在"参与学习"日的数日前，学校给家长发布《学校信息》，简单介绍每个课堂的教学内容。家长看完信息的内容，可以造访自己感兴趣的课堂，充当教师的助教。造访的课堂不必是自己子女所在的课堂。事实上，当初虽说是教师的助教，不管采取什么行动，表面看来是照看自己的子女，但反复多次的结果，无论家长还是儿童，盯住自己家属的情况是罕见的。根据不同的课题或是儿童的需求，非正式的成人与儿童之间的联系在课堂的角角落落里产生了。

况且，自"参与学习"引进以来，既然是"公开教学"，许多家长就可以自由出入学校，并不是仅在规定的日子里参与。有空闲时间的人随时都可以作为教师的助教走进任何一间课堂。

教师以外的成人与教师一起进入课堂，师生关系与儿童之间的关系变得亲切了，真是不可思议。像小千谷小学这样的大规模学校，从低年级开始一个班级40名学生，一旦在儿童中间产生现今时代的复杂问题，教师只能疲于奔命，维持课堂纪律。在这样的课堂里加入一名助教，其效果是相当大的。再者，每一个监护者都以各自在学校里学不到的工作与生活中的大量智慧，来参与课堂。老伯伯、老妈妈的种植蔬菜的智慧，具有远胜于教科书的丰富的内容；护士和工匠的智慧，教给师生如何在现实的生活中运用学校里所学到的知识。这样，不仅对于儿童，而且对于教师说来，课堂生活的时间都变得充实起来。

另一方面，对于作为监护者的家长们来说，"参与学习"的经验成为宝贵的学习机会。造访课堂、参与教学的经验，可以通过亲身体验了解到，现今的儿童面临哪些困难；儿童的学习拥有哪些潜能；教师如何直面困难，精心做出哪些挑战。总之，家长的关心倘若被封闭在围着自己子女团团转的意识之中，作为公共性的关心就难以成熟。这种"参与学习"的实践，特别容易冲破这种障碍。最后，同教师的亲密关系也会产生，家长之间的团结也会加深。

"参与学习"实践的契机在于处在校园中心的残疾儿童班级的努力。在残疾儿童班级里，早就实施了家长参与教育活动的"公开教学"，在那里产生了通常的课堂之中难以看到的温情的人际关系。平泽校长期望把这种做法推广到所有的课堂之中，从而实现"参与学习"的实践。我本人也在美国的大量学校里观察到家长以自然的方式作为教师的助教参与教学的情景。在日本的许多学校里得到推广，这是以往实现不了的。然而，在小千谷小学里，在校长的指导与教师的赞同下，一举得以实现了。

"参与学习"的实践，成为同社区合作推进学校改革的要点。例如，该校自前年以来，也展开了由事务部提出方案，听取教师和家长的意见，制定学校财务计划的努力。通常，学校的预算是预先由教育委员会规定一项项用途的，学校难以自主地编制预算计划。但是，该校却由事务部向教师和家长发出问卷，以学校为主体制定预算计划，然后以这个计划同教育委员会展开商谈。

庆祝建校130周年的多幕剧《学校的创生》是这一连串努力的焦点。这种努力，始于当初六年级学生的戏剧《学校诞生故事》，不久，发展为全校的师生和家长、市民都参与进来的多幕剧。我接受了作词和编剧本的委托，编曲和作曲委托三善晃承担。对于我来说，这是首次的作词和编剧。我战战兢兢地致力于超越了自身能力的工作，不过，由于三善先生的出色的曲子，和儿童、教师、家长、市民的合作，终于获得了巨大的成功。

社区的力量是出色的。参与这个多幕剧的成人合唱团的150名成员几乎都是没有经验的，得到拥有经验的青年会议所所长的领导和长冈市合唱团指挥的指导，仅仅练习了10次，就能够以出色的歌声唱完这首难曲。两台钢琴伴奏也是由家长担当的，演奏出色。在演剧方面，在家长之中有过排练新剧经验的某寿司饭馆老板娘担当指导的角色，同担任主角山本比吕伎的寿司饭馆老板搭档，通过短期的排练获得了成功。儿童美妙的发声也是这对夫妇精心指导的结果。从大道具到衣衫组、照明组、音响组，全都是以家长为中心组织队伍、教师以介入的方式进行准备的。在排练过程中尽管家长和校方会产生不同意见，但都一个一个地得到解决，更加团结了。彩排的时候，每一个家长都以专业演出的装束和视线，完成了创作剧。正因为此，才产生了专业的演出所看不见的巨大能量与感动。

三、以市教育委员会为中心的改革

可以说，小千谷小学的案例是校本改革的一个典型。近年来，以地方的教育委员会为中心自主地、创造性地推进学校改革的动向显著起来。这里，让我介绍一下其中的一例——千叶县市川市的案例。

市川市教育委员会早在 4 年前，就在最首辉夫教育委员会主任的领导下，学校与社区合作，展开了每所学校、每个教师都能发挥自主性和创造性的教育改革。市川市的努力，在推进扎根于教育委员会的自主性与学校的自律性的改革方面是富于启示的。试介绍三个代表性的事业。

第一，作为"社区与学校合作开发学校特色课程"项目的"市川市社区学校事业"。由教育委员会提供给学校相当数额的财源，在教师与社区人士的合作关系基础上，展开活用"社区资源"（文化、传统、人才）的课程开发。我造访的稻越小学，社区的豆腐店老板、印染工匠和致力于环境保护运动的人们与教师合作，一起推进教学实践。这样开发的课程，涉及 49 所学校、7 所幼儿园和 132 个单元，在家长、社区的居民合作从事教学的"人才网络"登录者，达 19 个领域、125 名。

第二，从本年度（1998）开始，市川市教育委员会废除"研究指定校制度"，确立尊重各所学校的自主性和创造性的研究体制。在以往的"义务性"研究和研修中，学校持续性、主体性的改革受到蔑视，大多陷入"研修疲劳"。从本年度开始，作为"有创意和活力的学校创造"，研究、研修和公开教学，全都委托各所学校自主决定。在"居于儿童中心的研究"中，"发挥学校、家庭和社区特色的研究"优先分配预算，确立起支援教学的公开和交流的体制。其结果，发挥了校长的领导作用和教育性见识，唤起了教师的教学实践的自由的创造性。

第三，为了整顿学校的学习环境，借助网络把学校图书馆和社区公共图书馆联系起来，确立起在教学资料方面支援教与学的体制。在上述的稻越小学里，利用富余的教室设置社区儿童图书馆，推进同社区人士合作的儿童阅读指导与学习资料的整顿。例如，在展开以"河流的污染"为主题的教学中，一所学校图书馆拥有的相关图书是有限的，向市内的学校图书馆借阅的话，学习资料可以达到数十倍之多；向地区公共图书馆借阅的话，其数量是相当庞大的。从事这种网络事业的教育实践，在过去两年间，推进学校总计 46 所，幼儿园两所，单元数达 1600 个。再者，在稻越小学里，通过富余教室的公共图书馆和学校图书馆的合作，在午休时间定期召开基于义务服务的"阅读咨询会"，对于儿童的阅读指导也有所贡献。

上述三个项目，不过是市川市教育委员会和学校努力的点滴案例。但可以说，每一个案例都是废除教育委员会的官僚行政，发挥学校的校长、教师和社区人士彼此之间的自主性与创造性为中心设定的项目。分配给各所学校在各个项目上能够自由支配的相应的财源也是重要的。在教育行政的官僚性控制强烈的日本，在推进学校改革的场合，也往往会无视自由地使用财源而做出唯心主义的构想。即便在现行的财源范围内，借助财源的分配与使用的改革，也可能焕发学校的自由的创造性，构筑起社区与学校合作的网络。这是发挥教育委员会主任、教育委员会、学校校长的构想力的问题；这是发挥主体地设计学校改革的能力的问题。像市川市那样重新探讨教育行政与教育财政的方式，并同社区合作，发挥学校的自主性与创造性的改革，仅就我所参与的案例看来，包括大阪府的松原市等若干地区正在努力之中。

特别是 1997 年秋开始合作推进学校改革的神奈川县茅崎市教育委员会，把我的大部头著作——《课程论评》（世织书房）作为教育委员会指导课全体人员反复学习的教科书；把 1998 年 4 月开设的滨之乡小学作为"学习共同体"的示范学校，展开了推进全市学校改革的挑战。我感到不胜光荣。这样，对于我来说，继小千谷小学之后，又一个巨大的挑战在茅崎开始了。

译 后 记

日本东京大学佐藤学教授最有代表性的论著，当属他在日本世织书房出版的"三部曲"了，这就是《课程论评——走向公共性的重建》(1996)、《教师这一难题——走向反思性实践》(1997) 和《学习的快乐——走向对话》(1999)。前两部论著的基本内容已在《课程与教师》(钟启泉译，教育科学出版社，2003) 中得到反映。本书是其第三部论著《学习的快乐——走向对话》的全译本。这里需要说明的是，由于原著中第 16 章"逃避学习的儿童"其后在岩波书店出版的单行本中大幅度地充实了内容，因此，译者根据该单行本全文译出，以便读者更加清晰地把握原著阐述的基本思路和基本概念。

佐藤学教授说，"学习"，是一个远比"教育"更为根源性、包容性的概念，深奥莫测。"学习"的概念与"哲学"同时诞生，是孕育着一切的智慧和识见发展起来的。"学习"是人类同自然取得和谐的技法，是确立人类尊严的仪态。"学习"即是生存方式的哲学，同时也是学术论和艺术论。"学习"被封闭在心理学与教育学范畴之内，不过是称为"学习"的活动在近代学校的机制里得以制度化的一个世纪前的事情。"学习"这个词汇内隐的包容性和根源性，隐含着从实质上解剖被学校的机制所封闭了的"学习"的可能性。

在本书中，佐藤学教授从如下三个视点探讨了"何谓学习"的论题。

　　第一个视点，把"学习"视为文化再生产的实践。作为文化再生产的"学习"是主体不断地同世界交往、不断地调整自我的过程，一种知识与实践方式的再生产过程。人类通过"学习"参与新的世界，并在新的情境中调整自身。这种介入与调整的过程，也是种种的权力关系再分配，并在主体中再整合的政治过程。况且，现今的文化再生产过程已经成为权力与意识形态交错的中心舞台。如果说，19世纪和20世纪是工业主义时代，以生产率为优先的社会，那么，21世纪的社会，迎来了文化再生产的过程构成主要的社会过程并控制生产过程的局面。其实，以往被视为非政治的文化再生产的过程，更是一种政治性的过程。家庭的政治、教育的政治、健康的政治、关心的政治、性别的政治、身份的政治等等，文化与社会的再生产的领域，如今是种种意识形态与复杂的权力激烈冲撞的舞台，是身份的政治学与差异的政治学更为具体地发生作用的领域。"学习"，就是处于这种文化再生产过程的中枢地位的实践。

　　第二个视点，"学习"具有文化传承中的仪态的性质。历来的学习心理学把"学习"界定为"观念的连接"、"认知的变化"或是"行为的变化"，而本书把"学习"重新界定为基于三种对话实践——同客观世界的对话（认知性实践，即创造世界）；同他人的对话（社会性实践，即形成伙伴）；同自身的对话（伦理性实践，即自我探索）——的"意义与关系的重组"。作为行为举止重新界定"学习"的挑战，意味着立足于推进学习实践的两个历史传统——"修炼"的传统与"对话"的传统，恢复"学习"的原本的意义与方式。由此导致构成学习方式的一连串的伦理，诸如，"学习"的"谦恭"（modesty）主题、"学习"的"本真性"（authenticity）主题、"学习"的"真诚"（sincerity）主题、基于"倾听"行为的"被动式能动性"主题等等。再者，作为仪态的"学习"的探究将会导致文化"范型的丧失"（唐木顺三），这是日本近代思想文化的根本问题。从这种仪态的视点浮现出来的"学习"的探究对于克服今日广泛渗透于儿童学习之中的虚无主义，提供了启示。

　　第三个视点，根据上述两个视点抽出的"学习"概念，探索重建制度化的学校中的"学习"。在日本的学校里，"学习"长期以来以谓之"勉强"的独特的方式封闭起来，不同任何事物和人物交往，不同任何事物和人物对话，一味借助独白的语言，寻求脑的突触连接的"勉强"，一直受到讲究效率主义与基于竞争的动机作用的支撑。但在今日迎来共生社会之际，其破绽与弊害已经暴露无遗。儿童们抵制"勉强"、逃避"勉强"乃是理所当然的。我们必须克服虚无主义，探讨从"勉强"转型为"学习"的实践方略。佐藤学说，从"勉强"转型为"学习"是关乎日本学校教育体质的根本问题，可以称得上是一种文化革命的事业。为了实现这种转型，就得准备"学习"的新的概念以及支撑这种"学习"的新的话语，构成"学习"的装置——学习环境；就得以对话的语言编织出合作学习的关系。如今，在日本的学校里，这种课堂的文化革命正在静悄悄地进行。作为教育研究人员，应当同立足于这种转折点的教师一起，探索开拓"学习"的道路。

　　我国的基础教育课程改革同样向我们提出了"概念重建"的严峻课题。尽管本书是着眼于日本的教育现实作出阐述的，但贯穿全书的诸多视点有助于我们重建"学习"的概念，可以为我国课程教学的改革乃至教师教育的改革提供有益的思想资料。趁此机会，我要特别感谢佐藤学教授对本书翻译与出版的全力支持，并且特地为本书写了"中译本序"。也要感谢日本留学生坂中麻衣小姐，本书第7章"与语言相遇——经验与纽带的创造"是她在上海华东师范大学攻读学位期间作为我布置给她的专业翻译的习作译出的。最后，还要感谢中央教育科学研究所所长朱小蔓教授以及教育科学出版社所给予的一贯的支持和帮助。

钟启泉

于教育部人文社会科学重点研究基地

华东师范大学课程与教学研究所

2004. 8

责任编辑　韦　禾　刘明堂
版式设计　郝晓红
责任校对　徐　虹
责任印制　叶小峰

图书在版编目（CIP）数据

学习的快乐——走向对话/（日）佐藤学著；钟启泉
译．—北京：教育科学出版社，2004.11（2023.11 重印）
（世界课程与教学新理论文库/钟启泉，张华主编）
ISBN 978-7-5041-3095-2

Ⅰ．学…　Ⅱ．①佐…②钟…　Ⅲ．①学校教育—教学
研究　Ⅳ．G 420

中国版本图书馆 CIP 数据核字（2004）第 106406 号
北京市版权局著作权合同登记 图字：01-2004-5767 号

出版发行	**教育科学出版社**			
社　　址	北京·朝阳区安慧北里安园甲 9 号	市场部电话	010-64989009
邮　　编	100101	编辑部电话	010-64981252
传　　真	010-64891796	网　　址	http://www.esph.com.cn
经　　销	各地新华书店		
印　　刷	保定市中画美凯印刷有限公司		
开　　本	720 毫米×1020 毫米　1/16		
印　　张	26	版　　次	2004 年 11 月第 1 版
字　　数	347 千	印　　次	2023 年 11 月第 20 次印刷
定　　价	68.00 元	印　　数	48 001— 50 000 册